教育部立项推荐

中等职业学校物流专业紧缺人才培养培训教学指导方案配套教材

物流技术实务

主　编　王　宏

副主编　王爱霞　解云芝

中国物资出版社

图书在版编目（CIP）数据

物流技术实务/王宏主编．—北京：中国物资出版社，2006.8

教育部立项推荐中等职业学校物流专业紧缺人才培养培训教学指导方案配套教材

ISBN 7-5047-2519-6

Ⅰ.物… Ⅱ.王… Ⅲ.物流—技术—专业学校—教材 Ⅳ.F252

中国版本图书馆 CIP 数据核字（2006）第 068424 号

责任编辑　王宏琴
责任印制　沈兴龙
责任校对　孙会香

中国物资出版社出版发行
网址：http://www.clph.cn
社址：北京市西城区月坛北街 25 号
电话：(010) 68589540　邮政编码：100834
全国新华书店经销
中国农业出版社印刷厂印刷

开本：787×980mm　1/16　印张：25.75　字数：393 千字
2006 年 8 月第 1 版　2006 年 8 月第 1 次印刷
书号：ISBN 7-5047-2519-6/F·1016
印数：0001—5000 册
定价：35.00 元

教育部立项推荐高等职业教育和中等职业学校
物流专业紧缺人才培养
指导方案配套教材编审委员会

王富贵　福建省侨兴轻工学校校长　高级讲师
王槐林　华中科技大学　教授
王学明　中国物资储运公司副总经理
王自勤　浙江经济职业学院系主任　副教授
　　　　现代物流研究所所长
翁心刚　北京物资学院研究部主任　教授
吴金法　温州职业技术学院副院长　副教授
夏春玉　东北财经大学副校长　教授
薛　威　天津交通职业技术学院主任　副教授
杨茅甄　上海交通职业技术学院主任　副教授
杨穗萍　广州市第一商业学校主任　高级讲师
俞吉兴　浙江商业职业技术学院院长　副教授
袁　革　广东省财经学校校长　高级讲师
翟光明　上海市物资学校主任　高级讲师
张俊玲　海尔物流人力资源主管
张立君　哈尔滨师范大学应用技术学院副院长
赵继新　广西交通职业技术学院　副教授
周玉衡　山东省潍坊商业学校校长　高级讲师
朱桂平　浙江工商大学　教授
朱为刚　天津市物资学校校长　高级讲师
邹安全　湖南科技大学　教授

总 策 划　沈兴龙

序 言

中共中央办公厅、国务院办公厅印发的《2002年～2005年全国人才队伍建设规划纲要》指出："进入新世纪，国际形势正在发生深刻变化。随着经济全球化的发展，人才全球化趋势进一步增强，我国加入世界贸易组织后，面临的物流人才问题更加突出。发达国家利用各种手段吸引我国人才，人才竞争日益激烈：全球范围内的经济结构调整对人才素质提出了更高要求；综合国力的竞争更加倚重于科技进步和人才开发。今后5年～10年，是我国经济和社会发展的重要时期，做好加入世界贸易组织后各项应对工作，实现'十五'计划确定的宏伟目标，把建设有中国特色社会主义事业不断推向前进，人才是关键。抓住机遇，迎接挑战，走人才强国之路，是增强我国综合国力和国际竞争力、实现中华民族伟大复兴的战略选择。"

面对世界经济一体化的进程加快，许多大型跨国集团的进入，我国各级政府部门和许多市场意识敏锐的企业已把物流作为提高竞争能力和提升企业核心竞争力的重要手段，把现代物流理念、先进的物流技术和现代经营与管理模式引入国家、地区经济建设和企业经营与管理之中。但是，我国的物流教育仍十分滞后，造成现代物流综合性人才、企业尤其是流通企业改造传统物流与加强物流管理、城市规划与物流系统运筹、第三方物流企业的运作技术操作等现代物流人才严重匮乏，阻碍了经济的发展和经济效益的提高。据各地人才预测，物流人才是全国12种紧缺人才之一，物流工程规划人员、物流管理人员、物流科研人员、物流师资全面紧缺。到2010年全国大专（高职、高专）以上物流人才的需求量为30万～40万人，国际物流、物流管理、仓储与配送、物流运输、企业物流、物流营销、物流信息处理等技能型操作人才每年需要近10万人。不仅如此。根据我国加入WTO的承诺，物流和分销服务业是全面开放的行业之一，国内市场将会出现高层次、高起点的激烈竞争的局面，这势必会使本身就匮乏的人才竞争加剧。如果我们不从现在做起，加快我国物流管理与技术人才的培养，终将成为我国物流产业发展的瓶颈，物流产业化和成为21世纪新的经济增长点就成了一句空话。因此，加速推动现代物流产业的人才培养工程，实施多层次、多样化的物流教育，是21世纪物流产业化发展中保证物流产业形成合理的人才结构，提高我国物流管理水平和经济效益的决定因素。

教育部有关领导对物流职业技术教育十分重视，联合劳动和社会保障部、中国物流与采购联合会制订颁发了《高等职业技术教育、中等职业学校物流管理专业紧缺人才培养指导方案》。为此，我们在教育部、中国物流与采购联合会的指导下，组织各地高职、高专和中等职业技术院校以及企业专家、教授、高级讲师、学者编写出版“高等职业技术教育和中等职业教育物流管理专业技能型紧缺人才培养培训指导方案配套教材”，两种层次的教材充分体现了以下基本原则：

1. 以全面提高素质为基础，以增强职业能力为本位

以科学的劳动观与技术观为指导，帮助学生正确理解技术发展、劳动生产组织变革和劳动活动的关系。充分认识职业和技术实践活动对经济发展和个人成长的意义和价值，使学习者形成良好的职业道德和正确的价值观，着力提高劳动者素质。教材内容重点突出体现物流管理专业紧缺人才的培养目标，加强实践性教学、满足行业企业对生产、管理、服务一线对高素质劳动者的迫切需要为本的思想。

2. 以企业需求为基本依据，以就业为导向

以满足企业的工作需求作为教材开发的出发点，全力提高教育与培训的针对性和适应性，为探索和建立根据企业用人“订单”进行教育与培训的机制提供服务。同时为高等和中等职业技术院校适应行业发展和企业需求，及时调整专业方向，确定培养培训规模，开发、设计实施性教育与培训方案提供多方面的、多层次、多种可选择的教材。

3. 适应行业技术发展，体现教学内容的先进性

力求根据国家和地区的最新技术发展，突出物流行业的新知识、新技术、新材料、新工艺、新方法，克服专业教材存在的内容陈旧、片面强调学

科体系完整、不能适应企业发展需要培养人才规格的弊端。结合专业人才培养要求，在充分强调专业基本知识和基本技能的基础上，使各地高职、高专和中等职业技术院校学生拓展了解掌握本领域的最新技术发展及相关技能，实现专业教学基础性与先进性的统一提供最佳教学模块教材。

4. 以学生为中心，体现教学组织的科学性和适用性

教材内容上，围绕各地物流经济技术的发展情况，充分考虑学生的认知水平和已有知识、技能、经验及兴趣，为每一个学生提供适应人才市场需要和有职业发展前景的、模块化的学习资源，力求在学习内容、教学组织、教学评价等方面给教师教学和学生学习提供选择和创新的空间，构建开放式的课程教材体系，适应学生个性化发展的需要。紧密结合模块式课程结构和弹性学习制度，以满足企业和学习者的不同需要。

经审定，两种职业技术教育物流管理专业配套教材既可作为高职、高专院校物流管理专业（国际物流、物流管理、仓储与配送、企业物流等培养方向）和中等职业技术学校物流管理专业（运输、仓储与配送、物流营销、物流信息处理等培养方向）的教材，亦可作为各层次成人教育和企业培训教学参考用书，也适合于作为广大物流从业人员的自学读物。同时，对参加物流职业资格认证考试的人员具有较高的参考价值。

在教材的编写过程中得到了教育部、中国物流与采购联合会有关领导，以及许多院校和研究机构的专家、教授和物流企业领导的大力支持，在此一并致谢。由于编写时间仓促，加上编者水平有限，书中有不足之处在所难免，恳请广大读者提出宝贵意见，以日臻完善。

高等职业教育和中等职业学校物流管理专业
紧缺人才培养指导方案配套教材编审委员会

前　言

现代物流作为新兴的产业、第三利润的源泉，正在迅猛地发展。作为物流活动的物质基础和手段——物流技术也在不断地更新和向着信息化、自动化、智能化、柔性化、标准化等方向发展。为了满足社会对既熟知物流理论，又掌握物流实务的物流专业人才的需要，我们编写了《物流技术实务》。

本书在介绍了物流技术基本概念、基本理论的基础上，比较全面系统地阐述了运输技术、仓储技术、拣取技术、配送技术、装卸与搬运技术、包装与流通加工技术、物流信息技术、物流系统要素等，力求突出其实用性和可操作性。

全书共分九章。第一、八章由王宏编写；第二、九章由王爱霞编写；第三章由左维元编写；第四、五章由解云芝编写；第六章由王淑华编写；第七章由赵雪梅编写。

本书教学内容、要求和建议如下：

• 教学要点：

物流保管、物流拣取、物流配送、物流运输与装卸、流通加工、物流集成、物流设施与装备、物流信息、物流系统要素及其集成等技术。

• 通过学习，学生应当能够：

了解物流企业各环节的技术构成及物流技术发展方向，初步学会应用装、卸、拣等常用物流技术，为以后学习专业方向课程打下基础。

教学建议与训练学时数为 72 学时（含 24 学时实训）。

建议到仓储企业现场参观货物保管和货物拣取，并进行模拟练习。

本书在编写过程中，参阅了大量国内、外有关论著，并从中引用了不少有价值的图片、数据、资料；借鉴了许多专家、学者的理念。在此，向各位物流专家、学者致以真诚的感谢。同时也向为本书提供巨大帮助的各位领导与老师致以崇高的敬意。

由于参编人员水平有限，难免存在缺点错误，恳请广大读者批评和指正。

编　者

目　录

第一章　物流技术概论

通过本章的学习，重点掌握物流技术的含义，物流技术的分类方法；了解现代物流技术的发展趋势。

第一节　物流技术概述

一、物流技术的含义

（一）物流的定义

2001 年公布的中华人民共和国国家标准《物流术语》中明确指出："物品从供应地向接受地的实体流动过程。根据实际需要，将运输、储存、装卸、搬运、包装、流通加工、配送、信息处理等基本功能实施有机结合。"

（二）现代物流的定义

现代物流是在广泛采用计算机信息技术和现代物流技术的基础上，实现物品从供应地向接受地的实体流动过程。根据实际需要，运用系统观念，将运输、储存、装卸、搬运、包装、流通加工、配送、信息处理、客户服务等基本功能实施有机结合。

（三）物流技术的定义

物流技术是指物流活动中所采用的自然科学与社会科学方面的以及设备

装置与工艺的总和。它包括有采购、运输、仓储、装卸、流通加工和信息处理等物流活动中所使用的各种工具、设备、设施和其他物质手段以及由科学理论知识和实践经验发展而成的各种方法、技能以及作业程序等。

二、物流技术的性质

随着科学的综合化趋势的出现，技术体系自身也向综合化方向发展。物流技术的形成正是这种趋势的具体体现，其发展特点是将各种相关技术综合运用于物流系统的特定环节。例如，机械技术、动力技术和电子技术在物流活动中的综合利用，产生了运输技术、装卸技术、高层货架技术、包装技术和自动分拣技术等。因此，物流技术不是一种独立的新技术，而是各种技术在物流领域中的综合运用。

从某种意义上讲，它既是一种应用技术，同时又具有开发技术的性质。

三、物流技术的分类

（一）物流技术按技术形态分类

物流技术按技术形态，可以分为物流硬技术和物流软技术。

物流硬技术是指人们在物流活动中使用的各种工具、设备、设施和其他物质手段等。

物流软技术是指物流活动中所采用的有科学知识和劳动经验发展而成的各种技能、作业程序和现代管理方法等。

随着物流技术的发展，人们不但注重硬设备的研制，而且注重高水平硬技术的优化组合、搭配和衔接，以充分发挥设备的能力，获得更好的技术经济效果。主导物流现代化的技术已经由物流硬技术转移到软技术。

（二）按技术来源或科学原理分类

物流技术源于机械技术、电子技术、信息及通信技术、自动控制技术、计算机技术、管理学理论和方法以及应用数学方法等。物流技术按技术来源或科学原理，可以分为物流机械技术、物流电子技术、物流信息技术、物流自控技术、物流计算机技术和数学方法等。

（三）按技术的应用范围分类

物流技术按其应用范围，可分为运输技术、仓储技术、装卸搬运技术、包装技术、配送和流通加工技术、物流管理技术和物流信息处理技术等。

第二节　物流技术简介

一、运输技术

运输的作用是将商品的使用价值进行空间移动，物流系统依靠运输作业克服商品生产地和需要地之间的空间距离，创造商品的空间效益，运输是物流系统的核心。

现代交通运输业，按运输工具不同可分为公路运输、铁路运输、水路运输、航空运输和管道运输五种基本方式。物流运输技术主要包括各种运输方式的运输工具、设备及其操作技能、运输管理技术等。

（一）运输工具

物流运输工具是指用于装载货物并能使它们发生空间位移的车辆和设备。现代物流普遍通过海陆、陆路、航空以及三种方式的联运来实现世界范围内高效率的物流运输。一般来说，运输的技术速度以航空、汽车、铁路、船舶为序，单位运输成本从低到高则以船舶、铁路、汽车、航空为序。物流配送中心较常用的运输工具是车辆；管道运输局限性较大，通常用于较为单一的货品运输，如石油。

（二）运输设备

在运输过程中，为了增加作业效率或者适应被运输货品的要求，采用了一些相应的技术设施，如为提高装卸作业效率采用带升降尾板的货车，侧开式厢式货车，带移动槽的货车等；依据运送货物的要求，又可将车内设计成保温式货车或者冷藏货车等。

（三）运输管理技术

运输管理技术包括货运形式管理以及行车路线优化等。

1. 货运形式管理

(1) 多班运输：在昼夜时间内的车辆工作超过一个工作班以上的货运形式。

(2) 定点运输：按发货点固定车队、专门完成固定货运任务的运输组织形式。

(3) 定时运输：运输车辆按运行作业计划中所拟定的行车时刻表来进行工作。

(4) 甩挂运输：利用汽车列车甩挂挂车的方法进行组织的一种拖挂运输形式。

(5) 直达联合运输：以车站、港口或工序物资单位为中心，按照货物运输的全过程把产供销部门、多种运输工具组织成一条龙，将货物从生产地一直运输到消费地。

(6) 集装箱运输：即采用集装箱装载的方式，使用水路、陆路方式进行的货物运输。

(7) 零担货物运输：以定站定线式货运班车或客运班车捎带货物挂车的形式将沿线零担货物集中起来进行运输的货运方式。

2. 行车路线优化

(1) 点运式运输：由一个供应点对一个客户的专门送货。该种方式以多装快跑、选择最短运送路线为原则，达到节约时间、费用，提高运送效率的目的。

(2) 分送式配送运输：由一个供应点对多个客户的共同送货。其基本条件是所有客户的需求量总和不大于一辆车的额定载重量。通过一条精心选择的最佳路线依次将货物送到多个客户手中。既满足客户对货物的配送需要，又满足多供应点存储的要求，并最终做到费用最省。

二、仓储技术

仓储作业过程是指以保管活动为中心，以仓库接受商品入库开始，到按需要把商品全部完好地发送出去的全过程。仓储技术则是指仓储作业过程中采用的作业管理方法和操作技术，以及所使用的仓储设备等。

（一）仓储作业方法

仓储作业流程的每一环节均会涉及到一定的管理办法。如在进行拣货的过程中采用拣取式或者播种式方法；在日常的仓储作业管理中采用责任到人的方法。对于货品进出采用信息控管的方法等。科学的仓储作业方法，能够在提高作业效率、满足配送条件的同时，保证库存数量、位置的准确。

（二）仓储操作技术

在进行仓储作业时，为了提高作业效率，降低人工操作失误率，通常会采取一些仓储操作技术进行协助作业，例如进货入库时计算机协助进行储位指派、使用电子标签辅助拣货系统（CAPS）进行货品拣取或者分配、使用无线射频终端系统（RF）来进行盘点、验收以及复核等。

（三）仓储设备

为了使物流中心作业达到高效化、省力化和自动化的目的，需要选用合适的搬运设备来满足进货、发货要求，需要选用合适的存储设备达到方便、高效的存取货物，需要选用合适的运送设备实现使货物在这个作业区快速、高效和准确地移动到另一个作业区。这样就涉及到物流中心必不可少的硬件系统。

物流中心的仓储设备通常包括存储设备、搬运设备、输送设备等。

三、装卸搬运技术

从某种意义上说，装卸搬运是运输、保管活动的辅助活动。在整个物流过程中，装卸搬运的频率高于其他各种物流活动，占用很多时间和消耗很多劳动力。研究装卸搬运技术，实现装卸搬运合理化，对于物流系统整体功能的发挥，降低物流费用，提高物流速度具有十分重要的意义。

装卸搬运技术主要是指装卸搬运设备以及装卸搬运设备的运用组织。装卸搬运设备是进行装卸搬运活动的物质技术基础，是提高装卸搬运技术水平的重要保证；装卸搬运设备的运用组织则是充分发挥装卸搬运设备功能的重要条件，也是装卸搬运合理化的基本内容。

四、包装技术

在包装作业活动中，由于货物品种、外形、状态、物理、化学特性各不相同，对仓储、搬运的要求也因此而多种多样，对货物的规格、数量的要求也大相径庭。因此，物流包装容器、包装保护技术、包装设备便应运而生，以满足各类物品的包装要求。

五、配送技术

配送是以分拣和配货为主要手段，以送货和抵达为主要目的的一种特殊的、综合的物流活动，是“配”和“送”的有机结合形式，也是物流中一个重要的直接与消费者相连的环节。它主要由集货、配货、车载货物的配装和按确定的配送路线送货等四个环节组成。

为了降低配送成本，提高效率，以达到占领和扩大市场、增加企业利润的目的，必须实施物流配送车辆优化调度。即对一系列装货点和（或）送货点组织适当的行车线路，在满足一定的约束条件下，如货物需要量、发送量、交发货时间、车辆容量限制、行驶里程限制和时间限制等，达到路程最短、费用最低、时间尽量少、试用车辆尽量少等目标。物流配送车辆优化调度，是物流配送优化中的一个关键技术，也是电子商务活动不可缺少的内容。

六、流通加工技术

一般认为，生产是通过改变物的形态来创造价值，流通则应保持物的原有形态和使用价值。随着物流现代化的发展，这一观念发生了很大的变化，主要是因为社会生产中，生产环节的加工活动往往不能完全满足消费者需要。如果客户为了满足特定需要而自行进一步加工，则不仅投资大，利用率低，而且物资利用率不高，加工质量也差。于是这种进一步加工便由生产和使用环节转入流通环节，成为仓库或流通中心为满足现代生产和消费要求而在流通过程中所增加的一种新的职能——流通加工。

流通加工的类型主要有：为弥补生产领域加工不足的深加工；为满足需求多样化进行的服务性加工；为保护产品所进行的流通加工；促进销售的流通加工；为提高加工效率的流通加工；为提高原材料利用率的流通加工；衔接不同运输方式使物流合理化的流通加工；以提高经济效益追求企业利润为

目的的流通加工以及生产——流通一体化的流通加工等。

七、物流信息技术

物流信息技术是物流现代化极为重要的领域之一，主要包括条形码技术(Bar Code)、电子技术交换（Electronic Data Interchange，简称 EDI)、地理信息系统（Geographical Information System，简称 GIS)、全球卫星定位系统（Global Positioning System，简称 GPS）和智能交通系统（Intelligent Transport System，简称 ITS）等。

第三节　物流技术发展趋势

物流技术是物流现代化的重要环节，是提高物流效率的根本途径，长期以来，人们都非常重视物流技术的研究和发展。第二次世界大战后，物流技术得到了快速发展，一些新设备不断涌现，如托盘、高架叉车、自动导引搬运车（AGV)、集装箱等。从装卸搬运技术、仓储技术的发展来看，早期的货物输送、储存、装卸、搬运主要靠人工操作，随着科学技术的发展和经济实力的增强，物流作业机械化程度不断提高。人们开始采用传送带、工业输送机、起重机、叉车等机械设备来移动和搬运物料；用货架、托盘和可移动货架来存储物料；20 世纪中期，相继出现的 AGV、自动货架、自动存取机器人、自动识别和分拣等设备，使装卸搬运技术趋向自动化。20 世纪 70 年代，旋转式货架、移动式货架、巷道式堆垛机等设备的自动控制逐步应用于生产和流通领域的物流系统中，大大提高了物流的效率。20 世纪 80 年代以来，大型起重机、自动输送机、自动分拣设备、自动上下料机械、智能型装卸堆垛机器人等物流机械设备的发展，以及由它们构成的自动化仓库系统的应用，提高了物流装卸搬运技术和仓储技术的协调性、自动化、智能化程度，极大地推进了世界各国物流业的迅速发展。从运输技术来看，公路运输技术、铁路运输技术、水路运输技术、航空运输技术、管道运输技术都有了很大的发展，各种专用车辆的种类和数量不断增加，以适应物流运输的需要。跨入21世纪，经济全球一体化进程加快，科学技术水平不断提高，以及物流被广泛认为是企业的“第三利润源”，物流的发展得到了空前的重视，一些发达国家十分注重物流技术的研发、改革和整合，物流技术有了较快的提高。国外物流企业的技术装备已达到较高的水平。目前已形成了以系统技术为核心，以信息技术、运输技术、配送技术、装卸搬运技术、自动化仓储技术、库存控制技术、包装技术等专业技术为支撑的现代化物流装备技术格局。现代物流技术将进一步向集成化、信息化、自动化、标准化、智能化、柔性化、绿色化方向发展。

与国外相比，我国的物流技术发展相对落后，但我国政府很重视物流的发展，出台了一些大力发展物流业的政策，促进了我国物流技术的发展。我国建有一定现代化水平的铁路、公路、机场、港口、码头，汽车、火车、轮船、飞机等设备的技术性能日趋现代化，数量迅速增长。起重机、输送机、集装箱、专用货车等机械设备在物流领域得到广泛的应用。信息技术、通信技术、自动化技术等已逐步在物流业务中运用并取得了长足的进步。如深圳中海物流开发的“物流信息管理系统”，融进出仓、运输、报关、检疫、信息反馈和结算于一体；昆明船舶设备集团有限公司与红河卷烟厂联合研制的企业自动化物流系统，总体上已达到世界先进水平，是世界烟草行业综合功能最齐全的自动化物流系统之一；由海尔机器人有限公司整合国外资源而建立的海尔国际物流中心，采用了世界上最先进的激光导引无人运输车系统、巷道堆垛机、机器人、穿梭车等技术，全部实现了现代物流管理的自动化和智能化。

思考题

1. 什么是物流技术？物流技术的性质是什么？
2. 物流技术是如何进行分类的？
3. 谈谈物流技术的发展趋势。

第二章　物流的运输技术

学习目的

通过本章学习，熟悉运输的基本知识；掌握各种运输方式下的货物运输技术与实务；了解运输的基本要求。

第一节　物流运输技术概述

一、运输的含义

（一）运输

运输是指用设备和工具，将物品从一地点向另一地点运送的物流活动。也可以说，运输是以改变“物”的空间状态为日的对物品进行空间位移的活动。

从物流系统来讲，运输是实现物品空间位移的物理性转移，是创造物流空间效用的；从整个国民经济来讲，运输业是国民经济的一个重要部门，是实现物流系统输送功能的产业。因此，加强运输活动的研究，实现运输合理化，无论对物流系统整体功能的发挥，还是对促进国民经济持续、稳定、健康地协调发展，都具有极为重要的意义。

运输是连接生产和消费的纽带，它实现了物品的空间效用。任何物品由其生产地至消费地的空间位移，都是依靠运输来完成的。

（二）运输技术

运输技术是运输活动中的所使用的各种设施、设备和工具等，以及由科学理论知识和实践经验发展而成的各种运输方法、技术与技能等。它一般由运输方法的选择、运输合理化、运输线路和运输设备的运用等内容组成。

二、运输在物流中的作用

（一）运输是物流的主要功能之一

运输承担了改变物的空间状态的主要任务，它是改变空间状态的主要手段。在物流中，很大一部分工作是由运输担任的，运输是物流活动的主要部分。

（二）运输是实现社会物质生产的必要条件

运输活动和一般生产活动不同，它不创造新的物质产品，不增加产品数量，不赋予产品新的使用价值，但是如果没有运输活动，则生产过程内部的各环节、生产与再生产、生产与消费之间的相关环节就无法衔接，生产就无法继续下去，社会再生产就无法不断推进，因此，运输是实现社会物质生产的必要条件。

（三）运输可以提高物的使用价值

由于物品存在“场所效用”现象，通过运输，改变物品的场所，将其运到效用最高的地方，就能发挥物品的潜力，实现资源的优化配置。因此，通过运输提高了物的使用价值。

（四）运输是“第三利润源”的主要源泉

运输活动，承担大跨度空间转移任务，要靠大量的动力消耗才能实现。活动的时间长、距离长、消耗也大。由于消耗的绝对数量大，其节约的潜力也大。从运费来看，运费在全部物流费用中占相当大的比例（一般占将近一半的比例），有些产品运费高于产品的生产费用，所以节约的潜力很大。同时，由于运输总里程大，运输总量巨大，通过完善运输合理化措施可大大缩短运输吨公里数，由此可获得较大的节约。

三、运输的种类

（一）按运输设备及运输工具不同分类

1. 公路运输

这是一种主要使用汽车，也使用其他车辆在公路上运送客货的运输方式。它主要承担近距离、小批量的货运和水运、铁路运输难以到达地区的长途、大批量货运及铁路、水运优势难以发挥的短途运输。公路运输的经济里程在200公里以内。由于公路运输有很强的灵活性，近年来，在有铁路、水运的地区，较长途的大批量运输也开始使用公路运输。

公路运输的主要优点是灵活性强，公路建设期短，投资较低，易于因地制宜，对站点设施要求不高。公路运输也可作为其他运输方式的衔接手段。

2. 铁路运输

这是一种使用铁路列车运送客货的运输方式。铁路运输主要承担长距离、大批量的货运，在没有水运条件的地区，几乎所有大批量货物都是依靠铁路。它是在干线运输中起主力运输作用的运输方式。铁路运输的经济里程一般在200公里以上。

铁路运输的优点是速度快，运输不受自然条件的限制，载运量较大，运输成本较低。主要的缺点是灵活性较差，只能在固定线路上实现运输，需要有其他运输手段配合和衔接。

3. 水路运输

这是一种使用船舶运输客货的运输方式。水运主要承担大数量、长距离的运输，是在干线上起主力作用的运输形式。在内河及沿海，水运也常以小型运输工具来担任补充及衔接大批量运输干线的任务。

水运的主要优点是成本低，运量大。缺点主要是运输的速度慢，受港口、水位、季节、气候的影响较大，因而一年里中断运输的时间较长。水运又可分为远洋、近洋、内河水运等，其中远洋运输是国际货运的主要形式。

4. 航空运输

这是一种使用飞机或其他飞行器进行运输的形式。航空运输的单位成本较高，因此，主要适合运载的货物有两类：一类是价值高、运费承担能力强的货物，如贵重的设备、高档的物品等；另一类是紧急需要的物资，如救灾抢险物资等。

航空运输的主要优点是速度快，不受地形的限制。在火车、汽车都达不到的地区也可依靠航空运输，因而有其重要意义。

5. 管道运输

这是一种利用管道输送气体、液体和粉状固体的运输方式。其原理主要是靠物体在管道内顺着压力方向循环流动实现的，它同其他运输方式的主要区别在于，管道设备是静止不动的。

管道运输的主要优点是，由于采用密封设备，在运输过程中，可避免散失、丢失等损失，也不存在其他运输设备本身在运输过程中消耗动力所形成的无效运输问题。同时，运输量大，适合大量连续不断运送的物资。

（二）按运输的范围分类

1. 干线运输

这是利用铁路、公路的干线，大型船舶的固定航线进行的长距离、大数量的运输，是长距离运输的重要形式。干线运输的速度一般较同种运输的其他运输要快，成本也较低。

2. 支线运输

这是与干线相连接的分支线路上的运输。支线运输是干线运输与收、发货地点之间的补充性运输形式，路程较短，运输量相对较小，运输工具水平往往也低于干线，因而速度较慢。

3. 二次运输

这是一种补充性的运输形式，路程较短。当干线、支线运输到站后，在站与客户仓库或指定接货地点之间的运输。由于是客户的需要，所以运量也较小。

4. 厂内运输

在工业企业范围内直接为生产过程服务的运输。一般在车间与车间、车间与仓库之间进行。

（三）按运输的作用分类

1. 集货运输

将分散的货物汇集运输的集中形式。一般是短距离、小批量的运输，货物集中后才能利用干线运输形式进行远距离及大批量运输，因此，集货运输是干线运输的一种补充形式。

2. 配送运输

在物流据点中，将已按客户要求配好的货物分送各个客户的运输。一般是短距离、小批量的运输，它是干线运输的一种补充和完善。

（四）按运输的协作程度分类

1. 一般运输

这是一种采用不同运输工具或同类运输工具而没有形成有机协作关系的运输方式。

2. 联合运输

这是一种客户一次委托，由两家以上运输企业或两种以上运输方式共同将一批货物运送到目的地的运送方式。简称联运。联合运输可以简化托运手续，方便客户，可以加快运输速度，有利于节省运费。

（五）按运输中途是否换载分类

1. 直达运输

这是指一种物品由发运地到接收地，中途不需要换装和在储存场所停滞的运输方式。

2. 中转运输

这是指一种物品由生产地运达最终使用地，中途经过一次以上落地并换装的运输方式。

四、运输合理化

（一）合理运输的含义

合理运输是指在现有技术能力和专业设备的条件下，可以达到最优水平的一种运输形式。有时因为管理问题或实际操作的相关环节出现差错，而未达到最优，就成为不合理运输了。

（二）不合理运输的形式

由于运输方式的多样性和复杂性，不合理运输的形式也具有多样性的特点，主要有：

1. 返程或起程空驶

返程或起程空驶，主要是指因调运不当，货源计划不周，不采用运输合理化而形成的空车无货载行驶的运输方式，这是不合理运输的最严重形式。

2. 对流运输

对流运输，也称“相向运输”，指同一种货物，或彼此可以相互替代而又不影响管理、技术及效益的货物，在同一线路上或平行线路上做相对方向的运送，而与对方运程的全部或部分发生重叠交错的运输称为对流运输。

3. 迂回运输

迂回运输，是指由于计划不周、地理不熟、组织不当等原因，在可以选取短距离进行运输的情况下而不选，却选择路程较长的路线进行运输的一种不合理形式。

4. 重复运输

重复运输，这是指一种本来可以直接将货物运到目的地，但是在未到达目的地之处，或目的地之外的其他场所将货物卸下，再重复装运送达目的地的运输方式。重复运输的最大问题是增加了不必要的中间环节。

5. 倒流运输

倒流运输，是指货物从销地或中转地向产地或起运地回流的一种运输现象。其不合理程度超过对流运输，其原因在于，往返两程的运输都是不必要的，形成了双程的浪费。

6. 过远运输

过远运输，是指调运物资舍近求远，近处有的资源不调，而从远处调运，造成可采取近程运输而不采取，不合理地拉长了货物运距的浪费现象。

（三）实现运输合理化的基本措施

随着物流业的发展，人们在生产实践中探索和创立了不少运输合理化的途径，在一定时期内，一定条件下取得了许多有益的效果，其措施主要有：

1. 提高运输工具实载率

实载率有两个含义：一是指单车实际载重与运距之乘积和标定载重与行驶里程之乘积的比率，这在安排单车、单船运输时，是作为判断装载是否合理的重要指标；二是指车船的统计指标，即一定时期内车船实际完成的货物周转量（以吨公里计）占车船载重吨位与行驶公里之乘积的百分比。在计算时，车船行驶的公里数，不但包括载货行驶，也包括空驶。

提高实载率的意义在于：充分利用运输工具的额定能力，减少车船空驶和不满载行驶的时间，减少浪费，从而求得运输的合理化。

2. 尽量多采用减少动力投入，增加运输能力的措施

即采取少投入、多产出，走高效益的方法。在这方面的具体措施有：

（1）提倡铁路运输的“满载超轴”。“超轴”的含义就是在机车能力允许情况下，多加挂车皮，以达到在不增加机车情况下增加运输量。

（2）水运拖排和拖带法。对于竹、木等物资的运输，可利用竹、木本身的浮力进行运输，省去运输工具的载运。采取拖带法运输，可省去运输工具本身的动力消耗，从而求得合理化。

（3）顶推法。顶推法是我国内河货运采取的一种有效方法，是将内河驳船编成一定队形，由机动船顶推前进的航行方法。

（4）汽车挂车。汽车挂车的原理和船舶拖带、火车加挂基本相同，都是在充分利用动力能力的基础上，增加运输能力。

3. 发展社会化的运输体系

运输社会化的含义是发展运输的大规模优势，实行专业分工，打破一家一户自成运输体系的状况。

实行运输社会化，可以统一安排运输工具，避免对流、倒流、空驶、运力不当等多种不合理运输形式。不但可以追求组织效益，而且可以追求规模效益，所以发展社会化的运输体系是运输合理化的非常重要的措施。

4. 开展中短距离铁路公路分流，“以公代铁”的运输

这一措施的要点是在公路运输经济里程范围内，或者经过论证，在超出通常平均经济里程范围的情况下，也尽量利用公路，其优点在于可缓解较紧张的铁路运输。

5. 尽量发展直达运输

直达运输是追求运输合理化的重要形式，要点是通过减少中转、过载、换载，从而提高运输速度，节省装卸费用，降低中转货损。

6. 开展配载式运输

就是充分利用运输工具载重量和容积，合理安排装载的货物及载运方法以求得合理化的一种运输方式。配载运输也是提高运输工具实载率的一种有效形式。

配载运输往往是采取轻重商品的混合装载，例如，在以重质货物运输为主的情况下，同时搭载一些轻质货物，这样就能在基本不增加运力投入的情况下，在基本不减少重质货物运输的情况下，解决了轻质货物的搭运。

7. 采用“四就”直拨运输

所谓“四就”直拨，首先是由管理机构预先筹划，然后就厂或就站（码头）、就库、就车（船）将货物分送给客户，而勿需再入库了。因此，“四就”直拨是减少中转运输环节，力求以最少的中转次数完成运输任务的一种方式。

8. 发展特殊运输技术和运输工具

依靠科技进步是运输合理化的重要途径。例如，采用专用散装罐车，解决了粉状、液状物运输消耗大、安全性差等问题，袋鼠式车皮、大型半挂车解决了大型设备整体运输问题等，这些都是通过采用先进的科学技术来实现合理化的体现。

9. 通过流通加工，使运输合理化

有不少产品，由于产品本身形态及特性问题，很难实现运输的合理化，对此如果进行适当加工，就能够解决合理化问题。比如，将造纸材料在产地预先加工成干纸浆，然后压缩体积运输，就能解决造纸材料运输不满载的问题。

第二节　公路运输技术

一、公路运输的含义与特点

（一）公路运输的含义

公路运输的概念有广义和狭义之分。广义的公路运输是指货物或旅客借助一定的交通工具（人力车、蓄力车、拖拉机和汽车等）沿着公路（一般土路、有路面铺装的道路和高速公路）的某个方向做有目的的移动的过程；狭义的公路运输是指汽车运输。作为现代运输方式之一的公路运输一般是指汽车运输。(本章主要说明汽车运输)

（二）公路运输的特点

第二次世界大战以来，公路运输在世界范围内获得迅速发展，在交通运输中占据越来越重要的地位。这是由公路运输的技术、经济特征决定的。与其他运输方式相比，公路运输的主要特点是：

1. 机动、灵活、可实现“门到门”运输

汽车不仅是其他运输方式的接运工具，还可以实现直达运输，减少中转环节及装卸次数，可以深入到广大的城镇和农村。汽车运输在运输时间上的机动性也比较大。另外，汽车运输还对运量、批量大小具有很强的适应性。

2. 货损货差小，安全性不断提高

随着人民生活水平的提高，货物结构中的高价值的生活用品，如家用电器、日用百货、鲜活易腐物的比重增加，这些货物使用汽车运输能保证质量，及时送达。对于高价值的货物来说，汽车运输运价虽偏高，但在其总成本中所占的比重仍较小，而且可以从减少货损、货差、及时供应市场中得到补偿。随着公路运输网的建设和发展，公路的等级不断提高，混合行驶的车道将会越来越小。科学技术的发展，也使汽车的技术性能不断改善。因此，公路运输的安全性也有较大的改善。

3. 送达速度快

由于汽车运输灵活方便，可以实行门到门直达运输，不需中途倒载换装，因而在中、短途运输中其送达速度快，可以加速资金的周转，有利于保持货物的质量和提高运输的时间价值。

4. 原始投资少，资金周转快，回收期短

与其他运输方式相比，汽车车辆购置费较低，原始投资回收期短。美国有关资料表明：公路货运企业每收入 1 美元，仅需投资 0.72 美元，而铁路则需投资 2.7 美元。公路运输的资本每年可周转 3 次，铁路则需 3～4 年周转 1 次。

5. 技术改造容易

汽车运输在载货吨位、品种、技术性能、专用车种类等方面都有了很大的改进和提高，能够较好地满足社会经济发展对运输的需要。

二、公路的概况

(一) 公路的构成

公路是一种线形工程构造物，主要包括路基、路面、桥梁、涵洞、隧道以及交通标志、路面标线和其他辅助建筑物等。

1. 路基

路基是路面的基础，并与路面共同承受车辆载荷的作用力，同时抵御地表各种自然因素的危害。

路基宽度与公路横向的路幅宽度相同，而路幅宽度为中间的路面宽度与两侧的路肩宽度之和。为了满足车辆和行人的通行要求，公路路基必须坚固和稳定。因此在公路选线时应考虑路基的坚固；合理地设计路基的形状和尺寸；特别是要处理好路基的排水问题，以防止地下水对路基的侵蚀。

2. 路面

公路路面是在路基上用坚硬材料铺筑供汽车行驶的层装结构物，直接承受车辆的行驶作用力。一般分为面层、基层、垫层和土基。

路面按面层材料的不同，可分为沥青路面、水泥混凝土路面、块料路面和粒料路面。按技术条件及面层类型不同，可分为高级、次高级、中级和低级路面。路面的选用一般应根据公路性质、任务、交通量及充分利用当地材料和结合施工条件等因素确定。为了保证车辆一定的行驶速度和安全等，公路路面要具有一定的强度、平整度和必要的粗糙度。

3. 桥梁、隧道与涵洞

当公路跨越河流、河谷，或与铁路、其他公路交叉时，需要修建桥梁和涵洞；当线路翻山越岭时，则需修筑隧道。按照有关技术规定，凡单孔跨径小于 5 米或多孔跨径之和小于 8 米的称为涵洞，大于这一规定值的则称为桥梁。

桥梁有梁式桥、拱桥、吊桥、钢构桥和斜拉桥等多种类型。公路的隧道一般设计在公路线形的平坡和直线部分，也可设计在平曲线上。隧道内纵坡应小于0.3%，不大于3%，以利于隧道排水和行车安全。较长的公路隧道，还需设置照明、通风、消防及报警等其他应急设施。

4. 交通标志

交通标志是把交通指示、交通警告、交通禁令和指路等交通管理与控制法规用文字、图形或符号形象化表示出来，设置于路侧或公路上方的交通控制设施。主要包括指示标志、警告标志、禁令标志和指路标志。

5. 标线

路面标线是在路面上用漆类物质喷刷或用混凝土预制块瓷瓦等制作的一种交通安全设施。如行车道中线、车道分界线、路缘线、停车线、禁止超车线、导流带、人行横道线、交叉路口中心圈和导向箭头等。其作用是配合标志牌对交通运输做有效的管制，指引车辆分道行驶。

（二）公路的等级

公路根据其作用及使用性质，可分为国家干线公路（国道）、省级干线公路（省道）、县级干线公路（县道）、乡级公路（乡道）以及专用公路五个等级，实行分级管理。根据交通量及其在交通网中的意义，可分为高速、一级、二级、三级和四级公路五个等级。我国公路工程标准规定，各级公路所适应的交通量、使用任务和性质主要有：

1. 高速公路

一般设计为四车道以上，年平均昼夜交通量为25000辆以上，具有特别重要的政治、经济意义，专供汽车分向、分车道高速行驶，并全部控制出入的干线公路。

2. 一级公路

一般设计为四车道，年平均昼夜汽车交通量为10000～25000辆，连接重要政治、经济中心，通往重点工矿区、港口、航空港，专供汽车分道行驶，并部分控制出入的公路。

3. 二级公路

一般设计为二车道，又分为汽车专用二级公路和一般二级公路两种。汽车专用二级公路一般能适应年平均昼夜交通量为4500～7000辆，连接政治、经济中心或通往大工矿区、港口、航空港等的干线公路，或运输任务繁忙的城郊公路。一般二级公路能适应年平均昼夜汽车交通量2000～5000辆。

4. 三级公路

一般设计为二车道，能适应年平均昼夜交通量为2000辆以下，沟通县及县以上城市的一般干线公路。

5. 四级公路

一般设计为一或二车道，能适应年平均交通量为200辆以下，沟通县、乡（镇）村等的支线公路。

（三）高速公路

高速公路是专供汽车高速行驶的公路。它采取限制出入、分隔行驶、汽车专用、全面立交以及采用较高的标准和完善的交通设施和服务设施等措施，为汽车的大量、快速、安全、舒适、连续地运行创造了条件。

1. 高速公路设施与设备

高速公路设施与设备包括安全设施、服务设施、绿化设施和交通控制及管理系统。

（1）交通安全设施。安全设施主要包括防护栅、防炫设施、防噪音设施、照明设施和交通标志等。

①防护栅设在公路两侧及中央带，用以防止高速公路车辆驶出车道或者闯入对向车道，尽可能减少对司乘人员的伤害及车辆的损坏，并使车辆恢复正常行驶方向及便于诱导驾驶员视线。

②防炫设施可采用植树防炫或采用百叶板式和金属网式防炫栅等。

③防噪音设施有隔音墙、隔音堤和遮音林带等。

④道路标志包括交通标志和信号标志。交通标志有警告标志、指示标志和道路标志等；信号标志常用红、黄、绿三色。

（2）服务设施。服务设施包括服务区（加油站、餐饮、住宿、休息室、公用电话、小卖部、公厕及停车场等）、休息区（公用电话、休息亭、公厕及停车场等）和辅助设施（养路站、园地等）。

高速公路沿线每10～20公里设置一个休息区，每40～50公里设置一个服务区，为司乘人员提供各类服务。

（3）绿化设施。高速公路两侧种植风景林和防护林美化路容。中央分割带种植高约1.2～1.4米的长绿树木，以美化景色并避免对向车灯炫目。

（4）交通控制及管理系统。高速公路交通控制及管理采用电子计算机控制及信号自动化来监视路段交通情况，迅速测出交通堵塞和交通事故，通过交通信息变换标志和无线电行车信号，告知司机有关信息，进行交通导向，及时进行事故救援与交通排堵疏解。其设施装备分设在高速公路外场和机房控制中心。

高速公路外场主要配备应急电话、车辆监视器、可变情报板、可变限速板、可变标志牌、交通信息电台、气象监测器、可调摄像机、调动封道栏杆及供电设施等；机房控制中心主要配备主控台、监视器、大屏投影、服务器、计算器终端、光端机、供电设施及系统管理软件。

①应急电话每两公里设置一对，主要通过高速公路专用通信网的电缆和光缆，或通过公众移动通信网传播至控制中心。

②车辆监视器主要用于检测车流量、平均速度、占有率、车头间距及轴数、轴重等。

③可变情报板通常设置于高速公路分叉口事故多发地段的前方，一般每20公里设置一块，是调节交通量和指挥高速公路交通非常重要的信息发布载体。

④可变限速板和可变标志牌在特殊情况下，用于显示限速、前方施工和事故标志信息。

⑤交通信号电台为高速公路专用电台，用于播放交通信息和播放音乐。

⑥摄像机焦距、方向可调，通常设置于高速公路互通交义区、隧道、弯道及事故多发地段等。

⑦系统管理软件由软件公司开发编制，用于整个系统的数据采集、处理、计算和储存，并发布控制指令和信息。

⑧供电设施主要有市电、太阳能电池、蓄电池和汽油、柴油发电机等。

2. 高速公路经济效益

高速公路的经济效益包括直接经济效益和间接经济效益。

（1）直接经济效益。直接经济效益体现在缩短运输时间，提高汽车使用效率；节省行驶费用；减少货物运输损坏，节省包装、装卸费用；降低事故率，减少经济损失等方面。

(2) 间接经济效益。间接经济效益主要是促进全社会的生产和运输合理化；促进沿线的经济发展和资源开发；加速物资生产和产品流通；促进水运铁路与高速公路的联运；有利于城市人口的分布和卫星城镇的开发。

三、公路的运输工具

公路货物运输的工具主要是汽车。汽车是指不用轨道，具有独立的原动力驱动装置和载运装置的轮式陆路运输工具。运输货物的汽车简称为货车。货车主要有以下几种：

（一）普通货车

普通货车按其载重量的不同可以分为轻型、中型、重型货车。

1. 轻型货车

轻型货车是指一般载货吨位在 2 吨以下的货车。它的货台低，人力装卸比较方便，主要用于批量小的市区内的集货、配送方面的运输。

2. 中型货车

中型货车是指一般载货量在 2～8 吨之间的货车。它的载货适用范围比较广，既可以用于市区内的货物运送，也可以在城乡之间进行货物的运输。

3. 重型货车

是指载货吨位在 8 吨以上的货车。它的货台较高，要借助一定的设施装卸货物。它主要用于大批量的、长途干线货物的运输。

（二）厢式货车

厢式货车是指具有独立式封闭结构货厢的货车（如图 2-1 所示)。它具有防雨、封闭等功能，安全性好，可防止货物散失，多用于价值较高的货物运输。按货厢高度可分为低货厢车和高货厢车；按开门的方式不同可分为后开门、侧开门、侧后双开门、顶开门和翼式等类型。

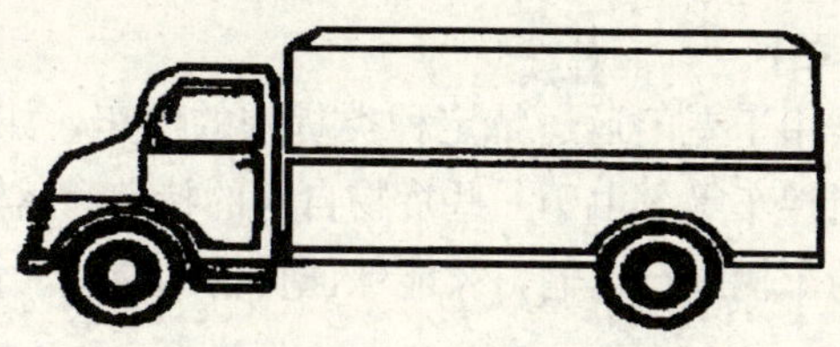

图 2-1　厢式货车

（三）集装箱货车

集装箱货车是指具有集装箱紧固装置或锁上装置，专门用于运输集装箱的货车（如图 2-2 所示）。

图 2-2　集装箱货车

（四）自卸式货车

自卸式货车是指安装有可使货箱自动向后或向两侧倾斜卸货装置的货车（如图 2-3 所示）。

图 2-3　自卸式货车

（五）专用货运车

专用货运车是用于专门运送特定种类货物的汽车，如冷藏车、保温车、油罐车、混凝土搅拌车等。由于一些货物自身的特点和运输装卸操作的特殊性，需要用专门的车辆进行运输，才能保证货物的质量、性能、安全等。

1. 冷藏车

冷冻货物的运输、易腐鲜活货物的运输要用带有制冷装置的冷藏车（如图 2-4 所示）。

图 2-4　冷藏车

2. 保温车

带有保温装置的保温车（如图 2-5 所示）。

图 2-5　保温车

3. 油罐车

油品运输需要的油罐车（如图 2 - 6 所示）。

图 2 - 6　油罐车

4. 混凝土搅拌车

建筑工地用的混凝土搅拌运输车（如图 2 - 7 所示）。

图 2 - 7　混凝土搅拌车

（六）货运汽车的技术性能

货运汽车的技术性能由以下五方面决定：

1. 容载量——载客车辆包括座位数和站立乘客数，载货车辆以最大的装载质量表示。

2. 比功率——发动机标定最大功率（千瓦）/厂定最大总质量（吨）。

3. 最高车速——规定装载状态下，水平良好路面上，变速器最高挡，节气门全开时，车辆稳定行驶的最高速度。

4. 燃料消耗量——规定装载状态下，单位行驶距离消耗的燃料量（升/

100 公里)。

5. 制动距离——规定装载状态下，以一定车速行驶时，实施紧急制动，从踩自动踏板开始到完全停车为止测得的车辆驶过的距离。

此外，进行公路运输的货运汽车，即载货汽车和载重汽车，从车头型式来看，有平头式和长头式两种；就车厢结构而言，有厢式、平板式和箱型；就整体结构而言，有单车（整体式）、拖挂车和汽车列车（铰接式）之分。以下介绍后两种分类情况下的货运汽车。

小型厢式载货汽车一般用于运距较短、货物批量小、对运达时间要求较高的货物运输。封闭式的车厢可使货物免受风吹、日晒、雨淋，而且小型厢式载货汽车一般兼有滑动式侧门和后开车门，因此货物装卸作业非常方便。由于其小巧灵便，因此无论大街小巷均可长驱直入，真正实现“门到门”运输（指从发货人直接运达收货人）。因此，这种载货汽车相当广泛地应用于商业和邮件运输等各种服务行业。有些小型厢式货车的车厢内还设有几个可翻转折叠的活动座席，平时可以载人，必要时可折叠收起以腾出更大的载货空间。

平板式载货汽车由小型/轻型送货车和大中型平板式货车组成。轻型送货车又称“皮卡”（是英文 Pick Up 的音译），主要用于运送小批量的货物。“Pick Up”本身的含义是“集收”，而实际上，不足整车的小批量零担货物的分类和集收是同时进行的。轻型送货车一般有单厢（驾驶室只有一排座位）和双厢（驾驶室有两排座位）轻型送货车两种。轻型送货车被广泛应用于各种野外作业。

箱式载货汽车是近年来国际货车市场上的一支主力军，其特点是载货容积大，货厢密封性能好，尤其是近年来轻质合金及增强合成材料的使用，为减轻车厢自重、提高有效载重量创造了良好的条件。

拖挂车实际上由拖车（又称“牵引车”）和挂车两部分组成，二者通过一个连接机构相连，拖挂运输是提高运输生产率的有效手段。

挂车有全挂车和半挂车之分。全挂车相当于一个完全独立的车厢，所负荷载全部作用于挂车本身的轮轴上，只不过是由牵引车拖着行驶而已。而半挂车所负荷载只有一部分作用于挂车的轮轴上，其余则通过连接装置作用于牵引车的轮轴上。

四、公路运输方式

公路运输按照不同的分类标准，可以分为不同的运输方式。

（一）按其服务方式不同分类

1. 零担运输

零担运输是指所运送的货物从承运至送达收货人手中的整个过程需要经过分拣拼装的环节才能完成的运输组织方式。零担运输产生于两种情况：①被运送的货物批量太小，直达运输不经济；②由于道路通行条件（包括交通管制）等原因，为了达到快捷、经济运送的目的，而选用零担快运的组织方式。目前，随着高速公路的兴建，以高速公路为依托的零担运输已建立起发达的网络，其运输的经济运距及运送能力也大大提高，特别是货运交易市场的发展使许多零担货物可以由社会车辆通过回程配载的形式承运至各地，既经济又及时，这为公路零担货运吸引了大量货源。

2. 整车运输

整车运输是指从接货承运直到送达收货人的整个运送过程，货物不需经过分拣拼装的运输组织方式。同零担快运系统的运行模式相比，整车运输方式在基本作业流程中简化了货场的装卸分拣作业过程，货物由发货人起运可以直接快运到收货人手中。

（二）按照技术配置的不同分类

在一般公路上从事的运输活动称为一般运输，而高速公路或等级高的汽车专用路是开展快速运输的必要条件。目前，公路快速运输发展迅速，下面主要介绍这种运输方式。

公路快速货运系统是以高时效的货物为服务对象，以高等级公路为基础，依托多层次、网络化的货运站场体系集散货源，使用技术先进、结构合理的车辆载运货物，利用高效的通信技术作为管理手段，通过科学有效的运输组织，实现货物安全、准确、快速流动的公路货运系统。从公路快速货运的服务形式看，又可以分为零担货物快速运输和整车货物快速运输。

五、公路运输实务

汽车运输运行形式比较多样，主要有多班运输、定时运输、定点运输、直达联运和零担货物集中运送。因此，公路运输在短途运输中效果最突出，短途指50公里以内。

（一）汽车货物运输的种类

1. 按汽车运输条件分，有普通货物运输和特种货物运输；
2. 按装卸条件分，有计件货物运输、散装货物运输和罐装货物运输；
3. 按营运方式分，有整车运输、零担运输和联合运输。

（二）汽车货物运输的托运程序

一般要经过托运→装载与发车→货物交付等程序。

第一步，托运。向交通运输企业托运时，托运人要准确填写运单。一张运单必须属于同一托运人。轻泡货物要准确填写货物体积并折算出重量，零担货物要系上牢固的标签。自行车队的托运手续一般以调拨单、派车单为汽车货物运单。

第二步，装载与发车。承运人一经签证发车装运，即应履行运输责任，同时，计算运杂费，填制运杂费结算单据，在派车单上填写重驶里程、空驶里程等有关内容，并向托运人或收货人结算费用。货物的装载重量以车辆核定载重吨位为限。但整件货物或整批货物的尾数允许增载10%以内。

第三步，货物交付。整批货物运抵指定地点后，经收货人查验无误，在货票或收货回执上签收，由司乘人员带回起运车队；零星货物必须按批点清件数，由收货人签证回单。如发生货损货差，收货人与运货车辆要当场分清责任，并在回单上批注清楚；一经签收，运输责任即履行完毕。

（三）汽车装卸工作

载货汽车的装卸形式大体有三种：第一种，承运部门配备随车装卸工人跟车装卸；第二种，托运人自装，收货人自卸，货主自行负责；第三种，装卸地点有专业装卸部门或机械设备承担装卸任务。

采用第一种形式要根据派车数调配足够的装卸力量，否则就会影响运行时间，这种形式适合短途运输和循环运输；第二种形式适用于长距离运送。

但无论采用哪种形式，都应重视装卸质量，必须坚持文明装卸，做到重不压轻，大不压小，堆码有序、整齐，捆扎牢固，避免丢、撒、漏、损。同时要求严格执行车辆装载的有关规定：一般情况下，大型货车货物装载高度从地面算起不超过4米，货物长度前端不准超出车身，后端不超过车厢2米。

载货汽车驾驶员和随车理货员对所装运的货物要负责点件交接，并检查装载情况。

（四）公路运输费用

1. 公路运价（汽车货物）种类

（1）基本运价。基本运价是指以中型普通货车采用整车方式，在正常营运路线上运送一等货物的每吨公里运价。

（2）差别运价。差别运价是在基本运价基础上，按不同的车型货种、营运方式和运输条件，制定的加成或减成运价。

（3）长途或短途运价。运距在25公里以上为长途，25公里以下为短途。长途运价一般执行基本运价，短途运价递近递减，以里程分段或以基本运费加吨次费计费。

（4）整车、零担运价。一次托运货物的计费重量达3吨以上的，按整车运价计费，不足3吨的按零担计费。

（5）普通货物分等运价。《汽车货物运输规则》对普通货物分为三等。以一等货物为基数，二、三等货物采用固定比差，在一等的基础上加10%。

（6）特种货物分等运价。特种货物分长大笨重、危险、贵重、鲜活四类，长大笨重分3级，危险货物分2级。特种货物分等运价，实行不同价目运价率比差，可在最高和最低的一定幅度内由各省、自治区、直辖市自行规定，凡“特种货物分类表”列名的货物都执行特种货物运价。其运价提高幅度一般高于基本运价的30%～50%，个别的不超过100%。

除以上五种外，还有特种车辆运价、小型车运价、区域运价和包车运价。对交通部颁布的《汽车运价规则》各地都有一些具体规定。

2. 汽车运费的计算

汽车运费的计算程序一般是：确定计费重量→确定货物等级→确定计费里程→运费的计算。

第一步，确定计费重量。货物重量按实际重量计算、整车以吨为单位，不足10公斤时四舍五入；零担以公斤为单位，起点10公斤，尾数四舍五入。轻泡货物，整车按车辆标记吨位计算，零担每立方米折算250公斤。

第二步，确定货物等级。查阅《汽车货物运输规则》中的有关规定来确定。

第三步，确定计费里程。汽车货物计费里程以公里为单位，不足1公里的四舍五入。未经核定的里程由承托双方商定。计费里程包括运输里程和装卸里程，即按装货至卸货地点的实际载货里程计费；多点装卸，即以第一个装货点至最后一个卸货点止的载货里程。同一运输区间有两条以上营运路线时，应按最短路线为计费单位；遇到有绕道时，以实际行驶里程为计费单位。

第四步，运费的计算。可分为按吨公里计费、按吨计费和按包车计费三种。

• 按吨公里计费时，其计算公式为：

运费＝（计费重量×计费里程×运价率）＋（计费重量×计费里程×运价率×加成率）

• 按吨计费时，其计算公式为：

运费＝（计费重量×运价率）＋（计费重量×运价率×加成率）

• 按包车计费时，以车辆出发至完成任务回单位仓库时止的时间计算，其公式为：

运费＝计费时间×时间费率

第三节　铁路运输技术

一、铁路运输的含义与特点

（一）铁路运输的概念

铁路运输是使用铁路列车运送客货的一种运输方式，主要承担长距离、大批量的货运，在没有水运条件的地区，几乎所有大批量货物都是依靠铁路来进行运送的，铁路是在干线运输中起主力运输作用的运输形式。

（二）铁路运输的特点

铁路运输在交通运输中占有重要地位，发挥着不可替代的作用。铁路运输的技术经济特性主要有：

1. 运行速度

火车运行速度高，客车最高速度每小时可达 160 公里，货车可达 100 公里。

2. 运输能力

铁路运输能力大。一列火车可装 2000～3500 吨货物，重载列车可装 2 万多吨货物。

3. 运输经常性和灵活性

由于铁路受自然条件影响小，故铁路运输在所有运输方式中经常性最强，但由于受车站位置和线路的限制，不能实现“门到门”运输，灵活性小于公路运输。

4. 货物运输成本

铁路的运输成本比较低，一般是汽车运输成本的 1/17～1/10，是民航成本的 1/267～1/97。

5. 能源

铁路运输可以采用电力牵引，在节约能源方面占有优势。

6. 运距

适于陆上长距离运输，运距是汽车运输的 10 倍左右，但低于水运和民航。

7. 投资成本

铁路运输由于其技术设备（线路、机车车辆、车站等）需要投入大量人力、物力，因此投资额大，工期长。

二、铁路线路

（一）线路构成

铁路线路是列车运行的基础，它是由路基、桥隧建筑物和轨道组成的一个整体工程结构。

1. 路基

路基是铁路线路承受轨道和列车荷载的基础结构物。按地形条件及线路平面和纵断面设计要求，路基横断面可以修成路堤和路堑两种常见形式。路肩设计标高高于天然地面，经填筑而成的路基叫路堤；路肩设计标高低于天然地面，经开挖而成的路基叫路堑。

2. 桥隧建筑物

铁路通过江河、溪沟、谷地和山岭等天然障碍物或跨越公路、其他铁路线时，需要修筑各种桥隧建筑物。桥隧建筑包括桥梁、涵洞、隧道等。

(1) 桥梁。桥梁主要由桥面、桥跨结构和墩台所组成。

桥面是桥梁上的轨道部分。墩台包括桥台和桥墩，位于两端和路基邻接的叫桥台，中间的叫桥墩。横跨在两墩台之上的部分叫桥跨。两个墩台之间的空间叫桥孔，每个桥孔在设计水位处的距离叫孔径。从桥跨结构底部到设计水位的高度以及相邻两墩台之间的限界空间，叫做桥下净空。每一桥跨两段支座间的距离，叫做跨度。整个桥梁包括墩台在内的总长度，称为桥梁的全长。

铁路桥梁按照桥跨所用的材料分为钢桥、钢筋混凝土桥、石桥等；按照桥梁外形分为梁桥、拱桥和斜拉桥。

(2) 涵洞。涵洞设在路堤下部的填土中，是用以通过少量水流的一种建筑物。

(3) 隧道。铁路隧道是线路穿越山岭的方式之一，主要是为了避免开挖很深的路堑，或修建很长的迂回线。隧道还有穿越江河湖海与地面障碍的功能，如越江隧道和地下铁道等。

3. 轨道

轨道由钢轨、轨枕、联结零件、道床、防爬设备和道岔等组成。

(1) 钢轨直接承受车轮压力并引导车轮的运行方向，应当具备足够的强度、稳定性和耐磨性。因此，采用稳定性良好的“工”字型断面宽底式钢轨。

(2) 轨枕是钢轨的支座，承受钢轨传来的压力并将其传给道床，还起保持钢轨位置和轨距的作用。轨枕按照制作材料分为钢筋混凝土枕和木枕两种。

(3) 联结零件包括接头和中间联结零件两类。接头联结零件联结钢轨，由鱼尾板（又称夹板）、螺栓、螺帽和弹性垫圈等组成；中间联结零件（亦成钢轨扣件）用以将钢轨扣紧在轨枕上，可分为钢筋混凝土轨枕用和木枕用两种。

(4) 道床是铺设在路基面上的道碴层。其作用是承受轨枕上部的荷载并均匀地传给路基，缓和车轮对钢轨的冲击，排除轨道中的雨水以及保持轨道的稳定性。一般采用具有坚硬、稳定、利于排水和不易风化等特点的碎石道碴铺设道床。

(5) 防爬设备是为了避免列车运行时受纵向力的作用，使钢轨产生纵向移动，即防爬行而采取的措施。为防止爬行，一方面加强钢轨和轨枕间的扣压力与道床阻力；另一方面设置防爬器和防爬撑。

(6) 道岔是使机车车辆安全转线的线路连接设备。普通单式道岔，又叫单开道岔，是最常见、最简单的线路连接设备，由转撤器、撤叉及护轨、连接部分所组成。

（二）线路平面、纵断面及其组成要素

1. 线路平面

铁路线路中心线在水平面上的投影，叫做铁路线路的平面。

线路平面的组成要素是直线和曲线。在铁路线上，直线和圆曲线不是直接相连的，它们之间需要插入一段缓和曲线。

列车在曲线上运行时，会受到一种附加阻力，称为曲线阻力。曲线阻力与曲线半径成反比。我国铁路采用的曲线半径有：4000、3000、2500、2000、1500、1200、1000、800、700、600、550、500、450、400 和 350 米。

2. 线路纵断面

铁路线路中心线（展直后）在垂直面上的投影叫做铁路线路的纵断面。

铁路纵断面的组成要素是平道与坡道。坡道坡度的大小用千分率 i‰表示。铁路的每一个区段决定一台某一类型机车所能牵引的货物列车重量（最

大值）的坡度叫做限制坡度，用 i_x‰表示。列车在坡道上运行时，所受到的由坡道引起的阻力，称为坡道附加阻力。

3. 线路标志

为了检查和维修线路，以及满足司机、车长等工作上的需要，在铁路沿线设有各种线路标志，常见的有公里标、半公里标、曲线标、圆曲线与缓和曲线始终点标、桥梁标及坡度标等。

4. 线路等级（如表 2－1 所示）

表 2－1　　线路等级

铁路等级	铁路在路网中的意义	远期年客货运量（百万吨）
Ⅰ级	在路网中起骨干作用的铁路	大于等于 15
Ⅱ级	（1）在路网中起骨干作用的铁路	小于 15
	（2）在路网中起联络、辅助作用的铁路	大于等于 7.5
Ⅲ级	为某一区域服务，具有地区运输性质的铁路	小于 7.5

三、铁路机车及车辆

机车是铁路运输的基本动力，车辆是运输旅客和运载货物的工具。车辆本身没有动力装置，需要把车辆连挂在一起由机车牵引运行。

（一）铁路机车

铁路机车按运用分为客运机车、货运机车和调车机车。客运机车要求速度快，货运机车需要功率大，调车机车应具有灵活机动的特点。按牵引动力可分为蒸汽机车、内燃机车和电力机车。

1. 蒸汽机车

蒸汽机车是通过蒸汽机把燃料的热能转换成机械能，用来牵引列车的一种机车。主要由锅炉、汽机、走行部、车架、煤水车、车钩缓冲装置以及制动装置等组成。在现代铁路运输中，蒸汽牵引已逐渐被其他新型牵引形式所取代。

2. 内燃机车

内燃机车是以内燃机作为原动力的一种机车。一般由动力装置、传动装置、车体与车架、走行部、辅助设备、制动装置和车钩缓冲装置等部分组成。内燃机车的热效率可达30%左右，其独立性强，线路投资省、见效快，准备时间比蒸汽机车短，起动和加速快，运行线路长，通过能力大，单位功率重量轻，劳动条件好，可实现多机连挂牵引。

内燃机车按用途可分为干线内燃机车、调车内燃机车和内燃动力车组；按传动方式可分为电力传动内燃机车和液力传动内燃机车。

3. 电力机车

电力机车是靠起顶部升起的受电弓从接触网上取得电能，并转换成机械能牵引列车的一种机车。电力机车由电器设备、车体与车架、走行部、车钩缓冲装置和制动装置等主要部分组成。电力机车功率大，获得能量不受限制，因而能高速行驶，牵引较重的列车，起动加速快，爬坡性能强，容易实现多机牵引，更适合于在坡度大、隧道多的山区铁路和繁忙干线行驶。

（二）铁路车辆

1. 车辆种类

铁路车辆按用途可分为客车和货车两大类，货车又可分为篷车、敞车、平车、砂石车、罐车及保温车等多种；按制作材料可分为钢骨车和全钢车两类；按轴数可分为四轴车、六轴车和多轴车等；按载重量可分为50吨、60吨、75吨、90吨等多种，以60吨车为主。

2. 车辆的构造

铁路车辆的种类虽然很多，但基本构造都是由车体、车底架、走行部、车钩缓冲装置和制动装置等五个基本部分所组成的。

(1) 车体。车体是供旅客乘坐和装载货物的部分。货车车体是货车分类的主要依据。

①篷车的车体由端墙、侧墙、地板、车顶、门窗等部分组成。装运货物时关紧门窗，防止风吹日晒和雨雪的侵袭，适合于运送比较贵重和怕湿的货物（如图2-8所示）。

图 2-8 篷车

②敞车的车体仅有地板、侧墙和端墙，车墙高度在0.8米以上。主要用于运送不怕湿的货物，必要时也可以加盖篷布装运怕湿的货物（如图2-9所示）。

图 2-9 敞车

③平车的车体只有地板，部分平车装有很低的侧墙和端墙（高度小于0.8米）。适合装载重量、体积和长度较大的货物，如汽车、机器、梁等。也有将车体做成下弯的凹型车或有一部分不安装地板的落下孔车，以便装运个别特殊长大的货物，所以又称长大货物车（普通平车如图2-10所示）。

图 2-10 平车

④保温车的车体与篷车相似，但其墙板由两层壁板构成，壁板间填充绝

热材料，以减轻气温的影响，车内设有制冷或冰箱等设备，主要用于运送新鲜蔬菜、鱼、肉等易腐货物。机械保温车装有制冷机（也可作加温用），并能自动控制车内温度（如图 2－11 所示）。

图 2－11　保温车

⑤罐车的车体为圆筒形，是装运汽油、柴油、酒精、水和酸类等液体货物的专用车辆。在罐体上设有装卸口。为了保证液体货物运送时的安全，还设有空气包和安全阀等设备（如图 2－12 所示）。

图 2－12　罐车

守车挂在货物列车后部，供运转车长工作时乘坐。

除以上几种基本类型外，还有一些专用货车，如散装水泥车、自卸矿石车、煤炭漏斗车等，底部一般都做成开门式或漏斗形，便于快速卸货。

（2）车底架。车底架是车体的基础，承受车体和货物的重量，通过上、下心盘将重量传给走行部。运行时，承受机车牵引力和各种冲击力，必须具有足够的强度和刚度，货车车底架由中梁、侧梁、枕梁、横梁及端梁等组成。

（3）走行部。走行部是车辆的基础，作用是引导车辆沿着轨道运行，并把重量传给钢轨。在四轴车上四组轮对分成两部分，每两组轮对和侧架、摇枕、弹簧减振装置、轴箱油润装置等组成一个整体，称为转向架。通过中心销将摇枕上的下心盘和底架枕梁上的上心盘相连接，可以相对于车底架作自由转动，便于车辆顺利地通过曲线。

(4) 车钩缓冲装置。车钩缓冲装置的作用是连接机车车辆、传递机车牵引力和制动力，缓和车辆之间的冲击力。由车钩和缓冲器两部分组成。

(5) 制动装置。制动装置是用外力迫使运行中的机车车辆减速或停车的一种设备，是列车安全、正点运行的重要保证，也是提高列车重量和运行速度的前提条件。

我国机车车辆上的制动装置一般包括空气制动机和手制动机两部分。空气制动机也叫自动制动机，是利用压缩空气产生制动力，一般作为列车制动用；手制动是利用人力进行制动，一般只在调车时对个别车辆或车组实行制动。

3. 车辆标记

为了表示车辆的类型和特征，满足使用、检修和统计上的需要，每一铁路车辆均应具备规定的标记。如：路徽、车号、检修标记、配属标记、自重、载重、容积、车辆全长及换长、特殊标记等。

四、铁路货运的种类

铁路货物运输的种类分为三种：整车运输、零担运输和集装箱运输。其中还包括快运、整列行包快运，但现在开展的范围不大。

(一) 整车货物运输

整车货物运输是指托运人向铁路托运一批货物的重量、体积或形状需要以一辆及其以上货车运输的货物，应按整车运输的方式向铁路（承运人）办理托运手续。一般下列货物应选择整车运输方式：需要冷藏、保温或加温运输的货物，规定限按整车办理的危险货物，易于污染其他货物的污秽品（如未经消毒处理或未使用密封不漏包装的牲骨、湿毛皮、粪便、炭黑等），不易计算件数的货物，蜜蜂，未装容器的活动物（铁路局定有管内按零担运输的办法者除外）；一批货物重量超过 2 吨、体积超过 3 立方米或长度超过 9

米的货物（经发站确认不致影响中转站和到站装卸车作业的货物除外）。

（二）零担货物运输

零担货物运输是指托运人向铁路托运一批货物的重量、体积或形状不需要以一辆及其以上货车运输的货物，可按零担运输的方式向铁路（承运人）办理托运手续，通俗地讲，即托运货物可与其他托运货物共放一个车厢。

（三）集装箱运输

集装箱运输是指利用集装箱运输货物的方式，是一种既方便又灵活的运输措施，它是铁路货物运输的三大种类之一，鉴于本章对集装箱运输将有专门介绍（作为一种独立的运输方式），在此不作详细说明。

五、铁路货物运输的有关规定

（一）按一批货物托运的规定

1. 按一批货物托运的货物

它是指托运人、收货人、发站、到站和装卸地点相同的货物（整车分卸货物除外）。其具体规定是：

整车货物以每车为一批，跨装的货物以每一车组为一批。直通运输的整车货物，一批的重量和体积有如下要求：

（1）重质货物重量为 30 吨、50 吨、60 吨（不适用货车增载的规定）；

（2）轻浮货物体积为 60 立方米、95 立方米、115 立方米；

（3）零担货物和集装箱货物，以每一张货物运单为一批。使用集装箱运输的货物，每批必须是同一箱型，至少一箱，最多不能超过铁路一辆货车所能装运的箱数。根据箱的重量、大小不同，一辆货车所装箱数也不同：1 吨箱 56 个，5 吨箱 6 个，6 吨箱 6 个，10 吨箱 4 个，20 英尺箱 2 个，40 英尺箱 1 个。

（4）联运货物，即铁路和水路联运货物的整车是一批货物的重量在 30 吨以上（包括 30 吨）或体积在 60 立方米以上（包括 60 立方米），或其重量、体积、形态虽不能满足上述规定，但需使用单独车辆运输的都为一批，但一批重量最少不少于 20 公斤，每件体积最小不小于 0.01 立方米（一件重量在 10 公斤以上的除外），每件长度最长不超过 7 米。

2. 不能按一批托运的货物

（1）易腐货物与非易腐货物；

（2）危险货物与非危险货物（另有规定的除外）；

（3）根据货物性质不能混装运输的货物；

（4）按保价运输的货物与不按保价运输的货物；

（5）投保运输险的货物与未投保运输险的货物；

（6）运输条件不同的货物。

（二）按货物运输种类托运的规定

铁路运输种类有整车运输、零担运输、集装箱运输、水陆联合运输。

1. 整车托运的限定条件

一批货物的重量、体积或形态需要以一辆 30 吨以上货车运输的，应按整车托运。但是有的货物由于性质特殊或在途中需要特殊照料，或受铁路条件限制，尽管不够整车运输条件也应按整车托运。它们是：

（1）需要冷藏、保温或加温运输的货物；

（2）规定限按整车办理的危险货物；

（3）易于污染其他货物的污染品；

（4）不易计算件数，只能按重量承运的散装、堆装货物；

（5）未装容器的活动物；

（6）蜜蜂；

（7）一件货物重量超过 2 吨，体积超过 3 立方米或长度超过 9 米的长大笨重货物。

2. 零担托运的限定条件

一批货物的重量、体积或形态不够整车运输条件的货物，应按零担托运。具体规定如下：

（1）一件货物的体积不得小于 0.02 立方米（一件重量在 10 公斤以上的除外）；

（2）每批不能超过 300 件；

（3）经发站确认不影响中转站和到站装卸作业的，每件重量超过 2 吨，体积超过 3 立方米，长度超过 9 米的货物；

(4) 经路局确定在管区办理的，未装容器的活动物；

(5) 限按整车办理的危险货物，经路局承认或使用爆炸品保险箱包装的也可按零担办理；

(6) 在专用线发运零担货物时，其运输条件、组织办法都必须符合零担运输的有关规定。组织直达整装零担，托运人与车站协议，经铁路分局同意后办理；组织中转整装、零担，托运人与车站签订协议，经路局同意后办理。

3. 集装箱托运限定条件

符合集装箱条件的以贵重、易碎、怕湿货物为主的“适箱货物”，在铁路规定的集装箱办理站办理。

(1) 集装箱托运的注意事项：

①每一批必须是同一吨位的集装箱，至少按一箱托运；

②使用托运人自备箱托运货物时，必须在货物单“发货人记载事项”栏内注明：“托运人自备箱”字样；

③货物的重量不得超过集装箱容许装载的重量，即1吨箱装810公斤、5吨箱装4200公斤、6吨箱装5060公斤、10吨箱装8382公斤、20英尺箱装17920公斤。

(2) 凡下列货物不得使用集装箱运输：

①容易污染箱体的货物（托运人自备箱除外）；

②易于损坏箱体的货物（托运人自备箱除外）；

③鲜活货物（经铁路局确定在一定时间内或区域内，可以使用集装箱运输的除外）；

④危险货物（不包括《危险货物品名索引表》内注明“·”符号，规定可按普通货物条件运输的货物）。

4. 水陆联合运输的限定条件

在《铁路货物运价里程表》中所列的办理整车、零担业务的车站和铁路临时营业线表后未注明“不办理水陆联运”的车站与交通系统确定办理联运的港口之间，均可办理水陆联运。

(1) 办理联运货物的种类：除动物、植物、易腐货物、危险货物、超重货物和散装的粮、油、盐、水泥等以外，都可办理联运。

(2) 按零担办理水陆联运的货物：一批的重量不满 30 吨或体积不满 60 立方米的货物都可按此办理。但一批的重量不得少于 20 公斤，每件的体积不得小于 0.01 立方米（一件的重量超过 10 公斤的除外），每件货物的长度不得超过 7 米，若每件货物的重量超过 2 吨，体积超过 3 立方米的，应征得换装港（站）、到达港（站）的同意。

(3) 按整车办理水陆联运的货物：一批符合整车运输条件的在铁路区段内需单独使用车辆运输的货物，按整车办理水陆联运。

（三）货物包装和标记的规定

货物包装的要求：托运货物应根据货物的性质、重量、运输种类、运输距离、气候差异以及货车装载等条件，使用符合运输要求，便于装卸作业和保证货物安全的包装。货物包装有国家标准或部颁标准的，按其要求进行包装。暂无国家标准或部颁标准的，应该在保证货物安全的前提下，与铁路有关部门协商确定。否则不能托运。

货物标记（货签），是指为了建立货物与其运输票据相联系而在托运零担货物时，在每件货物上书写、粘贴、拴挂或钉固的标记。标记的内容包括：运输号码、到站、收货人、货物名称、件数和发站。不适宜使用纸标记的应使用布质、木质、金属或塑料等较坚韧的材料制作或用油漆写在货件上。

托运人还应根据货物的性质，按国家标准，在货物包装上做好储运图示标记。货件上与该批货物无关的运输标记和包装标记必须消除。

（四）铁路运输费用的规定

1. 铁路运价种类

按其适用范围划分，有普通运价、特定运价和国际联运运价。

(1) 普通运价。普通运价是铁路在全路正式营业线上都适用的统一运价，是货物运价的基本形式。

(2) 特定运价。特定运价是铁路对普通运价的补充。它是在一定的发到站、一定的方向或一定的条件下规定的特殊运价，是国家在一定时期内对某些货物运输所采取的优惠价格和限制措施。特定运价既可以高于普通运价，也可以低于普通运价。

(3) 国际联运运价。国际联运运价是铁路对国际联运货物所规定的运价。联运运价包括过境运输和国内段运输两部分。过境运输费用按《国际货协统一过境运价规定》的办法办理；国内段适用《铁路货物运价规则》的规定办理。

按货物发送批量分，又可分为整车运价、零担运价、冷藏车运价和集装箱运价。

2. 铁路运费的计算

(1) 铁路货物运费的计算一般要经过下列步骤：确定运价里程→确定运价分类和运价率→确定计量数值→运费的计算。

第一步，确定运价里程。查阅《铁路运价里程表》，若发站和到站在同一条线内，用两站到该线起点或终点的里程相减，即得出两站间的运价里程；发站和到站不在一条线上，首先参照货物运价里程和结算站和货物运价里程最短路径示意图，查明发、到站间的最短路径，再求出两站的里程。

第二步，确定货物运价等级和运价率。铁路运送的货物按其性质、特点分为不同的种类。对不同种类的货物规定有不同的运价号。《铁路运价规则》规定：整车分1～12号，零担分21～25号。运价号越大，运价率越高。

各种货物的等级是根据（《铁路运价规则》附件一）“货物运价分类表”确定的。表内列载了各种货物的整车运价号和零担运价号。由于铁路运送的货物品名繁多，不便一一列举，因此，有些货物列出了具体品名，有些只列了概括名称，还有的被列为“列名以外的货物”。在计算运费时，必须根据货物运单上填写的货物名称，确定适用的运价号。根据运价里程和运价号，在（《铁路运价规则》附件二）“货物运价率表”中可以查出相应的运价。

第三步，确定计费重量。整车货物计费重量以吨为单位，吨以下四舍五入。但整车货物除下列情况外，一律按货车标记重量（标重）计算运费，货物超过标重时，按货物重量计费。

①使用家畜车或容积72立方米以下的40吨篷车，均按30吨计费，但货物重量超过30吨时，按货物重量计费；

②使用矿石车及侧板高度不足1.3米的敞车（包括平车、砂石车）装

煤、焦炭，使用平车装砂石，尖底矿石车装碎石、片石、泥土沙、石膏，均按货物重量计费；

③使用冷藏车装运货物时，其计费重量如表2-2所示，货物重量超过规定计费重量时，按货物重量计费；

表2-2　　冷藏车计费重量表

车型	B22	B20　B21	B17　B19	B6	B18	B8　B16	B11
计费重量（吨）	46	45	40	38	35	30	24

④铁路配拨计费重量高的货车代替托运人要求的计费重量低的货车，如托运确实无货加装，按原要求的车计费重量。

零担货物按货物重量计算运费（以10公斤为单位，不足10公斤计为10公斤）。对于零担运输的小型机动车、牲畜等按铁路部门规定的计费重量计费。

集装箱货物以使用的箱型“只”数为计费单位，分为1吨、5吨、6吨、10吨以及20英尺、40英尺几种箱型。

第四步，计算运费。其计算公式为：

整车运费＝计费重量×整车运价率

零担运费＝计费重量÷10×零担运价率

集装箱运费＝集装箱数×适用箱型的集装箱运价率

（2）计算运费的其他有关规定：当不同运价等级的货物，以一批按整车托运的，或在一个包装内以总重量按零担托运的，或在一个集装箱内托运的，均按最高的运价等级及运价计算运费。

合装整车运费分摊：当托运人组织不同单位、不同品名货物的合装整车，经铁路部门承运，先由托运人垫付运费后，再按不同收货单位分别核收垫付的运费。常用的有以下几种分摊方法：

①按重量平均分摊法。此方法适合于货物密度（即单位体积的重量）相同或相近的货物组合的合装整车。计算步骤和公式如下：

首先计算分摊运价率：

$$分摊运价率（元/吨）=全车实付运费\div全车货物实重（吨）$$

其次计算各项货物应分摊的运费：

$$应分摊运费=各项货物实重（吨）\times分摊运价率（元/吨）$$

②按重量、体积分摊法。此方法适合于轻泡货物和实重货物组成的合装整车。计算步骤和公式如下：

首先计算全车重体货物应分摊运费总额：

$$重体货物应分摊运费总额=适用整车运价率\times重体货物重量$$

其次计算轻体货物每立方米应分摊运费：

$$轻体货物每立方米应分摊运费=\frac{全车实付运费-实重货物分摊运费总额}{轻体货物总体积}$$

最后计算各轻体货物分摊运费：

$$各轻体货物应分摊运费=各轻体货物体积\times每立方米应分摊运费$$

③不固定统一分摊率法。此方法以零担运费为基础，较直观地体现了合装车比零担发运的运费节约比例，就多个合装整车而言，其分摊率是不一致的；就一个合整车而言，其各项货物应用一个统一的分摊率。其计算步骤和公式如下：

首先计算各项货物零担发运运费：

$$各项货物零担运费=计费重量（公斤）\div10\times适用零担运价率（1+适用加成率）$$

其次计算统一分摊率：

$$统一分摊率=全车实付运费\div各项货物按零担发运运费总和\times100\%$$

最后计算各项货物应分摊运费：

$$各项货物应分摊运费=各项货物按零担发运运费\times统一分摊率$$

④固定比例分摊法。此方法适用于发运货物的品种和发运地区与收货单位比较固定的情况。它以前三种分摊法为基础，分货物品类、到达地区测算出每吨货物应核收的合装整车运费（元/吨），或用固定的分摊率核收运费。其步骤和公式如下：

首先根据历史发运资料，测算分地区、分品类的固定合装整车费率或固定分摊率；

其次按固定费率直接核收运费：

$$应分摊运费=应付零担运费\times固定分摊率$$

第四节　水路运输技术

一、水路运输的含义、特点

（一）水路运输的含义

水路运输是指使用船舶及其他航运工具在江、河、湖、海、运河上完成旅客与货物运送的一种运输方式，是交通运输的重要组成部分。水路运输的优势较大，特别适于运距长、运量大、时间要求不严格的大宗货物的运输。

（二）水路运输的技术经济特点

水运在各种运输方式中，是最经济的运输方式，它具有以下技术经济特点：

1. 运输能力大

作为水运载运工具的船舶，可供装载货物的舱位及载重量均比陆运或空运庞大。例如，在海洋运输中，目前世界上最大的超巨型油船的载重量达56万吨，矿石船载重量达35万吨，集装箱船已达7万吨。在内河运输中，美国最大的顶推船队运载能力超过5～6万吨，我国大型顶推船队的运载能力也已达3万吨，相当于铁路列车运载能力的10倍。

2. 运输成本低

由于船舶的运载量大，运输里程较远，运输能耗小，因此在途运输费用较低。据统计，水运的运输成本约为铁路运输的1/25～1/20，约为公路运输的1/100。因此，水运适合于运输费用负担能力较弱的原材料及大宗物资的运输。

3. 投资省

水上运输利用天然航道，投资省。海上运输航道的开发几乎不需要支付费用。内河虽然有时需要疏浚河道，但支出比修筑公路铁路的费用小得多。水运的主要投资是在港口建设上，由于其载重量大、运距里程长，故单位成本较低。

4. 劳动生产率高

水路运输由于运载量大，其劳动生产率较高，一艘 20 万吨的油船只需配备 40 名船员，平均每人运送货物 5000 吨。在内河运输中，采用顶推分节船队运输，也提高了劳动生产率。

5. 船速较低

船舶体积较大，水流阻力高，所以航速较低。因为低速行驶所需克服的阻力小，能够节约燃料；如果增大航速，则所需克服的阻力将直线上升。

6. 续航能力大

一艘商船出航，所携带的燃料、粮食及淡水，可历时数十日，续航能力绝非其他任何运输工具可比。

7. 受限较多

海上航行，运输船遇风暴须及时躲避；遇大雾须按章程办理，以防损坏，这都是气候对水路运输的限制。此外，船舶抵达港口，常因港湾水深或装卸设备的缺乏，而限制船舶的入港与作业。再者，受水路系统影响，水运的通达性不高，往往需要地面运输系统的配合才能完成运输过程。

二、港口的作用、分类及构成

(一) 港口的作用及分类

1. 港口的作用

港口是具有一定面积的水域和陆域，供船舶出入和停泊、货物集散的场所。它是一个国家或地区的门户，是交通运输的枢纽、水陆运输的衔接点，又是货物的集散地，还是对外贸易的重要通道。现代港口应具备以下特征：拥有大量泊位；具有深水航道和深水区；具有高效率专业化的装卸设备；具有先进的集验设施。

港口的基本功能是运输功能，包括：供船舶进行作业性的及在恶劣条件下的靠泊；上下旅客和货物装卸作业；收发和储存货物；对船舶的供应；客运及旅游服务。

港口的任务是为船舶提供安全停靠的设施，及时完成货物由船到岸或由岸到船以及由船到船的转运，并为船舶提供补给、修理等技术服务和生活服务。港口具有运输、生产和贸易等多种功能，是一个国家和地区的重要经济资源。现代港口是具有仓储运输、商业贸易、工业生产和社会服务功能的现代化、综合性的工商业中心，是和海陆空联为一体的立体交通运输枢纽。

2. 港口的分类

(1) 按用途分类

①商港。是以一般商船和货物运输为服务对象的港口，也称贸易港。如我国的上海港、大连港、天津港、广州港和湛江港等均属商港，国外的鹿特丹港、安特卫普港、神户港、伦敦港、纽约港和汉堡港也是商港。

商港可以分为以下几种：

- 按其不同的使用目的，分为存储港、转运港、经过港；
- 按地理位置不同，分为海湾港、河口港、内河港；
- 按国家政策划分为国内港、图际港、自由港。

②渔港。是为渔船停泊、鱼货装卸、鱼货保鲜、冷藏加工、修补渔网和渔船生产及生活物资补给的港口，如舟山的定海港。

③工业港。供大型企业输入原材料及输出制成品而设置的港口。如大连地区的甘井子化工码头、上海市的吴泾焦化厂煤码头及宝山钢铁总厂码头均属工业港。

④避风港。是供船舶在航行途中，或海上作业过程中躲避风浪的港口。一般是为小型船、渔船和各种海上作业船设置的。

⑤军港。是供舰船停泊并取得供给的港口。

⑥旅游港。是为海滨休憩活动的海上游艇设置的港口。

(2) 按地理位置分类

①海港。是在自然地理条件和水文气象方面具有海洋性质的港口。其中海岸港，位于有掩护的或平直的海岸上。河口港，位于入海河流的河口段，或河流下游潮区界内。我国的上海港，国外的鹿特丹港、纽约港和汉堡港均属河口港。

②河港。是位于河流沿岸，且有河流水文特征的港口。如我国的南京港、武汉港和重庆港。

③运河港。是位于运河上的港口。如我国的徐州港。

（3）按潮汐的影响分类

①开敞港。是港内水位潮汐变化与港外相同的港口。

②闭合港。是在港口入口处设闸，将港内水域和外海隔开，使港内水位不随潮汐变化而升降，保证在低潮时仍有足够水深的港口。如英国的伦敦港。

③混合港。是兼有开敞港池和闭合港池的港口。如比利时的安特卫普港。

（4）按区域范围分类

①国际性港。是靠泊往来于世界各国港口的船舶的港口。如我国的香港港、上海港和深圳港等；国外的鹿特丹港和伦敦港。

②国家性港。是主要靠泊往来于国内港口的船舶的港口。

③地区性港。是主要靠泊往来于国内某一地区港口的船舶的港口。

（二）港口的组成

现代港口由水域和陆域两大部分组成。

1. 港口水域

港口水域是供船舶进、出港，以及在港内运转、锚泊和装卸作业使用的。要求有足够的水深和面积，水面基本平静，流速和缓，以便船舶安全停泊和技术操作。包括港池、航道和锚地。

（1）港池。港池是指码头附近的水域。需要有足够深度与宽度的水域，供船舶靠离操作。对于河港与海连通的河口港，一般不需要修筑防浪堤坝。如上海黄浦江内的各港区和天津海河口的港口。对于开敞海岸港口，为了阻挡海上风浪与泥沙的影响，保持港内水面的平静与水深，必须修筑防波堤。如烟台港、青岛港、大连港等。港池要保持足够的水深，以保证最大吃水的进港船舶靠泊；要有足够宽广的水域，使船舶有足够的操纵余地。

（2）航道。航道是指船舶进出港的航行通道。为保证安全通航，航道必须有足够的水深与宽度，弯曲度不能过大。由于有时实际水深与预报水深不一致，并且船舶运动时吃水增加，为了避免搁浅而造成损失和污染环境，船舶在航行时其龙骨基线以下必须保持足够富余的水深。

确定航道宽度时，要考虑船舶航行时风速和水流的影响，船舶对遇、超越或平行航行时的船间效应，以及船舶贴近航道边航行时的岸边效应。典型的单向航道为通航船舶宽度的5倍，双向航道为通航船舶宽度的8倍。从航行安全考虑，转弯半径应不小于通航船舶的 3～5 倍。

（3）锚地。锚地是供船舶抛锚候潮、等候泊位、避风、办理进出手续、接受船舶检查或过驳装卸等停泊的水域。锚地要求有足够的水深，使抛锚船舶即使因较大风浪引起升沉和摇摆时仍有足够富余的水深。锚地的地质一般为平坦的沙土或亚泥土，使铁锚具有较大的抓力，而且远离礁石、浅滩等危险区。锚地距离进出港的航道要有一定的距离，以不影响船舶进出为准，但又不能太远以便船舶进出港操作。过驳装卸的锚地，不仅要考虑大船的回旋余地，还要考虑过驳小船与装卸作业的安全。锚地水域面积的大小根据港口进出港船舶艘次与风浪、潮水等统计数据而定。

2. 港口陆域

港口陆域是供旅客上下船，货物装卸、堆积和转运作业使用的。必须有适当的高程、岸线长度和纵深，以便安置装卸设备、仓库、堆场、铁路、公路和各种必要的生产、生活设施。港口范围的陆地面积，统称为陆域。可分为以下几个部分：

（1）码头与泊位。码头是港口水工建筑物的组成部分之一，是停靠船舶、上下旅客和装卸货物的场所。一个港口可以有多个码头，以适应不同类型、不同吨位或需要特殊装卸工艺的船舶（如散货船、集装箱船、油船等）靠岸。码头岸线是水域和陆域交接的地域，构成码头岸线的码头建筑物是一切港口不可缺少的水工建筑物。

港内码头布置方式，按码头的横断面形式分有：直立式、斜坡式、半斜坡式和半直立式。

直立式码头使用最为方便，船舶直接停泊在码头前沿，舱面与码头面较近，装卸作业方便，效率高；船舶靠离也方便。在海港和河口港多半采用直立式码头。

斜坡式码头结构比较简单，施工方便，造价低；但船舶与岸边的联系不便，通常要设泵船供船舶停靠，增加了货物的装卸作业环节。斜坡式码头一般用于水位变幅较大的河港。

半斜坡式码头适用于水位变化较大、低水位使用期较长的港口。

半直立式码头则适用于水位变化较大、高水位使用期较长的港口。

码头岸线布置码头泊位。泊位是供船舶停泊的位置。一个泊位可供一艘船舶停泊。泊位的长度依船舶的大小而有差异，还要留出两船之间的距离，以便船舶系解绳缆。一个码头往往要同时停泊几艘船，即要有几个泊位。码头岸线长度是由泊位数和每个泊位的长度所决定的。

(2) 仓库和堆场。仓库和堆场是供货物装船前和卸船后短期存放使用的场所设施。一般较贵重的件杂货在仓库内堆存保管；而不怕风吹日晒雨淋的货物，如装入集装箱的货物、矿石、煤炭、钢铁和建筑材料等可放入露天堆场或货棚内。

在码头，根据仓库（堆场）所在位置的不同分为：前方仓库（堆场）和后方仓库（堆场）。前方库（场）在码头的前沿地带，用于临时存储准备装船和自船上卸下的货物，还是装卸机械、火车、汽车的通道，通常是港口最繁忙的地区；后方库（场）位于离码头较远处，用于较长期存储货物。

(3) 铁路及道路。货物在港口的集散除了充分利用水路外，主要依靠陆路交通，因此铁路和道路系统是港口陆域上的重要设施。港口铁路一般包括港口车站、分区车站、码头和库场的装卸线，以及连接各部分的港口区间正线、联络线和连接线等。

大型港区的道路系统尤为重要，港口道路可分为港内道路与港外道路。港内道路用于通行重载货车与流动机械，要求能通往码头前沿和各场库，因此对道路的轮压、车宽、纵坡与转弯半径等都有特殊要求；港内道路行车速度较低，一般为 15 千米/小时左右。港外道路是港区与城市道路或与公路连接的通道。

(4) 港口装卸机械。港口的装卸工作基本上由各式各样的机械完成。港口装卸机械是港口完成货物装卸的主要手段，是港口码头最基本的设备之一，用于完成对船舶、火车、汽车进行装卸作业；在船舱内进行各种搬运、堆码和拆垛等作业；在库场上进行起重、搬运、堆垛、拆垛等作业。

(5) 辅助生产设施。为维持港口的正常生产秩序，保证各项工作得以顺利进行，港口还需要在陆域上配置下列设施：给排水系统，输配电系统，燃料供应站，工作船基地，各种办公用房，维修工程队和船舶修理站等。例如，港口给水系统为船舶和港口的生产、生活、环境保护与消防提供用水，根据不同用途的需要提供不同的水量、水压与水质；港口排水系统及时地排除港区的生产水、生活污水及地面雨水，对有害污水必须净化处理后排放，以防环境污染。

三、船舶的类型与组成结构

（一）客船

客船是用来载运旅客及其行李并带少量货物的运输船舶。以载客为主兼运一部分货物的船舶叫做客货船。

（二）货船

货船是专门运输各种货物的船只。

1. 杂货船

杂货船是指装载一般包装、袋装、箱装和桶装的普通货物船（如图 2-13 所示）。

图 2-13 杂货船

杂货船按机舱位置的不同，有中机型船、尾机型船和中后机型船。

2. 散货船

散货船是专门用来装运煤、矿砂、盐、谷物等散装货物的船舶。散货船的驾驶室和机舱都设在尾部，货舱口大，内底板和舷侧用斜边板连接，使货物能顺利地向舱中央集中，有较多的压载水舱，作为空载返航时压载之用。

3. 集装箱船

集装箱船是专门装运规格统一的标准货箱的船舶（如图 2-14 所示）。

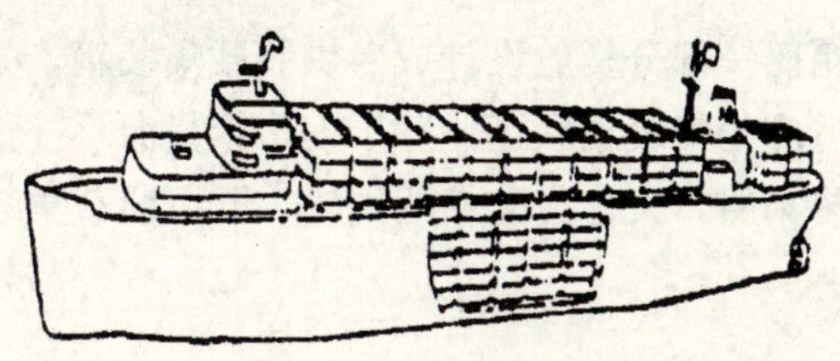

图 2-14 集装箱船

与普通杂货船相比，集装箱船在外形、结构、性能和动力等方面都有其特点。在外形方面，绝大多数集装箱船本身没有起重设备，所以船上没有林立的吊杆和绳索，甲板上只有堆放整齐的集装箱。此外，集装箱船的驾驶室和机舱几乎全在尾部或偏尾部；在结构方面，集装箱船的货舱为格栅结构，并具有宽大的舱口和方整的货舱；在船体性能方面，要求稳定性高，并具有良好的防摇性能。

集装箱船按装载情况分为全集装箱船、半集装箱船和兼用集装箱船。

全集装箱船的全部货舱和上甲板均装载集装箱，舱内装有格栅式货架，以适于集装箱的堆放，适应于货源充足而平衡的航线。

(1) 全集装箱船的大小通常以表示载箱量多少的某一代集装箱船来表示。第一代至第六代集装箱船舶代表船型如表 2-3 所示。

表 2-3 第一代至第六代集装箱船舶代表船型

船舶情况 / 代别	船长（m）	船宽（m）	吃水（m）	载箱量（TEU）	载重量（t）	航速（节）
第一代	＜170	＜25	8	700～1000	＜10000	22
第二代	＜225	＜29	＜11	1000～2000	15000～20000	26
第三代	＜275	＜32	＜12	2000～3000	＜30000	30
第四代	＜295	＜32	＞12	3000～4000	40000～50000	32
第五代	280	＜39.8	＞14	＞4000	60000～80000	34
第六代			＞15	＞8000		36

(2) 半集装箱船一部分货舱设计成专供装载集装箱，另一部分货舱可供装载一般杂货，适应于集装箱联运业务不太多或货源不甚稳定的航线。

(3) 兼用集装箱船，又称集装箱两用船，既可装载集装箱也可装其他包装货物和汽车等。

4. 载驳船

载驳船又称子母船，是将一定尺寸的载货驳船装到一艘大的货船上，由载货驳船将货驳运至目的地后，卸至水面，由拖船拖走（如图 2-15 所示)。

图 2-15　载驳船

5. 滚装船

将载货汽车或拖车直接从船的大舱里开到码头或由码头直接开进大舱里，进行装卸货物（如图 2-16 所示)。

图 2-16　滚装船

6. 油船

油船是指专门运载石油类液体货的船舶。油船上层建筑和机舱设在尾部，上甲板纵向中心部位布置纵通全船的输油管和步桥，石油分别装在各个密封的油舱内，装卸石油时用油泵和输油管输送。

7. 冷藏船

冷藏船是指专门运输鲜活易腐货物的船舶。冷藏船按所装货物的品种不同，要求不同的冷藏温度。

8. 其他船舶

渡船用于江河两岸或海峡、河口、岛屿间的运输。渡船按用途可分为旅客渡船、汽车渡船和列车渡船。

驳船专供沿海、内河、港内驳载和转运物资的吨位不大的船舶，船上设备比较简单，本身没有起货设备。驳船一般为非机动的，本身没有推进装置，移动或航行时需要用拖船拖带或推船顶推。

（三）船舶的组成结构

船舶必须有足够的强度、良好的航行性能和完善的设备与装置。运输船舶由船体构造、推进器、船舶设备、船舶系统及助航仪器等部分组成。

1. 船体构造

船体是指主甲板以下部分，直接承受静水压力、浮力、波压力、冲击力、货载及本身重量等各种外力的空间结构。为了使船舶行驶时所受的阻力最小，船体做成流线型曲面，船体两端多为尖楔形或匙形。船体前端叫船首，后端叫船尾。

船体构造中，主要部分是主船体和上层建筑。

(1) 主船体。主船体由首端、中部和尾端构成。

首端指首尖舱壁以前、上甲板以下的船体结构。首端最前端舱叫首尖舱，设有平台甲板，平台甲板上有锚链舱和储物舱，平台甲板下是压载水舱。首尖舱壁也是防撞舱壁。

中部结构主要是舱室结构，舱室用来装货、乘坐旅客和安装船上的机械设备。货舱之间用水密横壁隔开，普通干货船每个货舱在主板设有舱口，舱口用水密舱盖盖住。

尾端结构是尾尖舱壁以后、上甲板以下的船体部分。

(2) 上层建筑。船舶主甲板以上，由一舷伸至另一舷的围壁建筑物称为上层建筑。包括船楼和甲板室。

上层建筑主要作为驾驶室、工作室、船员和旅客的住室和生活用舱室或安装船舶上某些设备之用。

2. 推进器

船舶的行驶由船舶主机带动推进器完成。船舶推进器广泛采用螺旋推进器。

3. 船舶设备

为了操纵船舶、装卸货物和安全救护，配备的舵锚、系缆、起货和救生设备，统称为船舶设备。

（1）舵设备。舵设备是控制船舶航行方向的装置，包括舵和操纵装置两部分。舵由舵叶和舵杆构成。

（2）锚设备。锚设备是帮助船舶操纵和停泊的装置。锚设备主要由锚、锚链、锚链筒、掣链器、起锚机及锚链舱等组成。

（3）系缆设备。系缆设备用来将船舶系在码头的系船柱上或其他所需要的位置上。由系缆索、带缆桩、导缆孔、导缆器及绞缆机等组成。

（4）起货设备。起货设备是船上用来装卸货物的机械。普通货船装有吊货杆或起重机，油船上则设有油泵。

（5）救生设备。救生设备包括救生艇、救生筏、救生浮具、救生圈和救生衣等。

4. 船舶系统

为了安全运转和船员、乘客生活的需要，设有船底水排泄系统、压载系统、灭火系统、生活用水系统、通风系统、冷暖系统等，统称船舶系统。

为船舶系统与船舶设备所配置的动力装置，称为辅机。

船舶还配备有助航仪器、索具、信号设备等设施。

四、水路运输

（一）水路运输的类型

水路运输可以分为江河运输和海洋运输两大类，其基础设施是港口和航道，运输工具和装备是船舶和装卸机械。

1. 江河运输

江河运输是一种古老的运输方式，随着科学技术的进步，江河运输技术得到了不断的改进。从早期的单船运输，发展到拖带运输，直至目前推进效率高、操纵灵活的顶推运输，顶推运输已成为江河运输的主要方式，现代化载驳船的出现，又使内河驳船运输与海洋运输紧密衔接融为一体，减少了中间环节，加速了船货周转，降低了运输成本。

我国内陆水系纵横密布，天然河流基本走向都是由西向东，支流纵贯南北，与我国大宗货物流向基本一致，同时，我国沿江、沿河工农业生产发达。在主要内河航道的运输方向上，水路是长途大宗货物运输的主力。由于内河航运平稳，运送石油等危险货物也比较安全，具有一定优势。

2. 海洋运输

海洋运输包括远洋运输、近洋运输和沿海运输。远洋和近洋运输都是利用船舶在国际港口之间进行运送。沿海运输则是利用船舶在国内海港之间进行货物运送。远洋和近洋运输具有国际性。世界上国际贸易货物有三分之一以上是通过海洋运输的，因此，远洋和近洋运输是国际贸易运输的主要方式。沿海运输则是沿海城市间大宗货物运输的主要工具。

随着我国市场经济的确立和我国加入 WTO，我国航运市场已经形成并逐步开放，外资航运企业的中国航运市场准入度高，受限制少。同时，国际集装箱运输发展迅猛，我国港口集装箱吞吐量一直保持在 25%左右的增长速度。在我国沿海已形成了华南以深圳为中心、华东以上海为中心、东北以青岛、天津和大连港为中心的国际集装箱中转型枢纽港口群。同时正努力把上海建设成为国际航运中心，使中国跻身于世界航运大国之列。

目前，水路运输发展的主要趋势是船型大型化、专业化、经营联营化、管理信息化、运输全球化、泊位深水化、码头专业化和装卸机械自动化。

(二) 水路货物运输的适用范围

水路运输主要利用能行船的区域运送货物，它利用天然的有利条件，实现大吨位、长距离运输，比较适合大宗货物的运输，如煤炭、石油、金属材料、矿石、建材、粮食等。远洋运输是实现国际贸易、加强国际经济交往的主要工具。但是水路运输多在露天作业，受风、雨、雾、寒、暑等自然因素的影响较大。

（三）水路运输费用

水运货物运价的计算程序为：确定货物运价等级→确定运价里程→确定运价率→确定计费重量→计算运费。

第一步，确定货物运价等级。交通部的运价规则把货物分为10个等级，各地有25级制、10级制、8级制、5级制、3级制，甚至不分级制。在各自适用的运价规则中都附有"货物运价分级表"，根据货物名称，可查到运价等级。具体认定办法如下：

对列有具体品名的货物，按表中该项所属的等级确定；对未列具体品名，但列有适用的概括名称的货物，按表中该项概括名称所属等级确定。未列具体品名，又无适用的概括名称的货物，按表中"列名外货物"的等级确定。当一种货物的品名适用于两种或两种以上概括名称时，以收货人的用途确定等级。旧、破、碎、废的货物，除表中已列名者，按表中所列相应等级确定。烈性危险货物，除化肥、农药外，按烈性危险货物等级确定；不同运价等级的货物混装或捆扎成一件，按其中最高等级计费。

第二步，确定运价里程。运价里程按公布的《水运运价里程表》计算。未规定里程的按实际里程计算，当实际里程难以确定的，按里程表中邻近而又较远的里程计算。《水运运价里程表》由交通部和各省、市、直辖市交通主管部门分别公布，适用于各自管理的水运企业。《全国水运运价里程表》把全国沿海、内河主要航线的运价里程分类汇编成册，可供查找。

第三步，确定运价率。由于水运分江、河、海运，因此水运运价率比较分散。北方沿海各直属港口之间的直达运输，可查找"北方沿海货物运价率表"；华南沿海各直属港口间的直达运输，可查找"华南沿海货物运价率表"；华南沿海各直属港口与北方沿海各直属港口之间的直达运输，可查找"华南沿海与北方沿海各港口间主要航线直达货物特定运价率表"，依此类推。在浙江、福建等省的沿海货物运价率还可按其使用的船舶大小分为"沿海小轮货物运价率表"（500吨及以下的船为小轮）和"沿海货物运价率表"。

长江干线货物运价率有上、中、下游三个航区七个运价率表，其他主要河道港口间的货物运输也可在交通部运价规则里查找运价率。

第四步，确定计费重量。水运货物的计费重量分为重量吨（W）和体积吨（M）两种。重量吨按货物毛重，以1000公斤为1重量吨；体积吨按货物“满尺丈量”的体积，以1立方米为1体积吨。在货物运价分级表中，计算单位为“W”的按重量吨计算，计算单位为“M”的按体积吨计算，计算单位为“W/M”的按货物的重量吨和体积吨中择大计算。

订有换算重量的货物，按换算重量计费。包船、包舱的计费重量，分别按船舶、船舱的定额载重吨计算。

第五步，运费计算。计算基本公式为：

每批货物运费＝适用运价率×计费重量（1＋加成率）

注意事项：

①每个航区或航段的运价率表均为整批货物运价，零星货物运价率按整批货物运价率加20％计算；

②沿海各直属港口与沿海地方港口之间的直达运输，按沿海相应运价率加30％计算；

③长江干线上、中、下游跨段直达运输，按“长江主要航线货物运价表”计算。长江各支流和重庆以上干线运输，按地方运价规定计算。黑龙江水系的跨段直达运输，按各航段运价率分段相加计算。干支直达运输，按相通干流运价率加30％计算。

④沿海港口至长江港口的直达运输，按江、海运价分段相加计算（海段减14海里，长江段减26公里）。

第五节　航空运输技术

一、航空运输的含义及其特点

（一）航空运输的含义

航空运输是指使用航空器运送人员、行李、货物和邮件的一种运输方式。

航空运输作为一种货物运输方式，是第二次世界大战后才开始出现的。虽然航空运输发展较晚，但由于它本身具有很多优越性，所以发展速度较快。

航空运输是一种科技含量高而密集的运输方式。航空科技成果和大型、高速运输飞机的发展，先进通信、导航设备和技术的应用，新一代空中交通管制的实施，机场及其设备的现代化以及运输管理系统的信息化等都是航空运输发展新水平的体现，也是21世纪航空运输进一步发展的趋势和目标。目前，世界航空事业已成为一个规模庞大的行业。以世界各主要城市为起讫点的世界航线网已经遍及各大洲。

（二）航空运输的技术经济特征

航空运输的快速发展是与其自身的特点密切相关的，与其他运输方式相比，航空运输的技术经济特征主要表现在以下几方面：

1. 快速性

这是航空运输与其他运输方式相比最大的特点和优势。在时间就是效益的现代社会，快速性具有无可比拟的特殊价值。现代的喷气运输机，时速一般在900公里左右，比铁路列车快3～8倍，比公路汽车快20～25倍。并且距离越长，节省的时间越多。

2. 高度灵活的机动性

航空运输不受地理条件的影响，只要有航空港并有航路设施保证，就可将地面上任何两地连接起来，如果用直升飞机运输，机动性更大。航空运输的这一优点使其成为执行救灾、急救等紧急任务中必不可少的手段。

3. 安全性和舒适性

在各种运输方式中，航空运输的事故率和死亡率最低，其安全性随着科技的发展已逐渐被人们所认识，空中飞行不如地面交通安全的错误认识正在逐渐被消除。航空运输的舒适性，随着宽体飞机的使用，其优越性可以更好地发挥出来，新一代飞机将在豪华和多功能娱乐方面达到一个新水平。

4. 基本建设周期短、投资少

发展航空运输条件主要是购置飞机和修建机场。这与修建铁路相比，建设周期短、占地少、投资省、收效快。

5. 国际性

航空的运输发展使“地球变小了”，这是航空运输国际性的形象比喻。现代国际交往大多通过运输来进行。航空运输国际性的特点，对航空运输业提出了符合国际标准和水平的更高要求，加速推动了航空运输业的发展。

6. 高科技特性

航空运输生产的载运工具主要是飞机，飞机本身就是高科技的产物与象征。另外，通信导航、气象、航行管制、航空港建设等服务保证系统，都涉及高科技领域。因此，航空运输的发展水平可以反映一个国家科学技术和国民经济的发展水平。

7. 运输成本高、受气候的影响大

航空运输飞机机舱容积和载重量都比较小，运载成本和运价比地面运输高。飞机飞行要受气候条件限制，因而影响其航期和安全。此外，航空运输速度快的优点在短途运输中难以体现。

二、航空运输工具

航空器是指能够凭借空气的反作用力在大气中获得支撑的任何器械，包括重于空气的飞机、直升机、飞艇、滑翔机，以及轻于空气的氢气球。飞机是目前应用最广泛、最重要的航空器。

飞机是由动力装置产生前进推力，靠固定机翼产生升力，在大气层中飞行的运载工具。

（一）飞机的布局

一般飞机的内部容积可以划分为主舱和下舱。而波音 747 划分为上舱、主舱和下舱。

1. 主舱

主舱主要是用于载客的客舱。在全部用于载货的飞机上，客舱也用来装载货物。

2. 下舱

下舱主要是用于装载货物的货舱。可将散装货物直接装于货舱里，也可将货物装于集装板、集装棚和集装箱后，再装进货舱里。

3. 分货舱

普通飞机下舱的前、后货舱又可划分为若干个分货舱。分货舱是用永久性的固体舱壁或可移动的软网隔离而成的。固体舱壁和隔离网都是防止货物在飞行中的移动的限制系统的组成部分。

（二）飞机的分类

1. 按用途分类

飞机按用途主要可分为军用机与民用机两大类。民用机又可分为客机、货机、客货两用机、教练机、农业机、林业机、体育运动机和多用途轻型机等。

（1）客机。客机是运载旅客的飞机。在这种飞机上，旅客占用主舱，而下舱可用于装载货物。

（2）货机。货机是运载货物的飞机。在这种飞机上，主舱和下舱均用于装载货物。货机载重较大，有较大的舱门，便于装卸货物。

2. 按构造分类

飞机按推进装置可分为螺旋桨飞机和喷气式飞机。螺旋桨飞机按发动机类型可分为活塞式飞机和涡轮螺旋桨飞机；喷气式飞机可分为涡轮喷气式飞机和涡轮风扇喷气式飞机。

按发动机数目可分为单引擎飞机、双引擎飞机、三引擎飞机和四引擎飞机。

3. 按性能特点分类

飞机按最大飞行速度分为亚音速飞机和超音速飞机。亚音速飞机又分为低音速飞机和高亚音速飞机。大多数喷气式飞机都属于高亚音速飞机。

三、航空集装设备

空运货物多数采用集装运输形式。航空集装设备（Unit Load Device，简称 ULD）主要是指能够使用飞机内的滚轮系统进行传递和固定的集装箱、集装板等，并与之配套使用的装运设备。

（一）集装板

集装板也称托盘，是一块用胶合板或硬板制成的平滑底板，上面装载与机体货舱断面相当的货物，并用货网加以固定组成一个单元进行运输。为了控制集装板上所装货物的体积和形状，可以使用一个与飞机货舱横断面轮廓一样大小的模型架来限制板上所装的货物（如图 2-17 所示）。

集装板制造简单，成本较低，使用方便，但对装载货物的整体形状有一定的要求。通常与集装棚、集装罩结合使用（如图 2-18 所示）。

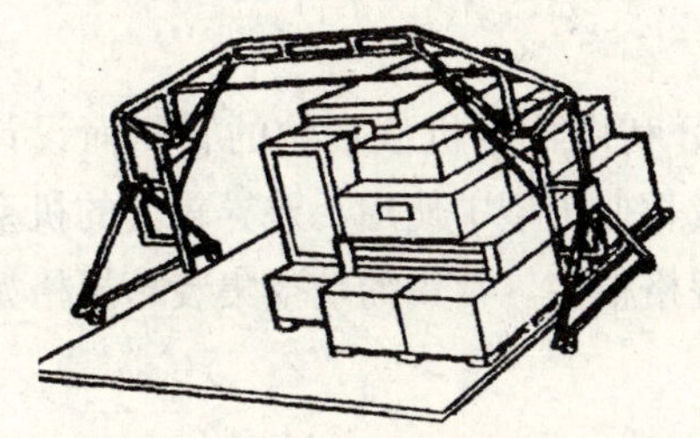

图 2-17 集装板

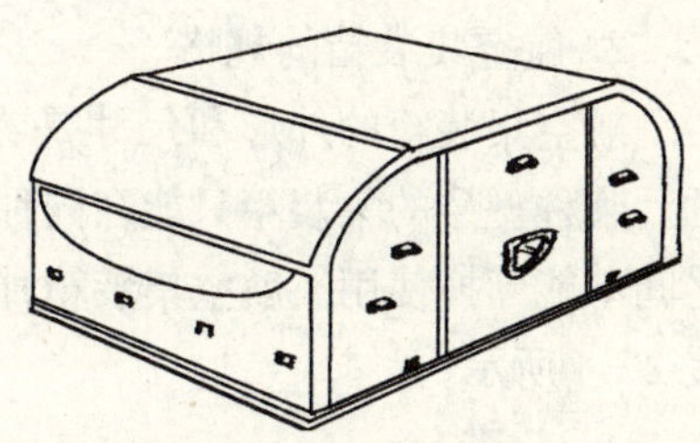

图 2-18 集装棚

（二）航空集装箱

航空集装箱是一种外形、体积与飞机货舱断面轮廓相吻合的集装箱（如图 2-19 所示）。

图 2-19 集装箱

它与飞机上的装载和固定系统直接结合，不需要任何附属设备。

1. 航空集装箱的种类

(1) 按航空集装箱放置在机舱的位置分为：主舱集装箱和下舱集装箱。

(2) 按航空集装箱适用的联运方式分为：空陆集装箱和空陆水陆集装箱。

(3) 按航空集装箱装运的货物分为：普通货物集装箱和特殊货物集装箱。

(4) 按航空集装箱制造的材料分为：硬体集装箱和软体集装箱。

2. 航空集装箱的规格

航空集装箱的外形和尺寸是为了充分利用特定机型货舱的容积而设计的。某种型号的集装箱只能在同种机型或相似机型中使用，差异较大的机型之间不能互换使用。航空集装箱种类、规格很多。常用的航空集装箱规格如表 2-4 所示。

表 2-4　　航空集装箱规格　　单位：mm

序号	箱宽	箱高	箱深	箱门宽
1	1562	1626	1534	1194
2	2007	1626	1534	1562

四、航空港

(一) 航空港的概念

航空港是指民用航空运输交通网络中使用的飞机场及其附属设施。它是航空运输的又一个重要设施。与一般飞机场比较，航空港的规模更大，设施更为完善。

(二) 航空港的组成

航空港及航空运输用的飞机场及其服务设施一般由以下三个部分组成：

1. 飞行区

包括跑道、滑行道、停机坪以及各种保障飞机安全的设施、无线电通信导航系统、目视助航设施等。

2. 客货运输服务区

包括客机坪、候机楼、停机场以及货运站等。

3. 机务维修区

包括维修厂、维修机库、维修机坪以及储油库等。

（三）航空运行中心

随着航空公司的运营日趋复杂，某些机场需要发展成为航行中心（枢纽）。从人口较少的外围地区来的航班集中到该中心，然后由接运航班运送到其他地方。总之，中心机场的作用有些类似于汽车运输业中的杂货转运站。

五、航空运输

（一）航空货物运输形式

空运货物形式一般包括：班机运输、包机运输、集中托运、航空急件传送、代办送交业务与联合运输等。

1. 班机运输

班机指按定期开航的航线，定始发站、到达站和途经站的飞机。一般的航空公司都使用客货混合型飞机，一些大型航空公司也用全货机运输货物。

班机运输能安全、迅速并准确地到达世界上各通航地点，使收货人能掌握货物起运和到达的时间、地点，特别适合于季节性商品、市场急需商品、鲜活货物与贵重商品的运输。但由于班机运输是以客运为主，货舱有限，不能满足数量较大货物的及时运出，运价较包机运输为贵。

2. 包机运输

包机运输可分为整架包机和部分包机。

整架包机指航空公司或包机代理公司按照与租机人事先约定的条件和租机费率，将整架飞机租给包机人，从一个或几个航空港装运货物至指定目的港的运输方式。它适合于运输大宗货物。一般来说，整机运输比班机运输的费用要低。

部分包机指由几家航空货运代理公司或发货人联合包租整架飞机，或由包机公司把整架飞机的舱位分租给几家航空货运代理公司，这种运输方式适合于不足整机的货物或一吨以上的货物运输，其运费较班机费率低，但运送时间比班机的要长些。

3. 集中托运

集中托运是指航空货运代理公司把若干单独发运的货物组成一整批向航空公司集中托运，填写一份总运单发运到同一目的港，由航空货运代理公司委托目的港当地的代理人负责收货、报关并分拨给各个实际收货人的一种运输方式。航空货运代理公司对每一委托人另发一份代理公司签发的运单，以便委托人转给收货人凭以提取货物或收取货款。这种运输方式可争取较低运价，在航空运输中使用比较普遍，也是航空货运代理的主要业务之一。

4. 航空急件传送

航空急件传送是由一个专门经营此种业务的捷运公司和航空公司合作，设专人用最快速度在发货人、机场与收货人之间传送急件。急送运达时间一般在一两天或数小时，颇受业界欢迎。

5. 代办送交业务

在贸易往来中，为了推销商品，扩大贸易，往往向推销对象赠送样品、商品目录、印刷品等。航空货运代理人负责代办提取、转运等工作。航空货运代理暂时垫付的一切费用集中向委托人收取。

6. 联合运输

为充分发挥航空运输的优点，对不能以航空运输直达的地点，可采用联合运输方式，如海空联运、陆空联运、陆空陆联运等。采用这些运输方式，其运送速度快，费用省，手续简便，又可在装上第一程运输工具后即可办理结汇手续，有利于加速资金周转。

（二）航空货物托运与交付

1. 货物托运

空运货物要根据货物性质、形状、重量、体积及中转次数进行妥善包装，每件货物的包装上要正确详细地填写和粘贴各项标记、标志，在每件货物上均应粘贴拴挂货物标签。对于在运输途中需要进行特殊处理的货物，还应粘贴相应标记。每件货物重量一般以不超过 80 公斤，体积不小于 5 厘米×10 厘米×20 厘米、不大于 40 厘米×60 厘米×100 厘米为宜，否则需经航空公司同意后方可办理托运。

向航空公司托运后，取得航空公司签发的航空运单，即为承运开始。

2. 货物的交付

货物到达目的地后，由航空公司立即以书面或电话通知收货人提取。收货人接到通知后，应当场查看货物，并在交货收据上签收。如发现差错、短少或残损，应会同承运人及有关部门当场详细查看，做好运输事故记录，以备事后索赔之用。

（三）货物的变更运输

货物在交运后到提取前，托运人可书面提出申请，对运单上的全部货物作如下调整变更：

1. 中途停运

扣除已运航段的航空运费和其他费用后的运费余额可退还托运人。

2. 运回始发地

将始发地至变更运输地点之间的往返运费与已付运费比较，多退少补。

3. 变更目的地

运费要分不同情况处理：

（1）尚未发运的货物变更目的地，应按变更后的起讫地点重新收费；

（2）已经发运但尚未运达目的地的货物变更目的地，已付运费可扣除已运航段运费和其他费用后退还托运人，再按变更后的起讫地点重新计收运费；

（3）已经运达目的地但尚未交付的货物变更目的地，应重新计收原目的地至新目的地的运费。

（四）航空货物运单

1. 航空货物运单

航空货物运单是承运人接受货物的收据，也是承运人与托运人之间缔结的运输合同；但它不同于国际货物运输中的海运运单，它不是代表货物所有权的物权凭证，也不是可以议付转让的单据。

2. 航空运单的份数

每份航空运单有正本三份和至少六份副本。三份正本分别以不同颜色纸张印刷，表明不同用途。第一份蓝色运单交给托运人，是承运人或其代理人收到托运货物后出具的货物收据；第二份绿色运单，由承运人留存作为内部记账凭证；第三份粉红色运单，随货同行，到达目的地后交给收货人作为接受货物的依据。副本中黄色者为提货收据，由收货人在提货时签字，留存到站备查；其余副本均为白色，分别给代理人、目的港和第一、二、三承运人，如不够用可增加副本份数。每份运单上端右侧有一组数字，前三位数是航空公司代号，如我国民航为999，后8位数字为运单顺序号。

3. 航空分运单

航空运单除上述形式外，还有一种航空分运单，又称小运单，是由航空货运公司签发的。航空代理经常将数批货物集中办理托运，而航空公司仅发一套运单，为便于工作，代理公司另发给委托人自己签发的分运单。分运单与主运单内容基本相同，法律效力相当，只是由航空代理承担货物的全部运输责任。

（五）航空运输费用

1. 航空运价种类

在计算航空货物运输费用时，首先要搞清楚货物的计费重量、有关的运价和费用项目等各方面的知识。

（1）计费重量。计费重量是按实际重量和体积重量两者之中较高的一个计算，在货物体积小而重量大的情况下以实际重量（毛重）作为计费重量；反之，在货物体积大而重量轻的情况下则以货物体积重量作为计费重量。

实际重量是一批货物包括包装在内的实际总重量。具体界定为每6000立方厘米或366立方英寸体积其重量大于一公斤或166立方英寸体积其重量大于一磅的称为重货。在计算中不足半公斤的按半公斤计，半公斤以上不足一公斤的按一公斤计，不足一磅的按一磅计。

货物体积大而重量相对小的称为轻泡货物，即一公斤货物其体积超过6000立方厘米或366立方英寸或一磅货物其体积超过166立方英寸者，以体积重量为计费重量。体积重量的计算方法是先分别测出货物的最长、最高、最宽部分，三者相乘求出其体积，尾数四舍五入；然后以体积折算成公斤或磅。

例如一批货物体积为18000立方厘米，实际重量为2公斤，则其体积重量为（18000÷6000）＝3 公斤。

（2）特种货物运价。在国际航空运输业务中，在一定航线上经常性进行某特种货物运输时，或为促进某地区某种货物运输，经国际航空运输协会同意后，向发货人提供一个优惠运价。为此将货物划分为若干的品类，如食用动物和蔬菜；活动物、非食用动物及蔬菜制品；纺织品、纤维及其制品。

（3）货物的等级运价。它只适用于在指定地区内少数货物的运输，通常在一般货物运价基础上加减一定百分比。适用等级运价的货物主要有：活动物、活动物的集装箱和笼子、贵重物品、报刊、书籍、盲人聋哑人专用设备与书籍、行李等。其重量起点为 5 公斤，特种货物运价按 45 公斤以下的一般货物运价的 50％计算。

（4）一般货物运价。当一批货物没有特种货物运价，也没有可适用的等级运价时，就必须使用一般货物运价。一般货物运价仅适用于承运 45 公斤以下的一般货物。

2. 航空运价计算

由于航空运价有特种货物运价、等级运价、一般货物运价，若遇到两种运价均可适用时，应首先使用特种货物运价，其次是等级运价，最后才是一般货物运价，这是选用运价的原则。但是如果以重量起点的运价低于特种货物运价时，可以使用这个较低的一般货物运价。

航空运价的其他规定：

（1）航空运价是指从一个机场到另一个机场的运价，不包括提货、仓储等费用，而且运价仅适用于单一方面；

（2）起码运价。这是航空公司办理一批货物运输所能接受的最低运费，最低运费是航空公司在考虑办理即使一笔很小的货物所产生的固定费用后制定的。不同地区有不同的起码运费；

（3）声明价值费。按航空公司规定，对由于承运人的失职而造成的货物损坏、丢失或耽误等所承担的责任，其赔偿的金额为每公斤若干美元或相等的当地货币。如果货物每公斤价值超过这一金额，则需由托运人在付运费的同时，向承运人另外支付一笔声明价值费。航空运费的计算公式为：

航空运费＝计费重量×适用运价率

第六节　管道运输技术

一、管道运输的含义、特点及种类

（一）管道运输的概念

管道运输是货物在管道内借助高压气泵的压力，输往目的地的一种运输方式。管道运输的工具本身就是管道，管道是固定不动的，只是货物本身在管道内移动，它是运输通道和运输工具合二为一的一种专门运输方式。

为了增加运量，加速周转，现代管道管径和气压泵功率有很大增加，管道里程越来越长，长达数千公里，行程通过几个国家的管道已不少见。目前，管道运输已成为一种独立的重要运输方式。

（二）管道运输的特点

管道运输与其他运输相比具有如下不同的特点：

1. 运输通道与运输工具合二为一；

2. 高度专业化，适于运输气体和液体；

3. 运量大，成本低；

4. 不受气候影响，可连续作业；

5. 便于长期运输，安全性高，货损货差率低。

管道运输的不足之处在于：灵活性小，只限于单向运输，货物过于专门（液体、气体），一次性投资大。

（三）管道运输的种类

1. 按其运送对象的不同分类

（1）液体管道运输。液体管道运输也称输油管道，主要用来输送原油和成品油。输油管道是连接相互间距离较长的油田、炼油厂、用油单位或海运港口的长距离的液体管道。

（2）气体管道运输。气体管道也称天然气管道，主要用来输送从气田采出的天然气。由于天然气的液化成本较高，所以天然气在管道内通常以气体形态运输。

(3) 浆液管道运输。浆液管道运输是将待输送的煤、铁矿石、磷矿石、铜矿石和石灰石等固体物料粉碎成粉粒状，与适量的液体，如水、燃料油和甲醛等配制成可流动的浆液，在管道中经泵压输往目的地，然后浆液经脱水后送至客户。

2. 按管道所设位置分类

管道运输按管道所设位置分为架空管道、地面管道、地下管道。

二、管道运输设备及技术

(一) 输油管道运输设施及技术

长距离输油管道由输油站和管道线路两大部分组成。

1. 输油站

输油站是管道干线为输送油品而建立的各种作业场所。按其所处的位置分为首站、中间站和末站。

(1) 首站。首站是输油管道的起点，通常位于油田、炼油厂或港口附近，主要任务是接受来自油田或海运的原油，以及来自炼油厂的成品油，经计量后加压输往下一站。首站的设备主要有输油泵，还有较多的油罐。

(2) 中间站。中间站设置在输油管道沿线，主要任务是对所输送的油品加压、升温。中间站的主要设备有输油泵、加热炉和阀门等。

(3) 末站。末站是输油管道的终点，通常是收油单位的油库、转运油库或两者兼而有之。主要任务是接受管道来油，将合格的油品经计量后输送到收油单位，或变换运输方式后继续运输。

2. 管道线路

管道的线路设施包括管道、沿线阀室、穿越山谷河流设施和管道保护设施等。为保证长距离输油管道的正常运营，还设有供电和通讯设施。

(二) 天然气管道运输设施及技术

天然气管道系统主要是由矿场集气管网、干线输气管道（网）、城市配气管网以及与此相关的站、场等设备所组成的连续、密闭的整体。长距离输气干线上分布着若干个输气站，按其作用不同分为压气站、调压计量站和储气库。

1. 压气站

压气站设在管道的起点和中途，主要为天然气的输送提供或补充必要的压力能量。

2. 调压计量站

调压计量站设在输气管道分输处和末站，主要任务是调节气流压力和测量气体流量，以给城市配气系统分配气量及分输给储气库。

3. 储气库

储气库是为解决输气均衡和气体消费不均衡的矛盾而建立的，通常设在管道沿线或终点。

天然气从气田的各井口装置采出后，经矿场集气管网汇集到集气站，再由集气站输往天然气处理厂进行净化处理，然后送入长距离输气管道，送往城市和工矿企业的配气站，在配气站上经过除尘、调压和计量后，由配气管网输往客户。

（三）浆液管道运输设备及技术

浆液管道的基本组成部分与输油、输气管道大致相同，另外还有一些制浆、脱水干燥设备。以煤浆管道为例，整个系统是由浆液制备系统、输送管道和浆液后处理系统组成，包括煤水供应系统、制浆厂、干线管道、中间加压泵站、终点脱水与干燥装置等。

煤在浆液制备系统的制备过程主要包括洗煤、选煤、破碎、厂内运输、浆化和产品的储存。具体工艺的流程随煤的质量、采矿方法、杂质提取量、管输所需颗粒组成和煤的最终使用目的等的不同而有区别。

煤浆输油管道的首站一般和制浆厂设在一起，由首站增压泵从外输罐中抽出煤浆，经加压后送入干线。为了给管道中的煤浆补充压力能量，使之继续输送，在输管沿线需设置若干个中间泵站。当管道输送方向有巨大落差时，还需设置减压站，以控制浆液流速和压力。

煤浆管道的后处理系统主要负责浆液的脱水、储存、到发电厂或转运点的固定进料等。

第七节　其他运输技术

一、其他运输方式

（一）多联式运输

1. 多联式运输的概念

随着运输技术的发展，传统的海、陆、空、公路和江河等互不连贯的单一运输方式，在某些情况下不能适应形势发展的要求。于是，多联式运输应运而生，它根据实际运输要求，将不同的运输方式组合成综合性的一体化运输，通过一次托运、一次计费、一张单证、一次保险，由各运输区段的承运人共同完成货物的全程运输，即将全程运输作为一个完整的单一运输过程来安排。

多联式运输广泛应用于国际货物运输中，称为国际多式联运，它一般以集装箱为媒介，把海洋运输、铁路运输、公路运输、航空运输和内河运输等传统的单一运输方式有机地结合起来，采用一体化方式综合利用，以完成国际间的运输任务。

开展多式联运，有利于发挥综合运输的优势；有利于提高经济效益和社会效益；有利于挖掘运输潜力，加速货位周转，提高运输效率；有利于形成以城市为中心，港站为枢纽的综合运输网络；有利于无港站的县、市办理客货运输业务；有利于交通运输管理体制的改革。

2. 多式联运运输的特点

多式联运运输与其他单一运输相比，有其与众不同的特点。

（1）根据多式联运的合同进行操作，运输全程中至少使用两种运输方式，而且是不同方式的连续运输。

（2）多式联运的货物主要是集装箱货物，具有集装箱运输的特点。

（3）多式联运是一票到底、实行单一费率的运输，发货人只要订立一份合同，一次性付费，一次保险，通过一张单证即可完成全程运输。

（4）多式联运是不同运输方式的综合组织，其全程运输均由多式联运经营人完成或组织完成，无论涉及几种运输方式，分为几个运输区段，多式联运经营人都要对全程负责。

（5）货物全程运输是通过多式联运经营人与各种运输方式、各区段的实际承运人订立分运（或分包）合同来完成的，各区段承运人对自己承担区段的货物负责。

（6）在起运地接管货物，在最终目的地交付货物及全程运输中各区段的衔接工作，由多式联运经营人的分支机构（或代表）或委托的代理人完成，这些代理人及承担各项业务的第三者对自己承担的业务负责。

（7）多式联运经营人可以在全世界运输网中选择适当的运输路线、运输方式和各区段的实际承运人，以降低运输成本，提高运达速度，实现合理运输。

（二）集装箱运输

1. 集装箱运输的有关概念

集装箱，又称“货箱”、“货柜”。按原文字面的含义，它是一种“容器”，但并非所有的容器都可以称为集装箱，集装箱必须具有一定强度，是专供周转使用并便于机械操作的大型货物容器。使用集装箱转运货物，可直接在发货人的仓库装货，运到收货人的仓库卸货，中途更换车、船时，无须将货物从箱内取出换装。

集装箱运输是指利用集装箱运输货物的方式，是一种既方便又灵活的运输方式，现在已被众多货主所采用。它可以在最大限度上减少运输过程中造成的货损，比如可以抵御风雨、外力等一些不可避免的因素对货物造成的损害。一直以来集装箱运输业务以其保障性高、运输费用低廉而深受广大货主的钟爱。

2. 集装箱运输的特点

集装箱运输是一种现代化的运输方式，它与传统的货物运输方式相比有许多不同之处，主要表现为以下特点：

（1）由于集装箱具有抵抗风雨、避光、抗震等作用，因此用集装箱运输货物能够最大限度地减少货损。

(2) 集装箱的整箱搬运，极大地方便了运输、装船和卸港。在全程运输中，以集装箱为媒介，使用机械装卸、搬运，可以在无须接触或移动箱内所有货物的前提下，从一种运输工具直接方便地换装到另一种运输工具。

(3) 集装箱的铅封号码惟一，足以保证货物所有人的货物不会发生丢失、被窃的现象。

(4) 集装箱中的保温冷藏箱能够对许多鲜活物品进行长时间的保鲜，这是其他运输方式无法实现的。

(5) 集装箱运输可以由一个承运人负责全程运输，因而简化了货运手续，方便了货主，提高了工作效率。

(6) 货物从内陆发货人的工厂或仓库装箱后，经由陆、海、空不同的运输方式，可以一直运到内陆收货人的工厂或仓库，实现“门到门”运输。

3. 集装箱运输的标准

集装箱是专供周转使用，并便于机械操作和机械运输的大型货物容器。按中华人民共和国国家标准 GB/T 18354－2001《物流术语》中的规定，集装箱应满足下列要求：①具有足够的强度，可长期反复使用；②适于一种或多种运输方式运送，途中转运时，箱内货物不需换装；③具有快速装卸和搬运的装置，特别便于从一种运输方式转移到另一种运输方式；④便于货物装满与卸空；⑤具有 1 立方米及以上的容积。

集装箱运输的规格标准：

(1) 普通货物集装箱包括通用集装箱和专用集装箱。

(2) 特种货物集装箱包括保温集装箱、罐式集装箱、干散货集装箱和各种按货物命名的集装箱。

(3) 按集装箱的材质可分为钢质、铝质、玻璃钢质等集装箱。

(4) 按集装箱的结构可分为密闭式、通风式、折叠式、可拆式、敞开式和框架式等。

4. 集装箱运输的种类

集装箱运输包括铁路集装箱运输、水路集装箱运输、汽车集装箱运输和集装箱联运等。

(1) 铁路集装箱运输，可采用成车装运、成组运输、班车定期直达运输和集装箱专列等。

(2) 水路集装箱运输，基本上都采取定线班轮形式。其特点是：

①班期固定。根据货流密度，每周、旬或月一班，定时起航。

②干支配合。为加速货物运送速度，提高船舶和港口设备利用率，海上集装箱运输采取了减少停靠港口数的办法，班轮在航线上只停靠少数港口，而作业量小的港口与大港之间靠支线运输集散。

③集团经营。由于船舶、港口装卸设备及设施投资很大，故同一航线上各船舶公司之间多采取联营形式。

(3) 汽车集装箱运输，由牵引车、半挂车或集装箱汽车运输集装箱，它是完成短途运输、接取送达集装箱运输，实现“门到门”的手段。

(4) 集装箱联运，主要有陆桥运输、集散运输和接取送达等形式。

①陆桥运输。以陆运的集装箱专列连接两个水域的联运，称为集装箱陆桥运输。陆海联运中的陆运部分称为陆桥，它比单纯的水运或陆运可以缩短运距，降低运费，减少运输时间。

②集散运输。集装箱港集中到达要发送的集装箱，通过铁路、内河、公路、沿海水运，将集装箱发至内陆货运站和沿海、内河港口的联运称为集装箱的集散运输。集散运输线路是否畅通，是集装箱海运和集装箱码头能否发挥效益和效率的关键。

③接取送达。由车站或港口将集装箱运至货主处或由货主处将集装箱送到车站、港口的接取送达，是铁路或水运与城市交通系统间的集装箱联运。

(三) 散装运输

散装运输是指产品不带包装的运输，是用专用设备将产品直接由生产厂方送至客户使用的运输方式。目前采用散装运输的产品，液体类的有原油、汽油、煤油、柴油等油料；固体类的有水泥、粉煤灰等粉料和沥青、焦炭等块料，以及化工产品中各种塑料切片、粒料、粉料等。

散装运输在特定的场合具有无可比拟的优越性，因此，在工业发达国家，大部分化工产品都采用散装运输。其优点主要表现在：

1. 节省包装材料和费用，减少货位在运输过程中的损失，提高运输质量，加速车船周转速度，提高运输效率。据推算，水泥由纸包装改为散装，每吨可节省包装费 8.3 元。油脂散装运输与桶装运输相比，每亿斤油脂可节省油桶购置费 131 万元。

2. 工作环节少，机械化、自动化程度高，装卸车（船）速度快。例如，据统计资料显示，装一辆载重 65 吨的火车，袋装水泥需要 8 个工人 40 分钟才能装完，而采用散装运输水泥，只需 1 个工人 8 分钟就可以装完同样吨位的火车。卸一辆载重 8 吨的袋粮汽车，至少需半个小时，卸同样吨位的散粮汽车，只需要 6 分钟，由此看出，散装运输在提高装卸效率，加速车船周转等方面，具有显著效益。

（四）托盘化运输

托盘运输是指货物按一定要求成组装在一个标准托盘（按一定规格制成的单层或双层平板载货工具）上组合成为一个运输单位，使用铲车或托盘升降机进行装卸、搬运和堆放的一种运输方式。它是成组运输的一种最新形式。

1. 托盘运输的优点

托盘运输以一个托盘为一个运输单位，运输单位增大，便于机械操作，因而可以成倍地提高运输效率。这种运输方式具有以下优点：

（1）提高运输效率。由于托盘运输是以托盘为运输单位，搬运和出入仓库都使用机械操作，有利于提高运输效率，缩短货运时间，降低运输成本，同时还可减少劳动强度。

（2）便于理货，减少货损货差。以托盘为运输单位，货物件数变小，体积重量变大，而且每个托盘所装数量相等，既便于点数、理货交接，又可以减少货损货差事故。

（3）投资较小，收效较快。与集装箱制造相比较，托盘的投资相对较小，时间也较短，因而收效也较快。

2. 托盘运输的缺点

（1）货物范围有限。最适合托盘运输的货物是箱装物品、硬纸盒装的消费品等较小的包装商品，对于体积和重量较大、形状不一的家具、机械以及散装冷冻等货物很难采用托盘运输方式。

（2）费用增加，载量减少。采用托盘运输要相应增加托盘费用。同时，由于增加了托盘重量和体积，相应地减少了运输工具的载重。

(3) 不是最理想的运输方式。虽然托盘运输向成组运输前进了一步，但其效果还不足以从根本上改变传统的运输方式，不能完全适应国际多式联运方式。例如，它不能像集装箱那样，可以密封地越过国境和快速转换各种运输方式。因此，这种运输方式有待于向更高级的运输方式——集装箱运输方向发展。

二、特种货物运输

特种货物（主要指鲜活、易腐、危险品货物）因其性质的特殊性，对其运输有特殊的要求。

（一）鲜活、易腐货物的运输

对畜、禽、蛋、鱼、果、蔬等货物的运输应按其易死、易臭、易烂、易潮、易破碎的特点和货物经营的客观规律来进行。这些货物的运输工具有：火车、汽车、拖拉机、轮船、机帆船、自行车和人工运输（肩挑、赶运）。

1. 铁路运输

根据畜、禽、蛋、鱼、果、蔬等货物的特点和性能，在铁路运输中经常使用的有保温车，基本记号为“B”，它是装运冻结易腐货物及其他需要保持一定温度的货物专用车辆。国家对各类保温车的技术装载量作了规定。保温车装载定额吨位如下：

B16 型（20 个车皮，大机械列车）490 吨；

B17 型（10 个车皮，小机械列车）305 吨；

B18 型（9 个车皮，小机械列车）245 吨；

B19 型（4 个车皮，小机械列车）130 吨；

B20 型（8 个车皮，小机械列车）280 吨；

B21 型、B22 型（4 个车皮，小机械列车）120 吨；

B6 型（4 个车皮，小机械列车）160 吨；

B6 冰保温车 33 吨；

B8 冰保温车 28 吨；

B11 冰保温车 24 吨。

2. 公路运输

运输冷冻货物均需保温车。普通汽车在严冬季节也可作短途临时运输。自行车、人力车等运输工具只能在市内作短途运输。

3. 水路运输

多使用普通冷藏船进行运输，其装载量 80～500 吨，也有 500～700 吨的，最大能装载 1500 吨。

（二）危险品运输

危险品运输有其运输的特殊条件：

1. 按一批办理运输的限制。危险品和非危险品、或配装互有抵触的危险品都不能按一批组织托运。因其装卸作业、操作程序、车辆使用、装载要求、消防扑救方法、安全防护等要求各异。

2. 危险品运输经许可由铁路、公路、水路运输的危险品仅限于“危险物品名索引表”中列载的品名。未列载的危险品需提出鉴定书审批。

3. 包装方面，危险品的包装必须符合“危险货物品名表”和“危险货物包装表”的规定。每种危险品应单独包装；属于同类且消防方法相同者，可混置于一件包装内。包装应能防止雨雪、阳光、潮湿和杂物侵入。

危险品包装上应有表明货物危险性的明显包装标志，标志必须符合国家标准 GB 190－1985 的规定。

三、智能运输技术

随着经济的发展，物流需求的增长，交通运输越来越成为影响经济和社会发展的重要因素。20 世纪 80 年代以来，随着计算机技术、信息技术、通讯技术、电子控制技术等新技术的飞速发展，人们开始利用这些新技术将车辆、道路和使用者紧密联系起来，用以解决交通阻塞、交通事故应急处理、环境保护、节约能源等问题。通过对道路运输系统进行重新审视，将更多新技术引入道路运输系统，进而扩展到铁路和航空的管理与信息交换。因此，产生了智能运输（技术）系统。

（一）智能运输系统的概念

智能运输系统（Intelligent Transportation Systems，ITS）是将先进的

信息技术、计算机技术、数据通信技术、电子控制技术、传感器技术、自动控制理论、运筹学、人工智能等有效地综合运用于交通运输、服务控制和车辆制造，加强了车辆、道路、使用者之间的联系，以形成一种定时、准确、高效的综合运输系统。

目前，世界上在智能运输系统的研究中，美国、欧洲和日本处于领先的地位。在20世纪60年代末期，美国就开始了ITS方面的研究，随后，欧洲、日本也相继进行ITS的开发。现在，美国、欧洲和日本已成为世界ITS研究的三大基地。另外，澳大利亚、韩国、新加坡、中国香港等一些国家和地区的ITS研究也有相当规模。

（二）智能运输系统的作用

ITS系统的作用主要有以下几方面：

1. 提供信息

系统向道路的管理者和客户提供信息。主要有道路交通情况的实时信息及其他的相关信息，如天气等。

2. 管理服务

管理服务的内容主要有公共交通运输管理、车辆行政管理、行车辅助和巡航引导等。

3. 计收费用

计收费用主要是以电子方式自动地向客户收取道路使用费或通行费、车辆停靠费等。

4. 安全控制

安全控制的内容主要有危险警告、人车事故预防、避免碰撞等，通过不同方式来帮助减少交通事故。

另外，ITS系统还可以根据人们的需要提供更多的服务。

（三）智能运输系统的特点

智能运输的主要功能是通过信息反馈来准确掌握车辆行驶和道路交通的状况，及时发出疏导指令，改善交通阻塞状况，防止交通事故发生。因此，相对其他交通管理方式，其特点主要表现在以下几方面：

1. 导航系统的高效化

智能运输系统利用可视化技术，实现导航系统的高效化。其适用性广，适合所有行驶的车辆，为驾驶员提供导航服务，保障车辆顺利行驶。

2. 交通管理的合理化

通过提供有效信息，控制管理交通，提高运输管理效率，保障运行线路畅通。

3. 收费系统的自动化

通过建立智能运输系统，可以实现在收费站不停车收费，并适合所有行驶车辆，以消灭收费站交通阻塞现象，提高运输效率。

4. 保障系统的安全化

利用交通保障系统进行危险警告，自动指挥车辆行驶，避免交通事故发生。

（四）智能运输系统的组成

1. 交通需求管理系统

包括交通和出行信息，公共交通线路和时间表，需求管理和运营等。

2. 交通运输管理系统

包括驾驶员的信息协调，路线引导，交通管理控制，交通事件管理等。

3. 公共交通运输管理系统

包括公共交通运营规划及自动化管理，公交运输信息，公交运输安全等。

4. 电子收费系统

包括电子通行卡，自动计费系统等。

5. 车辆运行系统

包括车辆电子通关，安全检查，车载监控，商业车辆管理等。

6. 安全避险系统

包括紧急情况通报，安全预报，避免碰撞等。

（五）智能运输在物流中的应用

智能运输系统的主要目标是利用信息技术将驾驶员、车辆、道路设施集合成为一个综合系统，使运输顺畅、快捷、智能化。运输是物流的一个重要环节，智能运输是物流运输所追求的，有利于科学组织物流运输，实现运输的实时跟踪，提高物流运输的准确性、及时性。智能运输的发展将大大促进现代物流业的发展。

目前，一些国家的大型道路交通运输企业，利用通信卫星、GPS 和数字式电子交通地图建立最佳车辆调配系统。提高了车辆的装载效率和驾驶动态管理，提高了物流服务水平。但是，这个系统建立的前提条件是最佳运送路线的道路交通是畅通的。否则，就不能成为最佳了。因此，需要建立一个具有反映道路使用状况、提供道路信息、扩大现有道路通行能力等功能的道路交通信息系统。现在，GPS 在 ITS 中的广泛应用，促进了 ITS 的发展，也对物流运输产生了深远的影响。例如，德国豪华轿车已安装 GPS 车辆自动导航系统。我国基于 GPS 的车辆导航系统与车辆运营管理系统等也正在迅速发展。主要应用于以下两个方面：

1. ITS 利用 GPS 实现的车辆导航系统

包括查询资料，跟踪车辆位置，行车线路设计等。

2. 利用 GPS 实现的车辆物流运输管理系统

包括信息查询，车辆运行管理，指挥调度和分级管理等。

随着科学技术的发展，更多高科技含量的技术应用于智能运输系统中，智能运输系统将在物流运输中发挥越来越重要的作用。

四、运输方式的选择

（一）运输方式选择的五要素

由于存在着上述多种运输方式及多样化的运输业者，我们在实际运用时将基于什么条件进行选择呢？一般来讲，运输方式的选择条件有：

1. 输送商品的种类。
2. 输送量。
3. 输送时间。
4. 输送距离。
5. 输送成本。

以上五个条件不是相互独立的，而是紧密相联、互为决定的。

在上述五个条件中，输送商品的种类、输送量和输送距离这三个条件是货物自身的性质和存放地点所决定的，因而属于不可变量。但在考虑运输商品的种类时，应以商品的形状、单件重量和容积、商品的危险性和易腐性，尤其要从货主对运费负担能力等方面考虑。关于运量和运输距离，应根据运输批量的大小和运输距离的长短，选择不同的运输方式。

而输送时间和输送成本因不同运输方式而差别较大，输送时间和输送成本的变化必然带来所选择运输方式的改变。就是说，在当今激烈竞争的运输市场中，输送时间和输送成本已成为运输机构的重要竞争要素。

输送时间和输送成本之所以如此重要，在于企业物流需求发生了变化。目前企业对缩短运输时间、降低运输成本的要求越来越强烈。追求其产生的原因，还在于在当今世界经济环境复杂多变的情况下，企业只有不断降低各方面的成本，加快商品周转，才能提高企业经营效率，实现竞争优势。

对于一般企业来讲，更看重的是运输成本的高低，由于运输成本在企业总物流成本中占有很大比例，而且不同运输方式的运价相差又很大，因此，运价就成为企业选择运输方式的一个非常重要的因素。但是输送时间与输送成本是相互矛盾的，如果要采用运价低的运输方式，就有可能导致运输速度的减缓；而要利用快速的运输方式，又可能增加运输成本。所以，在选择运输方式时，不能将运价作为考虑的惟一因素。企业还应考虑运输服务质量及这种服务带来的对整个企业物流系统运作成本的影响。

由此可见，运输方式的选择要根据企业物流系统的总体要求，结合不同运输方式的特点与成本，选择适合的运输方式。合理化的运输，应是在整个物流系统中，充分利用现有时间、财务和环境资源，以最佳的运输方式、路线，最低的成本，最高的质量来实现运输。

（二）运输方式的运作特征

运输方式的运作特征包括：服务可靠性、输送速度、服务频率、服务可得性和服务能力五个方面。

1. 服务可靠性

运输服务的可靠性通常用与正常服务水平的偏差来衡量。运输装备的可靠性和一些不可控因素（如恶劣天气或自然灾害）常常是影响运输可靠性的因素，航空运输最易受这些因素的影响，而管道运输受影响最小。

2. 输送速度

由于存在着货币的时间价值和货物本身的易变性，速度是托运人关注的重要因素，同时它也是客户服务水平的重要体现。

3. 服务频率

服务频率是指在一个给定时间内，两地之间往返的次数。承运人提供的服务频率依赖于托运人在两地间的服务需求量。

4. 服务可得性

服务可得性是指在特定服务的地理区域内，各种运输方式的可接近性和可达性。联运有助于提高不同运输方式间的可得性。

5. 服务能力

服务能力是指处理异型、重质、易碎、液态、易燃、易爆、易腐或易受污染的货物的能力。

（三）承运人的选择

在选定了运输方式后，就要选择具体的承运人。虽然某一运输方式的大多数承运人的运价和服务是相似的，但其服务水平却会存在很大的差异。服务水平包括：运输时间与可靠性、运输能力与可接近性和安全性。

1. 运输时间与可靠性

（1）运输时间是指从托运人准备托运货物到承运人将货物完好地移交给收货人之间的时间间隔。其中包括接货与送货、中转搬运和起讫点间运输所需要的时间。

（2）可靠性是指承运人的运送时间的稳定性。运送时间与可靠性影响着企业的库存和缺货损失。运送时间越短、可靠性越高，所需的库存水平越低。运送时间和可靠性通常是企业评价承运人服务水平的重要标准。如果没有可靠性作保证，再短的运送时间也是毫无意义的。因为运送时间不稳定，就会增加企业的额外库存，以防止由此而产生的缺货损失。

2. 运输能力与可接近性

（1）运输能力是指承运人提供运输特殊货物所需要的运输工具与设备的能力。

（2）可接近性是指承运人为企业运输网络提供服务的能力，即承运人接近企业物流结点的能力。

运输能力与可接近性决定了一个特定的承运人是否能够提供理想的运输服务。

3. 安全性

安全性是指货物在到达目的地的状态与开始托运的状态相同。若货物在运输过程中不能保证其安全，无论是货物的丢失或损坏，都对企业不利，因而承运人保证货物的安全抵达的能力，也是选择承运人的重要因素。

五、货运的实施

对于物流企业来说，应加强与承运部门的联系，主动向承运部门反映货物的采购、库存及市场变化的情况，争取能按计划完成运输任务。物流企业同时也应作好货物发运的各项准备工作，组织安排好装车所需的劳动力和设备，保证货物及时进站（港），防止车货脱节，并加强货物运输工作的统计工作，及时汇总各项运输任务的完成情况。具体包括以下业务：

（一）货物的发运

货物发运是指发货单位或发货人，根据铁路、交通运输部门批准的货物运输计划，经过办理一定的发运手续，来完成货物从发运地运送到接收地的具体业务工作。

对于承运部门来讲，其主要职能是：

• 选择经济合理的运输方式和路线，使运输合理化；

• 做好车、船、货之间的衔接；

• 办理好托运、承运之间与发货、接收、中转之间的货物交接，分清责任；

• 做到货物包装牢固，标记清楚，单货相符，单货同行等，使货物从发运地能按时保质保量地运送到接收地。

1. 货物发运形式

在货物运输中发货单位或发货人选择发运方式十分重要，应以综合效益来选择最佳发运方式。货物发运的基本形式如下：

(1) 铁路发运：按发运货物的数量、体积、性质、状态和流向等条件分为整车发运、零担发运；按发运地点分为车站发运、专用线发运；

①整车发运：包括单一整车、合装整车、合装整车中转分运和整车分卸等多种发运形式。

单一整车发运：是指同一发站，同一发货单位或发货人，将一批货物运达一个到站，由一个收货单位或收货人收货，其重量、体积、性质、状态需要一辆铁路货车装运的称为整车。

合装整车发运：是指同一发站，由一个统一发货人将几个发货单位或发货人的不同品类的货物，经过合理组配，组装在一辆铁路货车内，按其中最高整车运价号计费，运达一个到站，由一个统一收货人收货的称合装整车。

合装整车中转分运：是指一个到达站的货物不能装满一辆铁路货车，而将其前方不同到站的货物，组装在一辆铁路货车内，由到达站的物流中转单位统一收货后，分别进行中转分运，称为合装整车中转分运。但零担转运的运输里程，不得超过整车里程的1/3。

整车分卸：是指同一发货单位或发货人将二至三个同一经路的在一个铁路运输区段内、不同到站的货物装在一辆铁路货车内，按最远里程计费的为整车分卸。

②零担发运：包括零担和整装零担两种发运形式。

零担：是指一批货物的重量或体积不足一个30吨铁路货车装运的货物，交由铁路车站发运的形式，并且规定零担每件货物体积最小不得小于0.02立方米，每批货物不得超过300件。

整车零担：是指在一个发运车站同一发货单位或发货人，将一个到站几个收货单位或收货人的零担货物拼装成整车，按零担货物发运的形式，分别交给收货单位或收货人，其运费是按零担运价减收10%的运费，称为整车零担。

(2) 水路发运：是江、海、湖、河发运货物的总称。按计费吨分为整批货物发运和零星货物发运；按发运地点分为泊位发运（在港口码头或趸船上发运）和锚地发运（在锚泊的江心或河心上发运）。

①整批货物发运：是指每一种运单发运的货物达到30计费吨的发运形式。

②零担货物发运：是指每一种运单的货物不足30计费吨的发运形式。

（3）公路发运：按发运货物的重量、性质、体积或里程分为整车发运、零担发运、长途发运、短途发运。

①整车发运：是指一次托运货物计费重量达到3吨以上的发运形式。发运地点多在发货单位仓库或发货人指定地点。

②零担发运：是指一次托运货物不足3吨的发运形式。发运地点在承运部门所在的货运站，随货同行的单证交承运部门的随车带交。

③长途发运：是指托运货物的运输里程达到25公里以上的发运形式。其运价执行基本运价。

④短途发运：是指托运货物的运输里程不足25公里的发运形式。采用里程分段或基本运价加次费计算。

（4）管道发运：主要用于原油和天然气输送。

2. 货物发运的基本条件

（1）发货人要按时向委托办理货物发运的运输部门提供发货物品的运输计划资料。内容包括：货物调拨方案、供销合同或协议、货物的名称、数量（吨）、流向、供货时间、起运站/港以及收货单位或收货人等；

（2）发货人开出货物供应单或发货票后，应附有收货单位或收货人、到达站/港、货物名称、件数、重量、体积以及收货人的详细地址、开户银行、账号等；

（3）货物的包装应适应多环节装卸搬运的要求，发运的货物包装两端应有明显清楚的运输标记和标志；

（4）对于化学危险品、毒品、易腐和鲜活货物的质量标准、包装和装载方法应符合相关运输部门的要求。

3. 货物发运的业务流程

（1）备运。备运是做好货物发运的前提条件，在备运阶段要做好货源组织工作，其主要包括：①做好货源的调查，摸清生产、市场变化、时间要求和运力松紧等情况，进行综合分析，提出调运方案；②在组织落实货源的基础上，做好货源的具体安排，根据已批准的运输计划，结合货物调运的数量和去向，分轻重缓急，提出旬间日历运输计划，并做好车、船、货的衔接；③选择经济合理的运输方式和运输工具。

（2）组配。根据月计划、日计划安排组织货物配装。这是发运过程中的重要环节。根据运单与货物的流转情况，有两种不同的组配方法：①见单组配；②见货组配。车站装车发运一般是见单组配。

①见单组配又有两种情况：一种是货物调拨供应单在开单后直接流转到货物运输组配环节进行组配；另一种是货物调拨供应单先流转到储存仓库，经集中货物，并在包装上按运输计划要求刷、贴或书写好运输标记后，再将货物调拨供应单流转到货物运输组配环节进行组配。

②见货组配，是生产单位直接将货物运送到铁路专用线的站台或港口码头仓库收货。这种直拨方法不能先得到货物调拨供应单进行组配，只能在站台或港口仓库收到全部货物后，才能进行组配。

（3）制单。根据组配环节转来的组配好的货物调拨供应单，填写有关货物运输的各种单证。主要包括货物运单和运输交接单。

货物运单是托运单位与承运车站、港口之间，办理托运和承运手续的依据，也是发运站、港口安排运输工具办理货物交接和计算费用的原始凭证。它明确了货物运输过程中双方的权利、义务和责任。

运输交接单是收货单位承付货款和掌握在途货物情况的依据。它还作为向收货单位中实行送货制的供货单位收回代垫运输费用和服务费的凭证。

填写货物运单和运输交接单的要求及注意事项有：

①字迹清楚，内容准确，不错不漏，不乱写简化字、同音字；

②货物运单按规定填写，注意按项目、内容要求，做到准确无误；

③运输交接单要按一个到站、港和每一个收货单位或收货人分别填写，各项内容填写完后应详细核对。

（4）托运。托运包括批单、送货、监装和交纳运输费用等工作。

①批单，按旬间日历计划要求，及时向承运部门提出发运货物的运单，经承运部门审批受理后，即可按承运部门指定的日期和地点组织送货；

②送货，包括根据制单环节流转来的运输交接单、货物调拨供应单提货联，向仓库提出货物，送至发运地点，与货运员办理点件、检验等交接手续；

③监装，在装载中指导工人注意搬运要求，轻拿轻放。妥善堆码，合理

搭配，不亏吨、不甩货；

④交费，在发运货物装好车、船后，凭承运部门签章的货物运单向承运部门交付费用。

⑤取回领货凭证和付费凭证；并经承运部门在货物运单上盖上承运日戳，发货单位或发货人托运的货物即算起运。

（5）送单。运输员在办好托运交付工作及交付运杂费后，由指定办理送单的人员，将领货凭证、付费货票、运输交接单、货物调拨供应单证的有关联次，分送收货或中转单位及内部有关各环节。送交收货单位的运输交接单、货物调拨供应单、补运单等随货同行联，应及时随货送交货物接收单位。其目的是保证货物接收单位在接货时，能按随货同行的单证，做好货物的清点、验收、冲销在途货物等工作。

单货同行的方法，一般将随货同行单证放在发运货物的车厢内明显安全的地方和船上理货员随货交给收货单位；在单证少的情况下，也可托发运车站、港口带单，随货物运单交到站、港，通知收货单位取单。

有关分送内部各环节的单证，则应按各单位规定，及时将运单的托收联和调拨供应单的托收联一起送交财务部门托收货款。运输交接单的运输留存联应按各单位规定时限统计归档。

（6）预报。在货物发运后，预先告知货物接收单位，货已发出的通知。一般以电报、电话的形式将发站（港）、到站（港）、发运车号、船号、运单号、件数、重量、发运日期等告之收货单位，若发给中转单位的则应按每一收货单位的件数、重量通知。

（7）结算。货物发运后，发运单位向收货单位或供货单位结算收回代垫运杂费，及其他费用的核算环节。结算分送货制、取货制和统一发货三种情况：

①送货制单位发运货物，所发生的各种运输费用只作内部核算；

②取货制单位发运货物，所付的运杂费，凭发运货物的运输交接单代垫费用结算联，向收货单位结算收回；

③统一发货单位发运货物，所垫付的一切费用与服务费，则凭运输交接单结算联，向发货或收货单位结算。

（二）变更运输

1. 变更运输的含义

变更运输是指发货单位（发货人）或收货单位（收货人）对已承运而未离开发运站（港）或已在运送途中的货物，由于某种特殊原因需向承运部门提出取消托运或变更到站（港）或变更收货人的运输现象。变更运输打乱了正常的运输计划，延长了货物发运期，造成不合理运输，为此要进行限制和核收变更手续费。

2. 变更货物运输的规定

在发运前取消托运的应向发运站、港提出申请，经有关站、港承认受理，方可有效；在承运后，要求变更到站、港的，应向到站、港申请办理；承运后要求变更收货人的，应向到站、港或中途站、港申请办理。有关的运输单证或标记、标志都必须同时订正。

（三）甩补运输

甩补运输是指由于组配或装载不当以及运输工具的类型变化等原因，造成货物无法全部装完而必须甩下一部分货物，往下批补装的运输情况。甩货时，应尽量甩退一张发货票的货物，配套货物不能分甩。合装整车在甩退时，应尽量退甩一个收货单位或收货人或一张发货票的货物。

直达和中转货物拼配时，对中转货物一般不要甩退。甩退货物应在运输交接单甩货栏内填写甩退件数和重量。同时，要填写补运通知单，交组配环节优先组配，以最快速度作一次补运。

（四）中转运输

1. 中转运输

所谓中转运输，是指货物从产地或发运地到销地的运输途中，不能直达目的地，而需在中途交换运输方式或运输工具的一种运输。

2. 中转运输产生的原因

（1）由于商业批发公司业务划细，铁路整车比重下降，零担发运增加，需要合装整车到中转地再以零担或其他形式运达目的地；

（2）在运输途中需要转换运输工具；

（3）铁路、交通运输部门不办理联运，各发货单位不得不自办货物中转运输。

3. 中转运输的基本形式

(1) 为统一办理发货、收货、中转的物流企业或中转站；

(2) 有关批发公司共同派人组成联合中转站；

(3) 由一个收货较多的批发公司代办。

从使用运输工具的角度来分，有变换运输工具与不变运输工具两种转运形式。前者是在货物运输过程中不能直达目的地，中途必须变换运输工具，在中途组织转运。后者是指在货物运输过程中，为加速货物流通，减少零担发运，节省运费，采取合装整车形式运到适当的中途地，由物流部门再以零担或其他形式将货物分运到目的地。

4. 中转运输的原则

(1) 能联运的不搞分段运输；

(2) 能直达的不搞中转分运；

(3) 能合装整车的不发零担；

(4) 中转货物一般情况不应使用同一种运输方式搞第二次中转；

(5) 要选择距收货方最近的中转点，合理组织中转分运。

5. 中转运输的具体要求

(1) 在接转程序方面：对中转货物要狠抓一个"快"字，对抢险救灾和市场急需的货物优先转运；

(2) 在填写各种运输票据方面：做到项目齐全、内容准确。交接单上的发货票号码、品名等必须一单一笔，一个收货人一份，要给中转方增加一份；

(3) 在货物包装方面：发、收、转各方都要严格把住货物包装质量关；

(4) 在编制中转运输计划方面：加强计划衔接，实行计划运输；

(5) 在事故处理方面：发现货损货差，会同有关部门及时处理。

此外，加强货物运输的检查，可及时发现货运实施过程中的问题，及时解决。

思考题

1. 什么是运输？在物流中，运输有什么重要作用？

2. 你知道哪些运输方式？它们各有何特点？

3. 什么是合理运输？如何实现合理运输？

4. 如何理解公路运输？有何特点？

5. 说明公路的构成、等级、性质。

6. 什么是高速公路？高速公路有什么设施与设备？说明其经济效益。

7. 如何理解铁路运输？有何特点？

8. 铁路车辆基本构造有哪些？说明铁路线路的构成。

9. 如何理解水路运输？有何特点？水路运输有哪些类型？

10. 什么是港口？港口有什么作用？你知道哪些港口并说明港口的组成。

11. 如何理解航空运输？有何特点？

12. 你认识哪些飞机？航空集装设备是什么？你知道哪些？

13. 什么是航空港？它由哪几部分组成？

14. 如何理解管道运输？有何特点？

15. 你知道的管道运输有哪些？说明管道运输的设施及设备。

16. 利用课余时间，了解当地的交通运输状况、识别各种货车。到铁路道口，辨认各种铁路车辆。参观附近的一个港口，认识船舶、了解港口。

17. 简述铁、公、水、航、管各种运输的方式、说明其业务内容。

18. 如何实施货物运输？

第三章　物流仓储技术

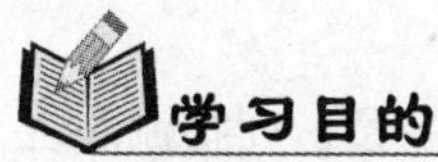

学习目的

通过本章学习，掌握仓储的概念、仓储在物流过程中的作用、分区分类储存的概念、分区分类的方法、货架、货架的分类、集装箱的定义、托盘的概念、托盘的种类、商品的入库管理、商品的出库管理、商品保管保养、ABC分类法。理解分区分类与专仓专储的区别、商品分区分类储存的原则、商品编码的原则、货架的作用及功能、商品入库的一般程序、商品的入库验收、库存商品的质量变化。了解分区分类储存商品的作用、常用货架、集装箱标准、集装箱的种类、托盘标准、验收中遇到问题的处理、商品出库的程序、商品保管保养的要求。

第一节　物流仓储管理技术概述

一、仓储的概念

所谓仓储，是指利用仓库对物资进行储存和保管。根据中华人民共和国国家标准《物流术语》的定义，储存是指保护、管理、贮藏物品；保管是对物品进行保存及对其数量、质量进行管理控制的活动。因此，仓储功能包括对进入物流系统的货物进行堆存、管理、保管、保养、维护等的一系列活动。

二、仓储在物流过程中的作用

(一) 仓储是物流的主要功能要素之一

物流活动中，仓储和运输并列为物流的两大主要功能要素。在物流系统的构成因素中，仓储和运输同样重要。运输改变货物的空间状态，而仓储改变货物的时间状态。这些改变都是整个物流活动顺利进行所必需的。

(二) 仓储是保证社会物质生产顺利进行的必要条件之一

商品由生产领域转向消费领域，一般都要经过仓储阶段，这主要是因为商品的生产与消费在时间、空间、数量等方面的不协调所引起的。随着生产的发展，生产的社会化、专业化程度都在不断提高，这些不协调势必愈演愈烈。只有通过合理的仓储活动，才能搞活流通，保证社会再生产的顺利进行。

仓储在社会再生产中所起的作用是衔接社会再生产过程中前后活动和调节生产和消费的不均衡性。这是因为企业的生产活动总是按照一定的流程进行的，商品的生产总要经过一系列相对独立又相互关联的活动才能完成。不同企业间既是相互独立的生产者，又可能成为其他企业的上游供应商或下游消费者。商品要顺利地传递到下一步活动，必须依靠仓储来进行调节。即使在同一个企业的大多数的生产活动中，商品生产的前、后工序之间也会存在一定的间隔，这种间隔既可能是时间上的，也可能是空间上的。上一道工序的产品，一般要积累到一定批量后，才能传递到下一道工序；而下一道工序也总是需要保持一定的储备，才能保证生产的连续进行。这些成品和半成品的保存同样也需要仓储设施的支持。

在社会活动中，生产和消费之间总是存在空间、时间、品种及数量上的不均衡。生产和消费具有一定的地域限制，商品的生产和消费也存在季节性差异。仓储可以通过缓冲生产和消费之间的这种不平衡的状态，保证生产和消费的连续性，协调整个社会对于生产和消费在时间和空间上的差异。

如果把生产比作进水管，消费比作出水管，仓储在其中就是平衡双方的蓄水池。

（三）仓储可以创造“时间效应”

通过仓储的调节功能，可以使商品在不同的时间，发挥其使用价值的最高水平，实现时间上的优化配置。比如时令性很强的水果，在大量上市时可以以较低价格批量储存，在反时令上市时可以获得溢价销售的利润。实际上，可以认为仓储是以一种特殊的形式将过剩的生产力储存起来，在另外的一个时间段将过剩的生产力重新进行转化。在这两个时间点上，生产力的价值差就是仓储的价值所在。

（四）仓储是“第三个利润源”的重要源泉之一

仓储在企业的经营过程中，往往占据流动资金的很大比例，仓库建设、维护保养、仓库作业等活动都会消耗大量的人力和物力，节约潜力很大。

通过各种手段，包括采用先进的仓储技术，实现仓储的合理化，达到减少仓储时间、降低仓储投入、加速资金周转，不但可以有效降低仓储成本，而且可以通过提高仓储的效率，提升仓储创造“时间效用”的能力。

第二节　商品储存规划

商品储存规划是仓储作业过程空间组成的重要内容之一，其合理性直接影响到仓库效率以及物流速度，所谓商品的储存规则，是根据仓库总平面布置物品储存任务，对仓库的各种区域进行合理分配，对其内部空间进行科学的布置。

一、商品分区分类储存

（一）商品分区分类储存的意义

1. 商品分区分类储存的概念

分区分类储存商品，这是仓库进行科学管理的方法之一。所谓分区，就是根据仓库的建筑、设备等条件把仓库划分为若干保管区，以适应商品分类储存的需要，即在一定的区城内合理储存一定种类的商品，以便集中保管和养护。所谓分类，就是根据仓储商品的自然属性、养护措施、消防方法等，将商品划分为若干类别，以便分门别类地将商品相对固定储存在某一货区内。仓库商品的分区分类储存是根据“四一致”的原则（性能一致、养护措施一致、作业手段一致、消防方法一致），把仓库划分为若干保管区域，把储存商品划分为若干类别，以便统一规划储存和保管。

而商品的专仓专储，则是按储存商品的性能分类，并以一个库房专门储存某一类商品，例如粮仓，就是专门用于储存粮食的仓库；又如卷烟仓库，就是专门储存各种卷烟的仓库；还如弹药库，就是专门储存部队用的枪弹、炸药等军用危险品的专用仓库。由于这些商品本身的特殊性质，不宜与其他商品混存，如危险品、毒品等一般要求专仓专储。此外，贵重商品，如照相机、电脑、金银饰品等，不仅要专储，还要指定专人保管。

2. 仓库的分区分类与专仓专储的主要区别

（1）仓库的性质不同。采用分区分类储存商品的仓库，常为通用性仓库，其设施及装备适用于一般商品的储存、保养；而专仓专储的仓库，常为专用性仓库，其设施和装备往往只适用于某类商品的储存、保养，其专用性较强。

（2）储存商品的种类多少不同。采用分区分类储存商品方法的仓库，一般一个仓库内同时储存着若干类商品，其中大多数仓库是采用分类同区储存，即将仓库分成若干个储货区，而在同一储货区内，同时集中储存多种同类商品或性能互不影响、互不抵触的商品，如将纺织品分类中的服装、床单、台布等；家电分类中的电视机、收录机、洗衣机、空调、微波炉等，同时储存在一个货区内，便于分类集中保管和养护。而专仓专储则是一个仓库只储存一类商品。

（3）储存商品的数量多少不同。一般而言，分区分类方法适宜于多品种、小批量的商品储存，而专仓专储的方法适宜于少品种、大批量的商品储存，就同类同种商品的数量而言，分区分类储存商品的数量比用专仓专储方法储存的数量相对要少得多，因为专仓专储的某种商品往往都是大批量的。

（4）储存商品的性质不同。分区分类储存的商品，特别是分类同区储存的商品，往往具有互容性，即同储在一个货区内，这些商品互不相容、不会互相影响；而专仓专储商品的性质往往较为特殊，不宜与其他商品混存，否则将会产生不良影响，如串味、变质、失量等。如卷烟、茶叶、酒、食糖、香料等，一般不宜同存一库。

3. 分区分类储存商品的作用

（1）可缩短商品拣选及收、发作业的时间；

（2）能合理使用仓容，提高仓容利用率；

（3）有利于保管员熟悉商品的性能，提高保管养护的技术水平；

（4）可合理配制和使用机械设施，有效提高机械化、自动化操作程度；

（5）有利于仓储商品的安全，减少损耗。

（二）商品分区分类储存的原则

仓库分区分类储存商品应遵循以下原则：

1. 商品的自然属性、性能应一致

所谓商品的性能一致，是指不同商品之间具有互容性，即同储一个库区，不同商品间不会互相影响、互相串味、互相作用，以确保商品的储存环境条件安全。凡同类商品，性质相近，又有连带消费性的，应尽量安排在同一库区、库位进行储存，如床上用品和睡衣、拖鞋可存放在同一库区。按照商品的自然属性，可把怕热、怕光、怕潮、怕冻、怕风等具有不同自然属性的商品分区分类储存。若性质完全不同，并且互有影响，互不相容，不宜混存的商品，则必须严格分库存放，如化学危险品和一般商品、毒品和食品、互相串味的商品（茶叶和肥皂、酒和香烟）等，绝不能混杂存放在同一库房或同一库区内，必须采用分区分类的方法，将它们分开存放。又如固体精萘会升华成气体，能防虫、杀虫，但不宜与饼干、糕点等食品同储一库，因为会污染食品，而可与毛皮、毛料服装同存一个库区，一举两得；还如，羊毛等蛋白质纤维怕碱不怕酸，而棉纤维则怕酸不怕碱，在分区分类储存时，应注意将碱性商品与羊毛制品分开储存，将酸性商品同棉制品分开储存；再如，碳化钙、磷化锌、碳化金属等一些遇水燃烧的商品，不能与酸、氧化剂同储一库，因为一旦相遇，即会发生燃烧或爆炸，后果不堪设想。

2. 商品的养护措施应一致

为了防止商品在储存期间发生物理机械变化、化学变化、生理生化变化及某些生物引起的变化，仓库保管人员必须采取一定的养护措施，如低温储藏养护、加热灭菌储藏养护、气调储存养护等。然而，不同的商品常因其性质各不相同，而采用的养护方法也各不相同，如冻猪肉、冻鸡、冻鸭等商品，需要在低温冷藏（−15℃～−18℃）仓库内储藏养护，而苹果、生梨、蔬菜等商品，则需在常温冷藏（−2℃～5℃）仓库内储藏养护，这两类商品的养护措施各不相同，所以不能同储一个库区，必须分区分类储存。而对于养护措施相同的商品，则可以同储一个库区，如棉布与棉衣、被单、被套等。

3. 商品的作业手段应一致

同储一个库区的商品，如果体积大小相差悬殊，单位重量相差很大，则需要用不同的装卸搬运手段，所以不宜在同一库区存放。如海绵、泡沫塑料与大型重型机床不易同库存放。为便于实现装卸搬运作业的专业化、机械化，尽可能将作业手段相同的商品同储一库。

4. 商品的消防方法应一致

防火灭火方法不同的商品不应同库储存，必须分开，如油漆、橡胶制品燃烧时，需要用泡沫灭火机灭火；而精密仪器失火时，则用二氧化碳灭火机灭火，这二类商品就不宜混存在同一库区。又如爆炸品引起的火灾，主要用水扑救；而遇水分解的多卤化合物、氯磺酸、发烟硫酸等，绝不能用水灭火，只能用二氧化碳灭火器、干沙灭火，因而灭火方式不同的商品，不能同储一个库区。而对于消防方法相同的商品，则可以储存在同一库区，如小麦和玉米，灭火时主要用水，因此可以同储一个库区。

仓库的分区分类储存必须遵循以上“四一致”的原则，统筹规划，把仓库划分为若干保管区域；把储存商品划分为若干类别，以便安全地、保质保量地分区分类储存和保管库存商品。

（三）商品分区分类储存的方法

由于仓库的类型、规模、经营范围、用途各不相同，各种仓储商品的性质、养护方法也迥然不同，因而分区分类储存的方法也有多种，须统筹兼顾，科学规划。

1. 按商品的种类和性质分区分类储存

按照商品的自然属性，把怕热、怕光、怕潮、怕冻、怕风等具有不同自然属性的商品分区分类储存。凡同类商品，性质相近，又有连带消费性的，可尽量安排在同一库区、库位进行储存，如床上用品和睡衣、拖鞋可存放在同一库区。但若性质完全不同，并且互有影响，互不相容，不宜混存的商品则必须严格分库存放，

2. 按商品的危险性质分区分类储存

商品的危险性质，主要是指易燃、易爆、易氧化、腐蚀性、毒害性、放射性等。仓库应根据商品的危险特性进行分区分类储存，以免发生相互接触，产生燃烧、爆炸、腐蚀、毒害等严重恶性事故。如化学危险品和一般商品、毒品和食品，绝不能混杂存放在同一库房或同一库区，必须严格分区分类存放。这种方法主要适用于特种仓库。

3. 按商品的发运地分区分类储存

商品的储存期较短，并且吞吐量较大的中转仓库或待运仓库，可按商品的发往地区、运输方式、货主，进行分区分类储存。通常可先按运输方式分为公路、铁路、水路、航空，再按到达站、点、港的线路划分，最后按货主划分。这种分区分类方法虽不分商品的种类，但性能不相容的、运价不同的商品，仍应分开存放。

4. 按仓储作业的特点分区分类储存

超长的、较大的、笨重的商品，应与易碎的、易变形的商品分区存放；进出库频繁的商品，应存放在车辆进出方便、装卸搬运容易的近库门的库区，而储存期较长的商品，则应储存在库房深处，或多层仓库的楼上。

5. 按仓库的条件及商品的特性分区分类储存

一般情况下，怕热的商品应存放在地下室、低温仓库或阴凉通风的货棚内；负荷量较小的、轻泡商品，可存放在楼上库房，而负荷量较大、笨重的商品，应存放在底楼库房内；价值高的贵金属，如金银饰品等，须存放在顶楼库房，而价值较低的一般金属制品，可存放在下层库房内。

二、货位编号及商品的分类、编码

为了提高仓储管理的质量和效率，许多仓库已使用计算机进行管理。要正确使用计算机及数据软件来管理好库存商品，并进行有关数据的处理，必须对分区分类的仓库及仓储商品实行货位编号和商品编码，因为科学合理的编码，才能使计算机管理达到最佳效果。

（一）货位编号的要求和方法

仓库的货位布置可根据仓库的条件、结构、需要，根据已确定的商品分类保管的方案及仓容定额加以确定。货位编号的方法有多种，可灵活掌握，但无论采用何种货位编号方式，货位摆放往往都须与主作业通道垂直，以便于存取。

1. 货位编号的要求

货位的编号就好比商品在仓库中的住址，必须符合“标志明显易找，编排循规有序”的原则。具体编号时，须符合以下要求：

（1）标志设置要适宜。货位编号的标志设置，要因地制宜，采用适当的方法，选择适当的地方。如无货架的库房内，走道、支道、段位的标志，一般都刷置在水泥或木板地坪上；有货架的库房内，货位标志一般设置在货架上等。

（2）标志制作要规范。货位编号的标志如果随心所欲、五花八门，很容易造成单据串库，商品错收、错发等事故。统一使用阿拉伯字码制作标志，就可避免以上弊病。为了将库房以及走道、支道、段位等加以区别，可在字码大小、颜色上进行区分，也可在字码外加上括号、圆圈等符号加以区分。

（3）编号顺序要一致。整个仓库范围内的库房、货棚、货场内的走道、支道、段位的编号，一般都以进门的方向左单右双或自左向右顺序编号的规则进行。

（4）段位间隔要恰当。段位间隔的宽窄，应取决于货种及批量的大小。同时应注意的是，走道、支道不宜经常变更位置，变更编号，因为这样不仅会打乱原来的货位编号，而且会使保管员不能迅速收、发货。

2. 货位编号的方法

目前，仓库中货位编号常用的方法有以下几种：

(1) 仓库内储存场所的编号。整个仓库内的储存场所若有库房、货棚、货场，则可以按一定的顺序（自左向右或自右向左），各自连续编号。库房的编号一般写在库房的外墙上或库门上，字体要统一、端正，色彩鲜艳、清晰醒目、易于辨认。货场的编号一般写在场地上，书写的材料要耐摩擦、耐雨淋、耐日晒。货棚编号书写的地方，则可根据具体情况而定，总之应让人一目了然。

(2) 库房编号。对于多层库房的编号，常采用“三位数编号”、“四位数编号”或“五位数编号”。“三位数编号”是用三个数字或字母依次表示库房、层次和仓间，如，131 编号，表示 1 号库房、3 层楼、1 号仓间。“四位数编号”是用四个数字或字母依次表示库房、层次、仓间和货架，如 133l 编号，表示 1 号库房、3 层楼、3 号仓间、1 号货架。“五位数编号”是用五个数字或字母依次表示库房、层次、仓间、货架、货格，如 13311，表示 l 号库房，3 层楼，3 号仓间，1 号货架，l 号货格。

(3) 货位编号。货位布置的方式不同，其编号的方式也不同。货位布置的方式一般有两种，横列式和纵列式。横列式，即货位横向摆放，可采用横向编号。纵列式，即货位纵向摆放，常采用纵向编号。

（二）商品分类及编码的原则和方法

1. 商品分类的原则和方法

(1) 商品分类的概念

商品的分类是指为满足某种目的和需要，根据商品的特征、特性，选择适当的分类标志，将商品划分为不同类别和组别的过程。

我国通常将商品划分为大类、中类、小类、品类、品种直至细目等。我国商品按生产和流通中的行业分工划分为 88 个大类，如食品、副食品、家电、纺织品、通讯器材等。

(2) 商品分类的原则

①科学性原则：指商品在分类中所选择的分类标志必须能反映商品的本质特征，并具有明显的区别功能和相对稳定性，以满足分类的客观要求。科学性是分类的基本前提。

②系统性原则：指将商品总体按一定的排列顺序予以系统化，从而形成一个合理的科学分类系统。系统化是分类的关键。

③实用性原则：既要满足仓库分类储存的要求和条件，又要符合消费者选购的方便。

④可扩性原则：又称后备性原则，即进行分类时要考虑到事后能有足够的扩展余地，以保证新产品出现时，不至于打乱原有的分类。

⑤兼容性原则：要求与国家政策及相关标准（ISO 标准等）协调一致，又与原有的分类保持连续性，可转换性，以便进行历史资料的对比分析。

⑥惟一性原则：指商品分类体系中的每一个分类层次只能对应一个分类标识，即一件商品（同类商品），只能在某一个子项中出现，而不能同时在几个子项中出现。

（3）商品分类的方法

商品分类方法中，关键是选择适当的分类标志。究竟应按什么标志分类，则要根据仓库的业务范围、储存商品的性质特点而定。下面介绍几种常用的商品分类标志：

①按商品的用途分类：所谓用途，即使用价值的标志，很多商品均按用途标志分类。如根据商品的基本用途，可将全部商品分为生产资料和生活资料两大类；若将生活资料继续按用途分类，又可分为食品、医药用品、纺织品等。目前有不少按用途的分类已成为专有名词，如食品、医药用品、饲料、文化用品、交通工具等。

②按商品的原材料分类：这种分类适用于原材料的种类和质量对商品的性能和品质影响较大，或起决定作用的情况。如对纺织品分类，以原材料为分类标志，可分为棉织品、麻织品、毛织品、化纤织品等。但对那些由多种原材料组成的或其质量和特性与原材料关系不大的商品，如电视机、小轿车等，则不宜采用这种分类。

③按商品的加工方法分类：若生产工艺不同，生产出的商品特性、品种也就不同的商品可使用这种分类方法。如茶叶以生产方式的不同，可分为红茶、绿茶、乌龙茶等。

④按商品的主要成分或特殊成分分类：有的商品其特性、质量、用途，

往往是由其主要成分或特殊成分所决定，则可采用该种分类方法。如化肥可按主要成分的不同，分为氮肥、磷肥、钾肥等；又如，玻璃的主要成分是二氧化硅，但根据其中一些特殊成分，可分为钠玻璃、钾玻璃、铅玻璃、硅硼玻璃等。

⑤按其他特征分类：譬如按商品的形状、尺寸、颜色、重量、产地、产季等分类。这种分类的特点是：概念清楚，形象鲜明、直观，特征具体，通俗易记，便于区别。它们往往属于单一分类。

2. 商品编码的原则和方法

（1）商品编码的概念

商品编码，又称商品货号或商品代码，它赋予商品以一定规律的代表性符号。符号可以由字母、数字或特殊标记等构成。商品编码与商品分类关系密切，一般商品分类在前，商品编码在后，所以实践中称之为商品分类编码。

1987 年经国务院批准，发布了全国工农业产品（商品及物资）分类代码标准 GB 7635－1987，统一了全国商品的分类和代码。

（2）商品编码的原则

①惟一性原则。每一种商品所编的代码是惟一的，每一个代码所代表的商品也应是惟一的。

②简明性原则。商品的代码应简单、明了、易记、易校验，不宜太冗长，既要将商品种类化繁为简，便于管理，又要便于计算机储存和处理。

③标准性原则。商品编码要与国家商品分类标准相一致，与国际通用商品分类编码制度协调、一致，才有利于信息交流、信息共享。

④可扩性原则。商品编码结构应留有充分扩充的余地，以备增加或减少商品类目时，无须破坏商品编码系统的相对稳定性。

⑤稳定性原则。商品代码确定之后，在一定时期内要保持相对的稳定性，不宜经常变更。

（3）商品编码的种类

商品编码以所用的符号类型分为：数字代码、字母代码、字母—数字代码、条形码共四种。其中，最常用的是数字代码和条形码。

(4) 商品编码的方法

①层次编码法：是按照商品类目在分类体系中的层次、顺序，依次进行编码，主要采用线分类体系。如：大类，用1位数表示（1—9）；中类，用1位数表示（1—9）；小类，用2位数表示（01—99）。结构如图3-1所示：

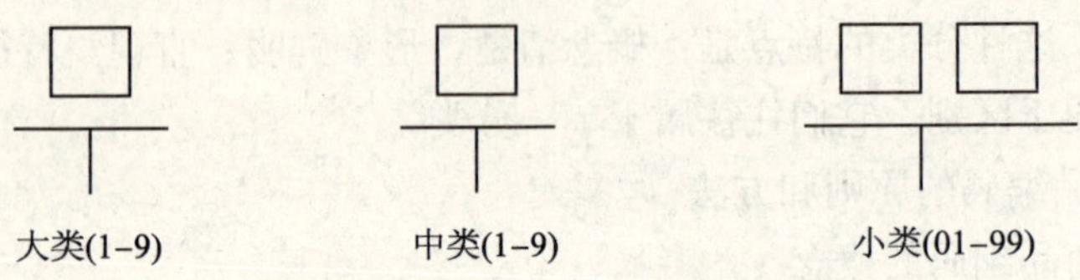

图3-1　层次编码法示意图

②平行编码法：以商品分类面编码的一种方法，即每个分类面确定一定数量的码位，各代码之间是并列平行的关系。如服装的分类，可先按服装的面料、式样、款式分为三个互相没有隶属关系的面，给每个面编号（1、2、3、…）；每个面又可分成若干类目，再赋予每个类目一定的编号（A、B、C、D、…）。使用时将有关类目搭配起来，便成了一个复合类目的平行码。例如：服装的平行编码法（如表3-1所示）。

表3-1　　服装的平行编码

服装面料	式　样	款　式	服装面料	式　样	款　式
全毛（A）	男士装（Ⅰ）	西装（1）	毛绦（C）	童装（Ⅲ）	连衣裙（3）
全棉（B）	淑女装（Ⅱ）	大衣（2）	丝麻（D）	婴儿装（Ⅳ）	衬衫（4）

若是全毛淑女西装，其编号为（AII1）。编码时可全部用字母或全部用数字编码，也可同时用字母、数字进行编码。

③混合编码法：是层次编码法与平行编码法的结合运用。如把分类商品的自然属性或特征列出来后，其某些属性、特征用层次编码法，而另一些属性或特征则用平行编码法来表示，这样扬长避短，效果往往较理想。

第三节　货架、货箱与托盘

一、货架

货架泛指存放货物的架子。在仓库设备中，货架是指专门用于存放成件物品的保管设备。随着现代经济的快速发展，物流量的大幅度增加，货架在物流及仓库中占有越来越重要的地位。为实现仓库的现代化管理，改善仓库的功能，不仅要求货架数量多，而且要求具有多功能，并能实现机械化、自动化要求。

（一）货架的作用及功能

货架在现代物流活动中起着相当重要的作用，仓库管理实现现代化，与货架的种类、功能有直接的关系。

货架的作用及功能有以下几方面。

1. 货架是一种架式结构，货架可充分利用仓库空间，提高库容利用率，扩大仓库储存能力。

2. 对存入货架中的货物，可做到互不挤压，减少物资损耗。

3. 货架中的货物存取方便，便于清点及计量，可根据整个系统要求做到先进先出。

4. 保证存储货物的质量，可以采取防潮、防尘、防盗、防破坏等措施，以提高物资存储质量。

5. 有利于实现仓库的机械化及自动化管理。

（二）货架的分类

1. 按货架的发展分类

（1）传统式货架。包括：层架、层格式货架、抽屉式货架、橱柜式货架、U形架、悬臂架、栅架、鞍架、气罐钢筒架、轮胎专用货架等。

（2）新型货架。包括：旋转式货架、移动式货架、装配式货架、调节式货架、托盘货架、进车式货架、高层货架、阁楼式货架、重力式货架、屏挂式货架等。

2. 按货架的适用性分类

它可分为通用货架、专用货架。

3. 按货架的制造材料分类

它可分为钢货架、钢筋混凝土货架、钢与钢筋混凝土混合式货架、木制货架、钢木合制货架等。

4. 按货架的封闭程度分类

它可分为敞开式货架、半封闭式货架、封闭式货架等。

5. 按结构特点分类

它可分为层架、层格架、橱架、抽屉架、悬臂架、三角架、栅架等。

6. 按货架的可动性分类

它可分为固定式货架、移动式货架、旋转式货架、组合货架、可调式货架、流动储存货架等。

7. 按货架结构分类

(1) 整体结构式：货架直接支撑仓库屋顶和围棚；

(2) 分体结构式：货架与建筑物分为两个独立系统。

8. 按货架的载货方式分类

它可分为悬臂式货架、橱柜式货架、棚板式货架。

9. 按货架承载重量分类

(1) 重型货架：每层货架载重量在500千克以上；

(2) 中型货架：每层货架（或搁板）载重量为150～500千克；

(3) 轻型货架：每层货架载重量在150千克以下。

10. 按货架高度分类

它可分为低层货架（高度在5米以下）、中层货架（高度在5～15米）、高层货架（高度在15米以上）。

(三) 常用货架

1. 贯通式货架

贯通式货架如图3-2所示，是为储存大量同类的托盘货物而设计的一种货架。这种货架通常用于储存空间昂贵的仓库，如冷冻仓库等。贯通式货架有 4 个基本组成部分：框架、导轨支撑、托盘导轨和斜拉杆等。这种货架仓库利用率高，可实现先进先出，或先进后出。可用最小的空间提供最大的存储量。根据需要可配备各型叉车，对物料进行随机快速存取；适合于整件存取，灵活性高，操作迅速。

图 3-2　贯通式货架

2. 滚轮式货架

滚轮式货架如图 3-3 所示，是取消货架各排之间的巷道将各排货架合在一起，使每一层中同一列的货格相互连通，形成能依次存放多个单元货物的通道。只在货架两端进行存取作业。根据载荷不同可以分为托盘用和容器用两种；按作业方式不同可分为重力式（如图 3-3（a）所示）和小车式（如图 3-3（b）所示）两种。广泛应用于医药、化工和电子等行业。

(a)

(b)

图 3-3　滚轮式货架

3. 阁楼式货架

阁楼式货架以货架作楼面支撑，可设计多层楼层（通常 2～3 层），设置有楼梯和货物提升电梯等。适用于库房较高，货物较轻，人工存取，储存量大的情况。提升机有电动葫芦型和液压升降平台型（如图 3－4 所示）。它是在已有的货架或工作场地上建造一个中间阁楼以增加储存面积，是一种充分利用空间的简易货架。适用于储存五金工具、电工器材、机械配件等物品的散件或小包装，节省空间。

图 3－4　阁楼式货架

4. 悬臂式货架

悬臂式货架如图 3－5 所示，又称树枝形货架，是在垂直立柱的两侧伸出悬臂而构成悬臂式货架。这种货架适合存放长料货物和不规则货物，前伸的悬臂结构轻巧，载重能力好，并且当存放不规则的或是长度较为特殊的物料时，能大幅提高仓库的利用率和工作的效率。增加了搁板后，特别适合空间小、高度低的库房，管理方便，视野宽阔。与普通搁板式货架相比，利用率更高。

5. 抽屉式货架

货架内的货物储存在封闭的或非封闭的抽屉内，分层保管，抽屉由薄钢板或木板制成。如图 3－6 所示，主要用于存放各种模具等物品，顶部可配置手拉葫芦移动车，便于货物的存取。抽屉底部设有滚轮轨道，抽屉板承载

图 3-5　悬臂式货架

图 3-6　抽屉式货架

后仍能自如地拉动。

6. 移动式货架

在货架的底部安装有运行车轮，可在地面上运行。适用于库存品种多出入库频率较低的仓库；或库存频率较高但可按巷道顺序出入库的仓库。移动式货架只需要一个通道而且通道随着货架的移动而变动位置，因此可大大提高仓库面积的利用率。

按驱动方式不同可分为①人力推动式，②摇把驱动式，③电动式。对于载重较轻的货架或较矮的人工拣货的货架可采用手动；对于载重较大的和高层货架必须采用机动。

按结构可分为封闭式，如图 3-7 所示和敞开式，如图 3-8 所示的移动货架。封闭式移动货架的优点是在封闭时确保货物的安全，同时又可防尘防光。一般情况下把一端货架固定，其他货架都可移动。敞开式移动货架的传动机构设于货架底座内，操作盘设于货架端部，外形简洁，操作方便。货架的前后设有安全分线开关，一遇障碍物整个货架立即停止。

图 3-7　封闭式移动货架

图 3-8　敞开式的移动货架

移动式货架特点是：比一般固定式货架储存量大很多，节省空间；适合少品种大批量低频率保管；节省使用面积，地面使用率达 80%；可直接存取每一项货品，不受先进先出的限制；高度可达 12 米，单位面积的储存量可达托盘货架的 2 倍左右。缺点是成本高，施工慢。

二、集装箱

（一）集装箱的定义

集装箱（Container）是集合包装容器中最主要的形式，亦称“货箱”或“货柜”。根据国际标准化组织（ISO）对集装箱所下的定义与技术要求，我国最新修订的 GB/T 1413－1998《系列 1 集装箱－分类、尺寸和额定质量》国家标准《集装箱名词、术语》中，对集装箱的定义，集装箱应具有如下特点和技术要求：

1. 具有足够的强度，能长期反复使用；

2. 适于一种或多种运输方式运送货物，途中无需倒装；

3. 设有供快速装卸的装置，便于从一种运输方式转到到另一种运输方式；

4. 便于箱内货物装满和卸空。

5. 内容积等于或大于1立方米。

（二）集装箱的种类

随着集装箱运输的发展，为适应装载不同种类货物的需要，而出现了不同种类的集装箱。这些集装箱不仅外观不同，而且结构、强度、尺寸等也不相同。根据集装箱的用途不同而分为以下几种。

1. 通用干货集装箱（Dry Cargo Container）

这种集装箱也称为杂货集装箱，用来运输无须控制温度的件杂货。我国生产的标准干货集装箱占世界产量的95%以上，据中国集装箱工业协会的统计资料显示，目前整个产业的最高生产能力已经达到450万TEU（集装箱的计量单位，英尺集装箱）。这种集装箱通常为封闭式，在一端或侧面设有箱门。这种集装箱通常用来装运文化用品、化工用品、电子机械、工艺品、医药、日用品、纺织品及仪器零件等，是平时最常用的集装箱。不受温度变化影响的各类固体散货、颗粒或粉末状的货物都可以用这种集装箱装运。

2. 保温集装箱（Keep Constant Temperature Container）

它们是为了运输需要冷藏或保温的货物。所有箱壁都采用导热率低的材料隔热而制成的集装箱可分为以下三种：

(1) 冷藏集装箱（Reefer Container）。它是以运输冷冻食品为主，能保持所定温度的保温集装箱。它是专为运输如鱼、肉、新鲜水果、蔬菜等食品而特别设计的。目前国际上采用的冷藏集装箱基本上分两种：一种是集装箱内带有冷冻机的，叫机械式冷藏集装箱；另一种箱内没有冷冻机而只有隔热结构，即在集装箱端壁上设有进气孔和出气孔，箱子装在舱中，由船舶的冷冻装置供应冷气，这种叫做离合式冷藏集装箱（又称外置式或夹箍式冷藏集装箱）。

（2）隔热集装箱。它是为载运水果、蔬菜等货物，防止温度上升过高，以保持货物鲜度而具有充分隔热结构的集装箱。通常用冰做制冷剂，保温时间为72小时左右。

（3）通风集装箱（Ventilated Container）。它是为装运水果、蔬菜等不需要冷冻而具有呼吸作用的货物，在端壁和侧壁上设有通风孔的集装箱，如将通风口关闭，同样可以作为杂货集装箱使用。

3. 罐式集装箱（Tank Container）

它是专用于装运酒类、油类（如动植物油）、液体食品以及化学品等液体货物的集装箱。它还可以装运其他液体的危险货物。这种集装箱有单罐和多罐两种，罐体四角由支柱、撑杆构成整体框架。单罐由于侧壁强度较大，故一般装载麦芽和化学品等相对密度较大的散货，多罐则用于装载相对密度较小的谷物。散货集装箱顶部的装货口应设水密性良好的盖，以防雨水侵入箱内。

4. 台架式集装箱（Platform Based Container）

它是没有箱顶和侧壁，甚至连端壁也去掉而只有底板和四个角柱的集装箱。这种集装箱可以从前后、左右及上方进行装卸作业，适合装载长大件和重货件，如重型机械、钢材、钢管、木材、钢锭等。台架式的集装箱没有水密性，怕水湿的货物不能装运，或用苫布遮盖装运。

5. 平台集装箱（Platform Container）

这种集装箱是在台架式集装箱上再简化而只保留底板的一种特殊结构集装箱。平台的长度与宽度与国际标准集装箱的箱底尺寸相同，可使用与其他集装箱相同的紧固件和起吊装置。这一集装箱的采用打破了过去一直认为集装箱必须具有一定容积的概念。

6. 敞顶集装箱（Open Top Container）

这是一种没有刚性箱顶的集装箱，但有由可折叠式或可折式顶梁支撑的帆布、塑料布或涂塑布制成的顶篷，其他构件与通用集装箱类似。这种集装箱适于装载大型货物和重货，如钢铁、木材，特别是像玻璃板等易碎的重货，利用吊车从顶部吊入箱内不易损坏，而且也便于在箱内固定。

7. 汽车集装箱（Car Container）

它是一种运输小型轿车用的专用集装箱，其特点是在简易箱底上装一个钢制框架，通常没有箱壁（包括端壁和侧壁）。这种集装箱分为单层的和双层的两种。因为小轿车的高度为 1.35～1.45 米，如装在 8 英尺（2.438 米）的标准集装箱内，其容积要浪费 2/5 以上。因而出现了双层集装箱。这种双层集装箱的高度有两种：一种为 10.5 英尺（3.2 米），一种为 8.5 英尺高的 2 倍。因此汽车集装箱一般不是国际标准集装箱。

8. 动物集装箱（Pen Container or Live Stock Container）

这是一种装运鸡、鸭、鹅等活家禽和牛、马、羊、猪等活家畜用的集装箱。为了遮蔽太阳光，箱顶采用胶合板露盖，侧面和端面都有用铝丝网制成的窗，以求有良好的通风。侧壁下方设有清扫口和排水口，并配有上下移动的拉门，可把垃圾清扫出去。还装有喂食口。动物集装箱在船上一般应装在甲板上，因为甲板上空气流通，便于清扫和照顾。

9. 服装集装箱（Garment Container）

这种集装箱的特点是，在箱内上侧梁上装有许多根横杆，每根横杆上垂下若干条皮带扣、尼龙带扣或绳索，成衣利用衣架上的钩，直接挂在带扣或绳索上。这种服装装载法属于无包装运输，它不仅节约了包装材料和包装费用，而且减少了人工劳动，提高了服装的运输质量。

三、托盘

（一）托盘的概念

托盘是一种用于机械化装卸、搬运和堆存的集装单元工具，是一种特殊的包装形式。

（二）托盘的特点

1. 托盘可以减少货物因装卸而产生的破损。

2. 托盘可以适应货物机械化作业的要求，减轻了货物的装卸强度，加快了装卸和运输速度。

3. 托盘可以节省包装材料，节省运输费用。

（三）托盘的种类

1. 平托盘

平托盘几乎是托盘的代名词，只要一提托盘，一般都是指平托盘，因为平托盘使用范围最广，利用数量最大，通用性最好。平托盘按不同的分类方法又可细分为三种类型。

(1) 根据台面分类有单面型、单面使用型、双面使用型和翼型四种；

(2) 根据叉车叉入方式分类有单向叉入型、双向叉入型、四向叉入型三种。

(3) 根据材料分类有木制平托盘、钢制平托盘、塑料制平托盘、复合材料平托盘以及纸制托盘五种。据中国物流与采购联合会托盘专业委员会（筹）2002 年 9 月对 300 多家托盘生产企业、托盘使用及销售企业进行初步调查的结果，目前我国拥有的各种类型托盘总数约为 5000～7000 万片，甚至可能还远不止此数，每年产量递增 2000 万片左右。其中木制平托盘约占 90%、塑料平托盘占 8%，钢制平托盘、复合材料平托盘以及纸制平托盘合计占 2%。复合材料平托盘和塑料平托盘上升比例较大。

2. 柱式托盘

柱式托盘分为固定式和可卸式两种，其基本结构是托盘的 4 个角有钢制立柱，柱子上端可用横梁连接，形成框架型。柱式托盘的主要作用，①利用立柱支撑重量物，往高叠放；②可防止托盘上放置的货物在运输和装卸过程中发生塌垛现象。

3. 箱式托盘

箱式托盘是四面有侧板的托盘，有的箱体上有顶板，有的没有顶板。箱板有固定式、折叠式、可卸下式三种。四周栏板有板式、栅式和网式，因此，四周栏板为栅栏式的箱式托盘也称笼式托盘或仓库笼。箱式托盘防护能力强，可防止塌垛和货损；可装载异型不能稳定堆码的货物，应用范围广。

4. 轮式托盘

轮式托盘与柱式托盘和箱式托盘相比，多了下部的小型轮子。因而，轮式托盘显示出能短距离移动、自行搬运或滚上滚下式的装卸等优势，用途广泛，适用性强。

5. 特种专用托盘

由于专用托盘作业效率高、安全稳定，尤其在一些要求快速作业的场合，突出并体现出了利用托盘的重要性，所以各国纷纷研制了多种多样的专用托盘，这里仅举几个例子。

(1) 平板玻璃集装托盘。也称平板玻璃集装架，分许多种类。有L型单面装放平板玻璃单面进叉式，有A型双面装放平板玻璃双向进叉式，还有吊叉结合式和框架式等。运输过程中托盘起支撑和固定作用，平板玻璃一般都立放在托盘上，并且玻璃还要顺着车辆的前进方向，以保持托盘和玻璃的稳固。

(2) 轮胎专用托盘。轮胎的特点是耐水、耐蚀，但怕挤、怕压，轮胎专用托盘较好地解决了这个矛盾。利用轮胎专用托盘，可多层码放，不挤不压，大大地提高装卸和储存效率。

(3) 长尺寸物托盘。这是一种专门用来码放长尺寸物品的托盘，有的呈多层结构。物品堆码后，就形成了长尺寸货架。

(4) 油桶专用托盘。是专门存放、装运标准油桶的异型平托盘。双面均有波形沟槽或侧板，以稳定油桶，防止滚落。优点是可多层堆码，提高仓储和运输能力。

(四) 托盘标准

由于世界各国使用托盘的历史不同，各国的托盘尺寸均有不同。根据ISO 6780《联运通用平托盘重要尺寸及公差》规定，目前托盘有5个系列。

1. 1200系列（1200毫米×800毫米和1200毫米×1000毫米）。1200毫米×800毫米托盘也称欧洲托盘，它的应用范围最广；1200毫米×1000毫米托盘多用于化学工业。

2. 1100系列（1100毫米×1100毫米）。这个尺寸系列是由发展较晚的国际集装箱最小内部宽度尺寸2330毫米确定形成的。

3. 1140系列（1140毫米×1140毫米）。是对1100系列的改进，目的是为了充分利用集装箱内部空间。

4. 1219系列（1219毫米×1016毫米，即48英寸×40英寸）。是考虑北美国家习惯以英寸为单位制定的系列。

我国于 1982 年制定了联运平托盘外形尺寸系列的国家标准。将联运托盘即平托盘的平面尺寸定为 800 毫米×1200 毫米、800 毫米×1000 毫米和 1000 毫米×1200 毫米 3 种，如表 3－2 所列。

表 3－2　　GB 2934—82 联运平托盘外形尺寸系列

<table>
<tr><th>代号</th><th>公称尺寸/（mm×mm）</th><th>长度公差/mm</th><th>宽度公差/mm</th><th>叉孔高度尺寸/mm</th><th>公差/mm</th><th>载重量/kg</th></tr>
<tr><td>TP1</td><td>800×1000</td><td rowspan="3">±3</td><td rowspan="3">±3</td><td rowspan="3">使用托盘搬运车：100
使用叉车或其他机具：70</td><td rowspan="3">±6</td><td rowspan="3">1000</td></tr>
<tr><td>TP2</td><td>800×1200</td></tr>
<tr><td>TP3</td><td>1000×1200</td></tr>
</table>

第四节　仓储管理技术

一、商品的入库管理

（一）商品入库的一般程序

商品的验收入库是指商品进入仓库储存时所进行的检验及接收等一系列技术作业过程。它包括商品的接运、装卸、验收、搬运、堆码和办理入库手续等技术作业。

1. 商品入库的依据和程序

（1）商品入库的依据是仓库同货主企业签订的仓储合同或仓库的上级管理部门下达的入库通知或商品入库计划。

（2）商品入库的一般程序主要包括以下几个环节：

①办理入库凭证；

②商品接运；

③内部交接；

④商品验收。

2. 商品入库前的准备工作

包括组织准备和工具准备。

3. 商品的接运工作

到达仓库的商品除部分直达交货外，其余部分大都要经过铁路、公路、水路、航空等交通运输部门转运，这就需要接运工作。接运工作必须注意认真细致、及时安全，避免将一些在运输过程中或运输前已经发生的损坏和差错商品带入仓库，造成验收中责任难分的现象和保管工作的困难和损失。

（二）商品的入库验收

商品的入库验收工作要及时准确，一般包括验收准备、核对证件、检验实物、验收中发现问题处理四个环节。

1. 验收准备

（1）针对所验商品的性能、特点和数量，确定存放地点、垛形和保管方法。

（2）准备堆码苫垫所需材料和装卸搬运机械、设备及人力；若是危险品则需要准备防护措施。

（3）准备相应的检验工具，如磅秤、量尺、卡尺及需要的仪表等，并做好事前检查，保证用具性能良好。

（4）收集和熟悉验收凭证及有关资料。

（5）进口商品或上级业务主管部门指定需要检验质量者，应通知有关检验部门会同验收。

2. 核对证件

（1）商品的入库通知单、仓储合同等。

（2）供货单位提供的质量证明书或合格证、装箱单、磅码单、发货明细表。

（3）运输部门提供的运单，若入库前在运输中发生残损情况时，必须有普通记录和商务记录。

核对证件，即将上述证件加以整理和核对。凡供货单位提供的质量证明书、合格证、发货明细表等均须与入库实物相符。商品质量以该商品采用的统一标准进行验收。发现问题请商检局进一步取样检验鉴定，并通过商检局对外按规定办理索赔。

3. 检验实物

检验实物包括检验数量、检验外观质量和检验包装。

(1) 数量检验。数量检验是保证商品数量准确不可缺少的措施，要求商品入库时一次进行完毕。在一般情况下，按数量供应时，应全部检斤检尺，以实际结果的数量为实收数。对产品信誉好、证件齐全、包装完整者，量大件多、包装完好无疑者，以理论换算计量；规格、长度整齐划一者，可采取抽查的办法。检验一般抽查 10%，抽查不符合规定要求或有问题时，应扩大抽查范围或全部重新检验。

(2) 外观质量检验。外观检验是指通过人的感觉器官检查商品外观质量情况的检验过程。

(3) 包装检验。商品包装的好坏、干湿，对商品的安全储存和运输有直接关系。所以对商品的包装要进行严格验收，凡是产品合同对包装有具体规定的要严格按规定验收。如箱板的厚度，打包铁腰的匝数，纸箱、麻包的质量等。对于包装的干湿程度，一般是用眼看、手摸等方法进行检查验收。

4. 验收时间

国内产品的验收，应在商品到达后立即进行，危险商品和特别贵重商品应随到随验。

5. 做好验收记录

仓库在进行商品验收时，必须填写“商品验收记录”，如验收时发现数量短少，质量不符或残缺者，要在“检查情况栏”中写明问题产生于何时、哪一箱及亏损程度，并分析原因，以作为办理索赔的主要证件之一。

6. 验收中遇到问题的处理

凡验收发现质量不符和数量短少，必须清查原因和损失程度，分清责任，并分别按下列办法处理。

(1) 凡属承运部门造成的，凭借托运时所取得的“商务记录”向承运部门提出索赔。

(2) 凡属供货单位造成的，凭“商品验收记录”和“普通记录”向供货单位交涉处理。

(3) 数量差异，其公差范围如黑色金属为3‰，有色金属为1‰（稀有金属、贵重商品不应有差异，可按实收数入账）；进口材料的允许磅差（免赔率）钢材为3‰、有色金属为2‰。超过公差的（含公差），应及时向供货单位交涉处理。

(4) 质量不符或部门不符者，应及时向供货单位交涉更换。

(5) 凡供货单位错发的产品，要求仓库接收时应请示上级主管业务部门同意后，方可接收。

(6) 价格不符，多收部分，应予拒付；少收部分，经查证后应主动联系，及时更正。

(7) 证件不齐，应及时向供货单位索取。

(8) 一批商品经验后，由于部门数、质量不符，影响办理入库手续者，可采取“入库货物亏损理赔单”办法处理。即将数、质量相符的商品先行入库，数、质量有问题的商品，根据“商品验收记录”和其他记录等，及时向有关单位交涉处理。待处理后，凭“理赔单”再办理这部分商品的入库手续。若经交涉仍然不能解决的，应及时报告上级主管业务部门。

二、商品的出库管理

(一) 商品出库原则

1. 商品出库，必须根据业务部门或客户开具的商品调拨通知单，仓库不准随意动用或外借库存商品。

2. 在特殊情况下，企业自备仓库可根据上级主管业务部门的电报、电话（必须先做记录）先行出库，后补办手续。

3. 下列商品不经业务部门允许不准出库：质量不合格、规格不符、缺件不配套、包装不牢以及未进行检查验收、无技术证件或不允许使用的商品。

4. 客户自提商品在规定期限内办理，逾期不提者，不予办理发货。

(二) 商品出库要求

1. 在具体品种、规格、质量上必须完全符合出库凭证上所规定的内容。

2. 在办理出库手续上，要求迅速、及时、简化环节，提高出库效率。

3. 增强服务意识，提高为客户服务的水平，减少并力争杜绝差错事故的发生。

4. 出库应贯彻“先进先出，存新发旧”的原则。

5. 商品装箱时，对包装商品要逐项填写装箱单。有技术证件的，要一起放于箱内易见的位置，便于收货人开箱时核对清点。

6. 出库的商品要根据不同的性质、特点进行包装，箱内要堵塞紧密，包装捆扎要牢固。易燃、易碎、怕热、怕冻、怕震商品要严格包装，并附特殊标记，确保运输安全。

7. 无包装或不易识别的商品（如外形、尺寸近似等），要标上料笺，便于用料单位点收。

8. 保管部门应严格执行签发手续，当商品发清后应在原出库凭证的回单上注明发货时间和实发数量，并加盖主管人和承办人的印章（或签字）。逐级退回上一级主管业务部门，作为账务处理的依据。如是用料单位自提，提货人还应在出库凭证上签字。

9. 商品出库完毕，应及时销账，及时清理现场，并将提货凭证注销后归档存查。

（三）商品出库业务

商品出库业务，是指商品发出时仓库各业务部门所需办理的手续及其作业的全过程。包括商品出库的程序、清理善后工作、商品出库中发生问题的处理等。

1. 商品出库的程序

（1）商品出库前的准备。按上级业务部门或客户要求，编制商品出库计划，保证商品按时出库，防止差错事故发生。

（2）核对出库凭证。仓库应根据相关部门开出的出库凭证（即商品调拨通知单）办理出库业务。仓库业务部门接到出库凭证后，应首先审查凭证上的印鉴是否齐全、相符，凭证有无涂改等，其次是与库存“商品明细账”上各项核对无误后，换开本库的“商品调拨结算单”交保管员，保管员核查无误后，方可进行备料。

（3）保管员按出库凭证上所列品名、规格、型号等查对“商品保管卡”，无误后进行备料。出库商品应按出库凭证上开列的各项发货，不得任意变更、代用或增减数量，如有通用材料也必须经主管业务部门重新开具凭证才能发货。同时出库商品应有质量证明证件，同一批到达的商品只有一份技术证明者，应按原件转抄，并加盖公章，原件由仓库保存，便于必要时查阅。机械、仪器仪表、配套产品附带的使用说明书、产品合格证等证件不另抄写，将原件发出。

（4）复核。备料后为了保证发出商品数量、质量的正确，避免备料中的差错，应做总体复核。复核的内容包括三核对、三齐全、三不走、三清点。

三核对：核对单据、核对品名规格、核对数量、质量。

三齐全：配套齐全、证件齐全、随商品资料齐全。

三不走：包装不好不走、数量质量不符不走、装载不合安全规则不走。

三清点：仓库保管员清点、库房负责人清点、押运员或收发人员清点。

复核的形式有以下几种：

①交叉复核。保管员自核一遍后，保管员之间互相交叉复核。

②专职复核员复核。保管员复核后，交专职复核员复核。

③包装员或运输员复核。

（5）点交。商品经过复核后，如是客户自提，即将商品和全部证件向提货人员当面点交，办清交接手续。如是客户委托代运，则需办理内部交接手续，向负责代运和包装的部门或人员点交清楚，由接收人签章。

（6）包装。仓库代办托运时应有专人进行包装工作，但对一些大件成捆的商品，包装方法简单，应在备料的同时进行加固或重新包装。

2. 清理善后工作

对商品点交清楚办完交接手续后，该商品的保管作业基本完成，保管人员应做好清理善后工作。

（1）清理现场。该并垛的并垛，该清点的清点，该转移的转移，并清扫腾空的垛底，整理好工具、苫盖材料。

（2）登记账卡，清理单据。账卡要做到日清月结，当天登记，随发随注销。查对账卡上的结存数字与实物是否相符，一批商品出库完毕后，应查实耗情况，在规定的损耗率以内者，报主管业务部门或存货方核销；若在规定的损耗率以外，应查明原因，专案处理。

(3) 总结经验和清理档案。一批商品发放完毕后，应根据商品出入库时的情况、保管方法等进行比较，以便总结保管方面的优缺点，并把这些资料档案整理好，妥善保管。

(4) 商品出库后，仓库业务部门应及时将“商品调拨通知单回执”退送业务主管部门或存货方。

三、商品保管保养

商品的储存管理是物流活动中的重要环节之一，也是仓储活动的中心环节。其基本工作内容主要包括两个方面：①商品的保管，将商品在其适宜储存的环境、场所，进行合理堆放和看管的作业活动。作业的目的是，在规定的储存期限内，保证商品安全可靠、数量无差错、质量无变化。②商品的保养，为了延续和恢复储存商品原有质量而追加的一种养护作业活动。作业的目的是，通过采取有针对性的技术养护手段，来提高商品对大自然中不利因素的抵抗能力，继续维持商品原有质量，以及与商品质量稍有变化时及时进行修复，尽可能地保持其原有使用价值不受损害。因此，商品保管是根据商品的保管要求安排适当的场所，合理堆放并进行管理；而商品保养则是采取措施对商品质量进行维护。

（一）商品保管保养的要求

商品保管保养的要求主要包括四个方面：即定置管理、科学堆码、适时养护、账物相符。

1. 定置管理

定置管理就是按储存规划和定置管理的原则，对库存商品分区定置，系列存放。分区定置，就是依照商品自身的物理化学特性与存储要求，根据分库、分区、分类原则，将商品固定区域与位置存放。系列存放，是指在定置区域内，依商品材质、形态和型号规格等系列，按一定顺序存放，并进行分号定位（即库号、货架号、层数、位号）以便做到规格不串，材质不混，以及易于收货，发货。此外，还要做到库容整洁、标志清楚醒目。

2. 科学堆码

科学堆码就是根据商品的包装、外形、性质、特点、重量和数量，结合季节和气候情况、存储时间长短，将商品按一定规律码成各种形状的货垛。以便保证所储存商品的安全、数量准确，并达到堆码有序、充分利用仓库容积，还要注意堆码有利于先进先出，有利于收货、发货的要求。如钢管的梅花式方形垛、平行垛等。对于堆码的商品，应经常注意货垛的清理，及时归并垛底，提高库容利用率。

3. 适时保养

在严格看管的前提下，对容易产生质变和长期保存的商品，要适时采取有针对性的养护措施，如对金属材料进行除锈，喷涂保护层，对木材浸渍或喷涂防腐剂，以防腐蚀和虫蛀，涂敷胶结剂以防干裂；对水泥要防雨防潮，以免变质；桶装油漆，注意定时翻垛，以免表面结皮。

4. 账物相符

要做到动态盘点，日清月结，保证账、卡、物三相符，保持库内外清洁，时刻监视商品质量与外界情况变化，并且做好防潮、防锈、防腐变，以及防火防盗等预防工作。

（二）库存商品的质量变化形式

库存商品的质量变化是不可避免的，只是在商品的保管中，要根据商品质量变化的形式、特点找出商品质量变化的原因、影响因素，从而采取相应措施尽可能地避免库存商品质量受损。库存商品质量变化的影响因素有两个方面：人为因素和客观因素。人为因素是指商品在储运过程中不按照商品保管的客观规律或违反操作规程而影响了商品的质量，使商品受损。如包装不善、装卸不慎、堆垛苫垫不当或机械事故、商品的储存期过长等都会造成商品损坏变质。客观因素则是指商品内在因素和外在因素。这两个方面的因素会在不同程度上影响库存商品质量的变化。

库存商品质量变化形式有：机械性变化、物理性变化、化学性变化以及生物、微生物引起的变化等。

1. 机械性变化。机械性变化也称为机械性损伤，主要是人为因素造成的，如商品发生变形、折断、裂纹、破碎、碰痕、脱落、散落污染、包装破损等。

2. 物理性变化。物理性变化是商品在保管过程中没有生成新物质的一种变化。这种变化只改变了商品的形态，而商品的组成和化学性质并没有改变。商品在发生物理变化后，一般可以通过物理方法使其恢复到开始状态。但库存商品一旦发生物理变化，就会造成数量的减少和质量的下降，因此，要加强对库存商品的防护和保管。一般来讲，库存商品物理变化的形式有以下几种：

（1）熔化。指某些固体物质受热后，变软以至最后变成液体的现象。固体的熔化主要受温度的影响。库存商品中的低熔点固体原料，从周围空气中吸收并储存热量，当达到其熔点温度时，固体就开始变软，熔化成为液体。如各种润滑脂、石蜡、沥青以及沥青制品（如油毡）等。这些商品一旦软化或熔化，不但影响了自身的质量，而且还会造成流失，浸入包装，沾污其他商品等。

（2）潮解。指某些易溶入水的固体物质，在潮湿的空气中吸收水分逐渐溶解成液体的现象。在库存商品中易于潮解的主要有固体化工原料。如一些碱类物质（如氢氧化钠、氢氧化钾等），盐类物质（如碳酸钠、氯化钠、氯化钙、氯化镁和硝酸钾等），其中烧碱（固碱、氢氧化钠）不仅极易潮解成为液体，而且会同时吸收空气中的二氧化碳发生化学变化而变质。

（3）挥发。指液态物质在低于沸点的温度下转变为气态的现象。

各种液体挥发的难易程度有较大差别，这主要取决于液体分子之间吸引力的大小，具体表现为液体的比重、黏度、沸点的不同。此外，蒸发热较小而蒸汽压力较大的液体挥发度越大。挥发性液体大多是易燃液体，挥发速度最快的是乙醚。此外，挥发性液体还有：丁酮、苯、汽油、甲醇、乙醇、氯仿、松节油等。

影响液体挥发速度快慢的主要因素有温度的高低、液面的大小、液面上压力的大小、液体或空气流动的快慢。温度越高，液面越大、液面上的压力越小、液体或空气流动的速度越快、液体挥发的速度越快；反之，液体挥发速度就越慢。

由于挥发会导致库存商品数量的减少，有的还影响到质量。特别是那些易燃性、爆炸性、腐蚀性和毒害性液体的挥发，不仅会污染环境，影响人体健康，而且容易引起燃烧和爆炸、酿成重大事故、招致严重损失，因此，对这些商品要严加保管。

(4) 凝固。指液体物质遇冷凝结成固体物质的现象。有些物质在凝固过程中放出热量，冷却到一定温度时开始凝固，但本身温度保持不变，此温度即为凝固点。有些物质（非晶体，如沥青）在凝固过程中随温度的降低而逐渐失去流动性，最后变为固体，这类物质则没有凝固点。

在库存商品中有些属于液体商品，如大部分酸类、石油产品等，受冻后往往凝固。一般来讲，这些液体商品凝固后，当温度回升又会恢复到液态。然而一些商品凝固后体积膨胀而导致包装容器的破裂，造成流失及事故。另外，凡凝固后的商品不能马上使用，而必须采用人工缓慢加温办法使其液化。例如，有些柴油品种的凝固点达 10℃，当室温降至此温度及以下温度时，则会凝固而影响其使用。

(5) 干缩湿胀。有些库存商品原材料在未受到外力的情况下，仅由于环境中的温度、湿度的变化以及环境中其他介质的作用，也会发生物理、化学变化，从而引起原材料体积的胀缩，导致制成品变形，有的甚至是工程遭到破坏。

对于吸水性和吸湿性较大的材料，由于干湿的交替作用，体积将发生变化，使材料的组织变得疏松。特别是在冻融交替作用下，材料孔隙内存在的水，在冻结时体积将增加约 9%，从而增大对孔壁的压力，随着冻融交替次数的增加，强度也就随之下降。如木材的干缩是由于其内部水分的蒸发导致它的尺寸、体积缩小的现象，并且有纵向（即顺木材纹理方向）和横向（垂直于纹理方向）之分。横向又有径向和弦向之分。木材的纵向干燥很小，可以忽略不计，而径向干缩和弦向干缩的影响较大。木材的不均匀干燥和过分干燥会使其发生变形、开裂和内应力等缺陷。因此，木材储存时应防暴晒。

商品原材料由于环境温度的变化，会引起体积的胀缩，即热胀和冷缩。如硅酸盐材料的导热率一般较小，当受到阳光照射或靠近热源时，容易引起局部温度升高，产生热应力。而耐火材料在使用中，温度在几十度至一千几百摄氏度之间变化，会产生显著的体积膨胀和收缩，从而导致制成品变形。所以，对有些易干缩湿胀的商品原材料，也应该采取相应的防护措施。

库存商品材料除上述物理性变化外，还有变形（如木材的弯曲、翘曲、开裂等）现象。

3. 化学性变化。化学性变化也称化学反应，是有新物质产生的一种变化类型。在发生化学变化时，物质的组成和化学性质都发生改变。化学变化以质变为其最主要特征，还伴随着性能的变化。化学变化在商品储存中的主要表现形式有：锈蚀、老化、化合、分解、聚合、水解、风化、中和等。

(1) 锈蚀。金属腐蚀的一种俗称，是指金属材料及其产品受周围环境介质的化学或电化学作用而被破坏引起的一种生锈现象。其中，化学腐蚀是金属与环境介质直接发生化学作用而产生的损坏，在腐蚀过程中没有电流的产生。如钢铁材料与空气中的氧发生化学反应生成铁锈（铁的氧化物）。电化学腐蚀是金属在环境介质中由于发生电化学作用而引起的损坏，在腐蚀过程中有电流产生。如金属在潮湿的空气中、海水里、土壤中，即可能发生电化学腐蚀。在金属腐蚀中，电化学腐蚀要比化学腐蚀更为普遍与常见。

(2) 老化。主要是指橡胶和塑料等高分子材料在日光、热、氧、臭氧等因素作用下发生氧化而使其性能逐渐变差的过程。老化往往导致高分子材料化学结构受到破坏，商品性能变坏，机械性能降低，变硬或变黏软，从而不再适于使用。此外，由于外力的作用也会加速老化。

(3) 化合。是由两种或两种以上的物质结合生成一种化合物的化学反应，如生石灰（CaO）吸湿后生成熟石灰［$Ca(OH)_2$］（也称消石灰）。

(4) 分解。是一种化合物质分裂成两种或两种以上成分的化学反应。如碳酸氢钠（小苏打）的分解反应生成碳酸钠并放出二氧化碳。

(5) 水解。是某些物质加水后所引起的分解。由强酸和弱碱、强碱和弱酸所形成的盐类，遇水都会分解。

(6) 风化。是指含结晶水的化合物在常温时和比较干燥的空气中失去一部分或全部结晶水而使晶体破坏的现象。如煤炭的风化。

(7) 中和。是指酸碱互相作用而生成盐和水的反应。酸碱中和反应时要放出热量，存在燃烧的危险，因此，酸碱不可共存于一库房。

(8) 聚合。是指一种或几种单体结合成高分子化合物的过程。在库存商品中，某些有机原料因保管不善而引起的聚合作用，从而改变了商品的性质或质量。

4. 生物和微生物引起的变化：

（1）虫害。昆虫、幼虫等蛀蚀商品的现象，如白蚁对木材的破坏。

（2）霉腐。由于微生物的作用所引起的物质变化，如木材的腐朽对木材的容重、含水率、硬度和强度、工艺性能均有严重影响，它破坏了木材的完整性和均匀性，甚至使木材成为废物。因此各材种木材对腐朽都有严格限制。此外，纤维制品也会产生霉烂现象而使其质量受损，要在保管过程中加以防范。

（三）影响库存商品质量变化的自然因素

自然环境是指商品储存环境的温度、湿度、空气、日照、泥土、虫害等。

1. 温度的影响

（1）大部分物资原材料在储存时都需要一个适宜的保管温度，若温度过低或过高都会使商品质量发生急剧变化。如橡胶及其制品、塑料制品等，温度过高会发黏、老化变质。锡在低温时（<13.2℃）会产生同素异构转变即锡疫现象，精密仪器在过高或过低的温度条件下其精密度会受影响。

（2）温度在20℃～35℃之间最适合菌类和微生物生长繁殖。菌类和微生物生长繁殖时摄取橡胶、纸张、棉纱等有机物中的淀粉、糖类、蛋白质，并使其发霉腐烂变质。

（3）含有一定水分或结晶水的商品，在高温下逐渐失去水分引起外形和性质变化并造成重要损失。如石膏、硫酸铜、纸张、木材等。

（4）汽油、内酮、煤油、松节油、苯等液体材料，温度升高会加速挥发，挥发的气体与空气混合到燃点温度时，还会引起燃烧甚至爆炸。

（5）有些机械配件采取油蜡密封时，如果温度过高超过油蜡熔点，会使油蜡熔化，温度过低会使油蜡发裂，失去密封保护作用。

2. 湿度的影响

湿度，是指大气（空气）的干湿程度。空气中因含有一定量的水蒸气，因此，具有一定的湿度，水蒸气含量越高，湿度越大；反之则小。空气湿度对库存商品影响最大，大部分商品怕潮湿，但也有少部分商品怕干燥。

湿度过大（相对湿度在80%以上）会给菌类及其他微生物带来滋生的条件，使有机物发霉、腐烂变质。空气中的水蒸气很容易被商品吸附，金属及其制品会锈蚀，吸湿性强的化工产品如盐类、碱类、烤胶、颜料等会潮解、溶化或结块。水泥、电石、炸药等受潮后易变质失效。

空气过于干燥，将会使怕干的商品发生变形、开裂、变脆和风化等现象。如木材的变形、开裂。高分子材料制品在过分干燥情况下，易失去水分而发生脆裂，使其强度降低。含有结晶水的化工原料，在干燥条件下，易失去结晶水而风化。

四、ABC分类法

（一）ABC分类法的基本原理

在有些公司中，有数万种以上的存货，对每种存货都进行详细的库存分析是不经济的，因为通过不断地盘点、发放订单、接收订货等工作来控制库存要耗费大量的时间和资源。当资源有限时，企业很自然地就会试图采用最好的方式，利用有限的资源来对库存进行控制。换句话说，此时企业的库存控制重点应该集中于重要物品。

19世纪，帕累托在研究米兰的财富分布时发现，20%的人口控制了80%的财富。这一现象被概括为重要的少数、次要的多数。在库存系统中帕累托原理同样适用（少量物品占用了大量投资）。在库存中，往往少数几种物品的年消耗金额占总消耗额的大部分。为了有效地进行库存控制，对于贵重物品应少量采购和严密控制，而对于低价物品就可以大量采购和稍加控制。

ABC分类法的基本原理是：按照所控制对象价值的不同或重要程度的不同将其分类，通常根据年耗用金额（存货价值或数量×成本）将物品分为三类。A类存货的品种种类占总品种数的10%左右，但价值占存货总价值70%左右的；B类存货的品种种类占总品种数的20%左右，价值占存货总价值20%左右；C类存货的品种种类占总品种数的70%左右，价值占存货总价值的10%左右。如表3-3所示。

表 3-3　　　　ABC 分类法

	A类存货	B类存货	C类存货
品种种类占总品种数的比例	约 10%	约 20%	约 70%
价值占存货总价值的比例	约 70%	约 20%	约 10%

某类存货的总价值的大小是衡量其重要程度的尺度，也就是说，一种价格虽低但用量极大的物品可能比价格虽高但用量极少的物品重要。当根据物品的年耗用金额来对其进行排队的时候，常会发现少数物品品种占用了大量资金，而大多数物品品种占用的资金却很少。

（二）ABC 分类的依据

在进行 ABC 分类时，通常是根据年使用费的多少来分类，对于年费用支出高的物料，可以给予最大的注意。这些物料，宜采用永续盘存法来保证精确地控制存货。因为，对这类物料来说，哪怕是多 1 个月的存货，都会增加不少开支。而价廉且用量较小的物料，多保持 3 个月的存货带来的费用增加，也不如精确控制它们所需要的费用大。

在库存管理中，ABC 分类法一般是以库存价值为基础进行分类的，它并不能反映库存品种对利润的贡献度、紧迫性等情况，而在某些情况下，C 类库存缺货所造成的损失也可能是十分严重的。因此，在实际运用 ABC 分类法时，需具体、灵活地根据实际情况来操作。也就是说，ABC 分类的标准并不是惟一的，分类的目标是把重要的物品与不重要的物品分离开来，其他指标也同样可以用来对存货进行分类。其他分类指标有：

1. 缺货后果

如果某些存货的供应中断将给其他运作带来严重干扰甚至延误的话，它们应该获得较高的优先级别。

2. 供应的不确定性

某些存货尽管价值较低，但是供应缺乏规律性或非常不确定，因此也应该得到更多的重视。

3. 过时或变质的风险

如果存货很容易因过时或变质而失去价值，那么库存经理就必须对其给予更多的关注和监控。

一些更复杂的存货分类系统则同时使用这些指标，并分别按照各个指标对存货进行 A、B、C 类的划分。例如，一个零件可能被划分为 A/B/A 类，即按照价值划分，它属于 A 类；按照缺货后果划分，属于 B 类；按照过时风险划分，属于 A 类。

另外，ABC 分析理论上要求分为 3 类，但在实际应用中可以根据实际情况分为 5 类或 6 类。另外，在进行 ABC 分析时，所选择的分析时间也是非常重要的，应选择能反映真实情况的时间段，通常会以年为分析的时间周期，即时间段。

（三）ABC 分类的库存策略

将物品进行 ABC 分类，其目的在于根据分类结果对每类物品采取适宜的库存控制措施。A 类物品应尽可能从严控制，保持完整和精确的库存记录，给予最高的处理优先权等，而对于 C 类物品，则可以尽可能简单地控制。例如，从订货周期来考虑的话，A 类物品可以控制得紧些，每周订购一次；B 类物品可以两周订购一次；C 类物品则可以每月或每两个月订购一次。值得注意的是，ABC 分类与物品单价不一定有关。A 类物品的耗用金额很高，但这可能是单价不高但耗用量极大的组合，也可能是单价很高但用量不大的组合。与此相类似，C 类物品可能价格很低，但用量并不少，也可能是价格并不低，但用量很少。

对于一个汽车服务站而言，汽油属于 A 类物品，应该每日或每周补充一次；轮胎、蓄电池、润滑油以及液压传动油可能属于 B 类物品，可以每两到四周订购一次；C 类物品可能包括阀门杆、挡风屏用雨刷、水箱盖、软管盖、风扇皮带、汽油添加剂、打光蜡等，它们可以每两个月或每三个月订购一次，甚至等用光后再订购也不迟，因为它们造成的缺货损失不严重。

对存货进行分类后，不同类别的存货其库存控制策略是不同的，一般情况下，ABC 各类物品的库存控制策略如表 3－4 所示。

表3-4　　不同类别存货的库存控制策略

存货类别	库存控制策略
A类	严密控制，每月检查一次
B类	一般控制，每三个月检查一次
C类	自由处理

（四）ABC 分类步骤

ABC 分类可按下述步骤进行：

第一步，将物品按年耗用金额从大到小进行排序。

第二步，计算各种物品占用资金额占全部库存占用资金额的百分比并进行累计（或进行品种百分比累计）。

第三步，按照分类标准，选择断点进行分类，确定 A、B、C 三类物品。

ABC 分类法的操作十分简单，实践证明，应用这种方法可取得显著的效果。这种方法在库存管理中应用得十分普遍。

案　例

安科公司的库存管理

安科公司是一家专门经营进口医疗用品的公司，2001 年该公司经营的产品有 26 个品种，共有 69 个客户购买其产品，年营业额为 5800 万元人民币。对于安科公司这样的贸易公司而言，因为进口产品交货期较长，库存占用资金大，因此，库存管理显得尤为重要。

安科公司按销售额的大小，将其经营的 26 种产品排序，划分为 ABC 三类。排序在前 3 位的产品占到总销售额的 97%，因此把它归为 A 类产品；第 4～7 种产品每种产品的销售额在 0.1%～0.5%之间，把它们归为 B 类，其余的 21 种产品（共占销售额的 1%），将其归为 C 类。

对于A类的3种产品，安科公司实行了连续性检查策略，每天检查库存情况，随时掌握准确的库存信息，进行严格的控制，在满足客户需要的前提下维持尽可能低的经常量和安全库存量。通过与国外供应商的协商，并且对运输时间做了认真的分析，算出了该类产品的订货前置期为2个月（也就是从下订单到货物从安科公司的仓库发运出去，需要2个月的时间）。即如果预测在6月份销售的产品，应该在4月1日下订单给供货商，才能保证在6月1日可以出库。其订单的流程表如表3-5所示：

表3-5 订单的流程表

4月1日	4月22日	5月2日	5月20日	5月30日	6月30日
下订单给供应商（按预测6月份的销售数量）	货物离开供应商仓库，开具发票，已经算作安科公司库存	船离开美国港口	船到达上海港口	货物入安科公司的仓库，可以发货给客户	全部货物销售完毕

由于该公司的产品每个月的销售量不稳定，因此，每次订货的数量就不同，要按照实际的预测数量进行订货。为了预防预测的不准确和工厂交货的不准确，还要保持一定的安全库存，安全库存是下一个月预测销售数量的1/3。该公司对该类产品实行连续检查的库存管理，即每天对库存进行检查，一旦手中实际的存货数量加上在途的产品数量等于下两个月的销售预测数量加上安全库存时，就下订单订货，订货数量为第三个月的预测数量。因其实际的销售量可能大于或小于预测值，所以，每次订货的间隔时间也不相同。这样进行管理后，这三种A类产品库存的状况基本达到了预期的效果。由此可见，对于货值高的A类产品应采用连续检查的库存管理方法。

对于B类产品的库存管理，该公司采用周期性检查策略。每个月检查库存并订货一次，目标是每月检查时应有以后两个月的销售数量在库里（其中一个月的用量视为安全库存），另外在途中还有一个月的预测量。每月订货时，再根据当时剩余的实际库存数量，决定需订货的数量。这样就会使B类产品的库存周转率低于A类。

对于C类产品，该公司则采用了定量订货的方式。根据历史销售数据，得到产品的半年销售量为该产品的最高库存量，并将其两个月的销售量作为最低库存，一旦库存达到最低库存时，就订货，将其补充到最高库存量。这种方法，比前两种更省时间，但库存周转率更低。

该公司实行了产品库存的ABC管理以后，虽然A类产品占用了最多的时间、精力进行管理，但得到了满意的库存周转率。而B类和C类产品，虽然库存的周转率较慢，但从其很低的资金占用和很少的人力支出来说，这种管理也是个好方法。

在对产品进行ABC分类以后，该公司又对其客户按照购买量进行了分类。发现在69个客户中，前5位的客户购买量占全部购买量的近75%，将这5个客户定为A类客户；到第25位客户时，其购买量已达到95%。因此，把6～25位的客户归为B类，其他的26～69位客户归为C类。对于A类客户，实行供应商管理库存，一直保持与他们密切的联系，随时掌握他们的库存状况；对于B类客户，基本上可以用历史购买记录做出他们的需求预测作为订货的依据；而对于C类客户，有的是新客户，有的一年也只购买一次，因此，只在每次订货数量上多加一些，或者用安全库存进行调节。这样一方面可以提高库存周转率，同时也提高了对客户的服务水平，尤其是A类客户对此非常满意。

通过安科公司的实例，可以看到将产品及客户分为ABC类后，再结合其他库存管理方法，如连续检查法、定期检查法、供应商管理库存等，就会收到很好的效果。

案例思考题

1. 安科公司将产品分为了哪几类进行管理？此分类的优点是什么？

2. 安科公司怎样对A、B、C三类产品进行库存控制？

3. 安科公司如何利用客户的ABC分类管理提高库存周转率及对客户的服务水平？

思考题

1. 试论仓储的概念及作用。
2. 什么是分区分类管理？其作用是什么？
3. 商品分区分类储存应遵循的原则是什么？其主要方法有哪些？
4. 商品分类的原则和方法是什么？
5. 什么是商品编码？编码的原则、种类和方法是什么？
6. 什么是货架？列举出仓储中你所知道的3种货架类型。
7. 什么是集装箱？我国集装箱的标准有哪些？
8. 什么是托盘？托盘有哪几种种类？
9. 商品入库的程序如何？
10. 商品的入库验收包含哪些内容？
11. 商品出库要注意哪些问题？
12. 库存商品的质量变化有何表现形式？
13. 影响库存商品质量变化的自然因素有哪些？
14. ABC分类法的基本原理是什么？

第四章 物流分拣技术

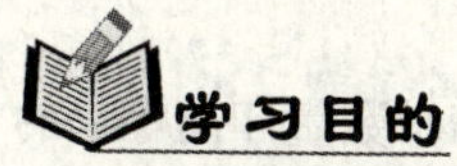

学习目的

通过本章的学习使学生了解分拣系统的发展历程，熟悉自动分拣系统的主要特点、组成及适用条件，掌握物流的分拣配货方式的相关内容、拣货流程，了解拣货路径的形式、拣货指令的发布方式、分拣机的类型，熟悉分拣信号的输入方法等。

第一节 物流分拣技术概述

一、分拣系统的发展历程

分拣是指按照输送、配送要求，把很多货物按不同品种、不同地点和单位分配到所设置的场地的作业。分拣作业是整个物流系统中的重要组成部分。按分拣的手段和历史发展历程来看，一般可分为人工分拣、机械分拣和自动分拣三大类。

（一）人工分拣

人工分拣基本上是靠人力搬运，或利用最简单的器具和手推车等，把所需的货物分门别类地送到指定的地点，这种分拣方式劳动强度大，分拣效率最低。

人工拣货有两种方式，一种是按单拣货，另一种是贴标拣货。

1. 按单拣货

按单拣货是最传统、最常用的方式，作业人员按照打印出来的拣货单据所示去拣取货品。目前，国内物流中心大多采用按单拣货，摘取法涉及到的拣货单据有车辆别或客户别拣货表等，播种法涉及到的拣货单据有拣货用的批量拣货表和分货用的客户别分货表等。

2. 贴标拣货

贴标拣货是在拣货前先考察订单的订购品类，按其需求数量印出等量的标签，即一件货品一个标签，一张客户订单的标签数即等于该张订单的总拣货件数，标签上注明相关的拣货信息与客户信息，拣货人员以此取代拣货单据来进行拣货，拣取一件货品贴上一张相对应的标签。这样一方面可以把标签上的信息与拣取的货品作比对确认，另一方面当该订单的标签全部贴完后，则表示完成该订单的拣货作业，在一定程度上可以对订单总件数的正确性予以控管，这种拣货作业较适用于拣货单位为箱的出货形态。

（二）机械分拣

机械分拣是以机械为主要输送工具，还要靠人工进行拣选。这种分拣方式用得最多的是输送机，有链条式输送机、传送带、辊道输送机等，有的也叫“输送机分拣”。这种方法是用设置在地面上的输送机传送货物，在各分拣位置配备的作业人员看到标签、色标、编号等分拣标志后，便进行拣选（把货物取出），再放到手边的简易传送带或场地上。也有用“箱式托盘分拣”，是在箱式托盘中装入分拣的货物，用叉车等机械移动箱式托盘，用人力把货物放到分拣的位置，或再利用箱式托盘进行分配。使用较多的是在箱式托盘下面装车轮的滚轮箱式托盘。这种分拣方式投资不多，可以减轻劳动强度，提高分拣效率。

机械分拣由于是在机械设备辅助下的人力拣货作业，按照人与机械设备间的互动关系，又可分为下列两种：

1. 人至物

货品放置固定不动，拣货人员需到货品放置处将货品拣出的作业方式。例如：电子标签辅助拣货、拣货台车辅助拣货、掌上型终端机辅助拣货。

2. 物至人

此种作业方式与人至物相反，拣货时作业者只需停留在固定位置，等待拣货设备把要拣取货品运送到面前的作业方式。例如：水平式或垂直式旋转货架、自动仓库等。

（三）自动分拣系统（Automated Sorting System）

自动分拣系统是第二次世界大战后在美国、日本的物流中心中广泛采用的一种自动分拣系统，该系统目前已经成为发达国家大中型物流中心不可缺少的一部分。该系统的作业过程可以简单描述如下：物流中心每天接收成百上千家供应商或货主通过各种运输工具送来的成千上万种商品，在最短的时间内将这些商品卸下并按商品品种、货主、储位或发送地点进行快速准确的分类，将这些商品运送到指定地点（如指定的货架、加工区域、出货站台等），同时，当供应商或货主通知物流中心按配送指示发货时，自动分拣系统在最短的时间内从庞大的高层货架存储系统中准确找到要出库的商品所在位置，并按所需商品数量出库，将从不同储位上取出的不同数量的商品按配送地点的不同运送到不同的理货区域或配送站台集中，以便装车配送。

自动分拣系统除了用于邮局的邮包信件和车站的货物分拣外，还应用到食品工业、纤维造纸、化学工业、机械制造、商店市场、发行出版等各种行业。自动分拣系统的规模和能力也有很大发展，目前大型分拣系统大多包括几十个到几百个分拣机，分拣能力达每小时万件以上。

全自动化拣货系统则无需人力的介入而由自动拣货设备负责完成拣货作业，例如，全自动仓库、自动分拣机、拣货机器人等。

二、自动分拣系统的主要特点

（一）能连续、大批量地分拣货物

由于采用大生产中使用的流水线自动作业方式，自动分拣系统不受气候、时间、人的体力等条件限制，可以连续运行，同时由于自动分拣系统单位时间分拣件数多，因此自动分拣系统的分拣能力大大超过人工分拣系统，可以连续运行 100 个小时以上，每小时可分拣 7000 件包装商品，如用人工则每小时只能分拣 150 件左右，同时分拣人员也不能在这种劳动强度下连续工作8小时。

（二）分拣误差率极低

自动分拣系统的分拣误差率大小主要取决于所输入分拣信息的准确性大小，这又取决于分拣信息的输入机制，如果采用人工键盘或语音识别方式输入，则误差率在3%以内，如采用条形码扫描输入，除非条形码的印刷本身有差错，否则不会出错。因此，目前自动分拣系统主要采用条形码技术来识别货物，其误差率极低。

（三）分拣作业基本实现无人化

国外建立自动分拣系统的目的之一就是为了减少人员的使用，减轻员工的劳动强度，提高人员的使用效率，因此自动分拣系统能最大限度地减少人员的使用，基本做到无人化。分拣作业本身并不需要使用人员，人员的使用仅局限于以下工作：

1. 送货车辆抵达自动分拣线的进货端时，由人工接货。
2. 由人工控制分拣系统的运行。
3. 分拣线末端由人工将分拣出来的货物进行集载、装车。
4. 自动分拣系统的经营、管理与维护。

三、自动分拣系统的组成

自动分拣系统一般由控制装置、分类装置、输送装置及分拣道口组成。

（一）控制装置

控制装置的作用是识别、接收和处理分拣信号，根据分拣信号的要求指示分类装置按商品品种、按商品送达地点或按货主的类别对商品进行自动分类。这些分拣需求可以通过不同方式，如可通过条形码扫描、色码扫描、键盘输入、重量检测、语音识别、高度检测及形状识别等方式，输入到分拣控制系统中去，根据对这些分拣信号的判断，来决定某一种商品该进入哪一个分拣道口。

（二）分类装置

分类装置的作用是根据控制装置发出的分拣指示，当具有相同分拣信号的商品经过该装置时，该装置改变在输送装置上的运行方向进入其他输送机或进入分拣道口。分类装置的种类很多，一般有推出式、浮出式、倾斜式和分支式几种，不同的装置对分拣货物的包装材料、包装重量、包装物底面的平滑程度等有不同的要求。

（三）输送装置

输送装置的主要组成部分是传送带或输送机，其主要作用是使待分拣商品鱼贯通过控制装置、分类装置，并且输送装置的两侧一般要连接若干分拣道口，使分好类的商品滑下主输送机（或主传送带）以便进行后续作业。

（四）分拣道口

分拣道口是已分拣商品脱离主输送机（或主传送带）进入集货区域的通道，一般由钢带、皮带、滚筒等组成滑道，使商品从主输送装置滑向集货站台，在那里由工作人员将该道口的所有商品集中后或是入库储存，或是组配装车并进行配送作业。

以上四部分装置通过计算机网络联结在一起，配合人工控制及相应的人工处理环节构成一个完整的自动分拣系统。

四、自动分拣系统的适用条件

第二次世界大战以后，自动分拣系统逐渐开始在西方发达国家投入使用，成为发达国家先进的物流中心、配送中心或流通中心所必需的设施条件之一，但因其要求使用者必须具备一定的技术经济条件，因此，在发达国家，物流中心、配送中心或流通中心不用自动分拣系统的情况也很普遍。在引进和建设自动分拣系统时一定要考虑以下条件：

（一）一次性投资巨大

自动分拣系统本身需要建设短则 40～50 米，长则 150～200 米的机械传输线，还有配套的机电一体化控制系统、计算机网络及通信系统等，这一系统不仅占地面积大，通常 2 万平方米以上，而且一般自动分拣系统都建在自动主体仓库中，这样就要建 3～4 层楼高的立体仓库，库内需要配备各种自动化的搬运设施，这丝毫不亚于建立一个现代化工厂所需要的硬件投资。这种巨额的先期投入要花 10～20 年才能收回，所以该系统一般都由大型生产企业或大型专业物流公司投资，小企业无力进行此项投资。

（二）对商品外包装要求高

自动分拣机只适于分拣底部平坦且具有刚性的包装规则的商品。袋装商品和包装底部柔软且凹凸不平和包装容易变形、易破损、超长、超薄、超重、超高、不能倾覆的商品不能使用普通的自动分拣机进行分拣，因此为了使大部分商品都能用机械进行自动分拣，可以采取两条措施：①推行标准化包装，使大部分商品的包装符合国家标准；②根据所分拣的大部分商品的统一的包装特性定制特定的分拣机。但要让所有商品的供应商都执行国家的包装标准是很困难的，定制特定的分拣机又会使硬件成本上升，并且越是特别的分拣机其通用性就越差。因此公司要根据经营商品的包装情况来确定是否建立或建立什么样的自动分拣系统。

第二节　物流的分拣技术及设备

一、物流的分拣配货作业方式

常见的物流分拣配货作业方式有拣选式、分货式和分拣式三种。

（一）拣选式配货作业

拣选式配货作业是拣选人员或拣选工具巡回于各个储存点将所需的物品取出，完成货物配备的方式。

1. 拣选式配货作业的流程

拣选式配货作业的基本流程是：储物货位相对固定，而拣选人员或工具相对运动，所以又称做人到货前式工艺。形象地说，又类似人们进入果园，在一棵树上摘下熟了的果子后，再转到另一棵树前摘果，所以又形象地称之为摘果式或摘取式工艺。拣选式配货作业流程如图 4－1 所示。

2. 拣选式配货作业的特点

拣选式配货作业采取按单拣选，一单一拣方式，这和目前仓库出货作业是很类似的，因此，在作业上与现行方式可以不做太大改变就可以实施。由于采用按单拣选，所以这种配货作业准确程度较高，不容易发生货差等错误。这种作业还有机动灵活的特点，其表现在：

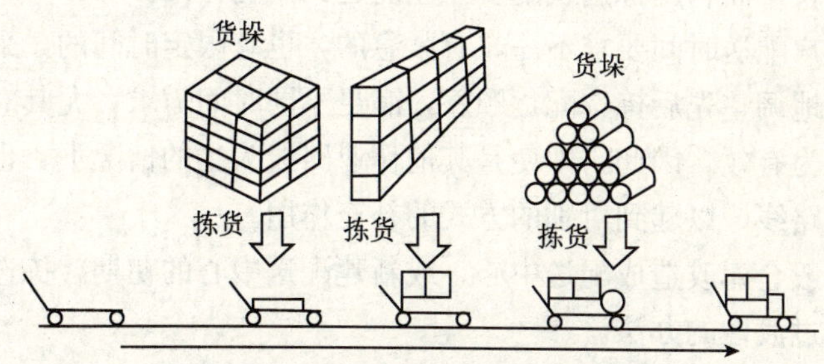

图4-1 拣选式配货作业流程

(1) 由于一单一拣，各客户的拣选互相没有牵制，可以根据客户要求调整配货先后次序；

(2) 对紧急需求可以采取集中力量快速拣选方式，有利于配送中心开展即时配送，增强对客户的服务能力；

(3) 拣选完一张货单，货物即配齐，因此，货物可不再落地暂存而直接放到配送车辆上，有利于简化工序，提高效率；

(4) 对机械化没有严格要求，无论配送中心设备多少、水平高低都可以采取这种作业；

(5) 客户数量不受工艺的限制，可在很大范围波动。

3. 拣选式配货作业的适用领域

拣选式配货作业在以下几种情况下可以作为首选的作业：

(1) 客户不稳定，波动较大，不能建立相对稳定的客户分货货位，难以建立稳定的分货线，在这种情况下宜于采取灵活机动的拣选式配货作业，客户少时或客户很多时都可采取拣选方式。

(2) 客户之间共同需求不是主要的，因而需求差异很大，在这种情况下，统计客户共同需求，将共同需求一次取出再分给各客户的办法，由于共同需求不多而无法实行；在有共同需求，又有很多特殊需求情况下，采取其他配货作业容易出现差错，而采取一单一拣方式便有利得多。

(3) 客户需求的种类太多，增加统计和共同取货的难度，采取其他方式配货时间太长，而利用拣选式配货作业能起到简化作用。

(4) 客户配送时间要求不一，有紧急的，也有限定时间的，采用拣选式工艺可有效地调整先后拣选配货顺序，满足不同时间需求，尤其对于紧急的即时需求更为有效。因此，即使是其他作业路线为主的情况下，也仍然需要辅以拣选式路线，以起到对别的方式的补充作用。

(5) 一般仓库改造成配送中心，或新建配送中心的初期，拣选配货作业可作为一种过渡性的办法。

(6) 网络经济时代涌现的直接面向基本消费者进行配送的电子商务，需求的随机性太强，适合于采取拣选式配货方式。

(二) 分货式配货作业

分货式配货作业是分货人员或分货工具从储存点集中取出各个客户共同需要的货物，然后巡回于各客户的货位之间，将这一种货物按客户需要量分放，再集中取出共同需要的第二种，如此反复进行直至客户需要的所有货物都分放完毕，同时完成各个客户的配货工作。

1. 分货式配货作业的流程

分货式配货作业的特点是：客户的分货位固定，而分货人员或工具携货物相对运动，所以又称货到人前式作业。形象地说，又类似于一个播种者，一次取出几亩地所需的种子，在地中边巡回边播撒，所以又形象地称之为播种分拣式配货作业。分货式配货作业的流程示意图如图 4-2 所示。

2. 分货式配货作业的特点

分货式配货作业采取集中取出共同需要的货物，再按货物货位分放，这就需要在收到若干个客户配送请求之后，在可以形成共同的批量之后，再对客户共同需求做出统计，同时要安排好各客户的分货货位，才开始陆续集中取出进行反复的分货操作。所以，这种作业难度较高，计划性较强，也容易发生分货的错误。

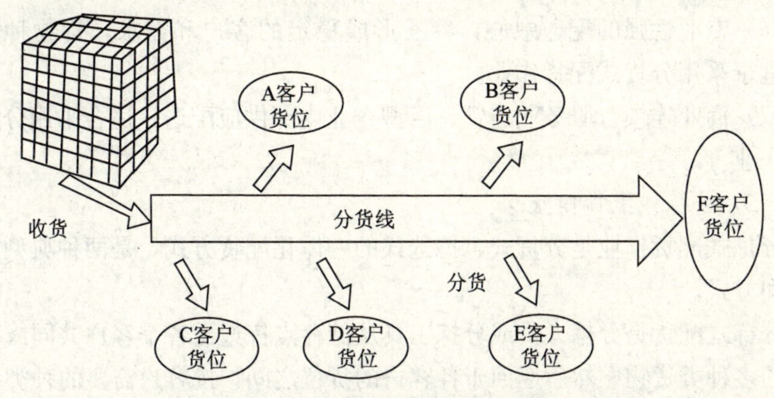

图4-2 分货式配货作业流程

这种作业计划性较强，若干客户的需求集中后才开始分货，直至最后一种共同需要的货物分放完毕，各客户需求的配货工作才同时完成。之后，可同时开始对各客户的配送工作，这也有利于考虑车辆的合理调配、合理使用和规划配送路线。和拣选式配货作业相比，可综合考虑，统筹安排，利用规模效益，这是分货式配货作业的重要特点。

3. 分货式配货作业的适用领域

（1）客户稳定且客户数量较多，可以建立稳定的分货线，在这种情况下宜于利用其稳定的优势规划和计划分货，采取分货方式。

（2）客户的需求有很强的共同性，需求的差异较小，需求数量虽有差异但种类相同，在这种情况下，可以统计客户的共同需求，集中取货分放给各客户，这样可以有较高的效率。例如，一个食品配送中心，专给几十家宾馆配送，而配送种类又都是烟、酒、饮料、咖啡、小食品、粮食、面包等若干种，采用分货式配货作业，比对几十家宾馆的需求一家一家地拣选效率要高得多。

（3）客户需求的种类有限，易于统计和不至于使分货时间太长，宜于采用分货式配货作业。

（4）客户配送时间的要求没有严格限制，可以采取计划配送的方法。

（5）力求追求效率，降低成本，采取分货式配货作业较为有利。

(6) 专业性强的配送中心，容易形成稳定的客户和需求，货物种类有限，宜于采用分货式配货作业。

(7) 商业连锁、服务业连锁、巨型企业内部供应配送，适合采用分货式配货作业。

(三) 分拣式配货作业

分拣式配货作业是分货式、拣选式的一体化配货方式，是两种典型方式的中间方式。

分拣式配货是分拣人员或分拣工具从储存点拣选出各个客户共同或不同需要的多种类货物，然后巡回于各客户的货位之间，按客户需要的种类和数量拣选出来放入货位，直至这一次取出的所有货物都分放完毕，同时完成各个客户的配货工作。

这种方式特别适合于小型配送系统采用，小型配送系统一次性到货，可能是供给若干个客户的不同种类货物，采用共同配送方式从上一级物流中心或大的配送中心进货，可以直接进入分拣线进行分拣。如果不采用分拣式配货，而仍然采用拣选式或分货式配货，则需将到货先行分放到货架或货位，然后再进入配货程序。这样不但增加了工序，更重要的是需要增加时间，减缓了动态性。

分拣式配货主要适用于小型配送中心、邮局、快递公司等。这些领域的共同特点是：配货对象是掺杂、混合的杂乱对象，例如邮局收寄的信件、包裹，快递公司收递的快递件，小型配送中心混合进货的物品，等等。

二、拣货路径

拣货作业的关键是规划拣货路径，发出拣货指令。不同层次的单品（小件商品、箱装商品、托盘装商品）要采用不同的拣货路径。有两种类型的路径可供选择。

(一) 无顺序的拣货路径

无顺序的拣货路径就是由分拣配货作业人员自行决定在存储区域内各通道拣货顺序的方式。在西方发达国家的拣货作业中，基本上不采用此种拣货路径，它的拣货效率较低。因为拣货人员完成一批拣货单可能要在同一条路径上行走两次；由于增加行走里程和手工的拣货动作，使拣货员容易产生疲劳；拣货人员要花大量时间来寻找商品所在的位置。

（二）顺序的拣货路径

顺序的拣货路径是最常用的拣货路径。它是按产品所在货位号的大小从储存区域的入口到出口秩序来确定拣货路径。按这种拣货路径，拣货人员首先拣取储存区域内某一通道上所需要的产品，拣货人员从通道的一端向另一端行进时，下一个要拣出的产品的货位离上一个最近，这样走完全程就一次性地把所有商品拣出。按这种拣货路径拣货的优点是缩短拣货员的拣货时间和拣货里程，减少疲劳和拣货误差，提高拣货效率。这种拣货路径又可分为一人单边拣货路径和双人单边拣货路径。一人单边拣货路径是拣货员在通道一端上去时拣左边货位上的商品，回时拣右边货位上的商品；双人单边拣货路径是两位拣货员去时同时从通道一端出发，一位负责拣左边商品，另一位负责拣右边商品，回时经过另一通道按同样方式一人负责一边拣货。如果周转快慢不同的商品随机地存在货架上，这种拣货方式的效率较低，因为，有可能导致拣货员空跑，并且一个拣货员必须在同一通道上来回走两次或两名拣货员在同一通道上各走一次。当然好处就是容易实施，拣货员不需要训练，在有些情况下，拣货效率也可能较高。

无论采用何种拣货路径，均要考虑如何准确、快速、低成本的将货物拣出，同时还要使拣货操作方便、行走路程缩短等。由此可见，货架的排列与编号、商品储存货位的安排对拣货作业的影响较大。

三、拣货指令的发布方式

当关于拣货的所有信息（拣货区域、通道、位置、商品数量、时间）都已确定后，配送企业的控制部门要向拣货人员发出拣货指令。根据配送企业现代化程度不同，拣货指令的发布可以采取不同的方式。

（一）人工打印拣货单

这种方式适用于拣货品种和数量较少的情形。在该拣货单上，按商品事先列出了配送企业的所有拣货货位及储存商品的信息；每一次对应留有两个空格，拣货指令发布时，必须由拣货指令发布人员根据客户订单在拣货单对应的商品区的一个空格内，填写上客户订货数量，并将该拣货单交给拣货员，拣货员按拣货单所指示的货位、数量等信息拣出商品。然后在拣货单上对应的另一个空格内划上拣货标记。这种方式的缺点是容易产生误拣，手法繁琐，不适合于成批拣货；但优点是拣货投资少，拣货人员易于操作。

（二）机器打印拣货单

机器打印拣货单是指由计算机打印出拣货单，每个拣货单只打印一种商品的所有拣货信息：日期、时间、区域、货位、商品编号、拣货数量等，不需要人工填写订单数量，这样就可以减少拣货失误，但需要一些设备投资。

（三）无纸拣货指令

这种拣货指令可用于对任何层次单品的拣货。可有三种具体形式，即人工控制的无纸拣货指令、计算机控制的无纸拣货指令及语音控制的无纸拣货指令。

1. 人工控制的无纸拣货指令

人工控制的无纸拣货是通过数码显示来发出拣货指令的方式。在一个固定扫描装置读取拣货区或通道入口的拣货商品的标签后，拣货员在电脑中输入客户的订单，电脑激活要拣货的货位上的数码显示屏。拣货员找到该显示屏并走到该货架前按显示器指示取出商品，然后按一下货位上的按钮，来记录此次拣货。这时电脑在表单的商品库存记录中减去已拣出的商品数量，更新数据，已拣出的商品被放到传送带上或拣货搬运车上。如果需要在另一位置拣货，拣货员就走到另一个位置的被激活的显示器处，按指令拣货，直到客户订单全部拣出为止。

这种方式要求有一个传送带及一个条形码扫描系统。订单在拣货区都是固定的，贴上客户标签的拣货容器由一个电动集货传递带带动在各货区中来回传递。当一个客户的拣货容器进入另一拣货区时，固定的扫描装置对客户的条形码标签进行扫描并将信息输入计算机主机，主机指示每个拣货点的数码显示屏显示客户订单上的商品数，当第一个拣货员拣完该拣货区的所有商品时，传递带将容器带到下一个拣货区，这样按顺序完成所有的拣货任务。

2. 计算机控制的无纸拣货指令

在这种拣货方式下，计算机将订单信息以脉冲信号传递给拣货装置，由拣货装置从一个拣货位置自动释放一个单品并将其推到传送带上带走。为了满足立体存储的需要，有些拣货设备的传送带可以垂直或水平运动。这种方法的缺点是投资大，有些不能用传送带传送的商品，不能用此系统，必须及时订货；其优点是拣货精确，拣货次序容易控制，对商品或设备的损坏小，需要的拣货员少等。

3. 语音控制的无纸拣货指令

该系统由一个计算机系统、一个拣货麦克风和耳机组成。通过语音识别及语义判断，拣货员与计算机进行实时通信。拣货员通过麦克风与计算机对话并通过耳机收到计算机用语言表达的拣货指令。拣货员将拣出的货物放入拣货容器中。这种方式需要较高的投入，拣货员需要有一定的拣货技巧。

四、分拣机的类型

分拣机按照其分拣机构的结构有各种各样的类型，常见的主要形式有下列几种：

（一）挡板型

它是利用一个挡板挡住在输送机上向前移动的商品，将商品引导到一侧的滑道排出。挡板的另一种形式是挡板一端作为支点，可作旋转，挡板动作时，像一堵墙似的挡住商品向前移动，利用输送机对商品的摩擦推力使商品沿着挡板表面移动，从主输送机上排出至滑道。平时挡板处于主输送机一侧，可让商品继续前移；如挡板作横向移动或旋转，则商品就排向滑道。如图 4－3 所示。

挡板一般是安装在输送机的两侧，和输送机上平面不相接触，即使在操作时也只接触商品而不触及输送机的输送表面，因此它对大多数形式的输送机都适用。

就挡板本身而言，也有不同形式，如有直线型、曲线型，也有在挡板工作面上装有滚筒或光滑的塑料材料，以减少摩擦阻力。

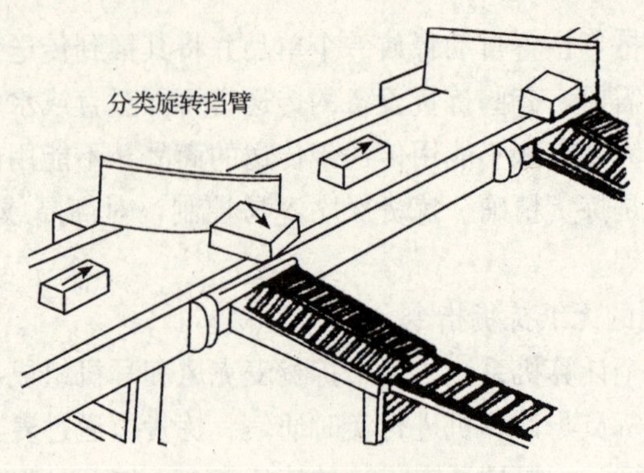

图 4-3　挡板型分拣机

（二）浮出型

浮出型是把商品从主输送机上托起，而将商品引导出主输送机的一种结构形式。从引离主输送机的方向看，一种是引出方向与主输送机构成直角；另一种是成一定夹角（通常是 30°～45°）。一般是前者比后者生产率低，且对商品容易产生较大的冲击力。浮出型分拣机大致有以下几种形式：

1. 胶带浮出式（如图 4-4 所示）

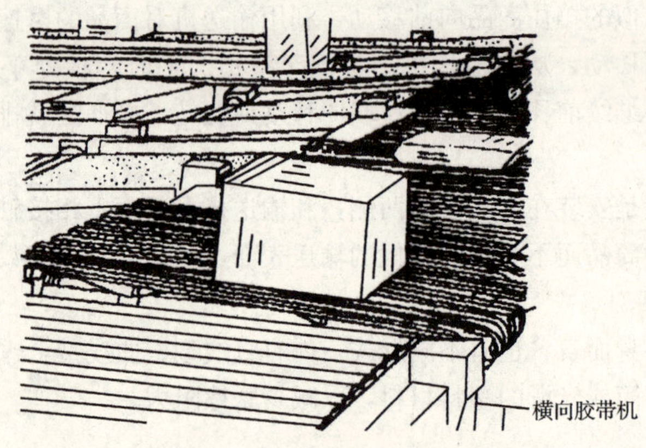

图 4-4　胶带浮出式分拣机

这种分拣结构用于辊筒式主输送机上，将有动力驱动的两条或数条胶带或单个链条横向安装在主输送辊筒之间的下方。当分拣机构接受指令启动时，胶带或链条向上提升，接触商品底面把商品托起，并将其向主输送机一侧移出。

2. 辊筒浮出式（如图 4－5 所示）

这种分拣机构用于辊筒式或链条式的主输送机上，将一个或数个有动力的斜向辊筒安装在主输送机表面下方。分拣机构启动时，斜向辊筒向上浮起，接触商品底部，将商品斜向移出主输送机。这种上浮式分拣机，有一种是采用一排能向左或向右旋转的辊筒，以气动提升，可将商品向左或向右排出。

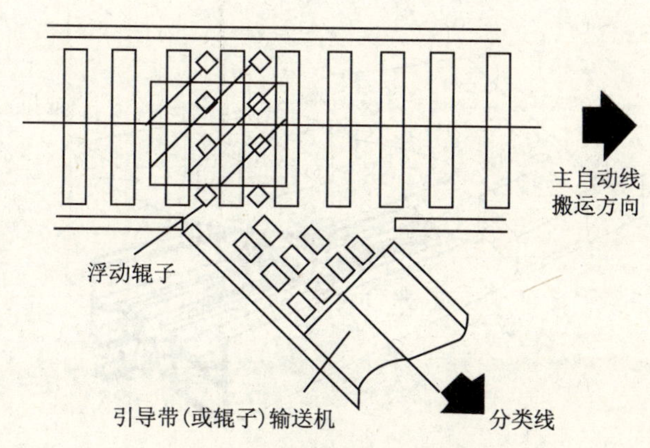

图 4－5　辊筒浮出式分拣机

（三）倾斜型

1. 条板倾斜式（如图 4－6 所示）

这是一种特殊型的条板输送机，商品装载在输送机的条板上，当商品行走到需要分拣的位置时，条板的一端自动升起，使条板倾斜将商品移离主输送机。商品占用的条板数随不同商品的长度而定，经占用的条板数如同一个单元，同时倾斜，因此，这种分拣机对商品的长度在一定范围内不予限制。

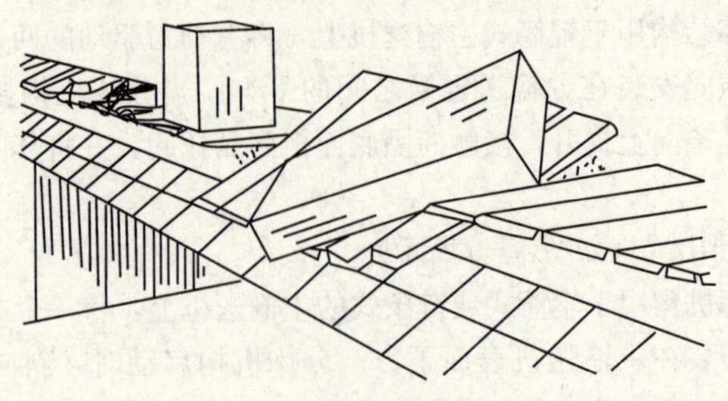

图 4-6　条板倾斜式分拣机

2. 翻盘式（如图 4-7 所示）

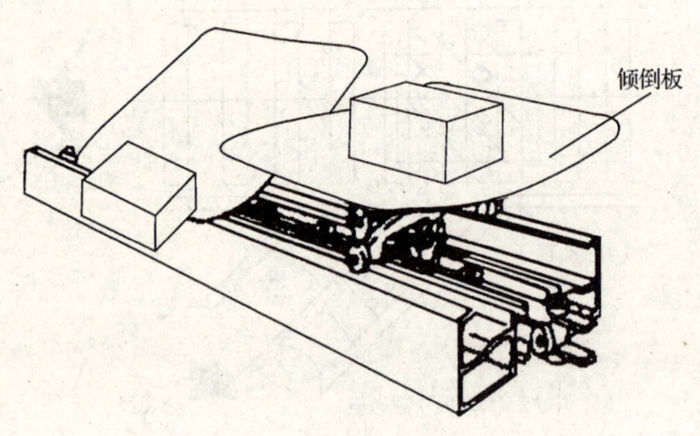

图 4-7　翻盘式分拣机

这种分拣机由一系列的盘子组成，盘子为铰接式结构，可向左或向右倾斜。商品装载在盘子行走到一定位置时，盘子倾斜，将商品翻到旁边的滑道中，为减轻商品倾倒时的冲击力，有的分拣机能控制商品以抛物线状来倾倒出商品。这种分拣机对分拣商品的形状和大小可以不限，但以不超出盘子为限。对于长形商品可以跨越两只盘子放置，倾倒时两只盘子同时倾斜。

这种分拣机能常采用环状连续输送，其占地面积较小。又由于是水平循环，使用时可以分成数段，每段设一个分拣信号输入装置，以便商品输入，而分拣排出的商品在同一滑道排出，这样就可提高分拣能力。如日本川崎重工公司生产的翻盘式分拣机系统设有 32 个分拣信号输入装置，有排出滑道 255 条，分拣商品能力为每小时 14400 件。住友重机械工业株式会社生产的分拣机系统的分拣能力达每小时 30000 件。铃木公司生产的分拣机系统的排出滑道有 551 条。

（四）滑块型

滑块型（如图 4－8 所示）也是一种特殊形式的条板输送机。输送机的表面由金属条板或管子构成，如竹席状，而在每个条板或管子上有一枚用硬质材料制成的滑块，能沿条板横向滑动，而平时滑块停止在输送机的侧边。滑块的下部有销子与条板下导向杆联结，通过计算机控制，滑块能有序地自动向输送机的对面一侧滑动，因而商品就被引出主输送机。这种方式是将商品侧向逐渐推出，并不冲击商品，故商品不易损伤；它对分拣商品的形状和大小适用范围较广，是目前国外一种最新型的高速分拣机。

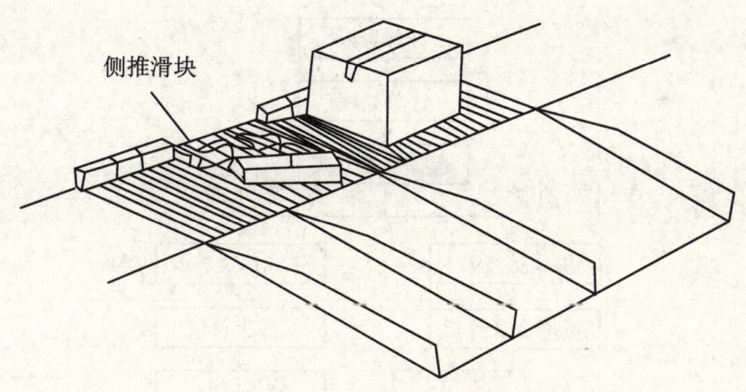

图 4－8　滑块型分拣机

第三节　物流分拣管理技术

一、拣货流程管理

物流中心每天接到的订单都各不相同，订单上的货品种类和数量也千差万别，如何以最快的速度、最准确的数量、最低的作业成本将这些货品从仓库内拣出来是每一个物流中心应该好好研究的课题。一般而言，拣货作业的主流程从收到订单开始，首先要对订单进行处理，没有订单的处理就没有拣货作业的合理化，订单处理包括订单分类、分批、订单分割等，根据订单处理结果选择合适的拣货方式，然后，生成拣货资料，拣货人员根据拣货资料去找到货品并拣取它，拣出的货品经过集货后进入出货暂存区，如果是批量拣取，则要对拣出的货品进行分货作业后，再集货，如图 4－9 所示。

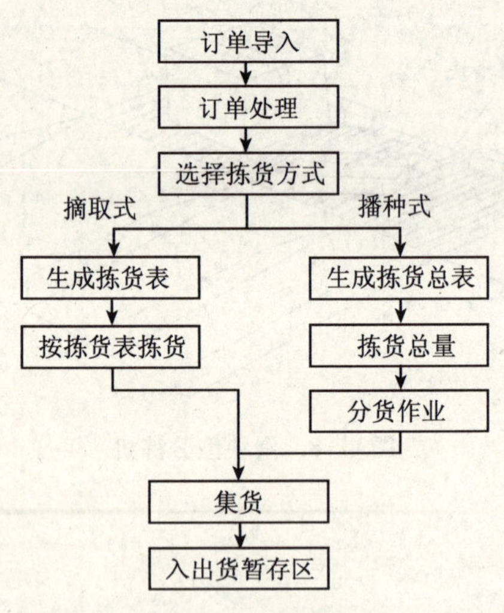

图 4－9　拣货作业流程

(一) 订单处理

接到客户的订单后，接着要做的工作是对客户的信用度进行调查，订单价格确认，流通加工确认等；检查现有库存量及各项配送资源是否足以提供此订单的出货；订单资料的建档和维护，统计商品需求数量，检查库存水平，以便在出货日前进行采购。对于当天要出货的订单，进行订单分割或汇总合并，查询存货数量，然后为其分配存货。

(二) 拣货资料的生成

订单处理完毕，拣货作业之前，需要生成拣货作业用的单据或信息。虽然有的物流中心直接利用客户的订单或公司的送货单进行拣取，但由于此类单据上一般未注明储位信息，而且它们容易在拣货过程中受到污损而导致拣取错误产生，因此，大多数物流中心还是把原始的订单转换成拣货专用的单据或电子信息。拣货专用的单据或电子信息的另一个优点是拣货信息经过专门处理后，往往按拣货顺序来排列储位，使拣货路径最短，从而也提高了拣货效率。

(三) 寻找货品

拿到拣货资料后，接下来就是去寻找货品，寻找的方式大致可分为两类，一类是人至物，也称人就物，是指货品静止不动，拣货人员到货品所在的储位拣取，移动的一方是拣取者，这种方式的特点是货品采取静态的储存方式，如托盘货架等；另一种是物至人，也称物就人，移动的一方是货品，拣取者在固定位置内作业，无需去寻找商品的储存位置。这种方式的特点是货品采用动态的储存方式，如自动仓库、旋转货架等。

(四) 拣取

找到货品的位置后，接下来就是拣取货品，它包括两个动作，拿取和确认。拿起货品后，为了确定所拿取的货品、数量是否正确，需要读取品名与拣货单据或信息核对。这个确认动作非常重要，规范到位的确认动作往往可以马上可以发现拣货差错，这比在出货核对时发现拣货差错再处理来得更加直接有效，而且确认动作还会找出储位上放错货品的失误。很多拣货人员经常会凭着自己的经验去拿取货品，几乎都不正眼看货品，这在有些货品包装差别不大，或储位维护不准的情况下会造成较高的拣货差错率。目前，比较先进的确认方式是用扫描仪读取条形码信息进行确认。

(五) 分类与集中

由于拣货方式的不同，拣取出来的货品需要依订单别进行分类与集中，例如，批量拣取的货品需要先分类再集中，分区订单别拣取的货品需要按照订单进行集中。

二、拣货策略

拣货策略的决定是影响日后拣货效率的重要因素，因而在决定拣货作业方式前，必须先对其可运用的基本策略有所了解。

拣货策略一般可分为订单别拣货、批次拣货，或者两者的混合运用，以及这两种拣货策略的延伸和改进。至于一个物流中心到底是采用哪种拣货策略合适，还需事先经过详细分析与规划，考虑的重点大致有几个方面，例如，物流中心是库存型或通过型、商品的种类与特性、搬运的特性、储存单位、拣货单位、商品的 ABC 分类以及是否有适当的仓储管理系统等重要的影响因素。

(一) 订单别拣货

订单别拣货是指针对每张订单，作业人员巡回于仓库内，将订单上的商品逐一挑出集中，是较传统的拣货策略。其优缺点如表 4 - 1 所示。

表 4 - 1　　订单别拣货的优缺点

优　点	缺　点
• 作业方法简单 • 前置时间短 • 导入容易且弹性大 • 作业人员责任明确，容易公平分工 • 拣选后不用再分类，无须另外的作业场地，适用于大量订单的处理	• 商品品类多时，拣货行走路径加长，拣取效率低 • 拣货区域大时，搬运系统设计困难 • 无法及时发现拣货差错 • 对储位操作频度大，容易造成储位和库存的不准确

（二）批量拣货

批量拣货是把多张订单集合成一批，依商品别将数量汇总后再进行拣取，然后依客户订单别再做分货处理。其优缺点如表 4-2 所示。

表 4-2　　批量拣货的优缺点

优　点	缺　点
•适合订单数量庞大的系统 •一次拣出商品总量，可以缩短拣取时行走的距离，增加单位时间的拣货量 •一次拣出总量，对储位操作频度小，有助于维护储位和库存的准确性和降低拣错率 •由于批量拣货，对拣货区的操作少，拣货准确率高，有利于储位和库存的准确 •二次分货作业形成对批次总量拣货的稽核，提高拣货正确率	•前置时间长，对订单的到来无法作出及时反应 •批量拣货之后，还需二次分货，增加了作业环节，也增加了出差错的概率，而且需再另备额外的分货作用空间 •由于各环节有时间上的相依性，整个出货时间易被延长 •如果订单量很大，而使得拣货设备产能趋于饱和，需再多出另一批次作业，则会促使总作业时间的增长，但若为了减少批次数量而增加每批次的客户订单数，则会使得二次分类的作业时间与难度增加

批量拣货的前提是对订单进行分批处理，这是拣货作业的关键环节，订单分批处理的合理，整体拣货作业流畅、效率高、速度也快，否则，会产生瓶颈，致使拣货人员和分货人员工作量不均匀，有人空闲，有人忙碌，使得整个拣货作业时间过长，影响了配送效率。物流中心常用的批量拣货的分批原则有合计量分批、时窗分批、定量分批、智慧型分批等。其定义及优缺点如表 4-3 所示。

表 4-3　　批量拣货的分批原则

原则	定义	优点	缺点
合计量分批	累积所有订单，依品类别合计总量，据此总量拣取，适合固定点间的周期性配送	一次性拣出总量，平均拣货距离最短，拣货准确率高	需功能较强的分类系统，且订单数不可过多
时窗分批	当订单到达至出货所需的时间非常紧迫时，可以开启短暂时窗，如5分钟或10分钟，在此期间内到达的订单作成一批	适合密集频繁的订单，且能应付紧急插单的系统	对物流中心要求能随时出货
定量分批	订单累积数达到一定的量时，再开始拣货	维持稳定的拣货效率，使自动化的拣货、分类设备得以发挥最大功效	订单的商品总量变化不宜太大，否则，不经济
智慧型分批	订单汇集后，由电脑将路线相近的订单集中处理，求得最佳的订单分批	可大量缩短拣货行走距离，拣货效率更高	需要软件技术较高，前置时间较长，紧急插单较难

订单别拣取和批量拣取各有优缺点，它们适用于不同的作业状况，表4-4对两种拣货方式进行了比较。

表 4-4　　两种拣货方式比较

订单别拣货	批量拣货
•拣取弹性大，临时性调整容易 •适合少量多样订货，订货大小差异较大 •适合订单数量变化频繁，有季节性趋势，且商品外形体积变化较大，货品特性差异大，分类作业较难进行的物流中心	•拣货弹性小，产能调整能力较小 •适合订货大小差异不大，少样多量订货 •适合订单数量稳定，订货大小差异不大，商品外形体积较规则固定，急需流通加工的物流中心

（三）复合拣货

复合拣货是上述两种拣货策略的混合，先将客户订单的订购品类按系统逻辑进行分割，某些品类按订单别拣货，其余则按批量拣货，最后再进行订单合流，如图 4－10 所示。

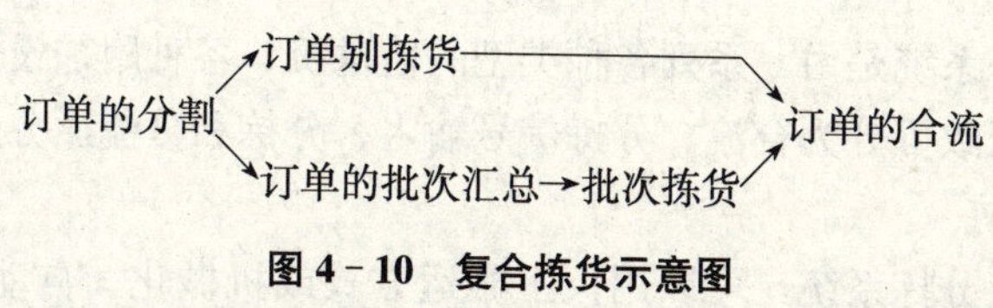

图 4－10　复合拣货示意图

（四）其他拣货策略

除了两种基本拣货策略和它们的混合运用外，还有一些其他拣货策略，它们大多是基本拣货策略的延伸和改进，如表 4－5 所示。

表 4－5　其他拣货策略

名　　称	定　　义
分类拣货	• 订单别拣货的推广 • 同时拿多张订单进行订单别拣货，拣货后的商品按订单分类放置 • 适合每张订单量不大的情况
分区拣货	• 分区作业是指将拣货作业场地按区域划分，每个作业人员负责拣货固定区域内的商品 • 每个区内可以采取适合的拣货方式
接力拣货	• 订单别拣货的推广 • 类似分区作业，先决定出拣货员各自负责的商品类目或责任区域，各人只拣取拣货单上自己负责的部分，然后以接力的方式交给下一位拣货员 • 接力拣货只需一张拣货表，像接力棒一样在各区间传递拣货
订单分割拣货	• 订单别拣货的推广 • 当一张订单的商品类目较多时，可将订单分割成若干个子订单，交给不同的拣货员同时进行拣货作业 • 必须与分区策略结合起来运用才能达到高效

无论采用哪种拣货策略，目的只有一个，即高效、快速、准确地拣货，因此，不拘泥于理论，根据自己的实际情况选择、改进甚至创新拣货策略都是非常可取的，关键是找到适合自己的拣货策略。

三、自动分拣机的主要组成部分和工作过程

一个分拣系统是由一系列各种类型的输送机、各种附加设施的控制系统等组成的，大致可分为合流、分拣信号输入、分拣和分流、分运四个部分。

（一）合流

商品进入分拣系统，可以用人工搬运方式或机械化、自动化搬运方式，也可以通过多条输送线进入分拣系统。经过合流逐步将各条输送线上输入的商品合并于一条汇集输送机上；同时将商品在输送机上的方位进行调整，以适应分拣信号输入和分拣的要求。汇集输送机具有自动停止和启动的功能。如果前端分拣信号输入装置偶然发生事故，或商品和商品连接在一起，或输送机上商品已经满载时，汇集输送机就会自动停止，等恢复正常后再自行启动，所以它也起到缓冲作用。

为了达到高速分拣，要求分拣的输送机高速运行。例如，一个每分钟可分拣 75 件商品的分拣系统，就要求输送机的速度达到 75 米/分，而目前的高速分拣机的分拣速度是每分钟 200 件以上，这就要求输送机有更高的速度。为此，商品在进入分拣信号输入装置之前，有一个使商品逐渐加速到分拣机输送机的速度，以及使前后两商品间保持一定的最小固定距离的要求。

（二）分拣信号输入

在这一个部分中，商品接受激光扫描器对其条形码标签的扫描，或者通过其他自动识别方式，如光学文字读取装置、声音识别输入装置等，将商品分拣信息输入计算机。商品之间保持一个固定值的间距，对分拣速度和精度是至关重要的。即使是高速分拣机，在各种商品之间也必须有一个固定值的间距。当前的微型计算机和程序控制器已能将这间距减少到只有几英寸。

（三）分拣和分流

商品离开分拣信号输入装置后在分拣输送机上移动时，根据不同商品分拣信号所确定的移动时间，使商品行走到指定的分拣道口，由该处的分拣机

构按照上述的移动时间自行启动，将商品排离主输送机进入分流滑道排出。这种分拣机构在国外经过四五十年的应用研制，有多种形式可供选用。

（四）分运

分拣出的商品离开主输送机，再经滑道到达分拣系统的终端。分运所经过的滑道一般是无动力的，借助于商品的自重从主输送机上滑行下来。各个滑道的终端，由操作人员将商品搬入容器或搬上车辆。

分拣机的控制系统采用程序逻辑控制分拣机的全部功能，包括合流、分拣信息输入、分拣和分流等。然而目前更普遍的是使用计算机控制。

四、分拣信号的输入方法

在分拣机上输送的商品向哪个道口分拣，均通过分拣信号的输入发出指令，一般均需要在分拣商品上贴有发运地点等标签，以此进行分拣。在自动分拣系统中，分拣信号输入方式大致有以下五种。

（一）键盘

由操作人员按各种商品的分拣编码，即商品从主输送机上向哪个分拣道口排出的道口编码，进行按键将分拣信号输入。

（二）声音识别输入

操作人员通过话筒朗读每件商品的名称和地点，将声音输入变换为编码，由分拣机的计算机控制分拣机构启动。声音识别输入装置的处理能力是每分钟约可输入 60 个词语。声音输入一般经过 2～3 天的操作即可熟练，而键盘输入一般需要 10～15 天才能熟练。

（三）条形码和激光扫描器

把含有分拣商品的条形码标签粘贴在每件商品上，通过放置在分拣机上的激光扫描器时被阅读。因此，为了正确输入，要求条形码标签粘在商品包装的一定位置上，同时商品在输送机上粘贴条形码标签的一面应面向扫描器。扫描器从商品上面或从侧面扫描，或者同时从上面、侧面扫描。扫描器能对在输送机上每分钟移动 40 米的商品进行扫描阅读，扫描速度为每秒 500～1500 次，但以扫描输入次数最多的信号为准。这种输入方法精度较高，即使发生差错，其原因大多由于条形码印刷不良或有污染等引起的。

在分拣机上的激光扫描器对商品上的条形码标签扫描时，将商品分拣信号输入的同时，也一并将条形码上包括商品名称、生产厂商、批号、配送商店等信息，作为在库商品的信息输入主计算机，为仓库实行计算机业务管理提供数据，这是其他输入方法所不及的。

（四）光学文字读取装置（OCR）

这种装置能直接阅读文字，将信号输入计算机。但是这种输入方法的拒收率较高，影响信号输入的效率。目前这种方法在分拣邮件的邮政编码上应用较多，而在物流中心的分拣系统中应用较少。

（五）计算机

它是依靠主计算机，采用“递减计划系统”的方法进行分拣商品。分拣前，预先将配送商品的全部明细表输入主计算机，然后将第一种商品的条形码或自动识别编码通过分拣信号输入装置输入，接着将该商品逐件连续投入分拣机，经确认后，由计算机按照该商品品种和应配送商店的次序发出分拣指令，直到该商品分拣发完为止。

五、分拣机的应用

（一）影响货物分拣装置能力的因素

1. 情报的输入方法及其速度。

2. 搬运货物的方法及其速度。

3. 搬运货物的传送机的机长（分叉部的间断口及其设置处）。

4. 分拣装置的功能。

5. 货物的重量。

（二）分拣机的应用

分拣机有许多不同形式，为了取得最为有效的应用，一般需要考虑以下因素：商品包装大小，商品的重量，分拣能力，包装形式，商品在输送机上的方位，商品的易碎程度，操作环境，投入分拣商品每小时的批数等。具体选用标准如表 4 - 6 所示。

表 4-6　　各种分拣机的性能比较

型式	每分钟的最大分拣能力	商品重量（磅）	排出口之间的最小间距	对商品的冲击力	设备投资比较	修理费用比较	商品在输送机上是否要保持朝向
人工	10～25	1～75	纸箱长度加3英寸	小	最低	最低	是
挡板型	20～40	1～50	3～5英尺	中～大	低	低	否
浮出型	20～70	1～150	纸箱长度加6英寸	中	低～中	低～中	否
上浮胶带和链条	30～120	1～250	1英尺	中～大	高	中～高	否
上浮滚筒	50～150	10～500	4～5英尺	小	中～高	中	是
上浮滚轮	60～150	3～300	4～5英尺	小	中	中	是
翻盘式	60～250	1～250	1英尺	小～大	高	中～高	否
板条倾斜式	60～250	1～300	1英尺	小～中	高	高	是
滑块式	50～200	1～200	4～5英尺	小	高	中～高	是

目前国外自动化高架立体仓库配送对象和商品数量在不断扩大，而配送商品也日益趋向多品种、多频次、小批量；另外，现在自动化高架立体仓库都设置单一的分拣系统，也就是说所有需要分拣的商品都要通过这一分拣系统来处理。这就要求分拣机有较高的分拣能力，能适应各种形状、大小和各种包装材料的商品，有较多的分拣滑道和较理想的分拣精度等。为了提高分拣能力，分拣机趋向高速运行。所谓“高速”，一般是指每分钟分拣在70～80件以上，但目前最快的可达到每分钟分拣200件以上的商品。许多分拣机的分拣准确率已达到99%。分拣滑道也已达到500条以上。

案例

日本资生堂关西物流中心

（一）日本资生堂公司简介

资生堂公司主要从事化妆品、日用杂货、理发美容用品、食品、医药品等时髦相关杂货的制造与销售，同时也经营美容院、洋服店及餐厅等。

资生堂注册资本额1998年为582亿日元，营业额为6209亿日元，员工人数约20000名。资生堂公司成立于1872年，于1927年改为股份公司，于1957年在台湾开始销售。

（二）关西物流中心简介

资生堂公司在日本有5万家商店，在物流运作上成立了关东及关西两个物流中心，并在8个地区成立商品中心，物流中心也同时扮演该地区商品中心的角色，因此日本共有10个商品中心。

本案例介绍的资生堂关西物流中心主要负责接受4个生产工厂的产品，让物流中心成为生产工厂及消费市场间“波动”的缓冲。并且将商品发货到八个商品中心、关东物流中心、便利商店、连锁店、量贩店及海外中心，同时也要负责扮演地区性商品中心的角色。关西物流中心可以说是全方位多功能的物流中心。

物流中心位置选择位于神户填海造陆的六甲岛内，日本土地成本昂贵，多数物流园区皆在填海新生地内，并使用便捷的海陆运系统。

以下为关西物流中心基本情况说明：

1. 设施名称：资生堂关西物流中心。

2. 业务内容：以资生堂关西地区的工厂物流为中心，供应给全国商品中心，与国际事业部制品、医药品、食品等实现物流的一元化管理，能对应多功能广域物流系统。

3. 物流中心的目的：

(1) 全国物流中心的展开与网络化。

(2) 开发能确保多品种、少量、多频度、JIT 的物流中心系统。

(3) 所有库存的一元化管理与降低流通库存。

(4) 物流信息网络的确立。

(5) 单位装载系统与广域配送系统的确立。

4. 中心建筑：空地面积 24969m^2，建地面积 13937m^2，建筑面积 23639m^2，芳香品面积 150m^2。

5. 主要设备：

(1) 塑胶箱自动仓库：储存容量 20020 箱，入出库处理能力 530 箱/小时。

(2) 托盘自动仓库：储存容量 15950 托盘，入出库处理能力 240 箱/小时。

(3) 数字显示分拣系统（CAPS)：有 1430 座，分拣处理能力 380 捆/小时。

(4) 流动式料架自动补货系统：有 4 台补货机，补货处理能力 260 箱/小时。

(5) 自动分类机：共有 10 滑道，分类处理能力 2500 捆/小时。

(6) 叠托盘机、卸托盘机：处理能力 2500 捆/小时。

(7) 箱式料架、各种输送机。

(8) 电脑系统：IBM－4381/PFUA－80×2。

(三) 关西物流中心的作业流程

关西物流中心的设立构想为：减少人力劳动（自动化)；物流网络构建；库存降低。因此物流中心内以折叠塑胶箱为单位装载，由工厂装箱开始至发货配送，并导入自动化设备，如整托盘及塑胶箱式自动仓库，折托盘机，补货机，数字显示拣货系统，自动分类机，各式输送带等。并且能以整托盘、整箱或零散方式发货。

主要作业流程如下：

1. 入库。工厂的进货信息与物流中心联结从各工厂生产的商品放入折叠塑胶箱内以托盘或整箱方式入库，因此入库人员不需事先准备及寻找预定进货明细表，一切信息皆随产品转移。入库时以条形码扫描方式将商品的库存输入电脑。

2. 托盘自动仓库储存。以托盘入库的商品全部进入托盘式的自动仓库内暂时储存保管，自动仓库的储存能力约有 16000 个各种托盘。

3. 拆托盘机。从自动仓库出库的整托盘商品，利用拆托盘机拆成整箱的方式，自动运送到折叠塑胶箱的自动仓库内等待发货。

4. 折叠塑胶箱自动仓库。由折叠塑胶箱方式进货或托盘自动仓库拆板商品存放至此，储存能力约为 20020 箱，每小时的入出库能力约为 1052 箱，拆箱分拣时可以自动出库到分拣线由人工分拣、包装，然后再运送到叠托盘机处自动叠托盘。

5. 标签打印机。折叠塑胶箱的自动仓库，出库同时会自动打印条形码标签，插在出库的折叠塑胶箱上。

6. 叠托盘机。整箱单品出货的折叠塑胶箱商品，是以送货客户对象分类；自动叠托盘机堆叠托盘以整托盘方式发货。

7. 补货机。当单品拣货线上的商品库存不足时，则利用电脑指示自动补货机补货到分拣线。由于利用折叠塑胶箱和自动补货机，解决了一般物流中心在单品拣货时最麻烦的补货及开箱动作，节省了大批人力，降低了错误率。

8. 数字显示分拣系统。单品的分拣以数字显示分拣信息，拣取的商品放入折叠塑胶箱，当检货完成之后直接封箱，以自动输送机运送到自动分类机以及送货路线分货。此系统的优点为拣货快速及错误率低，可以利用临时人员；另外由于使用折叠塑胶箱因而无废纸箱回收问题。

9. 自动分类机。分拣完成的商品，不论是纸箱或是塑胶箱装的商品，都运送到自动分类机来自动分类。

10. 发货。在货运方面由委外货运公司转运至各处。

由以上作业流程可了解，资生堂利用折叠塑胶箱达成单位装载系统从工厂进货端起直到发货，如此可产生巨大的利益，如包装纸箱的节省、减少拆箱作业、输送系统设计简易化、减少包装工作、折叠塑胶箱可重复使用及成型收藏容易等。再配合自动化设备的导入，仅在月台上有人工搬运作业，在物流中心内，物品的移动几乎都由输送带及电脑系统控制，将人力的运用节省至最少，由于人员介入减少，整体系统运作自然正确且快速。

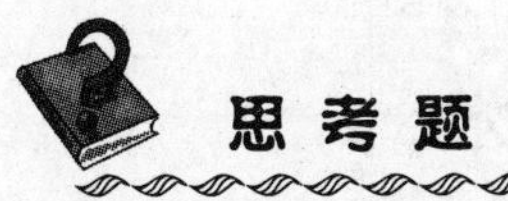

思考题

1. 分拣系统的历史大致可以分为哪几个阶段?

2. 自动分拣系统的主要特点有哪些?

3. 自动分拣系统由哪几大部分组成? 各部分的作用如何?

4. 自动分拣系统的适用条件是什么?

5. 自动分拣作业时，操作人员一般要承担哪些方面的工作?

6. 拣选式配货作业的特点及适用领域如何?

7. 分货式配货作业的适用领域如何?

8. 拣货路径的种类有哪两种? 什么叫顺序的拣货路径? 顺序的拣货路径通常采用哪两种形式?

9. 拣货指令的发布方式一般有哪三种?

10. 无纸拣货指令的形式有哪几种?

11. 自动分拣机的基本类型有哪些?

12. 分拣信号的输入方法有哪几种?

13. 如何选用合理的自动分拣机?

第五章　物流配送技术

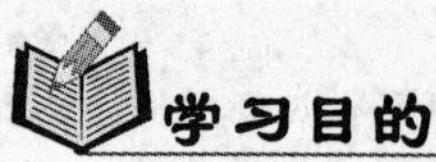

通过本章的学习，学生应当掌握配送的概念、配送的分类、配送的作用、配送合理化的措施；熟悉配送的流程、配送的工作步骤；了解车辆的配装方法、配送路线的确定方法、配送中心的作业流程等。

第一节　物流配送技术概述

配送是物流的一种特殊的、综合的活动形式，是商流与物流的紧密结合。配送几乎包括了所有的物流功能要素，是物流的一个缩影或在某个小范围内全部物流活动的体现。

一、配送的含义

配送属于物流范畴，它是一种特殊的有现代色彩的物流活动。在不同国家，人们对配送概念的性质和内涵在认识上是不一致的。欧美一些国家和日本的实业界人士把物流中输送或运输等视为配送，并以此去表达配送概念。例如，在日本的文部省审定的物流培训教材中，配送被定义为“最终将物品按指定时间安全准确交货的输送活动。”而日本日通研究所编写的《物流手册》则将配送称之为“面向城市和区域范围内，对需要者所进行的运输”，同时又认为“从配送中心到顾客之间物品的空间移动叫配送”。我国一些专家学者在学习引进国外物流科学时，更强调配货的作用，提出了配送的内涵包括配与送两种活动的看法。

（一）我国对配送的定义

2001年中华人民共和国国家标准《物流术语》对配送的定义为：在经济合理区域范围内，根据客户要求，对物品进行拣选、加工、包装、分割、组配等作业，并按时送达指定地点的物流活动。

从配送概念可知，它包含了以下几层含义：

1. 配送的实质是送货。配送虽是一种送货，但它和一般送货有区别：一般送货是一种偶然的行为，而配送却是一种固定的形态，甚至是一种有确定组织、确定渠道，有一套装备和管理力量、技术力量，有一套制度的体制形式。所以，配送是一种高水平的送货形式，是一种面向终端客户的服务。

2. 配送是“配”和“送”有机结合的形式。配送强调合理化，配送需利用有效地对物品进行拣选、加工、包装、分割、组配等配货作业，使这种送货能达到一定的规模，通过规模优势降低配送成本。

3. 配送应以客户的要求为出发点，配送企业的地位是服务地位，配送是从客户利益出发，按客户要求进行的一种活动，所以配送企业必须在满足客户利益基础上才能争取本企业的利益。

4. 配送应是在经济合理区域内进行的，配送企业应追求进行配送的合理性，一旦配送超出合理区域，对配送企业不利，对客户也不方便。因此，进行配送时应注意确定其合理的配送区域。

5. 配送是一种“中转”形式。配送是从物流节点至客户的一种特殊送货形式。从送货功能看，其特殊性表现为：从事送货的是专职流通企业，而不是生产企业；配送是“中转”型送货，而一般送货尤其从工厂至客户的送货往往是直达型；一般送货是生产什么，有什么送什么，配送则是需要什么送什么，配送使企业实现“零库存”成为可能。

（二）配送和物流的关系

配送是物流中的一种特殊的综合的活动形式，是商流与物流紧密结合，包含了物流中若干功能要素的一种物流活动，从物流角度来说，配送几乎包括了所有的物流功能要素，是物流的一个缩影或在较小范围中物流全部活动的体现。一般的配送集装卸、包装、保管、运输于一身，通过这一系列活动完成将物品送达客户的目的。特殊的配送则还要以加工活动为支撑，所以包括内容更广。但是，配送的主体活动与一般物流却有不同，一般物流是运输及保管，而配送则是运输及分拣、配货。分拣、配货等是配送的独特要求，也是配送中有特点的活动，以送货为目的的运输则是最后实现配送的主要手段，从这一主要手段出发，常常将配送简化地看成是运输中的一种。

从商流来说，配送和物流的不同之处在于，物流是商物分离的产物，而配送则是商物合一的产物，配送本身就是一种商业形式。虽然配送具体实施时，也有以商物分离形式实现的，但从配送的发展趋势看，商流与物流的结合越来越紧密，是配送成功的重要保障。

二、配送的作用

物流的最终目的是为了满足客户对所需商品的要求，而配送恰恰体现了物流的最终目的，它直接面对客户，物流成果主要通过配送来实现。总的来说，配送的作用体现在以下方面：

（一）完善了整个物流体系

物流体系包含一个完整的输送线路，这个完整的输送线路由主干运输线和分支运输线组成。由于大吨位高效率的运输工具的使用，主干运输线在航空、海运、铁路、公路等方面实现了大运量，长距离、低成本的输送活动。但是，在主干运输线完成大宗货物的运输后，还要面对一些零散且大量的客户，这就需要分支运输线的辅助。小量运输、小量搬运会使物流成本上升，降低整个物流体系的效率，分支运输线使得运输工具的运力不能完全体现。采用配送方式后，可以将零散的分支运输线整合优化，统一分散的运输和搬运活动，充分利用运力，降低运输成本，从而完善整个物流体系。

（二）简化交易过程

采用配送方式实现商品供应后，配送企业将流通商品集中到整合仓库统一库存，生产企业和商业企业需要时就可以直接到整合仓库订货，而不用分别向生产企业订货，这样就可以大大减少交易次数，简化交易过程，降低交易成本。

（三）提高末端物流的经济效益

物流供应链前端的客户一般要求商品的数量较大、运输距离较长，比较容易形成规模效应，降低成本。而在物流供应链末端面临的是复杂的分散的客户需求，运输距离短、商品品种多、每次运量小，所以效率低下。通过实行配送方式后，可以增大订货批量实现经济订货；又可以把客户需要的各种商品配好，集中起来向客户配货；还可以将多个客户的小批量商品集中起来一次发货，大大提高末端物流的经济效益。

（四）使企业实现低库存或零库存

实现高水平的配送之后，特别是采取定时配送之后，生产企业可以依靠配送企业的准时配送方式安排生产材料，而不需要保持自己的库存量或者保持较小的库存量。这样不仅可以减少商品的储备管理和仓库用地等费用，还可以解放出大量资金用于其他生产。实行集中库存后，库存的总量远远小于各个企业建立自己的独立仓库并储存商品的分散库存总和，提高了社会效益。同时，由配送企业集中配送，方便商品的集中控制，加强了调节能力。此外，采用配送企业集中采购和保存的方式，采购和保存数量、规模比各个企业独立采购和保存的大，所以可以利用规模经济的优势使单位采购和保存成本下降。

（五）提高供应保证程度

生产企业如果采取自己保持库存的方法维持生产用原材料，会因为库存量的限制而使供应保证程度很难提高。而配送企业的储备量比任何一个企业的储备量大得多，因此，对每个采取集中配送供应的企业而言，由于缺货而影响生产的风险就会相对减少。

（六）促进了流通的社会化

配送通过整合资源、合作供应的方式能够改变原来不合理的流通格局和流通形式，由于集中配送取代原来的一家一户小生产的流通形式，现代化的共同配送又能够取代分散、多元化的流通格局，有利于打破条块分割、部门分割的局面，从而从根本上结束小生产方式和低效率的运作状态。

三、配送的种类

为了满足不同的客户需要，在配送的实践中，出现了不同类型的配送种类。在此主要介绍三种分类方法。

（一）按配送活动的主体分类

1. 配送中心配送

完成配送活动的主体是配送中心。一般来说，配送中心专业性强，储存量大、商品比较齐全；一般都和客户建立了固定的配送关系，实行计划配送；配送中心业务活动能量大。配送中心可承担工业生产客户主要物资配送、大型工程项目需求的物资配送以及对商业零售商店补充商品的配送，而且可以承担对专职配送点的货物补充。配送中心配送是配送的主要形式，也可以说是物流服务型的综合体。

2. 配送点配送

配送点是指在某一特定区域设置的专门从事该区域配送业务的网点。一般来说，配送点是配送中心的分支机构或下属机构，不独立对外进行商业活动，配送业务主要通过网上接受上级的指令进行配送。业务的地理区域也较小，配送设备主要为运输设备和仓储设备。

3. 商店配送

承担配送活动的主体是商业门市网点。这些网点主要承担商品的零售业务，经营的商品品种比较齐全，但是一般规模都不是很大。商店配送可以按照客户的要求将商店经营的品种配齐，也可以代客户向外订购一些商店平时不经营的商品，并和商店经营的品种配齐后一起送给客户。商店配送的配送距离较短但网点数量较多，所以比较灵活。商店配送可以承担生产企业非主要生产物资的配送、对消费者个人的配送。

4. 仓库配送

它主要是以仓库为物流据点组织配送的形式。它是在保持仓库基本功能的前提下，增加配送功能。一般来说，规模较小，综合能力相对较弱，配送的专业化程度也较低。由于仓库配送有利于挖掘传统仓库的潜力，所花费的投资少、投入期短，所以它是起步阶段发展配送可选择的形式。

5. 生产企业配送

这种配送形式的主体是产品的生产企业。实行生产企业配送，其条件是：客户对产品的需求量比较大、而且品种、规格和质量等要求相对稳定；生产企业距产品消费地较近。目前，有协作配套关系的企业之间、某些地方性产品和不宜中转的商品常常采取生产企业配送这种配送形式。

（二）按照配送商品的种类和数量分类

1. 多品种小批量配送

此种配送形式是按照客户的要求，将需要量不等的各种商品配备齐全，凑成整车后由配送中心送达客户处。多品种小批量配送要求较高的配货作业水平，较复杂的配送设备，较严密的配送计划，它是一种高水平、高技术的配送形式，所以需要较高的组织管理水平以保证配送的实施。配送活动的优越性也正是通过这种配送形式得以实现的。多品种小批量的配送形式符合“需要多样化”、“消费多样化”的社会发展趋势，是物流配送形式的发展主流。

2. 少品种大批量的配送

当客户所需货物的品种较少，需求量较大且相对稳定时，就发送量而言，单独一个品种或几个品种即可达到整车运输，这就是少品种大批量配送形式。一般来说，这种配送形式配送作业的难度较小，作业流程简化，配送成本也相对较低，因此，可以获得较高的经济效益。

3. 配套型配送

这是按照生产企业或建设单位的要求，将其所需要的多种商品（配套商品）配备齐全后直接运送到生产厂或建设工地的一种配送形式。通常，生产零配件的企业向总装厂供应协作件时多采用这种配送形式，有利于生产企业实现库存量的最小化，方便生产企业的生产作业。

（三）按配送商品的时间和数量分类

1. 定时配送

定时配送是按照约定的时间和时间间隔进行配送的形式。定时配送的时间，由配送的供需双方通过协议确定，实行计划配送，也可以在配送之前以商定的联络方式（如电话、计算机终端输入等）通知配送品种及数量。

定时配送形式由于时间确定，对客户而言，易于根据自己的经营情况，按照最理想时间进货，也易于安排接货人员和设备；对于配送企业而言，易于安排计划，有利于对多个客户实行共同配送以及减少成本的投入，易于计划使用车辆和规划线路；但是如果配送商品和种类、数量有比较大的变化，配货及车辆配装的难度则较大，会使配送运力的安排出现困难。

定时配送有以下几种具体的形式：

(1) 小时配。指接到配送订货的要求之后，在1小时内将货物送达，一般适用于消费者突发的个性化需求所产生的配送要求，也常常用作配送系统中应急的方式。

(2) 日配。接到订货要求之后，在二十四小时之内将货物送达的配送方式。日配是定时配送中实行较为广泛的方式。尤其在城市内的配送，日配占绝大比例。

(3) 准时配送。指按照双方协议时间，准时将货物配送到客户的一种方式。这种方式是一种精密的配送方式，客户可以取消用来“暂存”的微量库存，绝对地实现零库存。

(4) 快递方式。综合利用“小时配”、“日配”等在较短时间实现送达方式，但不明确送达的具体时间。所以一般用作向社会服务的方式，而很少用作生产企业零库存的配送方式。

2. 定量配送

它是指在一个规定的时间段内，按照供需双方协商的批量配送货物的一种配送形式。

3. 定时定量配送

它是指按规定的时间、规定的货物品种数量进行的配送。

4. 定时定线路配送

它是指在规定的运行路线上，制定出配送到达时间安排表，并严格按照配送时间表进行配送。

5. 即时配送

这是一种完全按客户突然提出的配送要求随即进行的配送方式。主要应对客户由于事故、灾害、生产计划的突然变化等因素，所产生的突发性需求。这是一种灵活性较高的应急方式，它要求大型配送企业应当具备较高的应急能力，有了这种应急能力，就能够支持和保障配送企业的经营活动，提高企业的竞争力。

第二节　物流配送流程

一、配送的一般作业流程

配送的一般流程基本上包括：进货→储存→分拣→配货→配装→送货。

（一）进货

进货也称组织货源。其方式有两种：①订货或购货，表现为配送主体向供应商订购货物，由供应商供货，货物的所有权属于配送主体；②集货或接货，表现为配送主体收集货物或者接受客户所订购的货物，货物的所有权属于客户。

（二）储存

按照客户提出的要求并依据配送计划将购到或收集到的各种货物进行检验，然后分门别类地存储在相应的设施或场所中，以备拣选和配货。

（三）分拣、配货

分拣和配货是同一个工艺流程中的两项有着紧密联系的经济活动。有时，它们是同时进行和同时完成的。货物分拣通常是指采用适当的方式和手段，从储存的货物中分出或选出客户所需要的货物。而配货是按照客户的要求，将不同品种规格型号及数量的多种货物配齐配全。

（四）配装

配装是指根据运输工具的运量、特点，合理配置运输货物的数量和种类的作业活动。如果一个客户的需求量不足以充分利用运输工具的空间和载重要求，可以考虑不同的客户的货物搭配装载，以降低成本，提高效率。

（五）送货

送货是配送的终结，送货活动的现象表现形式就是运输，选择合理的运输路线是很重要的，同时要注意做好货物送达目的地后的一些相关单据的结算工作。

二、几种主要货物的配送工艺流程

（一）金属材料配送工艺流程

┌------------→装货→送货
进货→储存→加工→储存→分拣→配货→配装→送货
└------------→分拣→配货→配装→送货

（二）煤炭产品配送工艺流程

进货→储存→加工→储存→装货→送货
└------------→装货→送货

（三）食品配送工艺流程

┌------------→分拣→配货→配装→送货
进货→加工→储存→分拣→配货→配装→送货
└------------→储存→分拣→配货→配装→送货

第三节　物流配送组织

一、配送的工作阶段

配送工作大致可以划分为三个阶段：①计划阶段。计划阶段包括客户需求调查与沟通，配送服务标准的设定，配送车辆的选定，配送时间与路线的选定等；②实施阶段。实施阶段包括备货、分拣、配齐货物，装货，送达等；③评价阶段。评价阶段包括配送费用与成本评价，配送效率评价，配送质量评价等。

（一）计划阶段

1. 拟订配送计划

在客户提出何时、何地、向何处送货的要求基础上，配送企业进行计划，恰当地安排配货、运力、运量、路线等，以达到既经济又有效地完成配送任务的目的。

2. 下达配送计划

配送计划确定后，将到货时间、地点、货物品种和数量等通知配送节点和客户，以使配送节点按计划发货，使客户按计划准备接货。

（二）实施阶段

1. 按计划配送节点进行配货

各配送节点按照配送计划，审定库存货物量，以保证需求，若有缺货情况应及时组织进货，做好配送准备。

2. 配送组织执行

各配送节点依据计划，对配货、装卸、运力、运量、路线等进行组织执行，将客户货物组合装车，完成配送发运。

（三）评价阶段

发货车辆按指定线路将配送货物送达客户，请客户在回执上签字。在配送工作完成后，通知财务部门结算，标志配送作业完成。但还要做对整个配送计划与执行的回顾评估工作，以便为新一轮配送提供经验。

二、配送的工作步骤

配送的标准工作流程如图 5－1 所示。

（一）取单

配送作业的第一步就是取单，也就是获取配送客户的相关信息，并以此为参照，完成整个配送流程。通常配送的单据包括出库单、派车单以及返品明细单等。出库单的主要信息为针对单一客户的商品信息，其信息较为详细，应对每个品种的对应数量均有描述。这类单据用于进行交货验收。派车单则是集合了整个一辆车所要配送的所有客户的要货信息，通常标明总数。这张单由随车人员携带，并在点货上车时进行对点；返品明细则是客户要求退回返品的明细记录。

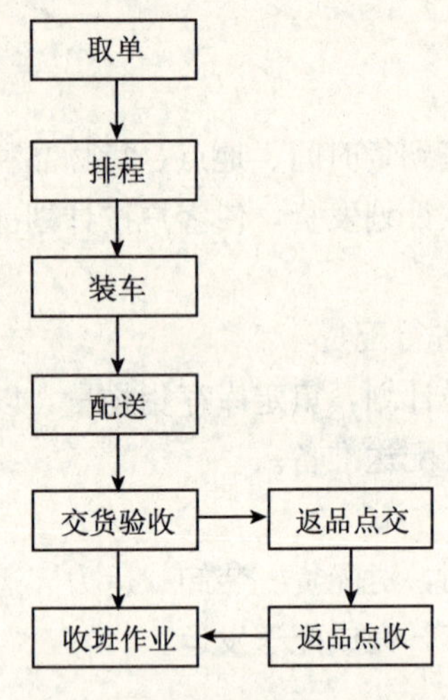

图 5-1　配送的标准工作流程

（二）排程

根据送货调度的情况对现有车辆送达客户的先后顺序进行排列。现在的配送活动，具有货量小、品种多的特点，因此每一辆车有可能要将货品配送给多个客户，这时就涉及到排程的问题。在排程过程中需要考虑到的因素有：车的容量、车的承载重量、访问客户的数量与路程距离、客户所要求的送达时间范围以及货物装车时是否有特殊商品需要与其他货品隔离等。

（三）装车

装车过程就是将复核好的货品依据派车单情况装入车内，等待配送。装车过程中要注意到货品的先进后出的原则，需要逆序装车。但是有时为了妥善利用空间，可能还需要考虑货物的性质、形状、容积以及重量来做弹性置放。此外，对于不同货品的装卸方式也有必要依据其性质、形状来决定。如果配送车辆是属于物流中心拥有，在配送时应有一储运员跟车，负责货品上车时总量对点以及到货时与客户的交货签收过程；如果配送车辆是外包车辆，应与托运公司签订相关合同委托承运单等，以保障货品的安全以及企业本身的利益。装车过程中可能使用到的设备有叉车、电动托盘车、托盘、物流箱以及物流笼车等。

（四）送货

送货即是用车辆将货品安全送达客户的过程。送货要严格依据排程的顺序进行，如有特殊情况，储运员应及时向总部反馈消息并作适时处理。

（五）交货签收

当货品送达客户后，客户应与送货的储运员根据要求对货品数量、品项进行对点。对点完毕，客户需要进行签字确认，签字后一联留与客户，另外的单据则作为回单由储运员负责带回。

（六）返品点收

如果客户有需要退掉的返品，储运员在出车前应获取返品明细，并依据返品明细对回收返品进行点验。如果必要，随车带来商品部检验人员，对返品进行细致验收与分类。但是通常情况下，对于非贵重商品，为了节省配送时间，只由储运员点明品项以及具体数量即可。

（七）返品点交

返品点交是指返品返回到物流中心时，物流中心的验收人员与随车人员对点返品数量及品项。

（八）收班作业

收班作业是指配送完成后，车辆返回物流中心，对于配送的相关表单与信息的整理过程。配运主管审核回单张数、退品签收、异常原因、差异单等，并依据有关分类（如品牌）对回单进行整理；信息组成员应将签收单据做单据复核，并在计算机上进行回单确认。

三、配送计划与方式的确定

在配送作业之初，首先要确定这样几方面的内容：配送计划制定、配货作业法选择、车辆配装方法确定、送货路线选择。

（一）配送计划制定

配送计划制定的步骤主要包括：确定配送的目的；搜集相关数据资料（如货物情况、需求情况、库存情况的数据等资料）；整理配送的七要素（包括对货物、客户、车辆、人员、路线、地点、时间等配送功能要素的了解及分析整理）；制定初步配送计划；与客户协调沟通；确定配送计划。如图

5－2所示。

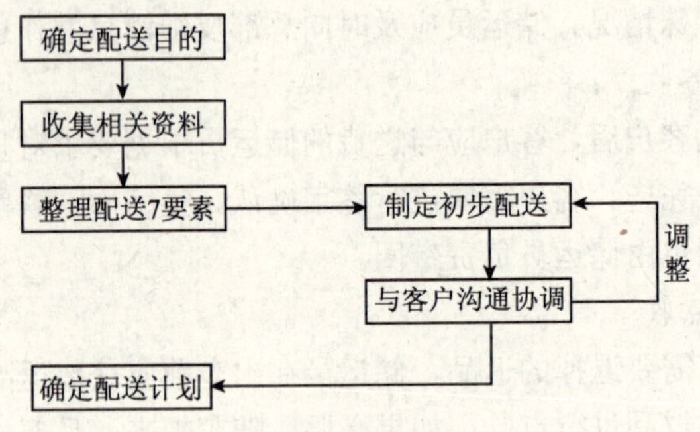

图5－2　制定配送计划的步骤

1. 配送计划制定的依据

配送计划制定的依据包括：配送合同中的客户要求（含需求分布、送达人、送货量、送货频度、接货方式、特殊要求等）；配送货物情况（含货物性能、运输要求、需要保存和搬运的方式等）；时间与运力的配置；配送节点的存货情况与能力水平；交通条件与道路状况等。

2. 配送计划的内容

配送计划的内容主要包括：分配送货地点、数量与配送任务；确定使用车辆数量和车辆组合；控制车辆行驶里程和载重；路网结构的选择；时间范围的确定；与客户作业层面的衔接；达到最佳化目标（包括线路最短、所用车辆最少、作业成本最低、服务水平最高）。

（二）配货作业法的选择

物流作业中心货品的性质差异很大，因此在配送时，须依订单的货品特征做优先划分，寻找适合的方法。例如生鲜食品与一般食品的运送工具不同，须分批配送；而化学品与日常用品的配送条件有差异，应将其分开配送。

（三）车辆配装方法的确定

配装作业一般都使用汽车，由于需配送的货物的密度、体积以及包装形式各异，在配装货物时，既要考虑车辆的载重量，又要考虑车辆的容积，还要考虑货物的安全，在保证货物安全的前提下，如何使车辆的载重和容积得到有效的利用，节省运力，降低配送成本，这是在配送作业时要考虑的一个重要问题。

具体车辆配装要根据需配送货物的具体情况和车辆状况来定，主要是根据经验或简单的计算来选择最优的配装方案。比如在接到订单后，先将货物按特性进行分类，以分别采取不同的送货方式和运输工具，如按冷冻食品、散装货物、箱装货物等货物类别进行分类配载；还可以按照货物的轻重缓急、体积大小之分进行配载。如果数量较大、品种比较多，而且货物形态比较复杂时，可以使用计算机相关软件计算，并自动提出配装方案。

（四）送货路线选择

送货路线是指各种送货车辆向各个客户送货时所要经过的路线。送货路线合理与否，对配送速度、成本、效率影响很大，采用科学合理的方法选择送货路线，是配送作业中很重要的一项工作。

送货线路的选择与优化方案，一般要结合数学方法和计算机求解的方法来进行。

四、配送管理

（一）配送经济指标与成本管理

1. 配送经济指标

配送经济指标是配送管理的一项重要内容，其经济指标体系包括效益指标和服务指标（见图 5－3）。效益指标是可以用价值和数量衡量判断的，而服务指标则在大多数情况下是无法直接用价值和数量来衡量的，但后者却能产生社会效益和社会影响，这对服务性强的配送企业来讲尤为重要。

在实际管理过程中，效益指标和服务指标有时会出现矛盾，如何处理其矛盾是很关键的，总的原则应该是从长远利益和社会利益出发，牺牲一些眼前的经济利益，保证服务质量，求得长期发展。

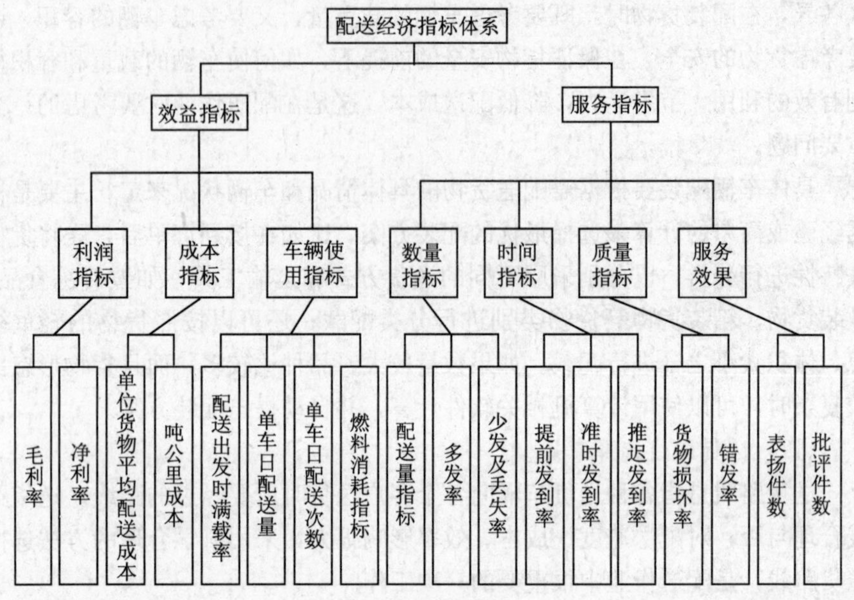

图 5-3 配送经济指标体系

2. 配送成本

配送成本是指企业的配送中心在进行分货、配货、送货过程中所发生的各项费用总和，包括包装费用、装卸费用及有关工作人员的工资等。

配送成本的管理，主要是对配送成本的控制。加强配送成本控制可以从这样几个方面进行：加强配送的计划性；确定合理的配送路线；进行合理的车辆配载；量力而行建立计算机管理系统。

在保持对客户服务水平的前提下，降低配送成本可采取的策略有：

（1）混合策略。在合理安排企业自身完成的配送业务外，再外包给第三方物流完成一些配送业务，这样反而能使配送成本降低。

（2）差异化策略。根据配送的产品特征不同和客户要求的服务水平不同，采取不同的配送标准与服务。

（3）合并策略。包括两个方面：配送方法上的合并和共同配送。

（4）延迟策略。是指配送备货尽可能延迟到接到客户订单后再确定，以减少出现库存过多或过少的情况，降低配送成本。

(5) 标准化策略。就是尽量减少因品种多变而导致的附加配送成本，尽可能多地采用标准化配送产品。

（二）配送作业管理

配送作业的管理包括对货品、车辆、配送人员、客服水平以及配送成本的管理。

1. 货品管理

当完成货品拣取分类并经过配货检查后，须装入容器并做好标记，再运到配货准备区，待装车后发送。对货品的管理流程如图 5-4 所示。

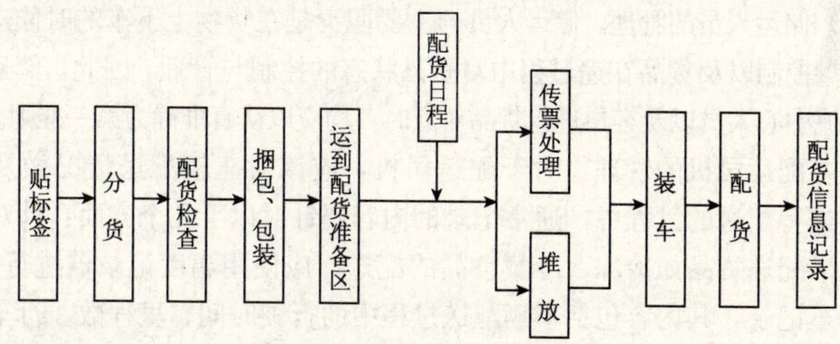

图 5-4　货品管理流程

2. 车辆管理

车辆管理包括对车辆的日常管理与物流配送中的调度管理。

车辆的日常管理包括对车辆的日常维护以及定期检查。

车辆调度管理包括自用车的调度或外租车。但是无论采用何种方式，其配送合理化的基本想法如表 5-1 所示。

第五章　物流配送技术

表 5－1　　配送合理化的基本想法

<table>
<tr><th colspan="4">目标←——————→做法</th></tr>
<tr><td rowspan="5">削减车辆
输配送费用</td><td rowspan="3">降低输配送单价</td><td>提高驾动率</td><td rowspan="5">建立全盘输配送
管理体制</td></tr>
<tr><td>增加每次搬运量</td></tr>
<tr><td>减少周期中的等待</td></tr>
<tr><td rowspan="2">减少工作量</td><td>减少搬运量</td></tr>
<tr><td>码头月台最合适规划</td></tr>
</table>

3. 配送人员管理

(1) 储运人员的管理。储运人员的主要职责是在货物上下车的时候进行数量与质量控制以及货品在途过程中对货品状态的控制与管理。因此，储运人员在与物流中心人员以及客户进行货品对点时，均应以认真准确为第一准则。

(2) 配运司机的管理。对于配运司机，应该对车辆配送情况做及时记录。在进行配送的过程中，通常记录的内容要针对以下几个方面：针对特殊配送要求配送货品如冷冻、冷藏食品的配送，应使用温度记录器进行监控；填写行车记录，其内容包括车辆配送过程中的行驶时间、里程数、行车速度等，这些数据要反映交货时间、油耗量甚至引擎的转速。除了以上提及的几点外，随着配送的发展，司机被要求承担更多的责任与义务，有的被要求兼做储运员的工作。

4. 客户服务水平管理

衡量物流客户服务水平的标准是看物流企业是否能够满足客户在最短的时间内以最低的价格获得最好的服务。

现有一种十分新颖的管理机制，叫做客户关系管理（CRM，Customer Relationship Management）。该项管理机制的目的是为了改善企业与客户之间的关系，是提高客户服务水平的一种重要手段。

5. 配送成本管理

见本节“配送经济指标与成本管理”，叙述的内容。

配送作业的总的管理流程如图 5－5 所示。

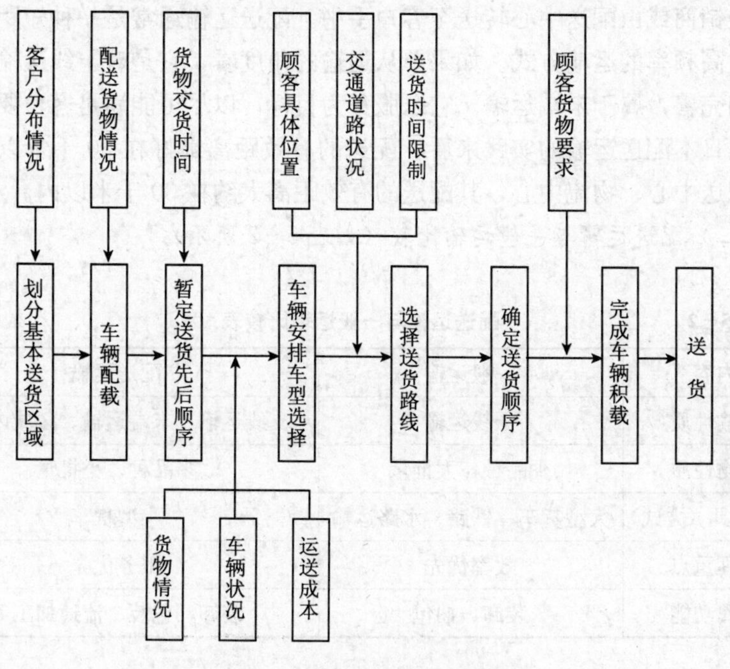

图 5-5　配送作业管理流程

第四节　配送的运输技术

配送运输与一般的运输有所不同，其作为配送的核心——送货的现象表现形态，在具体的运作过程中应当注意车辆的配载配装、车辆的调度使用及运送线路的优化。

一、配送运输的基础知识

（一）配送运输的概念

配送运输是指将订购的货物使用汽车或其他运输工具从供应点送至客户手中的活动。其可能是从工厂等生产地仓库直接送至客户，也可能是由批发商、经销商或由配送中心转送至客户手中。配送运输通常是一种短距离、小批量、高频率的运输方式。如果单从运输的角度看，它是对干线运输的一种补充和完善，属于末端运输。它以服务为目标，以尽可能满足客户要求为优先。从日本配送运输的实践来看，配送的有效距离最好在50千米以内，我国的配送中心、物流中心，其配送的有效距离大约在30千米以内。

（二）配送运输与一般运输比较（如表5-2所示）

表5-2　　配送运输与一般运输比较表

内容	一般运输	配送运输
运输性质	干线运输	支线运输、末端运输、区域内运输
货物性质	少品种、大批量	多品种、小批量
运输工具（方式）	大型货车、铁路、水路运输	小型货车
管理重点	效率优先	服务优先
附属功能	装卸、捆包	装卸、包装、流通加工等

（三）影响配送运输的因素

1. 动态因素，如车流量变化、道路施工、配送客户的变动、可供调动的车辆变动等。

2. 静态因素，如配送客户的分布区域、道路交通网络、车辆运行限制等。

以上各种因素互相影响，很容易造成送货不及时、配送路径选择不当、贻误交货时间等问题。因此，对配送运输的有效管理极为重要，否则不仅影响配送效率和信誉，而且将直接导致配送成本的上升。

（四）配送运输的基本要求（配送运输应遵循的原则）

1. 时效性

快速及时，即确保在指定的时间内交货是客户最重视的因素，也是配送运输服务性的充分体现。配送运输是从客户订货到交货的最后环节，也是最容易引起时间延误的环节。影响时效性的因素有很多，除配送车辆故障外，所选择的配送路线不当、中途客户卸货不及时等均会造成时间上的延误。因此，必须在认真分析各种因素的前提下，用系统化的思想和原则，有效协调，综合管理，选择配送路线、配送车辆、送货人员，使每位客户在其所期望的时间内收到所期望的商品。

2. 安全性

配送运输的宗旨是将货物完好无损地送到目的地。影响安全性的因素有货物的装卸作业、运送过程中的机械振动和冲击及其他意外事故、客户地点及作业环境、配送人员的素质等。因此，在配送运输管理中必须坚持安全性的原则。

3. 沟通性

配送运输是配送的末端服务，它通过送货上门服务直接与客户接触，是与客户沟通最直接的桥梁，代表着公司的形象和信誉，在沟通中起着非常重要的作用，所以，必须充分利用配送运输活动中与客户沟通的机会，巩固和发展公司的信誉，为客户提供更优质的服务。

4. 方便性

配送以服务为目标，以最大限度地满足客户要求为优先。因此，应尽可能地让顾客享受到便捷的服务。通过采用高弹性的送货系统，如紧急送货、顺道送货与退货、辅助资源回收等，为客户提供真正意义上的便利服务。

5. 经济性

实现一定的经济利益是企业运作的基本目标，因此，对合作双方来说，以较低的费用，完成配送作业是企业建立双赢机制、加强合作的基础。所以客户的要求不仅是高质量、及时方便的配送服务，还必须提高配送运输的效率，加强成本控制与管理，为客户提供优质、经济的配送服务。

（五）配送运输主要考虑的问题

由于配送运输表现为满足众多客户要求的多品种小批量的“末端运输”和短距离运输，运输的次数较多且是多方向的运输。因此，配送运输运作中常常考虑如何充分利用车辆额定载重量和额定容积，尽量做到满载满容，降低物流成本，优化运送路线，减少车辆的调度使用，降低运距从而提高配送的效率和效益。

二、车辆的配装方法

合理配装是充分利用运输车辆容积、载重量、降低物流成本的重要手段。为了避免运力浪费，应推行轻重货物配装，以实现满载满容。

(一) 轻重货物合理装配的基本办法

此方法也称为轻重货物合理配装的理论方法，由于主要考虑容积和重量两个因素，所以又称为容重法。

在货物运输的车辆装载中，一般比重大的货物（如钢板）往往在达到了车辆载重量时，容积空间却剩余较大，而一般比重小的货物（如棉纱、服装等）看似已装满，但实际上并未达到车辆载重量。上述情况均会造成运力浪费。因此采用容重法将货物进行配装是一种最常用的配装方法。

1. 基本方法

以车辆的最大容积和载重量为限制条件，并根据各种货物单件重量和体积建立相应的数学模型，通过计算求出最佳方案。

2. 以运送两种货物为例进行说明

需运送两种货物 A 和 B。A 类货物单件重为 G_A 公斤，单件体积为 V_A 立方米；B 类货物单件重为 G_B 公斤，单件体积为 V_B 立方米；车辆额定载重为 G 吨，车辆最大容积为 V 立方米。试计算最佳配装方案，也可称为理论上的配装方案。

设：在既满载又满容的前提下，货物 A 装入数为 X 件，货物 B 装入数为 Y 件

则：$V_A X + V_B Y = V$

$G_A X + G_B Y = G \times 1000$

解联立方程组所求得的 X、Y 值，即为配装数值。

(二) 车辆配装的实践做法

1. 对于按理论方法计算出车辆配装的方案，实践中要结合需装配货物的实际情况，对方案进行修正。因为配装的货物是两种或两种以上时，货物的尺寸组合不能全等于车辆内部尺寸，装车后可能存在无法利用的空间以及货物之间有时要留有一定的间隙以安放支撑物保证货物的安全，所以车辆容

积空间的利用率不可能达到 100%。同时载重量的利用率有时也不能达到 100%。

2. 在利用容重法确定车辆配装方案时，在货物种类不多，车辆类型单一的情况下，可直接采用手算方式，达到货物与车辆的匹配，实现满载满容。如果配装货物种类较多，车辆类型也较多的情况下，采用人工计算有困难时，可采用计算机实现优化配装的目的。如果不具备使用计算机的条件时，可以先从多种配送货物中选出比重最大的和最小的两种进行配装；然后根据剩余的车辆载重与空间，在其他待装货物中，再选比重最大和比重最小的两种配装，以此类推，可求出配装结果。

在实际工作中，常常不可能每次都求出配装的最优方案，所以可以寻求最优方案的近似方案，将问题简单化，节约计算力量及时间，简化配装要求加快装车速度，也可以获得综合的效果。

应当注意，配装只是配送时要考虑的一个方面。如果货物性质及装运方面有特殊要求时，就不能单纯从配装的满载满容的角度来考虑和解决问题。

3. 在实际装车作业中还需顾及到达客户卸货问题，应当是将后卸货物装在车厢内部，先到达客户的货物装在易取易卸的边部、外部或上部等，否则会延误整个配送速度，加大卸车费用，这是不可取的；为保证安全，装车时要注意装车次序，尽量做到从重到轻、从大到小、从下到上、从里到外的顺序码放，料垛间隙安放支撑物如木撑及气袋撑等；采用紧密装载方法，如：套装、小管外套大管；插装：大件插小件等；充分利用车辆容积的界限，实行货物趴装、对装和填充装等。

三、配送路线的确定方法

配送路线的确定涉及到的是货物合理运输问题。配送路线是否合理，直接影响到配送效率和配送效益。因此采用科学的合理的方法确定配送路线是配送活动中一项非常重要的工作。确定配送路线的方法很多，但不管采用何种方法，都要考虑配送要达到的目标，以及为实现配送目标的各种限制条件即一定的约束条件，最后选择最佳方案。

(一)确定合理的配送线路时可考虑的目标

目标的选择是根据配送具体要求、配送中心的实力及客观条件来决定的，可供参考选择的目标有以下几方面：

1. 以效益最高为目标。即确定配送路线方案时以利润的数值最大为目标。

2. 以成本最低为目标。实际上也是选择了以效益为目标。

3. 以路程最短为目标，如果成本与路程相关性较强时，而和其他因素微相关时，可以选此目标。

4. 以吨公里最小为目标。主要体现是路径最短。

5. 以准确性最高为目标。主要体现配送中心的服务水平，即为顾客服务的状况。

6. 以运力利用最合理为目标。

7. 以活劳动消耗最低为目标。

(二)确定送货路线时的约束条件

合理确定配送路线所涉及的因素较多，诸如客户的要求、配送资源状况、道路拥挤情况等。所以配送路线的确定是一个较为复杂的问题。一般的约束条件有以下几项：

1. 满足所有收货人对货物品种、规格、数量的要求；

2. 满足所有收货人对货物发到时间范围的要求；

3. 在允许通行的时间内进行运送；

4. 各配送路线的货物量不得超过车辆容积和载重量的限制；

5. 在配送中心现有运力允许的范围内；

6. 每条送货路线上运行距离的限制。

(三)配送路线的确定方法

配送路线的确定方法较多，有综合评价法、线性规划法、网络图法、经验法、车辆调度程序规划法——节约里程法，在此介绍一种最佳配送路线的确定方法，对于配送中心最佳运送路线的规划方法，国外大部分企业使用的是车辆调度程序（Vehicle Scheduling Program ：VSP）规划法，在我国习惯称为节约里程法。这是 IBM 公司最初开发的计算机软件。当从某个配送中心向众多的客户运送货物时，所需车辆数、所需时间、运距、配送量等是做规划时必需的数据。最佳的配送路线应是车辆高效率运行而且所需车辆最少、运距最短、所需时间最少、配送成本最低。

1. 车辆调度程序（VPS）规划法——节约里程法的基本原理（如图5－6所示）

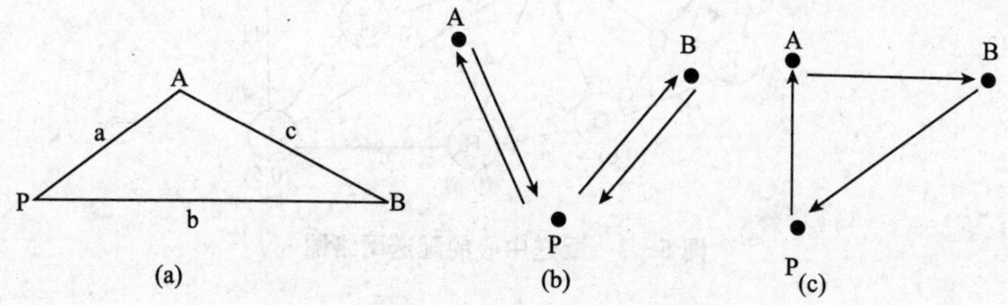

图 5－6　节约里程法的基本原理示意图

P 为配送中心所在地，A 和 B 为客户所在地，相互之间道路距离分别为 a、b、c，如图 5－6 所示。最简单的配送方法是利用两辆车分别为 A、B 客户送货，如图 5－6（b）所示，此时，车辆运行距离为（2a+2b）；如果按图 5－6（c）所示改用一辆车巡回配送，运行距离为（a+b+c）。如果其他条件都允许，可以节省车辆运行距离为：（2a+2b）－（a+b+c）＝a+b－c＞0。此式被称为节约里程公式，显然采用巡回方式送货定能获得较大的节约。

实际上如果给众多的客户运送货物，应首先计算包括配送中心在内的相互之间的最短距离；然后计算各客户之间的可节约运行距离；按照节约运行距离的大小顺序连接各配送点并规划出配送路线。

2. 用节约里程法确定配送路线的计划方案

在此通过例题说明确定配送线路方案时的基本步骤和基本表现形式（格式要求）。

（1）已知条件：如图 5－7 所示 P 为配送中心所在地，A～J 为客户所在地，括号内的数字为配送量，单位为吨（t），线路上的数字为道路距离，单位为公里（km）。约束条件：现有可以利用的车辆是最大装载量为 2 吨和 4 吨的两种货车，并限制车辆一次运行距离在 30 公里以内。

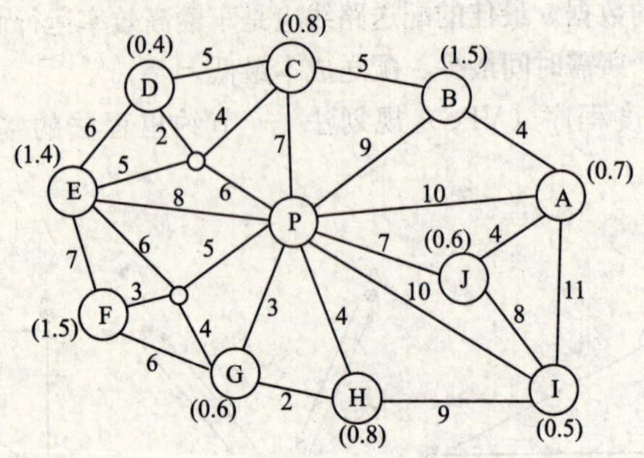

图 5-7 配送中心的配送网络图

(2) 确定过程，主要包括以下几个步骤：

第一步：计算相互之间最短距离，根据图 5-7 中配送中心至各客户之间、客户与客户之间的距离，得出配送路线最短的距离矩阵。如图 5-8 所示。

	P									
A	10	A								
B	9	4	B							
C	7	9	5	C						
D	8	14	10	5	D					
E	8	18	14	9	6	E				
F	8	18	17	15	13	7	F			
G	3	13	12	10	11	10	6	G		
H	4	14	13	11	12	12	8	2	H	
I	10	11	15	17	18	18	17	11	9	I
J	7	4	8	13	15	15	15	10	11	8

图 5-8 最短配送路线距离矩阵

第二步：从最短配送路线距离矩阵中计算出各客户之间的节约行程。得出配送路线节约行程矩阵。如图 5-9 所示。

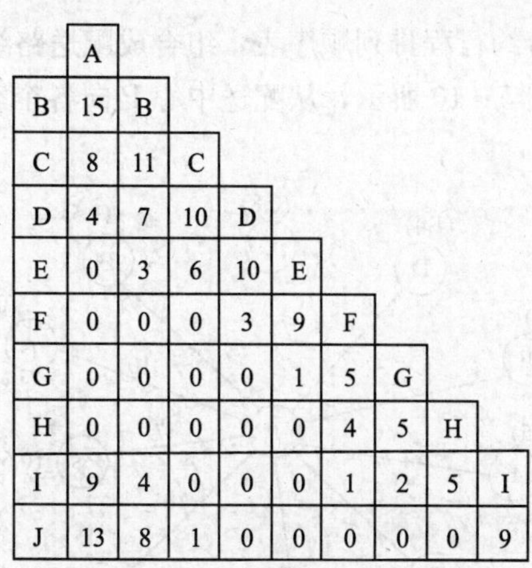

图 5-9 配送路线节约行程矩阵

第三步：对节约行程按大小顺序进行排列，得出排序表。如表 5-3 所示。

表 5-3 配送路线节约行程排序表

序号	连接点	节约行程	序号	连接点	节约行程
1	A～B	15	13	F～G	5
2	A～J	13	13	G～H	5
3	B～C	11	13	H～J	5
4	C～D	10	16	A～D	4
4	D～E	10	16	B～I	4
6	A～I	9	16	E～H	4
6	E～F	9	19	B～E	3
6	I～J	9	19	D～F	3
9	A～C	8	21	G～I	2
9	B～J	8	22	C～J	1
11	B～D	7	22	E～G	1
12	C～E	6	22	F～I	1

第四步：按照节约行程排列顺序表，组合成配送路线图。

初始方案：如图 5－10 所示，从配送中心 P 向各个客户分别配送。

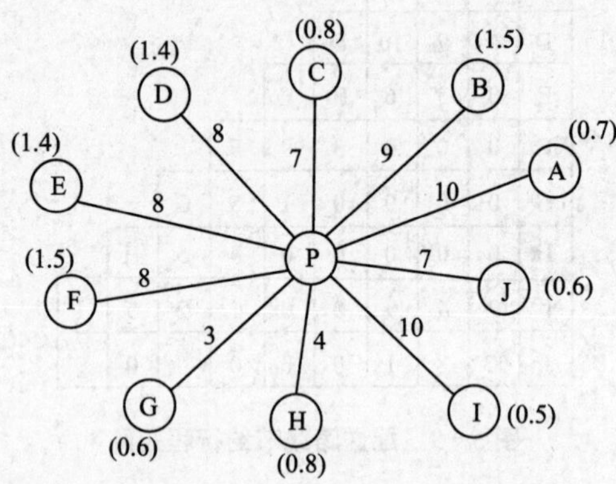

图 5－10　初始方案示意图

初始方案的状况：配送路线 10 条，总运行距离为 148 公里，需要 2 吨汽车 10 辆。

二次方案：按照节约行程的大小顺序连接 A→B、A→J、B→C。如图 5－11所示。

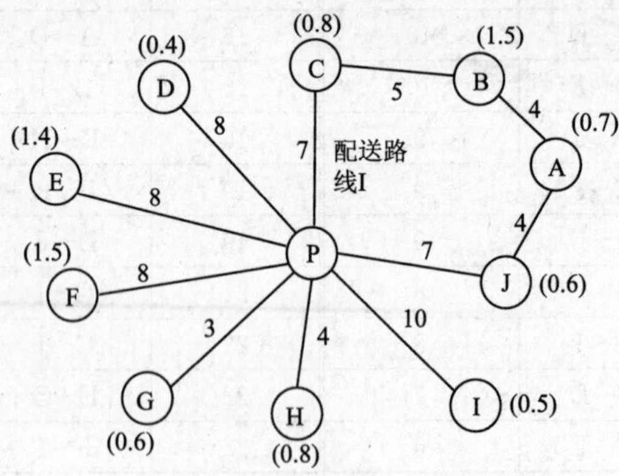

图 5－11　二次方案示意图

二次方案的状况：配送路线 7 条，总运行距离为 109 公里，需要 2 吨车 6 辆、4 吨车 1 辆，由图 5－11 可以看出，规划的配送路线Ⅰ装载量为 3.6 吨，运行距离为 27 公里，未超过限制条件。

三次方案：按照节约行程的大小顺序连结 D→E、E→F、F→G，如图 5－12所示图形的左侧部分（注意：组成规划线路时，每一次组合连接时都要考虑一下约束条件；同时已经组合过的客户可视作已固定化，不能再拆开，也不能再扩充客户）。

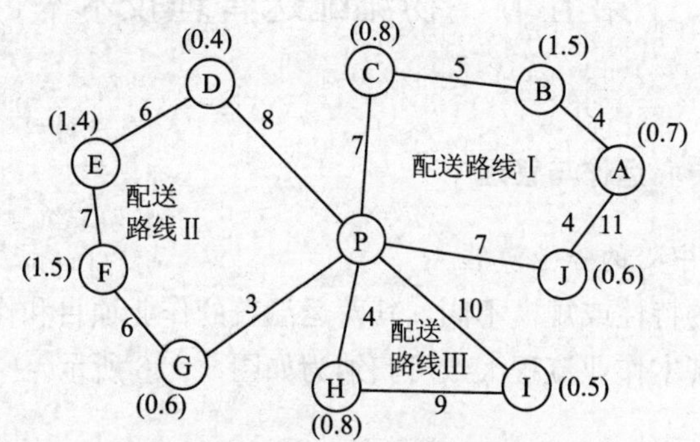

图 5－12　最终方案示意图

三次方案的状况：配送路线 4 条，运行距离 85 公里，需要 2 吨车 2 辆，4 吨车 2 辆。由图 5－12 所示左侧图形可以看出，规划的配送路线Ⅱ，装载量为 3.9 吨，运行距离为 30 公里，均未超出限制条件。

最终方案：按照节约行程的大小顺序，连接 H→I，如图 5－12 所示图形右下角部分。

最终方案的状况：配送线路 3 条，运行距离 80 公里，需要 2 吨车 1 辆，4 吨车 2 辆。由图 5－12 所示的右下角图形可以看出，规划的配送路线Ⅲ，装载量为 1.3 吨，运行距离为 23 公里。

到此为止，完成了全部配送路线的规划设计，如图 5－12 所示。共有 3 条配送路线，运行距离为 80 公里，需要 2 吨汽车 1 辆，4 吨汽车 2 辆。

初始方案与最终方案相比较：线路由 10 条优化为 3 条，车辆由 10 辆 2

吨汽车优化为1辆2吨汽车、2辆4吨汽车，运行距离由148公里优化为80公里。

从节约里程法的应用过程可以看出，所确定的配送路线并不一定都是最佳方案，有时也有近似方案。同时就是确定的近似方案也还要与具体情况进行衔接，与配送中心人力、物力、财力及客户的情况、外界的环境相适应，这样才能更顺畅地开展配送作业，真正提高配送经济活动的有效性。

第五节　物流配送管理技术

一、配送中心运作与管理

（一）配送中心的作业流程

配送中心的特性或规模不同，其营运涵盖的作业项目和作业流程也不完全相同，但其基本作业流程大致可归纳为如图5－13所示。

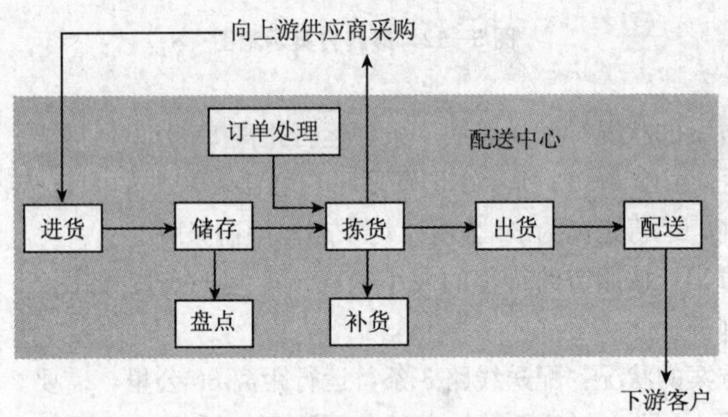

图5－13　配送中心的基本流程

由供应货车到达码头开始，经“进货”作业确认进货品后，便依次将货品“储存”入库。为确保在库货品受到良好的保护管理，需进行定期或不定期的“盘点”检查。当接到客户订单后，先将订单依其性质作“订单处理”，之后即可按处理后的订单信息进行将客户订购货品从仓库中取出的“拣货”作业。拣货完成后一旦发觉拣货区所剩余的存量过低，则必须由储区来“补货”，当然，若整个储区的存量亦低于标准，便应向上游采购进货。而从仓库拣出的货品经整理后即可准备“出货”。等到一切出货作业完成后，司机便可将出货品装上配送车，将之“配送”到各个客户点交货。

以下为各作业环节需进行的工作。

1. 进货

进货作业包括把货品作实体上的接收，从货车上将其货物卸下，并核对该货品的数量及状态（数量检查、品质检查、开箱等），然后记录必要信息或录入计算机。

2. 搬运

搬运是将不同形态之散装、包装或整体之原料、半成品或成品，在平面或垂直方向加以提起、放下或移动，可能是要运送，也可能是要重新摆置物料，而使货品能适时、适量移至适当的位置或场所存放。在配送中心的每个作业环节都包含着搬运作业。

3. 储存

储存作业的主要任务是把将来要使用或者要出货的物料做保存，且经常要做库存品的检核控制，储存时要注意充分利用空间，还要注意存货的管理。

4. 盘点

货品因不断的进出库，在长期的累积下库存资料容易与实际数量产生不符，或者有些产品因存放过久、存放不恰当，致使品质功能受影响，难以满足客户的需求。为了有效的控制货品数量，需要对各储存场所进行盘点作业。

5. 订单处理

以接到客户订货开始至准备着手拣货之间的作业阶段，称为订单处理，包括有关客户及订单的资料确认、存货查询、单据处理以及出货配发等。

6. 拣货

每张客户的订单中都至少包含一项以上的商品，如何将这些不同种类数量的商品由配送中心中取出集中在一起，此即所谓的拣货作业。拣货作业的目的也就在于正确且迅速地集合顾客所订购的商品。

7. 补货

补货作业包括从保管区域将货品移到拣货区域并作相应的信息处理。

8. 出货

将拣取分类完成之货品做好出货检查，装入合适的容器，做好标记，根据车辆趟次别或厂商别等指示将物品运至出货准备区，最后装车配送。

9. 送货作业

送货是指将被订购的物品，使用货车从配送中心送至顾客手中的活动。

（二）配送中心管理的主要内容

1. 配送服务管理

主要包括供货品种的划分、订货的方式、订单的处理、交货形式、退货处理等方面。

2. 存货管理

如库存量、采购量的确定，盘点的方式，库存的分类管理等。

3. 仓库管理

主要包括货区的规划、货位的分配、包装方式及容器的选用、进出货管理、财务管理与成本分析等方面。

4. 人员的配备与设备的采用

根据配送中心的规模、配送作业量和配送作业自动化程度来配备适当的人员与设备。

二、合理化配送

（一）不合理配送的表现形式

1. 资源筹措的不合理。如不是多客户多品种联合送货、配送量计划不准、资源过多过少等。

2. 库存决策不合理。如库存量没有控制、库存结构和库存量不合理等。

3. 价格不合理。如配送价格过高或过低。

4. 配送与直达的决策不合理。如大批量客户不直送、小批量客户不配送等。

5. 送货中不合理运输。如不联合送货，不科学计划配送路线等。此外，不合理运输的若干表现形式（如迂回运输等）在配送中都可能出现，使配送变得不合理。

（二）配送合理化的判断标志

对于配送合理化与否的判断，是配送决策系统的重要内容，目前国内外尚无一定的技术经济指标体系和判断方法，按一般认识，以下若干标志是应当纳入的。

1. 库存标志

库存是判断配送合理与否的重要标志，一般以库存储备资金计算，而不以实际物资数量计算。具体指标有以下两方面：

（1）库存总量降低。实行配送后库存量之和应低于实行配送前各客户库存量之和。

（2）库存周转加快。一般总是快于原来各企业库存周转。

2. 资金标志

总的来讲，实行配送应有利于资金占用降低及资金运用的科学化。具体判断标志如下：

（1）资金总量。用于资源筹措所占用流动资金总量降低。

（2）资金周转。即资金周转加快。

（3）资金投向的改变。实行配送后，资金应当从分散投入改为集中投入，增加调控作用。

3. 成本和效益标志

总效益、宏观效益、微观效益、资源筹措成本都是判断配送合理化的重要标志。由于总效益及宏观效益难以计量，在实际判断时，常以按国家政策进行经营，完成国家税收及配送企业及客户的微观效益来判断。

4. 供应保证标志

（1）缺货次数。实行配送后，影响客户生产及经营的次数。应下降。

（2）配送企业集中库存量。对每一个客户来讲，其数量所形成的保证供应能力高于配送前单个企业保证程度，只有这样从供应保证来看才算合理。

（3）即时配送的能力及速度。即时配送的能力及速度应高于未实行配送前客户紧急进货能力及速度。

5. 社会运力节约标志

运力使用的合理化是依靠送货运力的规划和整个配送系统的合理流程及与社会运输系统的合理衔接来实现的。其节约社会运力的标志主要有：

（1）社会车辆总数减少，而承运量增加为合理。

（2）社会车辆空驶减少为合理。

（3）一家一户自提自运减少，社会化运输增加为合理。

6. 客户企业仓库、供应、进货人力物力节约标志

实行配送后，各客户库存量、仓库面积、仓库管理人员减少为合理；用于订货、接货、搞供应的人应减少才为合理。

7. 物流合理化标志

（1）物流费用降低。

（2）物流损失减少。

（3）物流速度加快。

（4）各种物流方式更加有效。

（5）有效衔接了干线运输和末端运输。

（6）物流中转次数减少。

（7）采用了先进的技术手段。

（三）配送合理化的措施

1. 做好配送计划

配送往往涉及多个品种、多个客户、多车辆、各种车的载重量不同等多种因素，所以需要认真制定配送计划，实行科学组织、调配资源，达到既满足客户要求又总费用最省、车辆充分利用、效益最好。

2. 推行一定综合程度的专业化配送

通过采用专业设备、设施及操作程序，降低配送过分综合化的复杂程度及难度，从而追求配送合理化。

3. 推行加工配送

通过加工和配送的有机结合，实现配送增值。同时，加工借助于配送，使加工目的更明确，和客户联系更紧密，更避免了盲目性。

4. 推行共同配送

通过联合多个企业共同配送，可以以最近的路程、最低的配送成本完成配送，从而追求合理化。

5. 实行送取结合

配送企业与客户建立稳定、密切的协作关系。配送企业不仅成了客户的供应代理人，而且承担客户储存据点，甚至成为产品代销人。

6. 推行准时配送系统

配送做到了准时，客户才有资源把握，可以放心地实施低库存或零库存，可以有效地安排接货的人力、物力，以追求最高效率的工作。

7. 推行即时配送

即时配送成本较高，但它是整个配送合理化的重要保证手段。此外，客户实行零库存，即时配送也是其重要的手段保证。

案例 1

杭烟物流送货线路的优化

（一）杭烟物流基本情况

浙江省烟草公司杭州分公司（以下称“杭烟”）目前在杭州城区共有6400多家经烟零售网点，下属物流中心现有20多辆送货面包车、100多条送货线路，如何解决定时到户中的送货车辆调度问题，如何均衡不同送货线路的工作量，如何降低卷烟配送成本，是物流中心面临的重要问题，本案例重点讨论送货线路优化调度问题。

（二）线路优化问题的难点分析

1. 地理信息系统（GIS）问题

众所周知，车辆优化调度需要一套详尽丰富同时实时更新的GIS支持。

杭烟车辆送货线路优化面临的最大问题是GIS建设问题。虽然目前杭烟物流已有一套电子地图，但从使用结果来看，该电子地图明显存在不足，不适用于杭烟物流送货线路优化。主要问题有两点：一是信息量太少，许多街道没有标出，无法量化衡量，尤其是城区小街小道或者郊区线路；二是系统更新速度太慢，维护跟不上，许多街道早在1～2年前就已经变化，或改造或新建或更名，该电子地图还是老版本。

2. 部分车辆更新问题

(1) 配送中心位于杭州市区北郊皋亭坝，离市区经烟户所在地较远，物流中心由北向南“扇形”辐射6400家经烟户，按目前运载力和工作分配，车载量偏低，逢节假日，送货量稍有增加，部分送货车必须跑两次，造成来回“跑空车”，严重加长了送货时间，降低了效率，又浪费汽油。

(2) 车辆超龄服役，车身破旧，发动机底盘等许多零部件已磨损失灵，不仅影响杭烟物流在客户中的形象，也给送货本身带来了安全隐患，其中3辆江西五十铃面包车已运行了8年之久，达到国家强制报废年限。

(3) 部分送货车辆因本身质量老化、油耗高、性能落后等原因，年均维修费用非常之高，与车辆自身价值相比早已不成比例，且有逐年增加的势头。其中一辆“松花江”面包车2001年维修费用高达8258元。

(4) 车辆容载量偏低，造成配送成本升高，车辆优化调整系统除了要求送货线路最短，还要求车载尽可能大，尽可能满载。目前杭烟物流送货车辆容载量普遍偏低，其中16辆长安之星面包车平均容载量不到30件。

针对以上情况杭烟计划进行运输车辆的更新配置，近期采取报废10辆超龄服役车，换成8辆容载量50件的面包车的措施，可减少2辆车和2名驾驶员，同时经烟户送货面包车运载力整体增加18%，以适应杭烟配送车辆优化调度的需要。

3. 现有送货线路划分方案的缺陷分析

(1) 存在不同的访销员对应的经烟户在同一送货区域。

(2) 以前所属某访销员经烟户搬迁后，为不减少总量，仍保留在原访销员辖区，给送货造成不便。

(3) 部分访销员所属经烟户跨度太大，造成送货集中度降低。

要实现杭烟物流线路优化，必须打破原来按照访销员线路确定送货线路的弊端，然后初步圈点优化对象范围，对访销员所管经烟户的调整只是缓解矛盾的暂时阶段，因为访销员所辖经烟户的划分有销售工作的实际原因，根本的方法是进行物流内部操作流程的再造，加入排单系统，从信息流程上真正实现访销与配送分离。

4. 经烟户网点布局问题

(1) 一条路（街）经烟户位置相距过密，有的地段经烟户一家挨着一家。

(2) 有的网点位于农村，分散在很窄的巷里，只有微型面包车才能通行。

(3) 有个别网点微型面包车也不能送到，送货员来回走较长距离，严重影响了送货效率。

对此杭烟抓住现存专卖体制的有利时机，利用年检和市区规划的变动，对杭州市卷烟零售网点布局进行较大范围的排查和调整。如城郊结合部和农村可以取消小零售户，开“连锁加盟店”，而零售网点的位置最好尽可能在道路上相隔一定距离。实践证明，零售网点的布局调整既有利于经烟户的生存和发展，也能大大节约物流的成本。

(三) 杭烟物流线路优化调度的实施

1. 线路优化调度最终实现的目标

线路优化调度的最终目标是实现物流中心操作流程改造，真正实现访送分离。

(1) 目前的操作流程。目前车辆的送货清单生成完全是按照访销线路来确定的，很难从整体上优化，提高送货效率。

(2) 改造后的操作流程。改造后的操作流程在零售网点布局的地理信息系统和决策支持系统作用下，根据电子排单系统，生成优化后的送货清单，改变了原有按访销线路定送货线路的缺陷，在操作流程上真正实现访送分离。

2. GIS 开发设计

一套功能完善、使用方便、信息量丰富细致、实时反映城区交通网络变化的GIS平台是实现杭烟物流送货线路优化的先决条件，同时为杭州烟草的城网建设也提供了一个基础信息平台。

杭烟物流配送GIS必须具备下述目标：

(1) 电子地图的基本操作功能，包括视图的放大、缩小、平移，6400家或主要经烟户位置的标注（打点），鼠标交互的距离和面积的量算，查询地理对象的属性信息等。

(2) 经烟网络分析功能，如经烟网点之间最短路径查询、经济距离计算、最近设施查找、辐射区域分析。

(3) 提供地理信息的维护功能，包括基础地理信息和专题信息的维护，如设置修改驾驶员的信息（包括姓名、编号、待命状态、送货区域等参数），车辆的信息（包括车型、车牌、编号、容载量、车龄、待命状态等参数）。

(4) 交通道路信息设置，主要是指从物流中心到各经烟网点的道路情况，主要设置线路编号、派车时间、各街道距离（要精确到1米）、始发点、终端点等参数。

(5) 对经烟网点主要设置，包括序号、名称、客户级别、联系方式等数据的设置修改。

目前杭烟上下已形成一个共识：要想实现送货线路优化设置，必须首先有一个切实可行的GIS应用平台。

3. 电子排单系统的开发

建立杭烟物流线路优化调度决策支持系统模型，采用先进可靠的求解算法（如节约法、遗传算法等），同时把该模型和算法融入到计算机应用软件中，输入各种限制边界条件和目标函数，最终输出每天每次每辆车的电子送货清单，改变以原批发部为轴心的与访销线路对应的送货线路模式，实现以皋亭坝为中心、由北向南辐射6400家零售网点的、工作量相对均衡的送货安排。

4. 系统展望

线路优化设计后，主要有以下几点明显优势：

(1) 使杭烟物流送货派单系统的应用达到国内现代物流发展同步水平。

(2) 划分后的各个区域布局将更合理、地理位置相对集中，预计可减少总的送货车辆数10%以上，耗油量送货里程减少20%左右。

(3) 各条路线工作量大体平衡，可减少一线员工的抱怨，提高员工满意度，从而更好地完成工作。

(4) 流程改造以后，将在信息流上真正实现访送分离。

案例思考题

1. 杭烟物流中心原有送货线路的安排有什么缺陷？将如何改进？
2. 送货线路的优化设计将给杭烟带来什么优势？

案例 2

日本神户生协鸣尾滨配送中心

(一) 基本情况

神户生活协同组合（以下简称生协）是日本消费者合作社里最大的连锁超市公司，在世界同行中销售额排第一位。神户生协拥有超市连锁店171个，每天接待顾客达35万人次，对于那些因会员少，尚不具备设店条件的地区，建立无店铺销售网，设送货点2万多个，服务对象近30万户家庭。它拥有会员约123万户，年销售总额3840亿日元（折合人民币300亿元），销售商品以食品为主（占72%）。面对供应面广、品种多、数量大的供配货需求，神户生协建造了鸣尾滨配送中心，承担了全部销售商品的配送任务。

(二) 神户生协鸣尾滨配送中心的具体实践

1. 进行合理的配送中心的规划

神户生协鸣尾滨配送中心在进行配送中心的规划时，考虑到了配送中心的选址、规模、布局、建筑结构等方面的因素。

(1) 合理的选址。配送中心的选址是一项至关重要的工作。神户生协把配送中心选在神户西宫市鸣尾滨地区。其理由是：日本关西商业经营的重心在大阪，配送中心必须能迅速调运商品；根据神户生协超市公司发展区域点多面广的特点，尽可能利用附近的43号国道和大阪海岸公路；大量车辆出入配送中心，产生较大的噪声，须在准工业地域择地。

(2) 配送中心的规模。鸣尾滨地区全部是填海造地而成的，配送中心基地面积3.8万平方米，宽190米，长200米，呈长方形，四周为宽12米和宽20米的公路。配送中心建筑平面呈L形，大部分为2层建筑，仅南端生活办公用房为3层。总建筑面积3.4万平方米，其中用于配送作业的面积为2.8万平方米。

(3) 配送中心的布局。为了合理组织车流，基地设两个出入大门，东门出，西门进，各宽15米。建筑东西两翼各有一个货车坡道，宽6.5米（包括1米宽人行道），坡度为15°。货车由西坡道上楼卸货，由东坡道下楼，单向行驶。

(4) 配送中心的建筑结构。配送中心是现浇钢筋混凝土结构的建筑物，柱网尺寸为12米×9米，底楼层高7.5米，二楼为6米；屋盖为钢结构，衍架梁，金属瓦楞板屋面。建筑物底楼为分拣系统及发货场地、站台，二楼为收货场地、站台、储存货架及拣货作业场。上下两层站台总长460米，拥有停靠车位147个（其中收货位58个，发货位89个）。

(5) 物流流程的规划。在合理的物流流程和运作方面，配送中心根据经营商品经销的不同情况和商品ABC法分类，将物流分成三路：一路（库存型物流），指经销频繁的商品，整批采购、保管，经过拣选、配货、分拣，配送到超市门店和无店铺销售的进货点；二路（中转型物流），通过计算机联机系统和商品信息定购的商品，整批采购，不经储存，通过配送中心进行拣选、组配和分拣，再配送到销售门店和无店铺销售点；三路（直送型物流），商品不经过配送中心，从供货单位，直接组织货源送往销售店。

2. 具有顺畅、高效的作业流程

鸣尾滨配送中心的作业情况如下：

(1) 收货。供货商将商品送至配送中心二楼收货站台，人工卸车、包装均为统一规格系列的纸箱。A类整批商品由人工堆码托盘、叉车搬运；B类商品由人工卸至锟道输送机，进行验收，再经合流后进入三条主输送带。

(2) 储存、搬运。大部分商品储存在二楼，A类整批商品以托盘为储存单元，由叉车送入普通货架；需要开箱拆零的单元，从储存货架上取出，搬入轻型重力式货架，再人工拣选。普通货架和轻型重力式货架相对平行布置，货架分上下两层，每层3格，高4.5米。货架的走道中间设置以胶带输送机为主体的传送搬运系统，总长5200米。进销频繁的商品则以托盘为单元，存放在底层站台的货场。配送中心全部储存容量为17万箱。

(3) 拣选。鸣尾滨配送中心在建设过程中，反复研究总结了日本不少配送中心成功与失败的经验，结合超市销售量大、利薄的特点，认为对于批量零星而进出频繁的商品，不宜采用立体仓库、巷道拣选机，故配送中心决定采用普通货架、人工拣选的方式，以适应多种销售形式。

对于整箱销售的商品，以托盘为单元，货架存放。发货时由工人按单发货，从货架搬入两侧的输送带传送系统。B类属中转的商品，收货后暂存辊道输送机上，经人工粘贴发货条形码后，直接送主输送带，进入分拣系统。

对于开箱拆零商品，以纸箱为单元，存放在轻型重力式货架上。发货时由人工开箱拆零拣货，另行组配拼箱，进入传送系统。拼箱用的空纸箱则利用回收的旧纸箱，由悬吊式链条输送机（置于胶带输送机的上空）传送。对于特别零星的商品，则采用计算机控制的数字显示拣选系统。

(4) 分拣。在进行分拣作业时，全部发运商品的纸箱上均粘贴印有条形码的发运标签（内容包括销售店名称、商品名称、数量等），该标签由计算机打印。这些商品从各条拣选渠道汇集到3条主输送带，从二楼传入底楼，最后合流至分拣系统。分拣信息由激光扫描器读取纸箱标签上的条形码信息，进行自动分拣。分拣系统采用高速胶带传动斜轮分拣机，分拣作业线总长160米，分拣道口41条，道口间距3米，传送速度100米/秒，分拣能力为6000箱/小时。分拣的纸箱允许的最大长度为0.9米，最大重量为25千克；超重时，分拣机自动停止运转。

(5) 配送。整个配送的流程大约如下：从分拣道口的斜滑道滑下的商品，由人工装入笼车等集装单元化运载工具，并送至发货站台待运。然后，商品按编排的配送路线，分别装入各辆箱式送货货车，配送到各超市连锁店。笼车回空时可折叠起来，节省车容。由于采用了笼车，大大减少了中间的装卸环节，有效地改善了从配送中心的储存货架起，一直到商场里的商品陈列货架为止的整个物流过程的装卸搬运作业，加快了运输车辆的周转速度。配送中心的货车只需一名司机，兼做装卸工，便可完成全部装卸搬运作业，非常经济实用。

案例思考题

1. 鸣尾滨配送中心是怎样规划合理的物流流程的?

2. 简述鸣尾滨配送中心的作业流程。

3. 在拣选和配送环节，鸣尾滨配送中心是如何选择合适的设施来提高作业效率的?

案例 3

高效合理的联华便利配送中心

随着形势的发展，上海连锁商业的竞争蔓延到了便利店。联华便利店发展势头迅猛，以每月新开 60 家门店的速度急剧扩张。但规模的不断扩大也带来了新的问题——传统的物流已经不能为公司庞大的便利店销售网络中商品的顺畅流通提供保障。建立现代化物流系统、降低物流成本成为联华便利店在竞争中掌握先机的关键。然而，由于便利店商品价格低、物流中心投资有限，如何兼顾需求和投资合理性是项目成功的决定因素。

联华便利店在选择物流硬件设备和软件设计的整体方案时，最终选定了冈村制作所。冈村制作所充分考虑了上述实际情况，为联华便利店“量体裁衣”，设计了一套完整的解决方案，即利用现有的建筑物改建成物流中心，采用仓库管理系统实现整个配送中心的全电脑控制和管理，而在具体操作中实现半自动化，以上海先达条码技术有限公司提供的无线数据终端进行实时物流操作，以货架形式来保管货品，以自动化流水线来输送，以数字拣选系统（DPS）来拣选。另外，在设备的选择方面也采取进口货与国产货合理搭配的方式。这样既导入了先进的物流理念，提升了物流管理水平，又兼顾了联华便利店配送商品价值低、物流中心投资额有限的实际情况。在整个方案的设计里，设计方没有一味追求一步到位的先进性，而是力求使合理的投入得到较高的回报。

在细节方面，合作双方也考虑得非常周到。联华便利配送中心总面积8000平方米，建筑物共有4层。由于是多层结构，因此设计方对各层平台间的搬送自动化作了特别的考虑，采用了托盘垂直升降机和笼车垂直升降机。其中两台托盘垂直升降机能对以托盘为单位的进货物品进行各层平台自动分拣，并将空托盘自动回收至一层的进货区域。空笼车另有专用电梯送往各层平台。为了提高拣选效率，配送中心被分成了17个分拣区域，利用笼车良好的流动性设计了区域拣选方式。在各个区域的起始位置装有商店号码显示器，拣选时将显示出库单上的商店号码，因此可多人进行拣选作业，即使逢年过节工作量增加也能正常出货，应对自如。物流中心采用托盘货架与流动式货架为主的布局设计。托盘货架保管整箱为单位的货物，流动式货架保管非整箱货物。为了提高分拣作业效率和正确率，托盘货架的最下端和流动式货架的外侧都装有数码拣选显示器。

（一）联华便利配送中心作业流程

1. 进货入库

进货后，立即由WMS进行登记处理，生成入库指示单，同时发出是否能入库的询问信号。如果仓库容量已满而无法入库时，系统将发出向附近仓库入库的指示。接到系统发出的入库指示后，工作人员将货物堆放在空托盘上，并用手持终端对该托盘的号码及进货品种、数量、保质期等数据进行进货登记输入。在入库登记处理后，工作人员用叉车将货物搬运至入库品运载装置处，按下入库开始按钮，入库运载装置开始上升，将货物送上入库输送带。在货物传输过程中，系统将对货物进行称重和检测。如不符合要求（如超重、超长、超宽等），系统将指示其退出；符合要求的货物，方可输送至运载升降机。

2. 托盘入库

输送带侧面安装的条形码阅读器对托盘条形码确认，计算机将对托盘货物的保管和输送目的地发出指示。接到向第一层搬送指示的托盘在经过升降机平台时，不再需要上下搬运，将直接从当前位置经过一层的入库输送带自动分配到一层入库区等待入库。接到向二层至四层搬送指示的托盘，将由托盘升降机自动传输到所需楼层。当升降机到达指定楼层后，由各层的入库输送带自动搬运货物到入库区。货物在下平台前，工作人员根据入库输送带侧面设置的条形码阅读器，将托盘号码输入计算机，并根据该托盘情况，对照货位情况，发出入库指示，然后由叉车从输送带上取下托盘。叉车作业者根据手持终端指示的货位号将托盘入库。经确认后，在库货位数将进行更新。

3. 笼车出库

当全部区域拣选结束后，装有商品的笼车由笼车升降机送至一层。工作人员将不同的分散在多台笼车上的商品归总分类，附上交货单，依照送货平台上显示的商店号码将笼车送到等待中的对应运输车辆上。电脑配车系统将根据门店远近合理安排配车路线。

4. 托盘回收

出货完成后，工作人员将空托盘堆放在各层的空托盘平台上，并返回输送带，然后由垂直升降机将空托盘传送至第一层，并由第一层进货区域的空托盘自动收集机收集起来，随后送到进货区域的平台上堆放整齐。

（二）实际运作效果

联华便利店与冈村制作所共同设计建造的物流中心，在实际运作中收到了良好的经济效益和社会效益。原来为联华便利门店配送的江杨配送中心，每天的拆零商品配送能力在 1 万箱左右，单店商品拆零配置时间约需 4 分钟。由于场地狭小、科技含量低、人力资源浪费，人工分拣的拆零差错率达千分之六，而且每天只能配送 200 多家门店。

联华便利配送中心建成后，以其高效率、低差错率和人性化设计受到各界的好评。物流中心所有操作均由计算机中心的 WMS 管理，并将在库信息与公司 ERP 系统连接，使采购、发货有据可依。新物流中心库存商品可达 10 万箱，每天拆零商品可达 3 万箱，商品周转期从原来的 14 天缩短到 3.5 天，库存积压资金大大降低；采用 DPS 方式取代人工拣选，使差错率减少到万分之一，配送时间从 4 分钟/店压缩到 1.5 分钟/店，每天可配送 400 多家门店。配送准确率、门店满意度等都有了大幅提升，同时降低了物流成本在整个销售额中所占的比例，从而为联华便利店业态的良好稳定发展奠定了坚实基础。

案例思考题

1. 联华便利配送中心是通过什么途径提高效率的？
2. 联华便利配送中心的配送作业流程有何特色？

案例 4

7—11便利店的物流配送系统

7—11是全球最大的便利连锁店，在全球20多个国家拥有2.1万家左右的连锁店。其中在日本是最多的，有8478家。7—11有一个高效的物流配送系统。

7—11的物流管理模式先后经历了三个阶段三种方式的变革。起初，7—11并没有自己的配送中心，它的货物配送依靠的是批发商来完成的。以日本的7—11为例，早期日本7—11的供应商都有自己特定的批发商，而且每个批发商一般都只代理一家生产商，这个批发商就是联系7—11和其供应商间的纽带，也是7—11和供应商间传递货物、信息和资金的通道。供应商把自己的产品交给批发商以后，对产品的销售就不再过问，所有的配送和销售都会由批发商来完成。对于7—11而言，批发商就相当于自己的配送中心，它所要做的就是把供应商生产的产品迅速有效地运送到7—11手中。为了自身的发展，批发商需要最大限度地扩大自己的经营，尽力向更多的便利店送货，并且要对整个配送和定货系统作出规划，以满足7—11的需要。

渐渐地，这种分散化的由各个批发商分别送货的方式无法再满足规模日渐扩大的7—11便利店的需要，7—11开始和批发商及合作生产商构建统一的集约化的配送和进货系统。在这种系统之下，7—11改变了以往由多家批发商分别向各个便利点送货的方式，改由一家在一定区域内的特定批发商统一管理该区域内的同类供应商，然后向7—11统一配货，这种方式称为集约化配送。集约化配送有效地降低了批发商的数量，减少了配送环节，为7—11节省了物流费用。

配送中心的特定批发商（又称为窗口批发商）提醒了7—11，何不自己建一个配送中心？与其让别人掌控自己的经脉，不如自己把自己的脉。7—11的物流共同配送系统就这样浮出水面，共同配送中心代替了特定批发商，分别在不同的区域统一集货、统一配送。配送中心有一个计算机网络配送系统，分别与供应商及7—11店铺相连。为了保证不断货，配送中心一般会根据以往的经验保留4天左右的库存。同时，中心的计算机系统每天都会定期收到各个店铺发来的库存报告和要货报告，配送中心把这些报告集中分析，最后形成一张张向不同供应商发出的订单，由计算机网络传给供应商，而供应商则会在预定时间之内向中心派送货物。7—11配送中心在收到所有货物后，对各个店铺所需要的货物分别打包，等待发送。第二天一早，派送车就会从配送中心鱼贯而出，择路向自己区域内的店铺送货。整个配送过程就这样每天循环往复，为7—11连锁店的顺利运行修石铺路。

配送中心的优点还在于7—11从批发商手上夺回了配送的主动权，7—11能随时掌握在途商品、库存货物等数据，对财务信息和供应商的其他信息也能握于股掌之中，对于一个零售企业来说，这些数据都是至关重要的。

有了自己的配送中心，7—11就能和供应商谈价格了。7—11和供应商之间定期会有一次定价谈判，以确定未来一定时间内大部分商品的价格，其中包括供应商的运费和其他费用。一旦确定价格，7—11就省下了每次和供应商讨价还价这一环节，少了口舌之争，多了平稳运行，7—11为自己节省了时间也节省了费用。

随着店铺的扩大和商品的增多，7—11的物流配送越来越复杂，配送时间和配送种类的细分势在必行。以中国台湾地区的7—11为例，全省的物流配送就细分为出版物、常温食品、低温食品和鲜食食品四个类别的配送，各区域的配送中心需要根据不同商品的特征和需求量每天作出不同频率的配送，以确保食品的新鲜度，以此来吸引更多的顾客。新鲜、即时、便利和不缺货是7—11配送管理的最大特点，也是各家7—11店铺的最大卖点。

和台湾地区的配送方式一样，日本7—11也是根据食品的保存温度来建立配送体系的。日本7—11对食品的分类是：冷冻型（－20℃），如冰淇凌；微冷型（5℃），如牛奶、生菜等；恒温型，如罐头、饮料等；暖温型（20℃），如面包、饭食等。不同类型的食品会用不同的方法和设备配送，如各种保温车和冷藏车。由于冷藏车在上下货时经常开关门，容易引起车厢温度的变化和冷藏食品的变质，7—11还专门用一种两仓式货运车来解决这个问题，一个仓中温度的变化不会影响到另一个仓，需冷藏的食品就始终能在需要的低温下配送了。

除了配送设备，不同食品对配送时间和频率也会有不同要求。对于有特殊要求的食品如冰淇凌，7—11会绕过配送中心，由配送车早中晚三次直接从生产商门口拉到各个店铺。对于一般的商品，7—11实行的是一日三次的配送制度，早上3—7点配送前一天晚上生产的一般食品，早上8—11点配送前一天晚上生产的特殊食品如牛奶，新鲜蔬菜也属于其中，下午3—6点配送当天上午生产的食品，这样一日三次的配送频率在保证了商店不缺货的同时，也保证了食品的新鲜度。为了确保各店铺供货的万无一失，配送中心还有一个特别配送制度来和一日三次的配送相搭配。每个店铺都会随时碰到一些特殊情况造成缺货，这时只能向配送中心打电话告急，配送中心则会用安全库存对店铺紧急配送，如果安全库存也已告罄，中心就转而向供应商紧急要货，并且在第一时间送到缺货的店铺手中。

案例思考题

1. 7—11为什么要建立自己的配送中心？

2. 7—11为什么要进行配送的细化？在食品的配送管理上，7—11采取了哪些做法？

案例 5

欧美发达国家的配送实践

在欧美发达国家的配送实践中，大致上形成了五种类型的配送中心：直属运输业的配送中心、批发业配送中心、零售业配送中心、汽车制造业配送中心、交货代理服务业配送中心。

（一）直属运输业的配送中心

在欧美一些国家，这类配送中心的业务活动主要以运输货物为主，它是围绕着运输而进行货物配送的。

直属运输业的配送中心的特点是运输能力较强，可调动的运输设备（运输车辆）比较多。但是，并不是所有的运输车辆都由配送中心自备。有些配送中心本身拥有的运输设备很少，它们向客户配送货物或运送货物主要依靠租用社会上众多运输公司的车辆来完成的。

属于运输业范围的配送中心，其代表组织主要有：美国 RPS 洛杉矶中心、英联邦政府运输公司货物集配中心等。

（二）批发业配送中心

属于批发业配送中心的代表性组织有以下几个：

1. 芬兰 Sesko 公司中央配送中心

芬兰 Sesko 公司是垄断芬兰商品批发和零售市场的五大集团之一。它把芬兰划分成了 13 个区域，按区域配置分店和设立仓库。它直接经营的商店有 800 家。公司的地方仓库储存着 400～2000 种畅销商品。隶属于该公司的中央配送中心则保管有 4.2 万种商品，库存量为 5.7 万托盘。

2. 美国 Super Rite 食品公司哈里斯堡配送中心

哈里斯堡配送中心于 1985 年建成并开始营业。它占地 5 万平方米，建筑面积为 5.76 万平方米。

哈里斯堡配送中心的特点是：库存能力强，配送规模大，其库存能力可达 4.8 万托盘，每周出库的食品数量为 80 万箱，商品周转速度是 20 次/年。

哈里斯堡配送中心向零售店配送商品的时间依客户的要求而定。通常，对食品杂货店每周配送 3 次商品；配送日用品，每周 4 次；对零售店，在订货的当天夜里或订货的次日配送。

（三）零售业配送中心

零售业配送中心隶属于（商品）零售公司，既为提供物流服务的组织，同时又属商品销售（零售）中心。其主要代表组织为美国 JC Penny 曼彻斯特配送中心和英国 Waitrose 伯克舍布鲁内卢配送中心。

1. 美国 JC Penny 曼彻斯特配送中心

曼彻斯特配送中心是美国 JC Penny 公司建立的 6 家配送中心之一（建于 1982 年），曼彻斯特配送中心配备着许多现代化设备，包括总长 1 万米的皮带运输机、10 台塔式起重机、750 台叉车、123 辆接货货车等。此外，它还建有一座高 18 米的自动化仓库和完整的计算机系统。通过通信卫星，配送中心的计算机系统可与公司的主机联网，自动处理各种信息。

曼彻斯特配送中心经营的商品主要有服装、装饰品、日杂品、家具、家电等。它的服务范围涉及美国 4 个州和纽约、马里兰等部分地区，其经营规模在公司中居第二位；处理货物的能力一般为 3.5 万件/天，最大能力可达 12 万件。

曼彻斯特配送中心的作业效率很高。从接收订货到配送货物仅需 24～48 小时。

2. 英国 Waitrose 伯克舍布鲁内卢配送中心

伯克舍布鲁内卢配送中心是由事务所、生鲜食品中心和干货中心组成的，于 1972 年开始营业，建筑面积为 1.8 万平方米。其中，高层自动化医药仓库的面积为 3000 平方米，库容量 18000 万立方米，存货量为 1 万托盘。

伯克舍布鲁内卢配送中心的 4 个作业区域（收货区、保管区、分拣区、出发区）均由计算机系统控制。

（四）汽车制造业配送中心

自从日本汽车打入到欧洲和美国市场以后，日本汽车配件的供应和需求不断增加。于是，在美、法、英等国家先后建立起了许多供应日本汽车配件的组织——配件中心。

从职能上看，这些称做配件中心的组织，既负责向客户供应和销售汽车配件，也从事货物（配件）的储存、分拣、输送等物流活动，向客户提供系列化的后勤服务，起着配送中心的作用。其代表性组织为德国 Mazda Motor 配件中心和美国 SuzukiMotor 洛杉矶配件中心。

1. 德国 Mazda Motor 配件中心

德国 Mazda Motor 配件中心建于 1988 年 3 月，总面积为 25000 万平方米，经营的配件约有 8 万种。

德国 Mazda Motor 配件中心的特点是：经营规模比较大，设备先进且数量较多。在这个配件中心内部，共配置了 17 台能吊装各种大型配件和小型配件的塔式起重机，10 台运输配件的自动化机械和各式分拣设备。此外，在中心内部还建立了使用光导传送技术的新的库存管理系统，使分拣出的配件能及时出库。

2. 美国 Suzuki Motor 洛杉矶配件中心

洛杉矶配件中心于 1988 年 9 月竣工，占地面积 4 万平方米，建筑面积 6900 平方米，经营的汽车配件达 1 万种，是一个大型的物流组织。

在洛杉矶配件中心，货物入库和出库都进行自动化控制。配置的机械设备主要有：吊装大型配件用的塔式起重机 5 台，吊装中型配件用的塔式起重机 3 台，运输大型配件的转车台、运输中型配件的运输机和转动货架 5 台。

（五）交货代理服务业配送中心

交货代理服务业配送中心的代表性组织为德国 Dextra 公司配送中心。

德国 Dextra 公司配送中心也称做货物转运站，属于纯粹代理性的服务业。它占地 4 万平方米，建筑面积 2.8 万平方米。并建有自动化仓库，库容量为 2 万个托盘，每天进货量为 1500～2000 个托盘，多为食品。

Dextra 公司配送中心的功能是：按委托方要求从工厂接收货物，对货物进行分拣、配装后将货物送到客户手中。

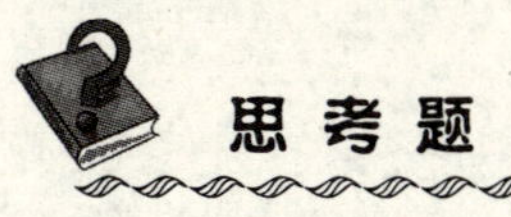

思考题

1. 什么叫配送？配送有什么作用？
2. 如何理解配送和物流的关系？
3. 配送的分类状况如何？
4. 配送的一般作业流程如何？
5. 金属材料、煤炭产品、食品的配送工艺流程如何？
6. 配送的工作阶段大体是哪三块？
7. 配送运输与一般运输有何区别？
8. 车辆配装的实践方法有哪些？
9. 配送中心管理有哪些主要内容？
10. 不合理配送的表现形式有哪些？
11. 试述配送中心的作业流程。

第六章　物流装卸与搬运技术

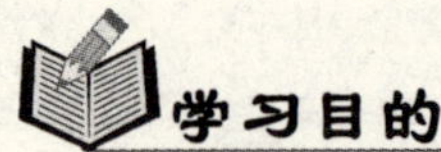

学习目的

通过本章学习，使学生掌握物流装卸搬运设备及作业流程；了解物流装卸搬运技术的概念、分类及特点。

第一节　物流装卸与搬运技术概述

一、装卸搬运的概念

（一）装卸

所谓装卸是指“物品在指定地点以人力或机械装入运输设备或卸下”。装卸是物流过程中对于保管物资和运输两端物资的处理活动，具体来说，包括货物的装载、卸货、移动、货物堆码上架、取货、备货、分拣等作业以及附属于这些活动的作业。

（二）搬运

搬运是指物体横向或斜向的水平移动，装卸指上下方向的垂直移动。广义的装卸则包括了搬运活动。

搬运与运输的区别主要是物体的活动范围不同。运输活动是在物流节点之间进行较长距离的移动；而搬运则是在物流节点内进行，而且是短距离的移动。

装卸搬运活动效率的高低，会直接影响到物流的整体效率。虽然装卸活动本身并不产生效用和价值，但是，由于装卸活动对劳动力的需求量大，需要使用装卸设备，因此物流成本中装卸费用所占的比重较大。装卸活动的合理化对于物流整体的合理化至关重要。通过装卸搬运机械设备来减轻人的作业压力，改善劳动环境，提高装卸效率，缩短物流时间，是现代装卸搬运作业发展的方向。

（三）装卸搬运技术

装卸搬运技术是指装卸搬运活动中所使用的各种装卸搬运设备和工具，以及由科学理论知识和实践经验发展而成的各种装卸搬运方法、技能与作业程序等，它一般由装卸搬运方式的选择、装卸搬运合理化、装卸搬运设备的运用等内容构成。

二、装卸搬运的意义

装卸搬运是伴随输送和保管而产生的必要的物流活动，在物流过程中占有重要地位。在物流过程中，装卸搬运活动是不断出现和反复进行的，它出现的频率高于其他各项物流活动，每次装卸搬运活动都要花费很长时间，装卸搬运往往成为决定物流速度的关键。而且装卸搬运作业内容复杂，同时又是劳动密集型、耗费人力的作业，它所消耗的费用在物流费用中也占有相当大的比重，装卸搬运费用在物流成本中所占的比重较高。

此外，在进行装卸搬运操作时往往需要接触货物，装卸搬运活动频繁发生，作业繁多，因此，这是在物流过程中造成货物破损、散失、损耗、混合等损失的主要环节。例如，袋装水泥纸袋破损和水泥散失主要发生在装卸过程中，玻璃、机械、器皿、煤炭等产品在装卸时最容易造成损失。据有关方面统计，经铁路运输的货物少则有6次，多则有几十次装卸搬运，其费用占运输总费用的20％～30％。

由此可见，装卸搬运活动是影响物流效率、决定物流技术经济效果的重要环节。高效率装卸搬运活动的主要意义在于：

（一）提高生产力

顺畅的装卸搬运系统，能够消除瓶颈以维持及确保生产水平，使人力有效利用，减少设备闲置。

（二）降低装卸搬运成本

减少每人及每单位货品的搬运成本，并减少延迟、损坏及浪费。

（三）提高库存周转率，以降低存货成本

有效率地装卸搬运，可加速货品移动及缩减搬运距离，进而减少总作业时间，使得存货存置成本及其他相关成本得以降低。

（四）改善工作环境，增加人员、货品搬运的安全性

良好的装卸搬运系统，能使工作环境大为改善，不但能保证物品搬运的安全性，减少保险费率，且能使员工保持良好的工作情绪。

（五）提高产品品质

良好的装卸搬运可以减少产品的毁损，使产品品质提升，减少客户投诉。

（六）促进配销效率

良好的装卸搬运，可增进系统作业效率，不但能缩短产品总配销时间，提高客户服务水平，还能提高空间利用率，从而提高公司营运水平。

三、装卸搬运作业的特点

（一）装卸搬运作业量大

据调查，我国机械工厂每生产 1 吨产品，需要进行 252 次的装卸搬运。中国年产煤炭十几亿吨，年产钢材上亿吨，每年有 5 万多亿元的工业总产值，1 万多亿元的农业总产值。在这些生产结果的背后和生产过程当中，装卸搬运的作业量是根本无法算清的。

在同一地区生产和消费的产品，物资的运输量会因此而减少，然而物资的装卸搬运量却不一定减少。在远距离的供应与需求过程中，装卸搬运作业量会随着运输方法的变更、仓库的中转、货物的集疏、物流的调整等而大幅度提高。

（二）装卸搬运对象复杂

在物流过程中，货物是多种多样的，它们在性质上（物理、化学性质）、形态上、重量上、体积上以及包装方法上都有很大区别。即使是同一种货物在装卸搬运前的不同处理方法，可能会产生完全不同的装卸搬运作业。单件装卸和集装化装卸，水泥的袋装装卸搬运和散装的装卸搬运都存在着很大差别。从装卸搬运的结果来考察，有些货物经装卸搬运要进入储存，有些物资装卸搬运后将进行运输。不同的储存方法、不同的运输方式，在装卸搬运设备运用、装卸搬运方式的选择上都提出了不同的要求。

（三）装卸搬运作业不均衡

在生产领域，由于生产活动要有连续性和比例性，并力求均衡，故企业内装卸搬运相对也比较均衡。然而，物资一旦进入流通，由于受到商品产需衔接、市场机制的制约，物流量便会出现较大的波动性。商流是物流的前提，某种货物的畅销和滞销、远销和近销，销售批量的大与小，围绕货物实物流量便会发生巨大变化。从物流领域内部观察，运输路线上的"限制口"，"跑在中间、窝在两头"的现象广泛存在，装卸搬运量也会出现忽高忽低的现象。从另一方面看，各种运输方式由于运量上的差别，运速的不同，使得港口、码头、车站等不同物流节点也会出现集中到货或停滞等待的不均衡装卸搬运。

（四）装卸搬运对安全性要求高

装卸搬运作业需要人与机械、货物及其他劳动工具相结合，工作量大，情况变化多，作业环境复杂，这些都导致了装卸搬运作业中存在着不安全的因素和隐患。创造装卸搬运作业适宜的作业环境，改善和加强劳动保护，对任何可能导致不安全的现象都应设法根除，防患于未然。装卸搬运的安全性，一方面直接涉及到人身，另一方面涉及到物资。在装卸搬运中，发生机毁人亡的事故已屡见不鲜。造成货物损失的数量也要以亿元计。装卸搬运同其他物流环节相比安全系数较低，因此，也就要更加重视装卸搬运的安全生产问题。

四、装卸搬运作业的分类

（一）按装卸搬运施行的物流设施、设备对象分类

1. 仓库装卸

仓库装卸是配合货物的出库、入库、维护保养等活动进行的，并且以堆垛、上架、拣货等操作为主。

2. 铁路装卸

铁路装卸是对火车车皮货物的装进及卸出，其特点是一次作业就实现一个车皮的装进或卸出。

3. 港口装卸

包括码头前沿的装船，也包括后方的支持性装卸。有的港口装卸还采用小船在码头与大船之间“过驳”的办法，这种装卸的流程较为复杂，往往经过几次的装卸及装运作业才能最后实现船与陆地之间货物过渡的目的。

4. 汽车装卸

一般一次装卸批量不大，由于汽车具有较大的灵活性，可以尽量减少搬运活动，而直接、单纯利用装卸作业达到车与物流设施之间货物过渡的目的。

另外，还有飞机装卸。

（二）按装卸搬运机械及机械作业方式分类

1. “吊上吊下”方式

采用各种起重机械从货物上部起吊，依靠起吊装置的垂直移动实现装卸，并在吊车运行的范围内实现搬运或依靠搬运车辆实现小搬运活动。由于吊起及放下属于垂直运动，这种装卸方式大部分属于垂直装卸。

2. “叉上叉下”方式

采用搬运车辆，如叉车从货物底部托起货物，并依靠搬运车辆的运动实现货物的位移，搬运完全靠搬运车辆本身，货物中途不用落地，而直接放置到目的处。这种方式垂直运动不大而主要是水平运动，属水平装卸方式。

3. “滚上滚下”方式

这种方式属于水平装卸方式，主要用于港口装卸。典型的流程是利用叉车或半挂车、汽车承载货物，连同车辆一起开上船，到达目的地后再从船上

开下。其中，利用叉车的滚上滚下方式，在船上卸货后，叉车必须离船，而利用半挂车、平车或汽车时，拖车将半挂车、平车拖拉至船上后，拖车开下离船而载货车辆连同货物一起运到目的地，再原车开下或拖车上船拖拉半挂车、平车开下。滚上滚下方式需要有专门的船舶，这种专门的船舶称“滚装船”，这种方式对码头也有一定的要求。

4.“移上移下”方式

一般是在两车之间进行靠接，然后再利用其他的各种方式，主要靠水平移动将货物从一个车辆上推移到另一车辆上，称“移上移下”方式。这种方式可以实现汽车之间、火车之间以及汽车和火车之间的装卸搬运。移上移下方式一般需要两种车辆水平靠接，因此，对站台或车辆货台需进行改变，并配合移动工具实现这种装卸。

5. 散装散卸方式

对散装货物进行装卸，一般从装点将货物直接输送到卸点，中间不再需要其他的作业方式。主要是利用机械、气力等原理对煤、粮食、化肥等货物进行作业，这种装卸常采用一些特殊的装卸搬运设备，如皮带输送机、气力输送装置、螺旋输送机和斗式提升机等。

第二节　装卸搬运设备

一、装卸搬运设备的概念和用途

（一）装卸搬运设备的概念

装卸搬运设备是用来搬移、升降、装卸和短距离输送物料或货物的机械。它是物流机械设备中重要的机械设备。其中以提升重物为主的称起重机械，以搬运或短距离运输为主的称搬运机械。然而，在生产上装卸与搬运任务往往是同时出现的，难以分开。

（二）装卸搬运设备的用途

装卸搬运设备可以减轻或代替人们的笨重体力劳动、提高劳动生产率、保证作业质量、降低生产成本，并且使某些生产过程的特殊工艺操作实现机械化和自动化。因此，装卸搬运设备广泛地应用在工业、农业、交通运输业、采矿业和国防工业中，在现代化建设中起着重要作用。

装卸搬运设备不仅用于完成船舶与车辆货物的装卸，而且又完成库场货物的堆码、拆垛、运输以及舱内、车内、库内货物的起重输送和搬运。

装卸搬运设备是实现装卸搬运作业机械化的基础，因此，合理配置和应用装卸搬运设备，对于安全、迅速、优质地完成货物装卸、搬运、堆码等作业任务，实现装卸搬运机械化、提高物流现代化具有重要意义。

二、装卸搬运设备的类型

（一）简易起重机械

简易起重机械分为千斤顶和滑车两种，前者是起重机械中惟一不用绳索而能举升重物的轻小型机械，广泛用于设备检修和安装；后者则是以绳索吊升重物时必需的起重工具，可单独使用，也可与绞车等配合使用，是许多起重机械提升机构的基本组成部分。

（二）葫芦

葫芦分为手动葫芦和电动葫芦。它们都是小巧轻便的起重机械，可单独使用，也可作为桥式起重机的提升机构。

（三）单轨起重机

单轨起重机分为手动单轨起重机和电动单轨起重机。它们不仅能提升货物，而且能完成一定距离的搬运工作。

（四）桥式起重机

桥式起重机又称天车，分为手动梁式起重机、电动梁式起重机、电动桥式起重机。三者的共同点是有横跨车间或库房上空的起重架，桥架可按轨道运行。区别是分别以手动葫芦（或手动卷扬机）、电动葫芦和电动卷扬机小车为提升机构。它们广泛用于室内外仓库、厂房、码头、露天储料场等处的搬运和安装。

（五）堆垛起重机

堆垛起重机分为桥式和巷道式起重机。它们用货叉或串杆攫取、搬运和堆垛或从高层货架上存取货物，是一种仓储设备，能与计算机配合，实现仓库机械化、自动化的装卸作业。

（六）冶金起重机

冶金起重机指冶金部门中炼钢、轧钢和热加工车间专用的桥式起重机。基本结构与电动桥式起重机相似，采用耐热钢材和特殊装置。

（七）龙门起重机

龙门起重机是一种露天储料场、船坞、电站、港口和铁路货场等地用于搬运和安装作业的大型起重机械。龙门起重机的桥架设置在两条高大的支腿上构成门架形状，并沿地面铺设的轨道运动，也构成一个矩形工作范围。装卸桥是由龙门起重机加大跨度发展而成的，又称运载桥。它主要用于露天储料场、港口和铁路货场等地装卸作业。

（八）臂架起重机

臂架起重机又称回臂吊。这类起重机没有桥架而有臂架，臂架作圆周运动，因而构成一个圆形工作范围，主要用于局部装卸作业。臂架起重机中还包括随车起重机（又称随车吊），它是在载重汽车的中部或尾部安装起重臂架，可在非固定地点进行装卸作业。

（九）升船机

升船机是对船舶进行升降作业的专用起重机械。分为垂直升船机和斜面升船机。

（十）输送机

输送机是在一定的线路上连续输送货物的运输机械，又称连续输送机。输送机可进行水平、倾斜、垂直输送，也可组成空间输送线路。

（十一）搬运车辆

搬运车辆用于短途搬运货物的无轨车辆，又称工业车辆，是广泛应用的运输机械。分为叉车、内燃小机车和窄轨矿车。

（十二）装卸机

装卸机分为装载机、卸载机、翻车机和堆取料机。它们均用于为车、船或其他设备进行装卸作业。其特点是能自行取物。

（十三）给料机

给料机分为板式给料机、电磁振动给料机和圆盘给料机。

以上十三大类机械中，习惯上将1～9类称为起重机械；10～13类称为搬运机械。此外，还有一些起重机划为别的产品范围。例如，将汽车起重机、轮胎起重机、履带起重机、塔式起重机、建筑卷扬机和简易起重机划归工程机械；将矿用卷扬机划归矿山机械；将电梯划归建筑设施。

三、装卸搬运设备

（一）葫芦

1. 葫芦的概念和用途

葫芦是用来提升或牵引重物的轻小型起重机械。葫芦因其外形尺寸小、结构紧凑、自重轻、效率高、操作方便而被广泛应用于工矿企业、建筑工地、仓库等固定工作场所的起重作业。也可作为桥架型起重机的起升机构。配上小车成为运行式葫芦，又可作为起重小车。

2. 葫芦的分类：（GB 8974.1—86、ZBJ 80013.1—89）

按驱动方式分，有手动、电动和气动三大类。

（1）手拉葫芦的概念与类型

①手拉葫芦（俗称神仙葫芦、链式滑车、倒键等）是一种以链条为承载牵引件的子拉链轮驱动的轻便吊装起重设备。它具有提升重物、悬空停止重物和下降重物的功能，即具有使重物垂直位移（或叫单动作业运动）的功能。广泛应用于工矿企业、建筑工地、仓库、码头等场所。用以安装机器、吊运货物。尤其适用于无电源及流动性作业场所。除了独立作单动作起重机使用外，还用来作为手动单轨起重机和手动单梁起重机上的提升机构。

②手拉葫芦按减速机构不同，有蜗杆式、齿轮式、并列二级齿轮式等型式；按牵引件的结构不同，有环链式和板链式两种。我国定型生产的是并列二级齿轮环链式手拉葫芦，即HS型手拉葫芦（如图6－1所示）。

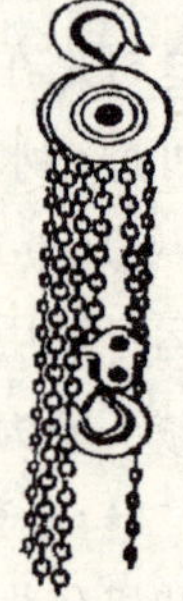

图6－1　HS型手拉葫芦

(2) 电动葫芦的概念与类型

①电动葫芦是一种以电力驱动的轻小型起重机械。具有与手拉葫芦相同的功能，即具有提升重物、悬空停止重物和下降重物的功能。用途也与手拉葫芦相仿，广泛用于工厂、矿山、仓库、货场、工地、码头等场所，用来吊运货物或安装设备。由于使用电力，比手拉葫芦操作更为方便。起重量、起升高度和工作速度均较手拉葫芦范围大。除独立作为单动作起重机使用外，也用以作为电动单轨起重机、电动梁式起重机、门式起重机，塔式起重机等起重机的提升机构。

②电动葫芦的类型也较手拉葫芦复杂，按电机形式分，有一般绕线式起重电动机的电动葫芦和锥形转子起重电动机的电动葫芦；按牵引绕性件分，有钢丝绳式电动葫芦和环链式电动葫芦；按用途分，有一般通用电动葫芦和特殊条件下使用的电动葫芦。如防爆电动葫芦、防腐电动葫芦、重级工作制电功葫芦等，当然，使用最广泛的是一般通用电动葫芦。

电动葫芦适用的环境是：工作环境温度为－30℃～－40°C；海拔高度＜1000m；相对湿度＜85%；无火灾、无爆炸危险、无腐蚀性介质的场所。我国生产这类电动葫芦的定型产品是 HC 型和 HM 型，均由行业联合设计。其中 HC 型称常速钢丝绳电动葫芦（如图 6－2 所示），用于吊运货物；HM 型称常慢速钢丝绳电动葫芦，它有两种起升速度，其中常速用以吊运货物，慢速则适用以安装设备。

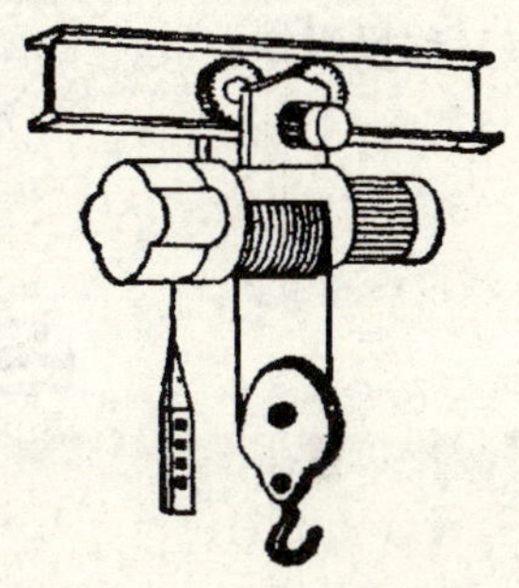

图 6－2　HC 型电动葫芦

(二) 起重机

1. 桥式起重机

桥式类型起重机在起重机械中，用途最广、数量最多，通用化程度最高。从 20 世纪 60 年代以后称为“定型化”时期，它的设计、制造、试验、检验、性能指标等，目前都已规范化。

(1) 桥式起重机的概念。桥式类型起重机是指由能运行的桥架结构和设置在桥架上能运行的起升结构组成的起重机械。属于桥式类型的起重机有梁式起重机、电动桥式起重机、龙门起重机、装卸桥、冶金桥式起重机和缆索起重机等。这类起重机多是固定式，完成固定短行空间的吊、运作业，适用于所有的工矿企业、仓库、露天场地等，进行物料的装卸、搬运、吊运等。

（2）桥式起重机的特点。与其他类型起重机相比，桥式起重机本身无支腿，稳定性较好。工作速度稍高些，单机生产率高；桥式起重机用电动机提供动力，电动机的故障率远远低于内燃机，各机构分别驱动，传动方法简单，使用、保养、维修方便；桥式起重机的桥墩是一种永久性建筑物，给货场的扩建、改建带来困难。受桥墩限制，桥吊主架无法带悬臂，不仅货位得不到充分利用，也给装卸作业带来影响。

桥式起重机一般是由大车和小车两部分组成（如图 6－3 所示）。小车上装有起重机构和小车运行机构，整个小车沿装于主梁架盖板上的小车轨道运行。大车部分则是由起重机桥架（大车桥架）及司机室等组成。在大车桥架上装有大车运行机构和小车输电滑触线或小车传动电缆及电气设备等。司机室又称操纵室，其内装有起重机控制装置及电气保护柜、照明开关板。

图 6－3　桥式起重机

2. 梁式起重机

梁式起重机由桥梁、起重小车两大部分组成。桥架主梁多是由型钢（主要是工字钢）或型钢与钢板制成的简单截面梁；起重小车采用手拉葫芦、电动葫芦配套，或用葫芦作起升机构的部件装配而成。梁式起重机各机构的工作速度较低，起重量也较小，属于轻型起重机，具有自重较轻，成本较低，制造生产容易的特点。

梁式起重机的安装方式有支撑式和悬挂式两种。支撑式起重机的桥梁沿梁上的起重机轨道运行，悬挂式起重机的桥架沿悬在厂房架下的起重机轨道运行。按操纵方式分手动和电动两种。按梁的结构分单梁和双梁两种，单梁一般起重量为0.5～5吨，双梁的起重量通常为5～32吨。

(1) 手动梁式起重机。手动梁式起重机的特点是起升机构和运行机构都采用手动方式。单梁手动梁式起重机，用手动单轨小车作运行小车；用手拉葫芦作起升机构。大车的运行机构，用手拉链条带动链轮，再通过传动轴，同时驱动大车两边的车轮，带动起重机运行。双梁手动梁式起重机，由于起重量大一些，因此结构稍微复杂些，有专门的运行机构和起升机构；起升机构常用带有载荷自制式制动器的单卷筒子动绞车。手动单梁起重机外形如图6-4所示。

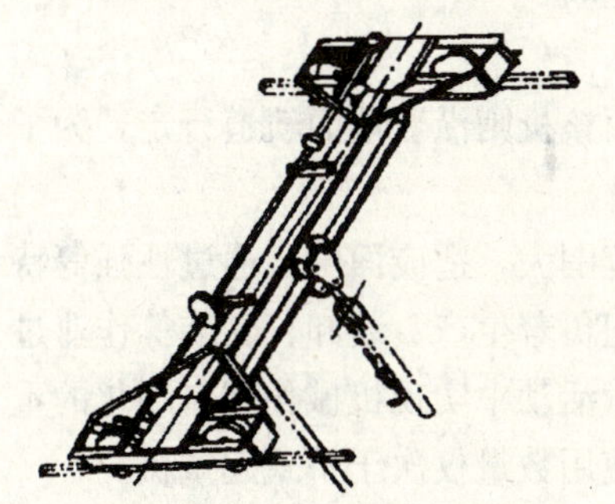

图6-4　手动单梁起重机

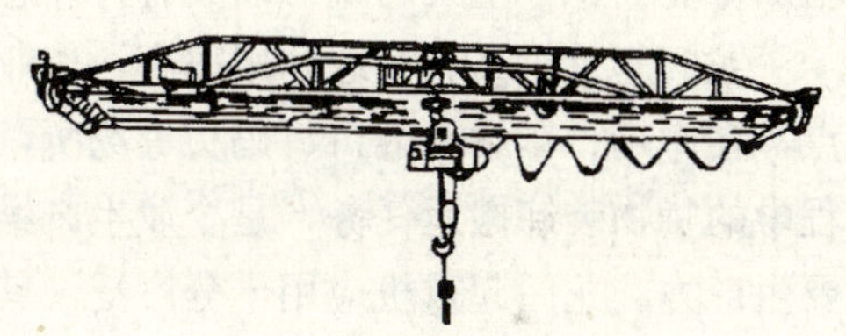

图6-5　电动单架起重机

(2) 电动梁式起重机。电动梁式起重机采用电动机作动力，驱使起升机构、小车运行机构和大车运行机构动作。基本结构由桥架、起重部分和电器设备等组成，按结构分为：电动单架起重机（如图6-5所示）、电动单梁悬挂起重机、电动葫芦双梁起重机和电动双梁悬挂起重机四种，前三种使用较多。

电动梁式起重机的结构比手动梁式起重机复杂，但又比电动桥式起重机简单，因此性能高于手动梁式起重机，又低于电动桥式起重机，介于两者之间。电动架式起重机具有结构简单、自重轻、操作简便省力、造价低的优点，广泛运用于机械制造、冶金、化工、轻工、电站、仓库等场合进行生产、检修或露天搬运作业。近年来，有增大起重量的发展趋势。

3. 龙门起重机

龙门起重机又称龙门吊或门式起重机，它是由支撑在两条刚性或一刚一柔支腿上的主梁构成的门形框架得名（如图 6－6 所示）。

图 6－6　龙门起重机

它的起重小车在主梁的轨道上行走，而整机则沿着地面轨道行走，为了增加作业面积，主梁两端可以具有外伸悬臂。

龙门起重机具有场地利用率高，作业范围大，适应面广，通过性强等特点，在库场、车站、港口、码头等场所，担负着生产、装卸、安装等作业过程中的货物装卸搬运任务，是企业生产经营活动中实现机械化和自动化的重要生产力。龙门起重机应用十分广泛，其使用数量仅次于桥式起重机。

4. 门座起重机

门座起重机是装在沿地面轨道行走的门形底座上的全回转臂架起重机（如图 6－7 所示），是码头前沿的通用起重机械之一。其门架下面可通行铁路车辆或其他无轨运输工具（如汽车）等。半门座起重机的门架靠陆侧没有支腿，由架设在仓库墙壁或斜坡上的轨道支承，其他机构与门座起重机相同，随着港口吞吐量增加和码头前沿场地加宽，这种机型已渐被淘汰。

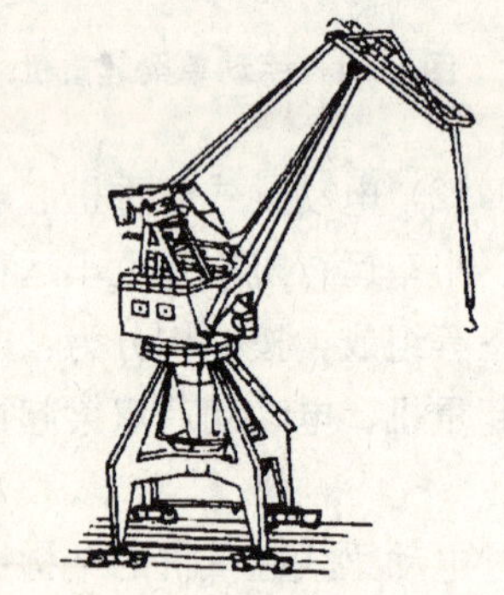

图 6－7　全回转臂架起重机

门座起重机的工作地点相对比较固定，不像轮胎起重机那样变动较大。门座起重机依靠其高大的金属结构提供活动空间，依靠其比较完善的工作机构协调工作，以较高的生产率来完成船—岸、船—车、船—船等之间的装卸作业。

门座起重机的金属结构包括臂架系统、人字架、转柱、机房平台以及门架等。臂架可分为直臂架或组合臂架系统。如图 6-7 所示的臂架均为组合管架系统，它由象鼻架、主臂架、拉杆以及活动对重等组成，铰接在人字架和机房平台上。机房平台则通过转柱或转台支承在门架上。为了保证汽车、火车或其他机械在门架下顺利通过，门架下面的净空高度和轨距须根据不同的要求来定。目前，主要的金属结构多采用钢板焊接的箱形结构，有时，臂架也可采用由各种型钢焊制的桁架结构。在一般情况下，桁架单位长度的重量较轻，用料较省，迎风面积较小，但制造和保养较麻烦。

和轮胎起重机的起重特性不同，门座起重机因要带货变幅，其起重特性被设计成起重量不随取物装置位置而变，即在它的全工作幅度范围内均能达到最大起重能力，某些型号将全幅度分为二三个幅度范围，每个幅度范围内各有一个起重量。根据交通行业标准（JT 5001—75）规定，各起重量吨级的港口门座起重机均为吊钩、抓斗两用；起重量较大的门座起重机可根据客户要求设计成具有两个额定起重量、两种起升速度的一机两用起重机，所增设的起重量值必须符合国家标准的规定，且其相应的最大幅度不得小于 22 米。

港口门座起重机除了具有高大的门架和金属结构、具有可带货变幅的工作性变幅机构之外，还具有工作幅度大、起升高度大、工作速度快和生产率高的特点。

由于门座起重机结构庞大，工作往往又很繁忙，这就要求对安全装置给予更多的注意。除了各工作机构根据不同要求分别装设不同形式的制动器之外，在门座起重机上还安装了一系列的行程限制器和安全装置，如起升高度指示器和限位器、起重量指示器、超重报警装置、变幅机构的缓冲器、变幅限位器、回转机构过载保护的极限力矩联轴器、回转限位器、门腿上的夹轨器、避碰器、防风锚定装置和有关的电气保护装置等。

我国各港口使用的门座起重机极大多数是国产的。国内生产港口门座起重机数量和型号最多的专业港机厂是上海港机厂。该厂自 1960 年生产我国第一台5吨门座起重机以来，已生产了十多种型号。其他许多厂家如南京港机厂、广州港机厂等也生产门座起重机。

5. 浮式起重机

浮式起重机是以专用浮船作为支承和运行装置，浮在水上作业，可沿水道自航或拖航的水上臂架起重机（如图6-8所示）。它广泛用于海河港口，可单独完成船—岸间或船—船间的装卸作业，也可配合岸上的起重设备加速船舶装卸。此外，还常用于建港、建桥、水利工程以及船舶修造、水上打捞、救险等的起重作业。

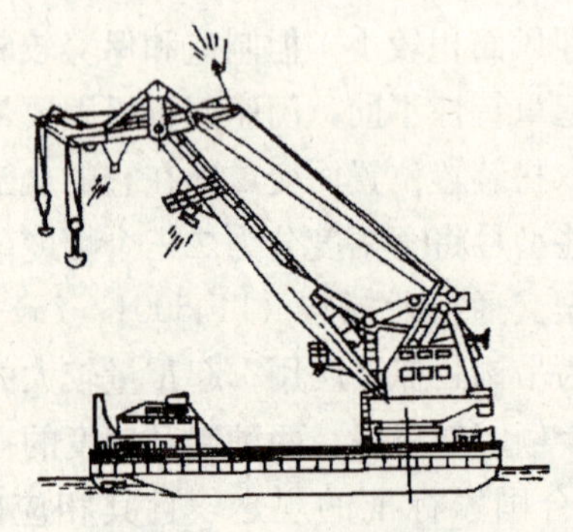

图6-8　浮式起重机

（三）叉车

叉车是装卸搬运机械中应用最广泛的一种。按ISO（国际标准化组织）分类，叉车属于工业起升搬运自装载车辆。它种类很多，用途广泛。它机械地把水平方向的搬运和垂直方向的起升紧密结合起来，有效地完成各种装卸搬运作业。

自托盘发明使用、出现集装运输开始，叉车（包括室内、室外叉车）即作为物料运搬的主要工具。在未来的很长一段时期内，不断实现功能创新、自动化程度越来越高的叉车亦将仍然在搬运领域占据主导地位。叉车由自行的轮胎底盘和能垂直升降、前后倾斜的货叉、门架等组成，主要用于件货的装卸搬运，是一种既可作短距离水平运输，又可堆拆垛和装卸载货车、铁路平板车的机械，在配备其他取物装置以后，还能用于散货和多种规格品种货物的装卸作业。

1. 叉车的概念

叉车又称铲车、叉式装卸车，是装卸搬运机械中最常用的具有装卸、搬运双重功能的机械。它以货叉作为主要的取货装置，依靠液压起升机构升降货物，由轮胎式行驶系统实现货物的水平运动。叉车除了使用货叉以外，还可以更换各类的取物装置以适应多种货物的装卸、搬运和堆垛作业。

叉车作为短距离运送、堆垛装卸货物的一种常用车辆，其独特的优点，使其在物流装卸作业中具有非常重要的作用。

2. 叉车的工作特点

叉车在物流装卸作业中除了和港口的其他起重运输机械一样，能够减轻装卸工人繁重的体力劳动，提高装卸效率，缩短船舶与车辆在港停留时间，降低装卸成本以外，还具有它本身的以下一些特点：

(1) 机械化程度高。在使用各种自动的取物装置或在货叉与货板配合使用的情况下，可以实现装卸工作的完全机械化，不需要工人的辅助体力劳动。

(2) 机动灵活性好。叉车外形尺寸小，重量轻，能在作业区域内任意调动，能适应货物数量及货流方向的改变，可机动地与其他起重运输机械配合工作，提高机械的使用率。

(3) 可以“一机多用”。在配备与使用各种工作属具，如货叉、铲斗、臂架、串杆、货夹、抓取器、倾翻叉等以后，可以适应各种品种、形状和大小货物的装卸作业。

(4) 能提高仓库容积的利用率，堆码高度一般可达3米～5米。

(5) 有利于开展托盘成组运输和集装箱运输。

(6) 与大型起重机械比较，它的成本低、投资少，能获得较好的经济效果。

3. 叉车的作用及用途

叉车是一种无轨、轮胎行走式装卸搬运车辆。它主要用于厂矿、仓库、车站、港口、机场、货场、流通中心和配送中心等场所，并可进入船舱、车厢和集装箱内，对成件、包装件以及托盘、集装箱等集装件进行装卸、堆码、拆垛、短途搬运等作业，是托盘运输、集装箱运输必不可少的设备。

叉车的主要工作属具是货叉。在换装其他工作属具后，还可用于对散堆货物、非包装货物、长大件货物等进行装卸作业以及对其进行短距离搬运作业。

叉车作业时，仅依靠驾驶员的操作就能够使货物的装卸、堆垛、拆垛、搬运等作业过程机械化，而无须装卸工人的辅助劳动。多年来，由于成件货物的品种多、规格杂、外形不一、包装各异，所以对这些货物很难实现装卸作业机械化。叉车的问世，使这一难题得到了解决。这不但保证了安全生产，而且占用的劳动力大大减少，劳动强度大大降低，作业效率大大提高，经济效益十分显著。

4. 几种常用叉车

（1）平衡重式叉车。平衡重式叉车是叉车中应用最广泛的一种，约占叉车总数的80%以上。它分为电瓶式叉车和内燃式叉车。平衡重式叉车不仅可通过司机单独操作完成货物的装卸、搬运和堆垛作业，并且还可通过变换属具扩大叉车的使用范围和作业效率（如图6－9所示）。

图6－9　平衡重式叉车

叉车的工作装置位于叉车的前端，货物载于前端的货叉上，为了平衡前端货物的重量，保持叉车的纵向稳定性，需要在叉车的后部装有平衡重。平衡重式叉车的前轮为驱动轮，后轮为转向轮，依靠叉车前后移动插卸货物。

平衡重式叉车由于没有支撑臂，需要较长的轴距和平衡重来平衡载荷，这样叉车的重量和尺寸都较大，需要较大的作业空间。同时，货叉直接从前轮的前方叉取货物，对叉取货物的体积一般没有要求；动力较大，底盘较高，具有较强的地面适应能力和爬坡能力，适用于室外作业。

(2) 前移式叉车。前移式叉车具有两条前伸的支腿，支腿较高，支腿前端有两个轮子。支腿的作用是确保叉车在负载时的稳定性。前移式叉车起重量较小，采用电动机进行驱动。

从结构形式上看，前移式叉车分为叉架前移式（如图 6-10）和门架前移式（如图 6-11）两种。

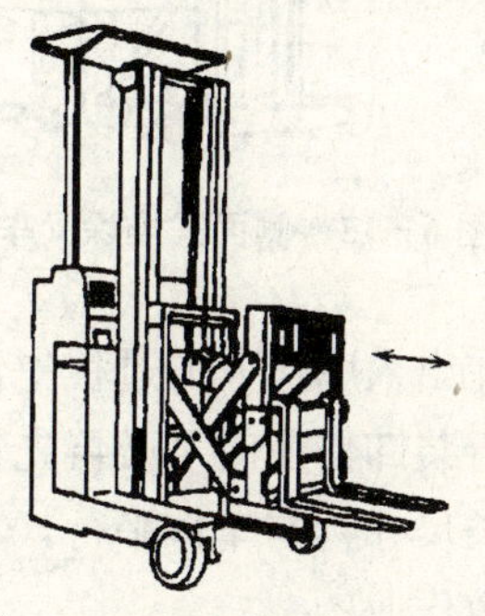

图 6-10 叉架前移式叉车

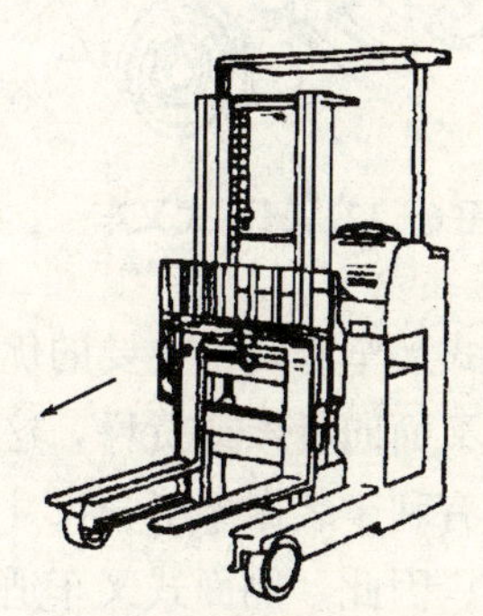

图 6-11 门架前移式叉车

前移式叉车具有平衡重式叉车和电动堆垛机的共同特征。当门架前升至顶端时，荷载重心落在支点的外侧，此时相当于平衡重式叉车；当门架完全收回时，荷载重心落在支点的内侧，此时相当于电动堆垛机。这两种性能的结合，使得这种叉车具有操作灵活性和高荷载的优点，同时还具有车身小、重量轻、转弯半径小、可以节省空间等优点，但行驶速度较低，适合于通道较窄的室内仓库作业。

(3) 侧面式叉车。侧面式叉车的门架、起升机构和货叉位于叉车的中部，不仅可以上下运动，还可前后伸缩。货叉位于叉车的侧面，侧面还有一货物平台。当货叉叉取货物，货叉沿门架上升到大于货物平台的高度后，门架沿着导轨缩回，降下货叉，货物便放在叉车的货物平台上。有侧面式叉车（如图 6 - 12 所示）和侧面式堆垛叉车（如图 6 - 13 所示）两种。

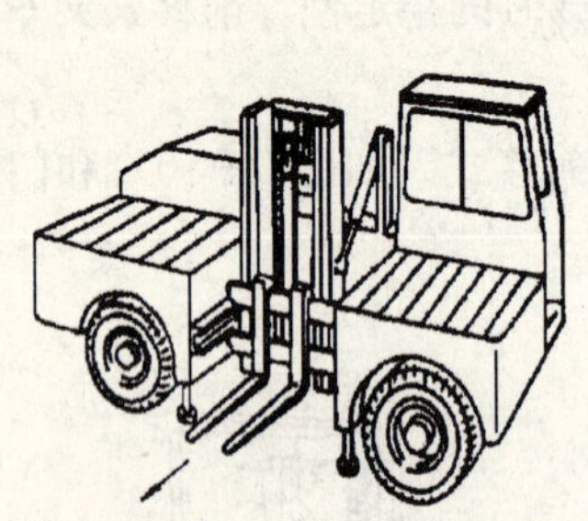

图 6 - 12 侧面式叉车

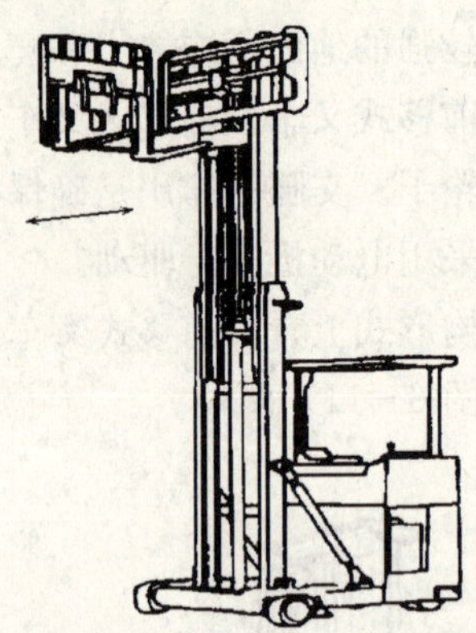

图 6 - 13 侧面式堆垛叉车

侧面式叉车有两个主要的优点，一是在出入库作业的过程中，车体进入通道，货叉面向货架或货垛，这样，在进行装卸作业时不必再先转弯然后作业；二是有利于装搬条形长尺寸物，因为长尺寸物与车体平行，不受通道宽度的限制。因此，侧面式叉车适合于窄通道作业。

（4）插腿式叉车。插腿式叉车的特点是叉车前方带有小轮子的支腿，能与货叉一起伸入货板叉货，然后由货叉提升货物（如图 6 - 14 所示）。一般由电动机驱动，蓄电池供电。它的优点是起重量小、车速低、结构简单、外形小巧。适用于通道狭窄的仓库内作业。

（5）伸缩臂式叉车。与平衡重式叉车相比，伸缩臂式叉车的优点是通过臂杆的移动而不需要车辆移动来对准货位，利于提高堆垛的稳定性，整车重心后移，运行的稳定性好（如图 6 - 15 所示）。伸缩臂式叉车适用的作业范围广，可以跨越障碍进行货物的堆垛作业，而且通过变换叉车属具还可进行多种作业。

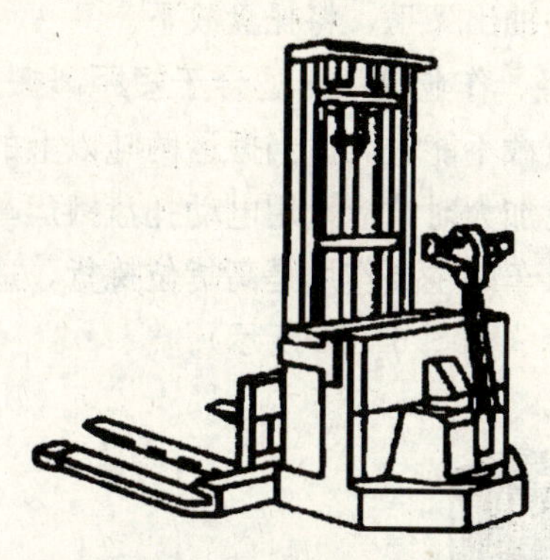

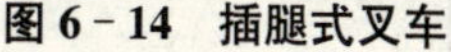

图 6-14　插腿式叉车

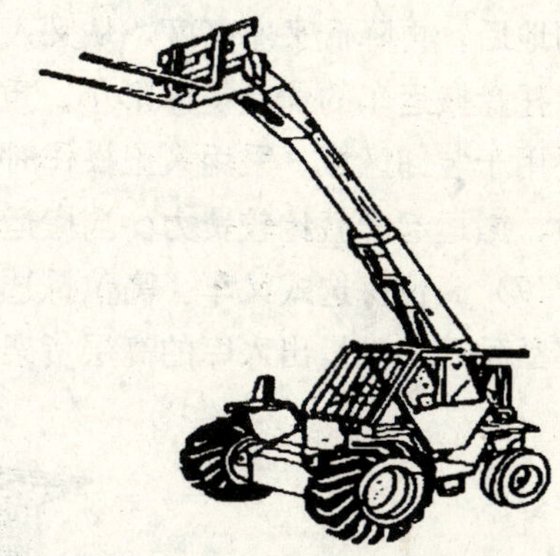

图 6-15　伸缩臂式叉车

（6）托盘式叉车。托盘式叉车又称为托盘搬运车，是以搬运托盘为主的搬运车辆。这种设备的作用是在仓库内部货位之间搬运托盘，调整托盘与运输工具之间的装卸位置，在运输工具内部搬运托盘货体就位。托盘搬运车包括电动托盘搬运车（如图 6-16 所示）和手动托盘搬运车（如图 6-17 所示）。

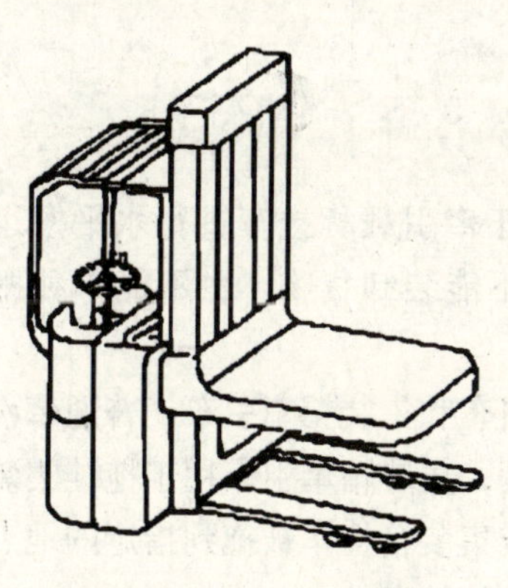

图 6-16　电动托盘搬运车

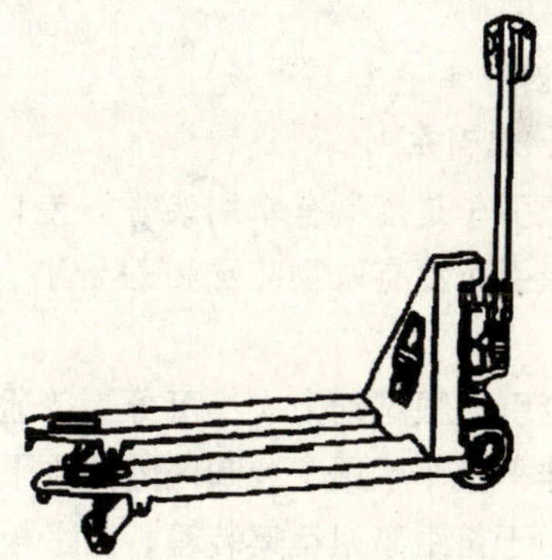

图 6-17　手动托盘搬运车

用托盘叉车叉取托盘时，先降低叉座的高度，使之低于托盘底座，叉入托盘叉口后，再抬高叉座，将托盘抬起，利用搬运车的轮子移动托盘，到达目的地后，再降低叉座高度，从叉入口中抽出叉爪，将托盘放下。

托盘搬运车的优点是体形小、重量轻、作业灵活。适合于短距离搬运，主要用于装卸区域。采用人工操作时，负载不能太大。当搬运两吨以上的货物时，搬运起来就比较费力。当搬运距离加大时，应采用电动托盘搬运车。

(7) 高位拣选式叉车。高位拣选式叉车的主要作用是高货位拣货，适用于多品种、小批量出入库的高层货架仓库（如图 6－18 所示）。

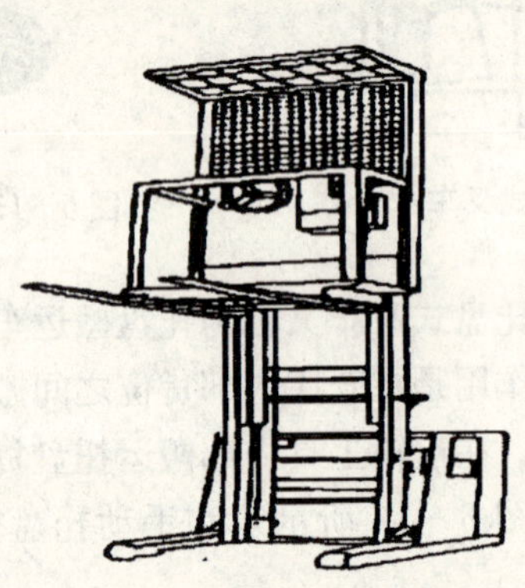

图 6－18　高位拣选式叉车

（四）牵引车

1. 牵引车

牵引车是指具有牵引装置，专门用于牵引载货挂车进行水平搬运的车辆。牵引车没有取物装置和载货平台，不能装卸货物，也不能单独搬运货物。

牵引车根据动力大小可分为普通牵引车和集装箱牵引车。普通牵引车可以拖挂平板车，用于装卸区内的水平搬运；集装箱牵引车用于拖挂集装箱挂车，用于长距离搬运集装箱。当平板车或集装箱挂车被拖到指定的地点装卸货物后，牵引车就会拖开这些挂车与其他的挂车结合。

根据所提供的动力不同，牵引车可分为内燃牵引车和电动牵引车。

2. 牵引车挂车

牵引车挂车也称拖头平车。牵引车挂车的工作特点是拖带量大，牵引车和挂车转弯运行的轨迹相同，节省了其水平运输的工作面积，也是件杂货港站效率最高的一种水平运输设备。通常牵引车挂车的重载配置是 1 台牵引车拖带 3 个挂车，最多可拖带 4～5 个挂车，空载运行时 1 台牵引车最多可拖带 6 个以上的挂车。

在件杂货港站装卸作业中，合理使用牵引车的方法是循环拖带，充分利用牵引车的牵引能力。循环拖带的配机一般采用 1 台牵引车配备 3 组挂车，进行作业的方式：一组在码头前沿；一组在库、场堆、拆垛；另一组在运行。在采用船舶吊杆进行装卸船舶作业时，码头边应设置电动绞车，因为船舶吊杆作业点是固定的，在作业过程中需要依次移动挂车。

第三节　集装箱货物装卸搬运技术

随着科学技术的发展，生产技术得到了发展，各种交通工具和交通设施以及交通网络也得到了不断发展，同时由于市场扩大，为大批量生产提供了良好的环境。而大量生产的产品要输送到各地，就必须依靠集装单元化技术，对这些产品实现大批量、长距离的输送。目前世界各国大都采用了集装单元化技术进行物流活动。集装单元化是物流现代化的标志。

一、集装单元的概念

集装单元是指利用各种不同的方法和器具，把有包装或无包装的物品，整齐地汇集成一个扩大了的、便于装卸和搬运，并在整个物流过程中保持一定形状的作业单元。

以集装单元来组织货物的装卸、搬运、存储、运输等物流活动的作业称为集装单元化。

集装是将许多单件物品，通过一定的技术措施组合成尺寸规格相同、重量相近的大型标准化的组合体，这样大型的组合状态称为集装。

集装器具主要有三大类：集装箱、托盘、其他集装器具。

二、集装箱

集装箱（Container）是指能装载包装货或非包装货进行运输，并便于用机械设备进行装卸搬运的一种成组工具的总称，是指有一定容积，适合在不同的运输方式中转运，具有一定强度、刚度能反复使用的箱子。

对于集装箱应具备的基本条件，国际标准化组织 ISO/R 830—1968《集装箱术语》中作了规定：

1. 具有足够的强度，能反复长期使用；
2. 适合一种或多种方式运输，中转时，箱内货物不必换装；
3. 可以进行快速装卸和搬运，特别便于从一种运输方式转移到另一种运输方式；
4. 便于货物装满和卸空；
5. 容积大于 1 立方米。

我国国标 GB 1992—85《集装箱名词术语》中对集装箱作的规定，完全符合以上基本条件。

三、集装箱标准

（一）标准集装箱

为了有效地开展国际集装箱多式联运，必须强化集装箱标准化，集装箱标准按使用范围分为国际标准集装箱、国家标准集装箱、地区标准集装箱和公司标准集装箱四种。

1. 国际标准集装箱

国际标准集装箱是根据国际标准化组织第 104 技术委员会制定国际标准来建造和使用的国际通用的标准集装箱。

2. 国家标准集装箱

各国政府参照国际标准与考虑本国的具体情况，而制定本国的集装箱标准。

我国现行国家标准 GB 1413—85《集装箱外部尺寸和额定重量》中集装箱各种型号的外部尺寸，极限偏差及额定重量。

3. 地区标准集装箱

由地区组织根据该地区的特殊情况制定的，此类集装箱仅适用于该地区。如根据欧洲国际铁路联盟（VIC）所制定的集装箱标准而建造的集装箱。

4. 公司标准集装箱

某些大型集装箱船公司，根据本公司的具体情况和条件而制定的集装箱船公司标准，这类箱主要在该公司运输范围内使用，如美国海陆公司的35英尺集装箱。

（二）非标准集装箱

目前世界上还有不少非国际标准集装箱，如非标准长度集装箱、非标准宽度集装箱、非标准高度集装箱等等。

1. 非标准长度的集装箱

美国海陆公司的10.67米（35ft）型集装箱、麦逊公司的7.32米（24ft）型集装箱以及美国总统轮船公司的13.72米（45ft）型集装箱和14.63米（48ft）型集装箱均为典型的非标准长度的集装箱。

14.63米（48ft）型集装箱的容积比12.2米（40ft）型集装箱增加45%，承载量比13.72米（45ft）增加29%，而内陆运费都与12.2米（40ft）型集装箱相同。实践表明，集装箱的搬运数量对装卸费和搬运费的影响要比集装箱尺寸变化带来的影响大得多。因此，在一定范围内加大集装箱的尺寸，减少集装箱的装卸和搬运量，就可以降低装卸费和搬运费，提高集装箱运输的经营效益。

2. 非标准宽度的集装箱

在法国、瑞典等欧洲国家的铁路上，为了与卡车运输进行竞争，使用了宽度为2.5米（8.2ft）的集装箱，可以在滚装船上装载，但不能装在全集装箱船上。此外，美国总统轮船公司14.63米（48ft）型集装箱的宽度为2.59米（8.5ft）。

从全集装箱船船舱内的箱格结构看，集装箱高度的变化对箱格结构的尺寸无多大影响，长度的改变在一定范围内也是可以的。但宽度变化是不允许的。所以非标准宽度的集装箱并不多见。

3. 非标准高度的集装箱

非标准高度的集装箱可以看到的有高度为 2.74 米、3.96 米（9ft、13ft）型的集装箱。高度超越过 2.9 米（9.5ft）的集装箱一般用来装运特种货物。例如，可以装载两层小汽车。高度为 3.2 米（10.5ft）的汽车集装箱，其长度和宽度与普通的标准集装箱相同，为 6.1 米（20ft）和 2.44 米（8ft）。所以非标准高度的集装箱在现实运输中并不多见。

除了上述谈到的非国际标准集装箱，还有非国际标准重量的集装箱。6.1 米（20ft）的国际标准集装箱的总重为 24 吨。国外，6.1 米（20ft）的非国际标准集装箱总重有的达到 27 吨和 30 吨，但超重集装箱较少。这是因为超重集装箱的装卸和运输对公路规则、装卸设备的负荷、底盘车和船舶的承载力及船舶的稳定性等都有很大的影响。

四、集装箱的分类

为了适应装载不同种类货物的需要，出现了不同类型的集装箱。集装箱因用途不同，制造材料不同，而有不同种类。

（一）按集装箱的用途分类

1. 干货集装箱

干货集装箱又称杂货集装箱。箱体设有箱门，箱门锁闭后成密封状态。用以装载除液体货物、需要调节温度货物及特种货物以外的一般件杂货，这种集装箱使用范围极广；使用时应注意箱子内部容积和最大负荷，对装入这种集装箱的货物要求有适当的包装，以便充分利用集装箱的箱容（如图6－19所示）。

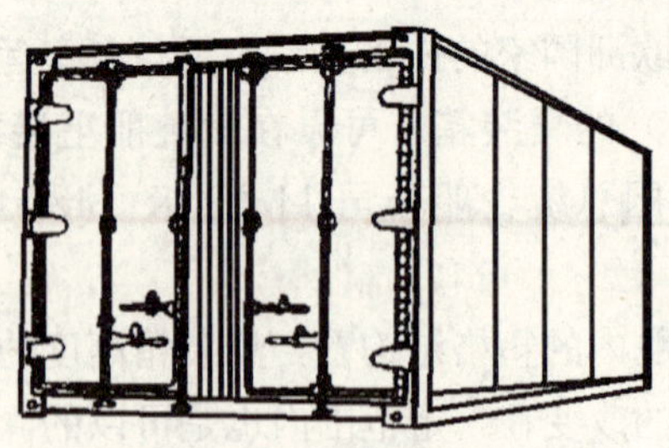

图 6－19 干货集装箱

2. 通风集装箱

通风集装箱在其侧壁或端壁设有通风口，其他结构同杂货集装箱相差不多，箱体是密闭式。这种集装箱主要用来装运有一定通风和防汗湿要求的杂货，对一些新鲜货物也有一定的防腐作用。

3. 散货集装箱

散货集装箱专供颗粒或粉状的散装货物，如面粉、谷物、食盐、硼砂、树脂等。箱顶没有装货口，端壁门下部设有卸货口，为便于卸货，也可以将箱底制成漏斗型（如图 6-20 所示）。

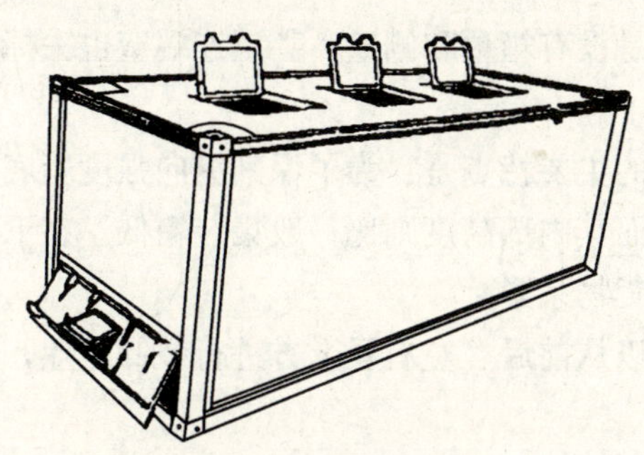

图 6-20　散货集装箱

散货集装箱的使用有严格要求，如：

(1) 每次卸空后，要进行清扫，使箱底、两侧保持光洁；

(2) 为防止汗湿，箱内金属部分尽可能少外露；

(3) 有时需要熏蒸，集装箱应具有气密性；

(4) 在负载时，除了由箱底主要负重外，还应考虑到将货物重量向两侧分散；

(5) 箱子的结构应易于洗涤。

使用集装箱运散货，一方面提高了装卸效率，另一方面提高了货物质量，减少了粉尘对人体及环境的侵害。

4. 开顶集装箱

开顶集装箱的箱顶可以开启，目的在于可利用机械从箱顶方向装卸货物。

箱顶有硬顶和软顶两种。硬顶是用薄钢板制成的，利用起重机械进行装卸作业。软顶一般是用帆布、塑料布或涂料布制成的，开顶时向一端卷起就可以了。其他结构与干货集装箱类似。开顶集装箱在集装箱种类中属于需求增长较少的一种，主要原因是货物装卸量提高不上去，在没有月台、叉车等设备的仓库无法进行装箱，在装载较重的货物时还需使用起重机。利用起重机从顶部吊入箱内不易损坏货物，而且也便于在箱内固定。目前，开顶集装箱仅限于装运较高货物或用于代替尚未得到有关公约批准的集装箱种类。

5. 台架式集装箱

台架式集装箱是没有箱顶和侧壁，甚至连端壁也去掉，而只有底板和四个角柱的集装箱。

台架式集装箱的主要特点是：为了保其纵向强度箱底较厚。箱底的强度比普通集装箱大，而其内部高度则比一般集装箱低。在下侧梁和角柱上设有系环，可把装载的货物系紧。

这种集装箱可以从前后、左右及上方进行装卸作业，适合装载长大件和重货件。

由于这种箱子没有水密性，怕水湿的货物不能装运。通过海上运输时必须装载舱内运输，在堆场存放时也应用毡布覆盖。同时，货物本身的包装也应适应这种集装箱。这种集装箱的采用，打破了过去一直认为集装箱必须具有一定容积的概念。

6. 平台式集装箱

平台式集装箱是在台架式集装箱上再简化而只保留底板的一种特殊结构集装箱，该集装箱装卸作业方便，适于装载大、重型货物。

7. 罐式集装箱

罐式集装箱是一种专供装运各种液体货物的集装箱，它由罐体和框架两部分组成，罐体用于装液体货物，框架用来支承和固定罐体，罐体的外壁采用保温材料以使罐体隔热，内壁一般要研磨抛光以避免液体残留于壁面。为了降低液体的黏度，罐体下部还设有加热器，罐体内温度可以通过安装在其上部的温度计观察到，罐顶设有装货口，罐底设有排出阀。装货时货物由罐顶部装货孔进入。卸货时，由排货孔流出或从顶部装货孔吸出（如图6－21所示）。

图 6－21 罐式集装箱

8. 冷藏集装箱

冷藏箱装箱是指装载集装箱并附设有冷冻机的集装箱。目前国际上采用的冷藏集装箱基本上分两种：一种是集装箱内带有冷冻机的叫机械式冷藏集装箱；另一种箱内没有冷冻机而只是有隔热结构，即在集装箱端壁上设有进气和出气孔，箱子装在船舱中，由船舶的冷冻装置供应冷气，这种箱子叫做离合式冷藏集装箱。

在运输过程中，启动冷冻机使货物保持在所要求的指定温度，箱内顶部装有挂肉类、水果的钩子和轨道，适用于装载冷藏食品、新鲜水果或特种化工产品等。

9. 汽车集装箱

汽车集装箱是专门供运输汽车而制造的集装箱。这种集装箱无侧壁，仅设有框架和箱底，为了防止汽车在箱内滑动，箱底专门设有绑扎设备和防滑钢板。根据汽车高度，可装载一层或二层（如图 6－22 所示）。

10. 动物集装箱

动物集装箱是专门为装运动物而制造的特殊集装箱，为了避免阳光照射，动物集装箱的箱顶和侧壁是用玻璃纤维加强塑料制成。另外为了保证箱内有较新鲜的空气，侧面和端面都有铝丝网制成的窗，以求有良好的通风。侧壁下方设有清扫口和排水口，并配有上下移动的拉门，可把垃圾清扫出去，还装有喂食口。动物集装箱在船上一般应装在甲板上，以利于通风，清

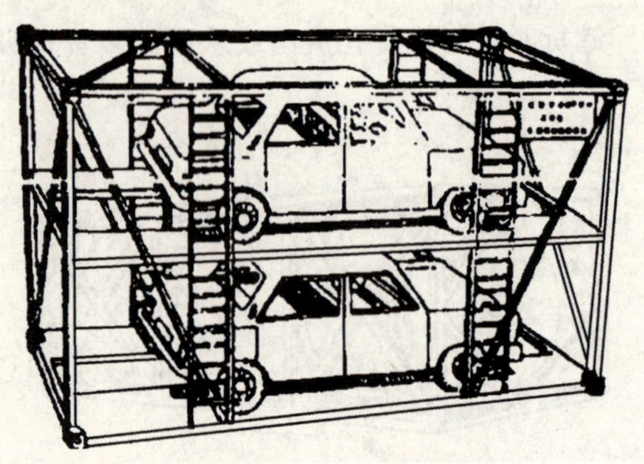

图 6－22　汽车集装箱

扫和照顾。

（二）按集装箱的制造材料分类

由于集装箱在运输途中常受各种力的作用和环境的影响，因此集装箱的制造材料要有足够的强度和刚度。应尽量采用质量轻、强度高、耐用、维修保养费用低的材料，并且材料既要价格低廉、又要便于取得。

目前，世界上广泛使用的集装箱按其主体材料分类为：

1. 钢制集装箱

钢制集装箱其框架和箱臂皆用钢材制成。它强度高，结构牢固，水密性好，能反复使用，价格低廉。其主要缺点是自重大，抗腐蚀性差。

2. 不锈钢集装箱

一般用不锈钢制作罐式集装箱。这种集装箱不生锈，耐腐蚀性好，强度高，但价格高，投资大。

3. 铝合金集装箱

这种集装箱自重轻，从而提高了集装箱的装载能力，具有较强的防腐能力、弹性好，但造价高，焊接性不如钢制集装箱，受碰撞时易损坏。

4. 玻璃钢制集装箱

玻璃钢制集装箱是在钢制框架上装上玻璃钢复合板构成的。其隔热性、防腐性和耐化学性均较好，强度大，刚性好，能承受较大应力，易清扫，修理简单，集装箱内容积较大等，但自重较大，造价较高。

五、集装箱标记

为了在运输过程中，便于识别和管理集装箱，编制集装箱运输文件，便于集装箱信息的传输和处理，需要在集装箱箱体上打印清晰易辨、耐久的标记。

集装箱按 ISO 6346—1995 标准在规定位置应标注以下内容，如图 6-23 所示。

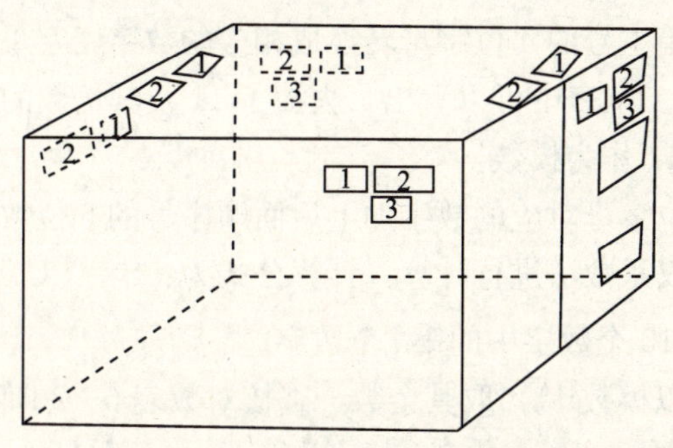

图 6-23　集装箱标记标注位置

（一）第一组标记：箱主代码、顺序号、核对数

1. 箱主代码。表示集装箱所有者的代码。用四位拉丁字母表示，为了区别集装箱与其他设备，第四位字母规定为“U”。为了避免重号，在本国使用的集装箱，箱主在使用前应向本国主管部门登记注册；国际间使用的集装箱，由箱主向国际集装箱局（BIC）登记注册。

2. 顺序号。表示集装箱编号，按照国家标准的规定，用 6 位阿拉伯数字表示，不足 6 位，则以 0 补齐。

3. 核对数。用于计算核对箱主号与顺序号记录的正确性。核对号一般位于顺序号之后，用一位阿拉伯数字表示，并加方框以醒目。

核对数是由箱主号的 4 位字母和顺序号的 6 位数字通过以下换算而得

（如表 6－1 所示）。

表 6－1　　核对数计算中箱主代号字母与数字转换表

字　母	A	B	C	D	E	F	G	H	I	J	K	L	M
数　字	10	12	13	14	15	16	17	18	19	20	21	23	24
字　母	N	O	P	Q	R	S	T	U	V	W	X	Y	Z
数　字	25	26	27	28	29	30	31	32	34	35	36	37	38

具体步骤如下：

（1）将表示箱主号的 4 位字母转换成相应的数字，字母和数字的对应关系如表 6－1 所示。从表中可以看出，去掉了 11 及其倍数的数字，这是因为后面的计算将把 11 作为模数。

（2）将前 4 位字母对应的数字加上后面顺序号的 6 位数字共计 10 位。

（3）采用加权系数法进行计算，计算公式为：$S=\sum_{i=0} C_i \times 2^i$

式中：C_i 为 10 个数字中的第 i 个数字。

（4）将 S 除以模数 11，取其余数，查核对数表 6－2 即可得到核对数。

表 6－2　　核对数表

余　数	10	9	8	7	6	5	4	3	2	1	0
核对数	0	9	8	7	6	5	4	3	2	1	0

例如：COSU800112

对应的数字是：13—26—30—32—8—0—0—1—1—2

根据公式：

$$S=\sum_{i=0} C_i \times 2^i$$

得：$S=13\times2^0+26\times2^1+30\times2^2+32\times2^3+8\times2^4+0\times2^5+0\times2^6+1\times2^7+1\times2^8+2\times2^9=13+52+120+256+128+128+256+1024=1977$

将结果除以 11，取余数得：

$$1977\div11=179\cdots8$$

故：核对数为 8。

（二）第二组标记：国籍代号、尺寸代号和类型代号

1. 国籍代号。用3位拉丁字母表示，说明集装箱的登记国（如表6-3所示）。

表6-3　　部分国家和地区代号表

国家和地区	三字母	二字母	国家和地区	三字母	二字母
澳大利亚	AUS	AU	印　度	IND	IN
奥地利	AXX	AT	印度尼西亚	RIX	ID
比利时	BXX	BE	伊　朗	IRX	IR
巴　西	BBX	BR	意大利	IXX	IT
加拿大	CDN	CA	爱尔兰	IRL	IE
智　利	RCH	CL	以色列	ILX	IL
中　国	PRC	CN	日　本	JXX	JP
塞浦路斯	CYX	CY	韩　国	ROX	KR
丹　麦	DKX	DK	黎巴嫩	RLX	LB
芬　兰	SFX	FI	墨西哥	MEX	MX
法　国	FXX	FR	荷　兰	NLX	NL
加　纳	CHX	GH	新西兰	NZX	NZ
前联邦德国	DXX	DE	尼日利亚	WAN	NG
希　腊	GRX	GR	挪　威	NXX	NO
中国香港	HKX	HK	巴基斯坦	PAK	PK
匈牙利	HXX	HU	巴拉圭	PYX	PY
秘　鲁	PEX	PE	瑞　士	OHX	OH
菲律宾	PIX	PH	中国台湾省	PCX	TW
波　兰	PLX	PL	土耳其	TRX	TR
葡萄牙	PXX	PT	越　南	VNX	VN

续 表

国家和地区	三字母	二字母	国家和地区	三字母	二字母
新加坡	SGP	SG	赞比亚	RNR	ZM
西班牙	EXX	ES	英　国	GBX	GB
南非共和国	ZAX	ZA	美　国	USA	US
斯里兰卡	SLA	LK	前苏联	SUK	SU
瑞　典	SXX	SE	南斯拉夫	YUK	YU

2. 尺寸代号。由 2 位阿拉伯数字组成，用于表示集装箱的尺寸大小（如表 6－4 所示）。

表 6－4　　集装箱尺寸代号表

	公称高度(mm)		h=2438		h=2591		h>2591		1219<h≤1295		1295<h<2438	h≤1219
	鹅颈槽		无	有	无	有	无	有	无	有	有或无	有或无
	公称长度(mm)	尺寸代号	0	1	2	3	4	5	6	7	8	9
ISO 系列Ⅰ集装箱和同类型集装箱（注）	3000	1	10	11	12	13	14	15	16	17	18	19
	6000	2	20	21	22	23	24	25	26	27	28	29
	9000	3	30	31	32	33	34	35	36	37	38	39
	12000	4	40	41	42	43	44	45	46	47	48	49
其他类型集装箱	3000<L<6000	6	60	61	62	63	64	65	66	67	68	69
	6000<L<9000	7	70	71	72	73	74	75	76	77	78	79
	9000<L<1200	8	80	81	82	83	84	85	86	87	88	89
	L>12000	9	90	91	92	93	94	95	96	97	98	99
		索引号	公称长度<3000mm 的集装箱尺寸代号									
ISO 集装箱	L<3000 集装箱内部容积	0	00　01　02　03　04　05　06　07　08　09 另行指定									
其他类型集装箱	L<3000 集装箱内部容积	5	50　51　52　53　54　55　56　57　58　59 这些代号以后规定									

注："同类集装箱"是指装有符合 ISO 1161 规定的角件尺寸和位置的集装箱，并能用 ISO 集装箱装卸设备起吊。

3. 类型代号。由 2 位阿拉伯数字组成，说明集装箱的类型（如表 6－5 所示）。

表 6－5　　　　集装箱类型代号表

类型	特　征	代号	备　注
通用集装箱	一端或两端开门 一端或两端开门，加一侧或两侧全开门 一端或两端开门，加一侧或两侧部分开门 一端或两端开门，加活顶 一端或两端开门，一侧或两侧也开门，再加活顶 备用号 备用号 备用号 备用号 备用号	00 01 02 03 04 05 06 07 08 09	
带通气孔的密闭式集装箱	通气孔总面＜25cm^2m（箱长） 通气孔总面≥25cm^2m（箱长） 备用号	10 11 12	箱内上方有通气孔的集装箱
密闭式通风集装箱	箱内上下方设有通风装置（通风道），但无机械通风设施 备用号 箱内设有机械通风装置 备用号 设有外置式机械通风装置 备用号	13 14 15 16 17 18	设有通风装置的集装箱
保温集装箱	备用号 封闭式的 气密式的 加热式的 备用号 备用号	19 20 21 22 23 24	20～21 是各面都用隔热壁构成的，不用热源或冷源，以限制内外传热的集装箱； 20 的隔热 k 值 k_{max}≤0.4/（m^2·C）； 21 的隔热 k 值 k_{max}≤0.7/（m^2·C）； 22 是各面都用隔热壁构成的，有加热设备的集装箱，内部温度能固定或能保持所规定范围的集装箱

续 表

类型	特 征	代号	备 注
按货物命名的集装箱	牲畜集装箱 小汽车集装箱 备用号 备用号 备用号	25 26 27 28 29	
冷藏集装箱	制冷式——用扩散制冷剂 制冷式——用机械制冷 制冷和加热式 备用号 备用号 备用号 备用号 备用号 备用号 备用号	30 31 32 33 34 35 36 37 38 39	30～31 是各面都用隔热壁构成的，装有固定式独立制冷设备，能保持集装箱内部温度固定或保持在规定范围之内
制冷或加热设备可拆除	外部设备可拆卸 内部设备可拆卸 外部设备可拆卸 备用号 备用号 备用号 备用号 备用号 备用号 备用号	40 41 42 43 44 45 46 47 48 49	40～42 是各面都用隔热壁构成，装有拆卸式制冷或加热设备，能保持集装箱内温度固定或保持在所规定的范围内， 41 的隔热 k 值 k_{max}≤0.4W/（m^2·C） 42 的隔热 k 值 k_{max}≤0.7/（m^2·C）
敞顶式集装箱	一端或两端开门 一端或两端开门，端框架顶部构件可拆卸 一端或两端和一侧或两侧开门 一端或两端开门，一侧或两侧开门，端框架顶部构件可拆除 备用号 备用号 备用号 备用号 备用号 备用号	50 51 52 53 54 55 56 57 58 59	50～53 是有端壁和侧壁的集装箱

续 表

类型	特 征	代号	备 注
平台和台架式集装箱	平板式，无上部结构，装有顶角件和底角件	60	
	台架式，上部结构不齐全，有完整固定的端壁	61	
	台架式，上部结构不齐全，有固定立柱	62	
	台架式，上部结构不齐全，有完整可折叠的端壁	63	
	框架式，上部结构不齐全，有可折叠的立柱	64	60～67 的集装箱可使用同样的固定和起吊设备
	台架式，上部结构齐全，无侧壁，有箱顶	65	
	框架式，上部结构齐全，无侧壁，敞顶	66	
	框架式，上部结构齐全，无侧壁，敞顶，无端壁（全骨架）	67	
	备用号	68	
	备用号	69	
罐式集装箱	试验压力 45kPa	70	
	试验压力 150kPa	71	
	试验压力 265kPa	72	70～72 是装运非危险液体货物的集装箱
	试验压力 150kPa	73	
	试验压力 265kPa	74	73～76 是装运危险液体货物的集装箱
	试验压力 400kPa	75	
	试验压力 600kPa	76	77～79 是装运危险气体货物的集装箱
	试验压力 1.05kPa	77	
	试验压力 2.2kPa	78	
	试验压力大于 2.2kPa	79	
干散货集装箱	有重力卸货装置的干散货集装箱	80	
	有压力卸货装置的干散货集装箱	81	
	备用号	82	
	备用号	83	
	备用号	84	80～89 是专用于运送特殊货物的集装箱
	备用号	85	
	备用号	86	
	备用号	87	
	备用号	88	
	备用号	89	

续 表

类型	特 征	代号	备 注
	代号特性由国际标准化组织 ISO 与国际空运协会 IATA 共同拟订	90 91 92 93 94 95 96 97 98 99	90～99 是用于固翼式飞机的集装箱

（三）第三组标记：最大总重和自重

1. 最大总重。是集装箱的自重和最大的允许载货之和，用公斤（KG）和磅（LB）同时标出。

2. 自重。集装箱的空箱重量。

集装箱标记标注的位置要便于查看，一般要求当集装箱吊离地面 1.2m 时，观察者站在离集装箱侧面或者端面中部 3m 处能看清楚标记。如果由于位置所限而不能如图表明时，则第一、第二组标记可写成一行。

此外，标准要求标记的字体，第一、第二组高度应不小于 100 毫米，第三组高度应不小于 50 毫米，所有字样的宽度和笔画粗细应有适度的比例，字迹应当耐久，颜色应不同于集装箱本身的颜色。

六、集装箱的结构

（一）集装箱的箱型

集装箱是一种用于货物搬运的标准容器，分为国际标准集装箱和非标准集装箱。国际标准集装箱的外形与结构如图 6－24 所示。

集装箱通常是六面形的箱体。它由两个侧壁，一个端壁，一个箱顶，一个箱底和一对箱门组成。集装箱各部分名称如图 6－24 所示。

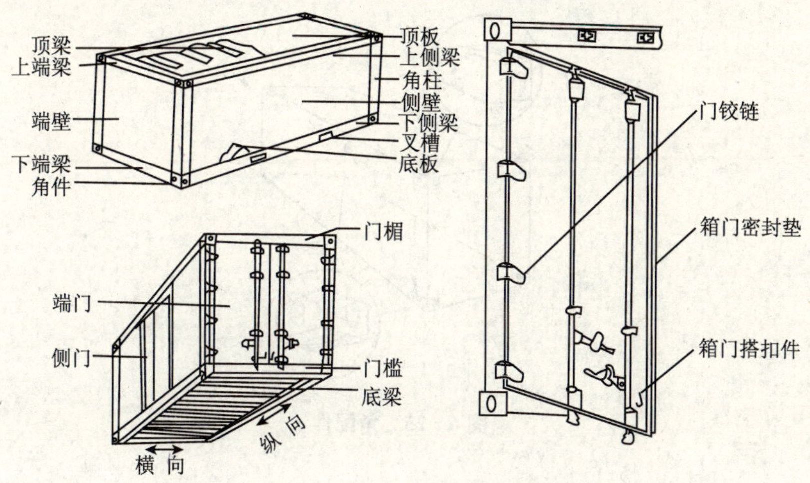

图 6－24　集装箱结构图

（二）集装箱的结构

1. 框架

集装箱的框架有前端部框架、后端部框架和两侧的侧框架。框架是承受外力最大的集装箱构件。集装箱在经受最大载重量被吊起时，框架的作用要求不会使集装箱引起永久变形。因此，集装箱前后端的框架结构，通常采用高强度的钢材制作，抗拉强度通常大于 50 千克/平方毫米。

2. 角配件

在集装箱每个箱角上都设有一个角配件。角配件是一个三面有孔的金属件。在起吊集装箱时，角配件与装卸机械上的集装箱专用吊具相连接，完成起吊装卸工作。在船舱内、甲板上、底盘车上，角配件可用于箱与箱之间，箱与甲板、底盘车等之间的连接。可见角配件对于集装箱是一个十分关键的构件，如图 6－25 所示。

3. 箱壁

集装箱的箱壁一般设在箱的前端部，由端壁板和端柱组成。端壁板嵌在前端部框架上，并具有密封性。

4. 箱门

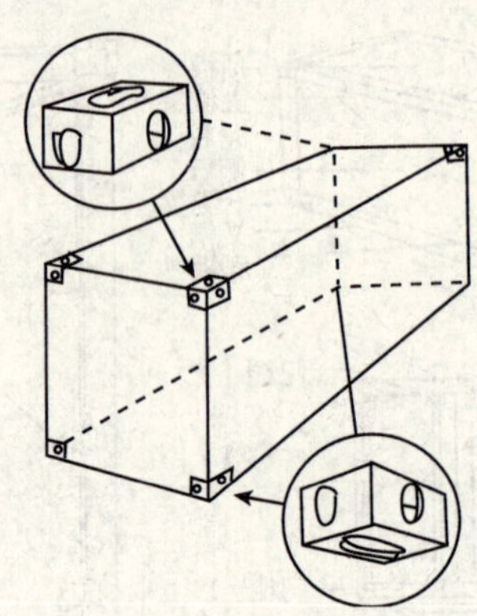

图 6-25 角配件

集装箱箱门设在箱的后端部。用铰链与角柱连接，具有防风、防雨的密闭性能。门上配有门锁。

5. 侧壁

集装箱的侧壁是由侧壁板和侧柱组成的。侧壁板具有一定的强度，具有水密性。侧柱是以一定间距配置在侧壁板上，以增加强度。

6. 箱顶

集装箱的箱顶由上桁材、箱顶梁和箱顶板所组成。为了防止箱顶漏水，箱顶最好采用一张整板制成。

7. 箱底

集装箱的箱底是由下桁材、下横梁和箱底板组成的。在组装时，应用填料粘缝，使之密封防水。箱底横梁是加强箱底强度的主要材料，在箱底与箱底板连接，箱底强度要满足承受叉车进箱时的集中负载。

七、集装箱装卸搬运设备

(一) 岸壁式集装箱装卸桥（如图 6-26 所示）

在现代化的集装箱港站上，目前从事港站前沿集装箱起落舱作业的设备普遍采用的是岸壁式集装箱装卸桥。它是一种体积庞大，自重非常重，价格昂贵的集装箱港站专用设备。临海侧有外伸的悬臂，用以装卸船；在陆侧有

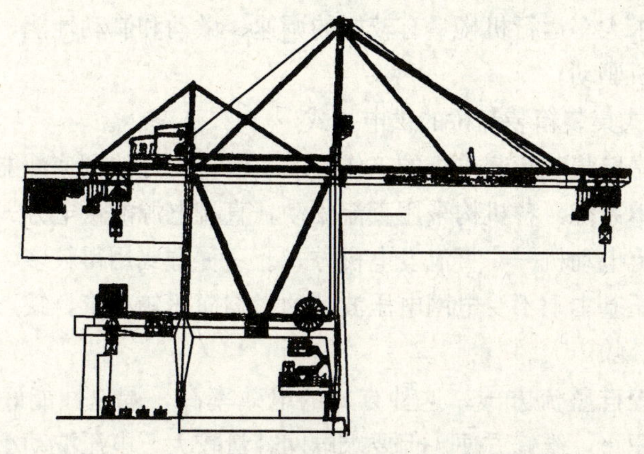

图 6-26　岸壁式集装箱装卸桥

内伸壁，上面设有平衡装置，以保持装卸桥的平衡与稳定；外伸壁是活动式的，以方便船舶靠离码头；装卸桥可以在地面轨道上自由行走，这样能方便地进行装卸船作业。

1. 岸壁式集装箱装卸桥主要结构

岸壁式集装箱装卸桥结构包括主要起升机构、小车运行机构，前大梁俯仰机构和大车运行机构以及集装箱专用吊具和其他辅助设备。有些岸壁集装箱装卸桥还有吊具减摇装置等。

岸壁集装箱装卸桥的结构特点是：

(1) 起升速度随载荷大小变化。由于岸壁式集装箱装卸桥的起升机构的载荷变化很大，故要求起升速度随载荷大小变化，这主要是由于目前集装箱的载货量一般只有额定载货量的 50%～60%，为了提高装卸效率，要求起升速度随载荷的大小而变化。

(2) 装设减摇装置。集装箱装卸桥的小车运行距离较长，速度较高，当小车起动和制动时货物会在小车运行方向上摇摆。小车运行速度越快，摇摆越严重，从而影响装卸效率和作业安全。因此，必须装设减摇装置。

(3) 大车运行机构采用直流电动机驱动。在装卸集装箱船时，由于需要经常移动大车对正船上的箱位，并不致碰撞邻近的集装箱或船舶的上层建筑，因而要求大车运行机构具有较好的调速、微动和制动性能，所以通常采用直流电动机驱动。

2. 岸壁式集装箱装卸桥的供电方式

为满足岸壁集装箱起重机的工作要求，取得良好的调速性能，一般采用直流无级调速系统，各机构采用直流驱动，直流电源的供电方式有三种：

(1) 交流电动机——直流发电机方式。这种方式用得较多，工作比较可靠，供电电压基本上不受电网电压波动的影响而比较稳定，缺点是机组自重大、价格高、噪声大。

(2) 可控硅整流方式。这种方式的电效率高，调速性能好，机组重量轻，占地面积小，维修方便。但要求电网容量较大，电压波动小。此外对维修的技术水平要求高。

(3) 柴油机——直流发电机方式。这种方式不受外界电源影响，提高了设备的机动性，特别适用于供电不便的码头，并可节省供电设施的投资。但是机组噪声很大，柴油机的维修也较复杂。

(二) 底盘车

底盘车方式是由陆上拖车运输发展起来的，是指将集装箱连同起运输集装箱作用的底盘车一起存放在堆场上。作业时，无须借助其他机械设备，就可用拖车将集装箱拖离堆场。故底盘车方式比较适合于门—门的运输方式，特别是海运部门承担的短途运输，也是一种效率较高的港站堆场作业方式。

由于集装箱堆存高度只有一层，而且需要留有较高的车辆通道。因此，需要占用较大的堆场面积，使堆场面积的利用率较低。

(三) 跨运车

跨运车是集装箱码头前沿和库场之间短途运输以及堆码集装箱的专用机械（如图 6-27 所示）。

跨运车方式又称“麦逊公司方式”，是一种具有搬运、堆垛、换装等多功能的集装箱专用设备。它以门形车架跨在集装箱上，由装有集装箱吊具的液压升降系统吊起集装箱进行搬运和堆码，可将集装箱堆码 2～3 层高，还可用于货场上集装箱底盘车的装卸。

因此，它比集装箱龙门起重机具有更大的机动性。

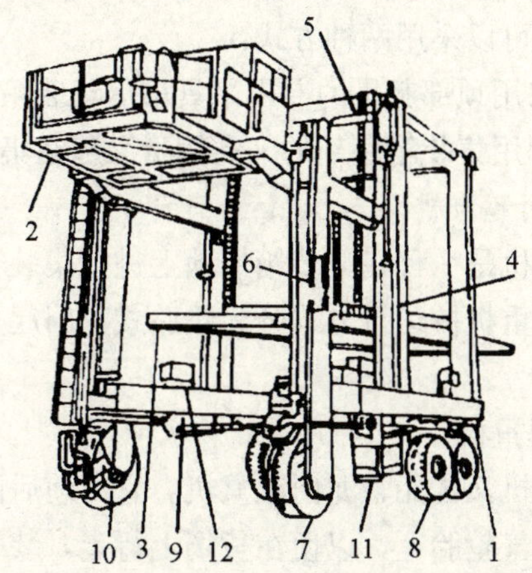

1—底架；2—平台；3—集装箱吊具；4—升降油缸；5—起升链；6—驱动链；7—驱动轮；8—从动轮；9—转向装置；10—制动器；11—燃油柜；12—保持水平装置

图 6-27　跨运车

（四）集装箱叉车

集装箱叉车是用于装卸、搬运和堆码集装箱的一种专用机械，是从普通型叉车逐渐发展成为适应集装箱装卸作业需要的专用叉车。它具有机动性能强和使用范围广等优点。其结构如图 6-28 所示。

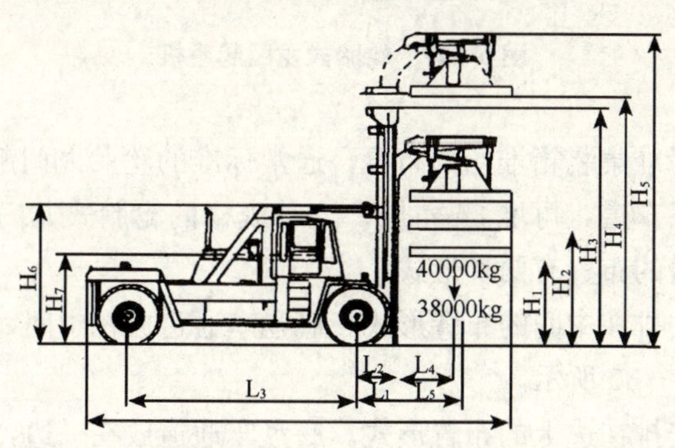

图 6-28　集装箱叉车的结构

叉车搬运集装箱可以采用两种方式：

1. 吊运方式：采用顶部起吊的专用吊具吊运集装箱；

2. 叉运方式：利用集装箱底部的叉孔用货叉起运集装箱。

（五）集装箱龙门起重机

集装箱龙门起重机是一种在集装箱场地上进行集装箱堆垛和车辆装卸的机械。集装箱龙门起重机按运行方式分为轮胎式龙门起重机和轨道式龙门起重机。

1. 轮胎式龙门起重机

轮胎式龙门起重机又称无轨龙门起重机。它由前后两片门框和底梁组成的门架支撑在橡胶充气轮胎上，以便在货场上行走，装有集装箱吊具的行走小车沿着门框横梁上的轨道行走，用以装卸底盘车和进行堆码作业（如图 6－29 所示）。

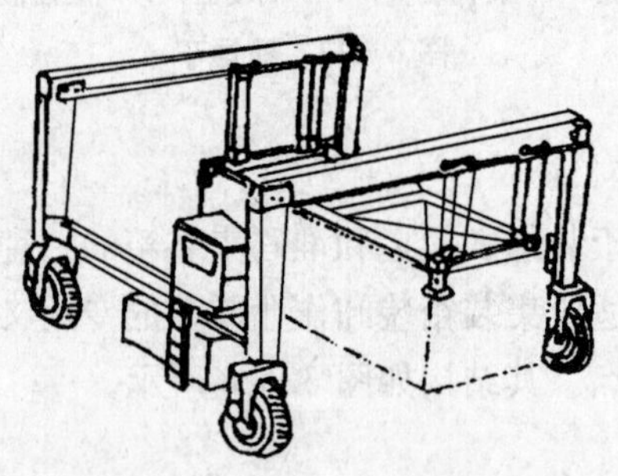

图 6－29　轮胎式龙门起重机

根据通常标准集装箱堆场的布置，通常标准的轮胎龙门起重横向可跨 6 列集装箱和 1 条车道，可堆 3～4 层。这种规格的轮胎式龙门起重机跨距内的集装箱和车道的布置有两种形式：

（1）通道安排在中间的布置形式。底盘车通道放在中间，两边各排 3 列集装箱，如图 6－30 所示。

（2）通道安排在边上的布置形式。底盘车通道放在一边，集装箱放在一边，如图 6－31 所示。

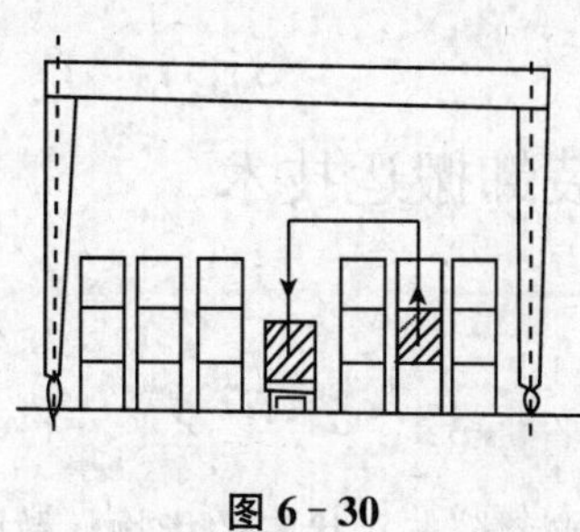

图 6-30

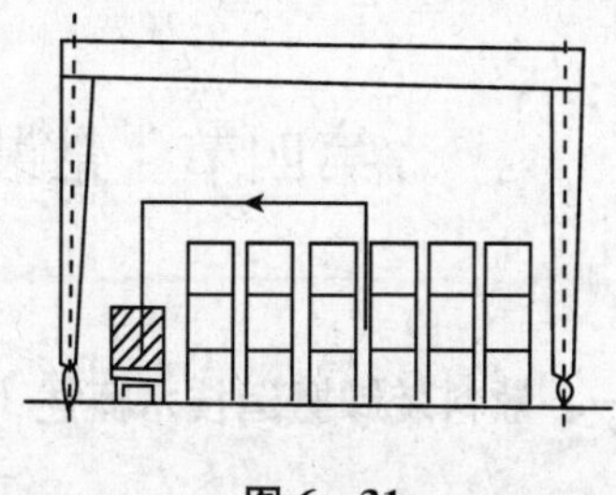

图 6-31

两种布置形式相比较，底盘车通道放在中间，小车行走距离较短，操作视线较好，找箱容易，可以减少集装箱搬运距离，提高搬运效率，但集装箱牵引车司机操作不便；安排在边上，通道与龙门起重机的通道或场区道路连在一起，操作比较方便。

2. 轨道式龙门起重机

轨道式龙门起重机与轮胎式龙门起重机比跨度大，堆码层数多，可充分利用堆场面积提高堆场的堆存能力，而且结构简单操作容易，维修方便，有利于实现自动控制，如图 6-32 所示。

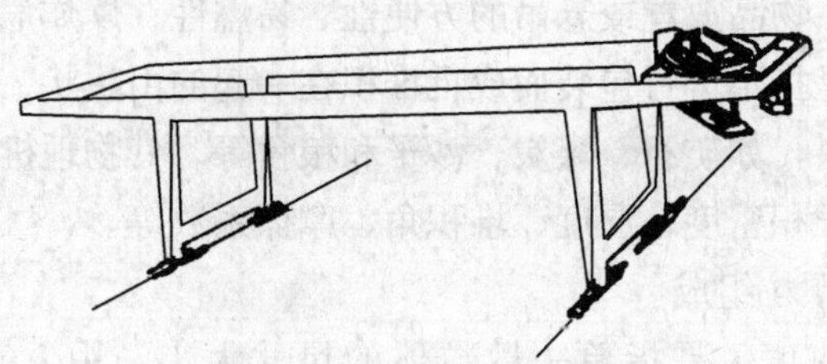

图 6-32 轨道式龙门起重机

第四节　散装货物装卸搬运技术

一、散料装卸搬运技术概述

装卸搬运中的散料是指呈松散颗粒（或者粉末）状态的货物。散料大多属于原材料货物，一次装卸搬运的数量大。

（一）物料特性

输送机械输送货物的种类和物料的物理、机械性能对于机械的选型、设计有重要的影响。在选用各种输送机械以前，必须了解货物的物理机械特性。

输送机械输送的货物有散货和成件货两大类。

成件货物是指有固定外形的单件物品，如机械零部件、袋装、箱装、桶装等货物。成件物品应考虑的主要特征是：单件质量、外形尺寸（长、宽、高）和形状以及包装形式等。对一些较特殊的成件物品还应考虑其他特性，如物品的温度、物品放置或悬吊的方便性、易燃性、爆炸危险性等。

散粒货物是指不进行包装而成批堆积在一起的由块状、颗粒状、粉末状组成的成堆物料，如矿石、煤炭、沙子和粮食等。其物理机械特性有：粒度和颗粒组成、堆积密度、湿度、堆积角、摩擦系数等。

1. 粒度和颗粒组成

粒度又称块度，是指单一散粒体的尺寸大小，用 δ 表示，单位毫米（mm）。由于散料物料是由大小不同的颗粒组成的，物料中所含的不同粒度颗粒的质量分布状况称为物料的颗粒组成。它反映了散粒物料颗粒尺寸大小的均匀程度。经过筛分的物料颗粒大小比较均匀，未经筛分的物料颗粒大小相差很大。

散粒物料的粒度分为 8 级，如表 6－6 所示。

表 6-6　　散粒物料的粒度

级	粒度δ（mm）	粒度类别	级	粒度δ（mm）	粒度类别
1	＞100～300	特大块	5	＞6～13	颗粒状
2	＞50～100	大块	6	＞3～6	小颗粒状
3	＞25～50	中块	7	＞0.5～3	粒状
4	＞13～25	小块	8	0～0.5	尘状

在对输送机械选型及决定其工作构件尺寸时，都必须考虑散粒物料的粒度。例如用气力输送机输送的物料粒度一般要求不大于 50 毫米。由于过大的物料粒度将堵塞于供料装置或其他部件中，从而破坏了物料的正常输送。

2. 堆积密度

堆积密度是指散粒物料在自然堆放的松散状态下，含颗粒间间隙在内的单位体积物料所具有的质量，用 ρ 表示，单位：吨/米或（t/m^3）或公斤/米^3（kg/m^3）。

物料的堆积密度与物料在容器中的压实程度、物料的湿度等因素有关。物料在压实状态下的堆积密度大于松散状态下的堆积密度，前者与后者之比用压实系数 K 表示，显然 K＞1。沙 K＝1.12；煤 K＝1.4；矿石 K＝1.6。对于其他各种不同物料，其压实系数 K 大致在 1.15～1.52 之间。

3. 湿度（含水率）

物料除了本身以形成化合物的方式而存在的结构水以外，还有物料颗粒从周围空气吸收的湿存水和存在于物料颗粒表面和颗粒间的表面水。仅含有结构水的散粒物料称为干燥物料。除了物料的含水率外，还要注意物料的吸湿性。有些物料容易从大气中吸收水分而潮湿或结块。

4. 堆积角（自然坡度角）

堆积角（自然坡度角）是指散粒物料从一个规定的高度自由均匀地落下时所形成的能稳定保持的锥形料堆的最大坡角，即自然堆放的料堆表面与水平面之间的最大夹角，它反映了物料的流动性。流动性好的物料，堆积角小，反之则大。堆积角有静态和动态之分，在静止平面上自然形成的叫静堆

积角 ρ，在运动的平面上测得的称为动堆积角 δ，动堆积角的大小约为静自然堆积角的 0.65～0.8，常取 δ＝0.70ρ。

5. 外摩擦系数

物料的外摩擦系数指散粒物料对与之接触的某种固体材料表面之间的摩擦系数，外摩擦系数不仅与固体表面的材料有关，而且与表面的形状和粗糙度有关。外摩擦系数有静态和动态之分。试验表明，动态外摩擦系数值大致为静态外摩擦系数的 70％～90％。

除了以上基本特性外，散粒物料还有其他方面的特性，如散粒物料的磨琢性、爆炸危险性、腐蚀性、有毒性、黏附性、脆性以及物料的温度等。在选择连续输送机械时不应忽视这些特性。表 6－7 列出了几种常见物料的堆积密度、堆积角及外摩擦系数，供参考之用。

表 6－7　几种常见物料的堆积密度、堆积角及外摩擦系数

物料名称	密度（t/m^3）	自然堆积角（°）		静止状态下的外摩擦系数		
		动态	静态	对钢	对木材	对橡胶
干燥大块无烟煤	0.8～0.95	27	45	0.84	0.84	
小块的石灰石	1.2～1.5	30	40	0.56	0.7	
焦炭	0.36～0.53	35	50	1.0	1.0	
小麦面粉	0.45～0.66	49	55	0.65		0.85
小块的干燥黏土	1.0～1.5	40	45	0.75		
砾石	1.5～1.9	30	45	1.0		
干燥的黏土	1.2	30	45	1.0		
从沙箱打出的型沙	1.25～1.3	30	45	0.71		0.61
木屑	0.16～0.32	30	40	0.8		0.65
干沙	1.4～1.65	30	45	0.8		0.56
小麦	0.65～0.83	25	35	0.58	0.38	0.56

续 表

物料名称	密度（t/m^3）	自然堆积角（°）		静止状态下的外摩擦系数		
		动态	静态	对钢	对木材	对橡胶
铁沙石	2.1～3.5	30	50	1.2		
块状的干燥泥炭	0.33～0.41	40	45	0.75	0.8	
硬煤	0.65～0.78	35	50	0.65		0.7
干燥的水泥	1.0～1.3	35	50	0.65		0.64
煤曲渣	0.6～0.9	35	45	1.0		0.66
干燥的碎石	1.5～1.8	35	45	0.63		0.6

（二）散料货的特点

与件杂货相比，有以下特点：

1. 货物的批量大

在整个物流系统中，散货的流量占很大的比重。流量大造成运输的批量也大，这就使散料在港站货场装卸搬运量也大，这种增加极大地刺激了企业采用高效化的作业方式。

2. 运输工具的大型化

大批量的散货运输，促进了运输工具的大型化。运输工具的大型化对港站货场的作业方式和作业设备造成较大的影响，通过装卸搬运设备的大型化和高效化满足运输工具的大型发展的需求。

3. 对港站货场提出更高的要求

为了满足大批量的作业需求，港站货场的作业系统，必须呈以下趋势，以取得最大经济效益。对某些物质，如：煤、化肥、矿石、粮食等采用散装、装卸、散储、散运的流通方式。因此开发现代化“四散”流通技术与设备是物流业发展的一个趋势。

（1）专业化、高效化。现代化的散料港站货场主要采用连续流水作业方式，生产效率高，其中带式输送机将各个作业环节连成一个整体，易于实现全程自动控制。

(2) 堆场大容量化。由于进出散料的流量非常大，在专用的港站货场设置大存储量的堆场变得非常必要。为了满足散料大进不出，在堆场用高效化、大型化的堆取料设备成为必然。

(3) 间接换装作业。货场在港站从一种运输工具转移到另一种运输工具的作业活动称为换装作业。其中货物在运输工具之间进行的直接转移是直接换装；货物在运输工具之间通过库场后再进行转移则为间接换装。随着散料港站货物流量的增加，有效衔接各种运输工具之间的换装作业变得越来越困难，间接换装成为主要的作业方式。

二、散料装卸搬运设备概述

散料装卸搬运设备又称为输送设备，它是以连续、均匀、稳定的输送方式，沿着一定的路线来装卸和搬运货物的一种生产率较高的装卸设备。

散料装卸搬运设备在散料港站货场上的使用越来越广泛，并有逐步替代传统的间歇式装卸搬运设备的趋势。

(一) 散料装卸搬运设备的特点

1. 可以不间断地搬运货物，即装货、输送、卸货均连续进行，不必因空载回程而引起运货物间断，同时由于不须经常启动和制动而可采用较高的工作速度。

2. 沿固定的路线输送货物，动作单一，故结构简单，便于实现自动控制。在同等生产率的条件下，由于载荷均匀，速度稳定，连续输送设备一般功率较小，重量较轻，结构紧凑，造价较低，输送距离长。

3. 通用性差，每种机型只能用于一定类型的货种，一般不适用于运输量很大的单件物品。

4. 大多数散料装卸搬运设备不能自行取货，因而需要采用一定的供料设备。

(二) 散料装卸搬运设备的分类

由于散料装卸搬运设备在结构原理、自身特点、输送物料的方式和方向以及其他特性上各有不同，因而其类型繁多。

1. 按其结构形成不同分为挠性牵引机构和无挠性牵引机构

（1）挠性牵引机构的特点：被运货物放在牵引机件上或牵引机件内，利用牵引机构的连续运行使货物往一定方向输送，完成货物的装卸搬运工作。这一类装卸搬运设备主要有：带式输送机、板式输送机、刮板输送机、链斗输送机等。

（2）无挠性牵引机构的特点：利用工作机构的旋转运动或往复运动，使货物向一定方向输送，完成对货物的装卸搬运工作。这类装卸搬运设备常用的有螺旋输送机等。

2. 综合分类

散料装卸搬运设备分为输送机、卸车设备、堆场设备、装船设备等。其中，输送机分为带式输送机、埋刮板输送机、斗式提升机、螺旋输送机；卸车设备分为螺旋输送机、翻车机、链斗式卸车机；堆场设备分为堆料机、取料机；装船设备分为固定旋转式装船机、移动式装船机；卸船设备分为非连续式卸船机、连续式卸船机、自卸船机。

三、散料装卸搬运设备

（一）带式输送机

带式输送机是靠首尾相连的胶带或其他挠性带作为牵引件和承载件来连续输送散料或小件物品的输送机，它用胶带作为输送带故称胶带输送机，简称皮带机，俗称带式输送机。

带式输送机是散货水平搬运的专用连续设备，在散货物流过程的各个环节被广泛使用。

带式输送机可用于输送散货或件货。根据工作需要，带式输送机可制成工作位置不变的固定式，装有轮子的移动式，输送方向可改变的可逆式，通过机架伸缩改变输送距离的伸缩式等各种形式，如图 6－33、图 6－34 所示。

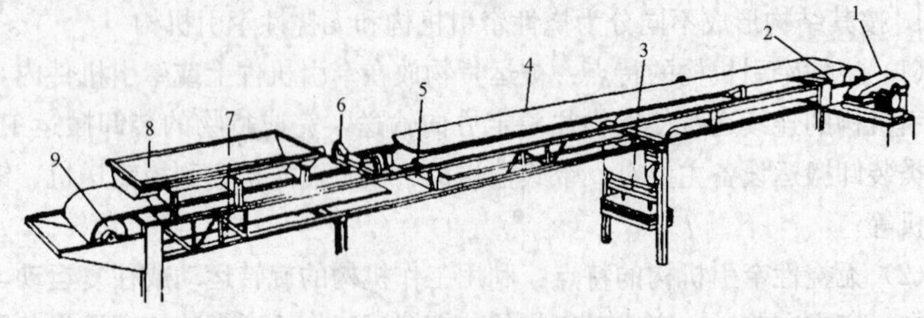

1—驱动装置；2—传动滚筒；3—张紧装置；4—输送带；5—平形托辊；

6—槽形托辊；7—机架；8—导料槽；9—改向滚筒

图 6－33　固定带式输送机示意图

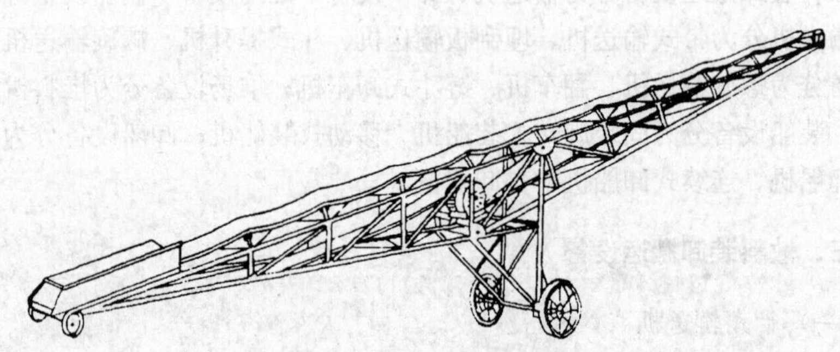

图 6－34　移动带式输送机

带式输送机可用于输送散货或件货。

带式输送机不仅是使用最普通的一种连续输送设备，而且具有连续设备的各种特点。在各种连续输送设备中，它的生产率最高，输送距离最长，工作平稳可靠，能量消耗少，自重轻，噪声小，操作管理容易，最适于在水平或接近水平的倾斜方向上连续输送货物。但它在运送粉末状物料时容易扬起粉尘，特别是在装卸料点或两台带式输送机的连接处，应采取防尘措施。

1. 带式输送机的分类

(1) 按输送带的带芯材料分为：棉帆布、尼龙帆布、钢绳芯输送带等；

(2) 按机架结构分为：固定式、移动式、半固定式、移置式和吊挂式等；

（3）按输送带分为：光面带、花纹带、波纹档边的横格输送带等；

（4）按驱动型式分为：单滚筒驱动、两个或三个滚筒驱动、中间带条驱动等。

我国物流业中常见的有通用带式输送机，钢绳带式输送机、钢绳芯带式输送机和钢绳牵引带式输送机。

2. 带式输送机结构特征与主要部件

（1）带式输送机结构特征

带式输送机的输送带既是承载物料的构件，又是传递牵引力的牵引构件，依靠输送带与滚筒之间的按摩力进行驱动。如图 6－33 所示，输送带绕过驱动滚动和张紧滚筒，并支承在许多托辊上。工作时，由电动机通过减速装置使驱动滚筒转动，依靠驱动滚筒与输送带之间的按摩力使输送带运动，物料随输送带运到装卸地点。

（2）带式输送机的主要结构

①驱动装置。驱动装置分为开式和闭式两种。

开式驱动装置由电动机通过高速联轴器（或液力耦合器）、制动器、减速器、低速联轴器、逆止器等组成。

在闭式驱动装置（电动滚筒）中，电动机、减速器均放置在滚筒空腔内。

②滚筒。滚筒有传动滚筒和改向滚筒两类。

传动滚筒一般采用光面滚筒，但长距离输送机多采用胶面滚筒，它是传递动力的主要部件。改向滚筒用来改变输送带的运行方向和增加传动滚筒的围包角。

③输送带。输送带是物料的承载件和牵引件。输送带承受物料的区段叫承载段，返回区段叫空载段。常用的带芯材料有棉帆布、尼龙帆布、钢丝绳。

④托辊。托辊可分为承载、空载、过渡、调心及缓冲托辊等几类。承载托辊用来支承输送带及其物料，使之稳定运行；空载托辊用来支承空载段输送带；过渡托辊设置在滚筒与第一组承载托辊之间，使输送带从槽形过渡到平形，以减少输进带的附加应力；调心托辊能调节输送带的跑偏；缓冲托辊

安装在装料处，以减少物料对输送带的冲击，从而提高输送带的使用寿命。

⑤拉紧装置。常用的拉紧装置有螺杆拉紧、重锤拉紧、自动和固定绞车拉紧等几种，其作用是使输送带保持必要的张力，以防止输送带与传动滚筒打滑，并控制输送带的挠度。

⑥清扫器。清扫器有承载面清扫器和空载段清扫器两类。承载面清扫器用来清扫粘着在输送带承载面上的物料；空载段清扫器用来防止物料卷入滚筒。

⑦机架。机架分为头架、尾架、中间架及支腿、拉紧装置架、驱动装置架等几大部分。它是带式输送机的骨架。

⑧溜槽（料斗）、导料板。溜槽（料斗）起物料转接和储存的作用。它可容纳停机时堆积的物料；物料通过溜槽下方的导料板落到输送带上，以防物料外溢。

⑨制动器、逆止器。为防止输送机有载状态停车时输送带逆行，输送机上设有逆止器或制动器。另外在工艺流程需要时，也设有制动器。

为确保系统的安全运行，输送机设有电流保护、输进带纵向撕裂检测装置、速度检测装置、溜槽堵塞开关、跑偏保护装置、输送带打滑检测装置、紧急停机开关、拉紧重锤限位开关、金属检测装置、清除混入物料中铁件的带式除铁器、各种行程限位开关以及起动电铃等多种电气保护装置。

现代化的输送机系统对防尘提出了更高的要求。为此，在各转接处设有洒水、集尘装置，输送机沿线设有防风罩或挡风板。

3. 型带式输送机

(1) 型带式输送机由挠性输送带作为物料承载件和牵引件的连续输送设备。它由传动滚筒依靠摩擦力带动输送带运行，输送带的带芯材料为棉帆布。

普通带式输送机根据其结构形式的不同，分为固定方式和移动式两种。其中移动式输送机多用于倾斜方向输送物料，两者仅有机架不同，其余的零部件结构完全相同，可以通用。

固定式输送机多用于各生产工序中原料、成品、半成品、副产品的输送，立体库和周转量大的仓库也常用到，它具有输送量稳定、单位电耗低、效率高等特点。

移动式输送机是一种应用广泛的装卸输送设备。它机动性强，使用效率高，能及时布置输送作业线达到装卸要求。此类机型机身全长一般不超过15米，均采用末端卸料和槽型支承装置。

（2）钢绳芯带式输送机

钢绳芯带式输送机与通用带式输送机的结构基本相同，但它采用高强度的钢绳芯输送带。钢绳芯输送带的每一根钢绳，都经过特殊处理后嵌在橡胶带里面，保证在输送带的使用期内输送带与金属相互黏合。钢绳芯带式输送机常用于长距离、大运量的输送机上。

（3）钢绳牵引带式输送机

钢绳牵引带式输送机的最大特点是牵引件与承载构件分开。钢绳作牵引件，输送带作承载构件如图6－35所示，钢绳和输送带各自形成闭合回路，有各自独立的拉紧装置，在输送机尾部有分绳装置，使钢绳与输送带嵌合或分离。驱动轮依靠摩擦力驱动牵引钢绳，输送带承托在牵引钢绳上，再依靠摩擦力带动输送带及其上的物料，把物料从一端运到另一端。

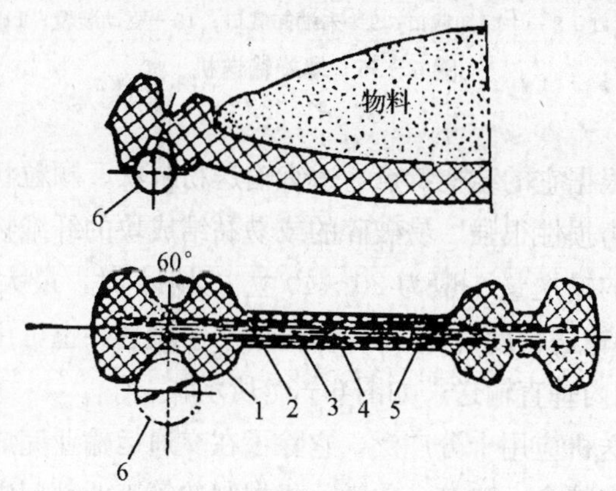

1—V形耳槽；2—钢条；3—帆布；4—上覆盖胶；5—下覆盖胶；6—牵引钢绳

图6－35 钢绳牵引带式输送机

（二）螺旋输送机

1. 概述

螺旋输送机，又称绞龙，是通过带有螺旋片的轴类零件的转动，推动装入料槽的货物并使之沿着螺旋轴线方向移动，完成货物的装卸搬运作业的一种连续作业的装卸机械。它是属于不具挠性牵引件的连续作用机械，既可以固定使用，也可以制成移动式；既可以水平或倾斜输送，也可作垂直输送物料，如图 6-36 所示。

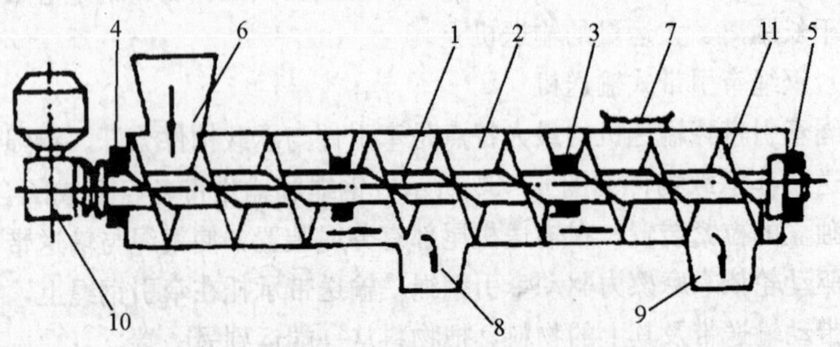

1—轴；2—料槽；3—中间轴承；4—末端轴承；5—首端轴承；6—装载漏斗；
7—中间装载口；8—中间卸载口；9—末端卸载口；10—驱动装置；11—螺旋片

图 6-36 螺旋输送机

螺旋输送机根据它的结构特点，适宜输送粉末状、颗粒状和小块料，不宜输送大块的、磨损性很强、易破碎的或易黏结成块的纤维物料。

螺旋输送机的输送量一般为 20～40 立方米/小时，最大可达 100 立方米/小时。常用的输送长度为 50 米范围内的水平输送，也可用在倾斜方向或高度在 10 米范围内垂直输送，如图 6-37 所示。

普通螺旋输送机应用十分广泛，它除了在交通运输业完成对货物的装卸搬运工作外，还在粮食、建筑、化学、机械制造等工业部门中应用，主要用来输送食品、豆类、谷物、面粉、水泥、沙子、黏土、塑料、煤、焦碳、纸浆等物料。

螺旋输送机按料槽的走向可分为直线螺旋输送机和曲线螺旋输送机两

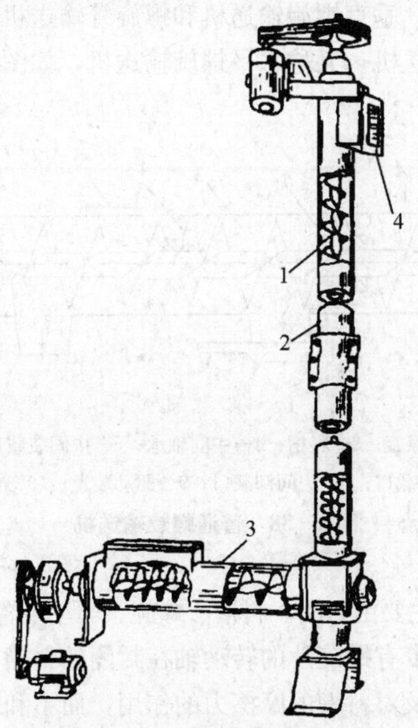

1—螺旋轴；2—外壳；3—水平螺旋；4—卸料孔

图 6－37 垂直螺旋输送机

种。前者可在水平方向、倾斜方向（≤20°）、垂直方向对货物进行输送；后者可对这些货物进行空间多维可弯曲输送。

按所运货物的性质，螺旋输送机可分为散粒货物螺旋输送机和成件包装件螺旋输送机两种。

它与具有挠性牵引件的输送机相比，螺旋输送机结构紧凑、简单，输送粉末和具有刺激性气味的物料时，对环境污染小；装卸地点灵活；料槽刚性大，可承受一定弯矩。缺点是物料对设备的磨损严重，摩擦耗功大；对物料有研碎和磨搓作用；对超载敏感，易产生堵塞现象。

2. 类型

根据输送物料的特性、要求和结构的不同，螺旋输送机有以下几种形式：普通螺旋输送机，垂直螺旋输送机和螺旋管输送机等。

(1) 普通螺旋输送机，又称水平螺旋输送机，如图 6－38 所示。

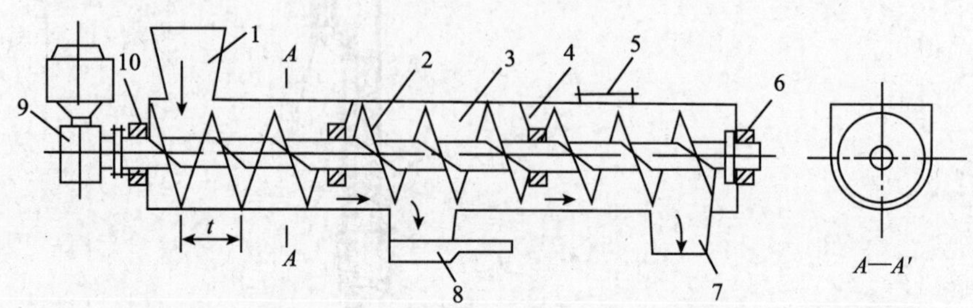

1—装载漏斗；2—螺旋；3—料槽；4—中间轴承；5—中间装载口；6—末端轴承；7—末端卸载口；8—中间卸载口；9—驱动装置；10—首端轴承

图 6－38　普通螺旋输送机

普通螺旋输送机主要由封闭、料槽、螺旋、驱动装置及支撑装置等构成。

工作时，它是由带有螺旋片的转动轴在封闭的料槽内旋转，使装入料槽的物料由于本身重力及对料槽的摩擦力的作用，而不和螺旋一起旋转，沿料槽向前移动，就如同不能旋转的螺母沿着转动的螺旋作直线运动一样，达到输送物料的目的。

①螺旋。螺旋输送机的主要部件是螺旋。它由轴和螺旋片共同组成。螺旋片多用钢板冲压而成，然后将其相互焊接起来；也有采用扁钢轧制或铸造的节段套在轴上，由螺栓固定而成的，如图 6－39 所示。

螺旋的方向可以是右旋或左旋的，其头数有单头、双头和三头的。其中，最常用的是右旋单头螺旋。多头的用于流动性好的散堆物料，且生产率较高，但需电机功率大，笨重，故输送机上应用不多。螺旋轴由钢管制造，螺旋一般制造成 2～4 米的节段，以便于制造和安装。

②料槽。料槽是容纳螺旋和物料并为其导向的机件，它一般由薄钢板轧制而成，其厚度大约与螺旋片相同。料槽圆弧内径与螺旋外径的间隙值一般为 7～10 毫米，螺旋外径大时，取上限；反之，取下限。但当二者制造精度和装配精度较高时，间隙值可取小些，以减少物料的磨损和功率的消耗。料

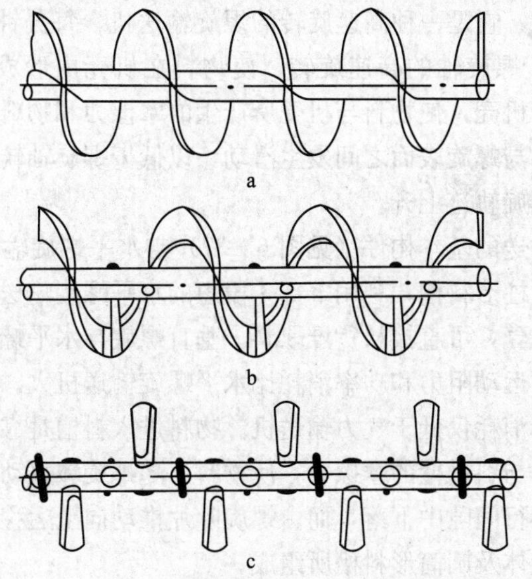

a 实体面型；b 带式面型；c 叶片面型

图 6-39　螺旋片面型

槽也制成 2～4 米的节段，然后用螺钉把节段安装在角钢焊成的连接架上。槽盖应可拆卸，以便安装螺旋、中间支撑等，并方便调整和维修。

③支撑装置。支撑装置包括中间轴承，可以是滑动轴承，也可以是滚动轴承。在可能的情况下，应尽量采用滚动轴承。螺旋推移物料运行时，螺旋轴受到轴向力的作用，所以输送机首端轴承应取止推式轴承，尾端轴承可取径向式轴承。普通螺旋输送机输送长度一般不大于 70 米，输送机料温度应小于 200℃，安装倾角不大于 20°，因安装倾角过大，输送机效率就会降低。同时会使物料堵塞设备，影响输送效果。

普通螺旋输送机的特点是结构简单、工作可靠、维修方便、成本较低、密封较好，并可多点进料和多点卸料；但由于物料对螺旋体及料槽的摩擦和螺旋体对物料的搅拌，故运行阻力较大，能耗较高。

(2) 垂直螺旋输送机。垂直螺旋输送机可自动从料堆或船舱内取料，在港口作为连续式散货卸船机械，近年来已获得较大的发展。垂直螺旋输送机如图 6－37 所示，它是一种高速旋转的螺旋输送机，每分钟转速可达 150～850 转/分。由于螺旋轴的高速旋转，使物料在机壳内形成若干同心圆层，最外层物料压向机壳，使物料与机壳所产生的摩擦力和物料本身的重力形成合力，这样物料与螺旋表面之间发生滑动，以低于螺旋轴转速沿着与螺旋旋转方向相反的螺旋轨迹上升。

垂直螺旋输送的基本构件（见图 6－37）与水平螺旋输送机相同。它采用实体螺旋和圆柱形料槽，利用下部一段短的水平螺旋输送机进行供料，若水平螺旋不加罩壳，可直接从货堆取料。垂直螺旋与水平螺旋分别有单独的驱动装置。它的运动阻力和功率消耗比水平螺旋输送机大。在各种连续输送机中，它的功率消耗仅低于气力输送机。物料进入料槽是靠高速螺旋的螺旋体产生的离心力与料槽壁的摩擦力，使物料不随螺旋体移动，也不从螺旋体与圆形料槽的环行间隙中下落，而由螺旋叶片推动向上运移。垂直螺旋输送机由旋转的螺旋体及圆筒形料槽所组成。

垂直螺旋输送机的提升高度一般不超过 30 米。它的特点是外形尺寸小，占用场地少，安装方便，结构简单，容易密闭输送，制造费用低。但是运行阻力比水平螺旋输送机大，因此消耗功率较大。同时由于物料与螺旋及料槽内壁产生严重磨损，故使用寿命较短。

（3）螺旋管输送机。螺旋管输送机是在圆筒形机体内焊有连接的螺旋叶片，机体与螺旋叶片一起转动，进入的物料因与螺旋叶片及机体内壁在摩擦力的作用下而提升起来，而后在重力的作用下物料又沿螺旋叶片向下滚动而作轴向运移。螺旋管输送机适用于水平输送含水量大的黏性粉状物料。其结构紧凑，密封性好，能多点进料和多点卸料，可同时完成输送、搅拌、混合等多种工艺要求，而且运行可靠，不会出现物料卡楔现象，且驱动能耗低，是较好的输送设备。

（三）气力输送机

气力输送装置是利用具有一定能量的空气流，迫使散粒物料沿着一定的管路从一处运移另一处，并进行卸料的一系列装置的组合。它在港口主要用于粉粒状货物的卸船作业，一般输送块度不大于 20～30 毫米的粉状、粒状的小块物料。

它的输送原理是：将物料处于具有一定速度的空气中，空气和物料形成悬浮的混合物（双相流），通过管道输送机输送到卸料地点，然后将物料从双相流中分离出来卸出。

所谓悬浮状态是指垂直管道内的物料颗粒在气流的空气动力作用下，呈现出既不落下也不被向上的气流带走，而在某一位置上下浮动的状态。

物料在垂直管中，主要受到重力和空气动力作用。当气流速度很小时，作用在物料上的空气动力不足以克服重力的作用，物料颗粒将向下沉降；当气流速度逐渐增大，使作用在物料颗粒上的空气动力和重力相平衡，这时物料颗粒就可脱离管壁而在管内处于悬浮状态。在垂直管中，使物料处于悬浮状态的气流最小速度称为悬浮速度。只有当气流速度大于悬浮速度时，物料才能被悬浮输送。因此，悬浮速度是悬浮气力输送的重要参数。

在水平管道内，物料颗粒的受力情况比较复杂，但当输送气流速度足够大时，也能使物料颗粒克服自身重力而悬浮在气流之中。

1. 气力输送机的分类

气力输送装置形式较多，但广泛使用的是使散粒物料呈悬浮状态的输送形式，对这种形式，按其工作原理可分为吸送式、压送式和混合式气力输送机三种。

（1）吸送式气力输送机。吸送式气力输送机在港口主要用于卸船。它可以装几根吸料管同时从几处吸取物料，但输送距离不能过长。由于随着输送距离的增加，阻力也不断加大，这就要求提高管道内的真空度，而吸送系统的真空度不能超过 0.5～0.6 个大气压。否则，空气会变得稀薄，使携带能力降低，引起管道阻塞以致影响正常工作。此外，吸送式气力输送机要求管路系统严格密封，避免漏气，为减少鼓风机的磨损，要求进入鼓风机的空气认真除尘，如图 6-40 所示。

（2）压送式气力输送机。压送式气力输送机可以实现较长距离和较高生产率的输送，由于通过鼓风机的是清洁空气，鼓风机的工作条件较好。但是这种装置的供料器要把物料送入高于大气压的输料管中，因而结构较复杂，如图 6-41 所示。

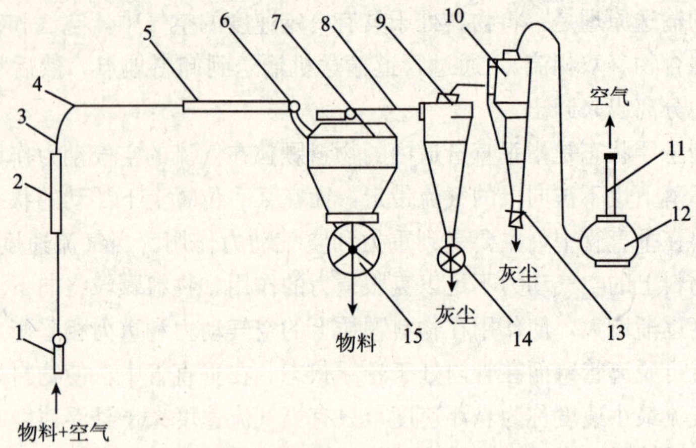

1—吸嘴；2—垂直伸缩管；3—软管；4—弯管；5—水平伸缩管；6—铰接弯管；7—分离器；8—风管；9—除尘器；10—消声器；11—直管；12—鼓风机；13—阀式卸灰器；14—旋转式卸灰器；15—旋转式卸料器

图 6-40 吸送式气力输送机

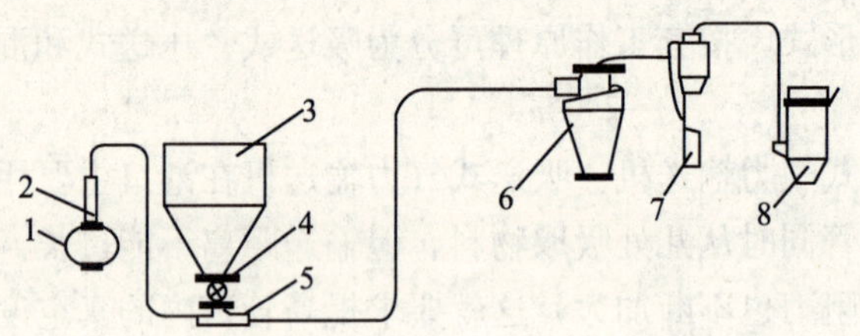

1—风机；2—消声器；3—料斗；4—旋转式供料器；5—喷嘴；6—分离器；7—第一级除尘器；8—第二级除尘器

图 6-41 压送式气力输送机

(3) 混合式气力输送机。混合式气力输送机由吸进式和压送式两部分组成。它兼有吸送式和压送式的特点，可以从数点吸入物料并压送至若干卸料点，但它的结构较复杂，而且鼓风机的工作条件较差，因为进入鼓风机的空气含尘较多。

当卸料点没有装卸设备时，船舶可在甲板上配置混合式气力输送机以便自行卸货，将物料从舱内吸出再压送到岸上，如图 6－42 所示。

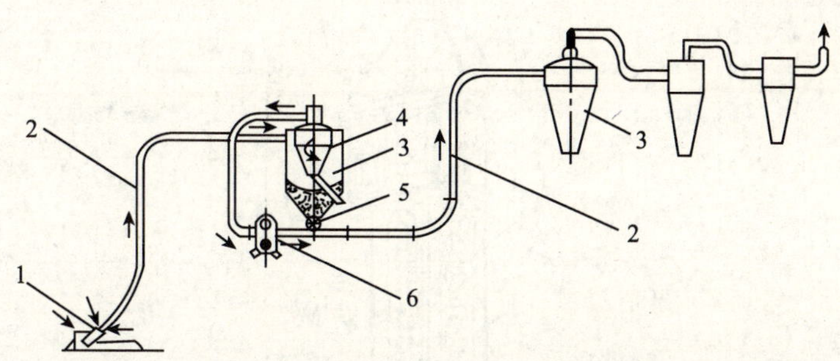

1—吸嘴；2—管道；3—分离器；4—除尘器；5—转式供料器；6—风机

图 6－42　混合式气力输送机

2. 气力输送机的特点

与其他输送机相比，气力输送机用于港口装卸有以下优点：

(1) 可以改善劳动条件，提高劳动生产率有利于实现自动化。采用气力输送机需要很少工人操作管理，操作简便，易于实现自动化。对于像谷类等比较松散的货物，可以把吸粮机的吸料软管伸到舱内不易到达的地方进行清舱，可以大大减轻装卸工人在船舱内的笨重体力劳动。

(2) 减少货损，提高货物质量。例如采用吸粮机卸船，不仅避免了抓斗操作中的洒漏，还可使粮食通风冷却和减少虫害。

(3) 结构简单，输送管道截面尺寸小，没有牵引构件，不需空返分支。各部分加工方便，重量轻，投资少，且设备故障少，维修方便。

(4) 生产率较高。

(5) 有利于实现散装运输，节省包装费用，降低成本。

气力输送机的缺点是功率消耗较大，噪声大；被运物料的块度和湿度受到一定的限制，怕碎的物料也不宜采用气力输送机。

(四) 斗式提升机

斗式提升机是以带条或链条作为牵引构件，以装载料斗作为承载构件用于垂直方向或接近垂直、大倾角方向连续输送散货的输送机械，如图 6－43

所示。

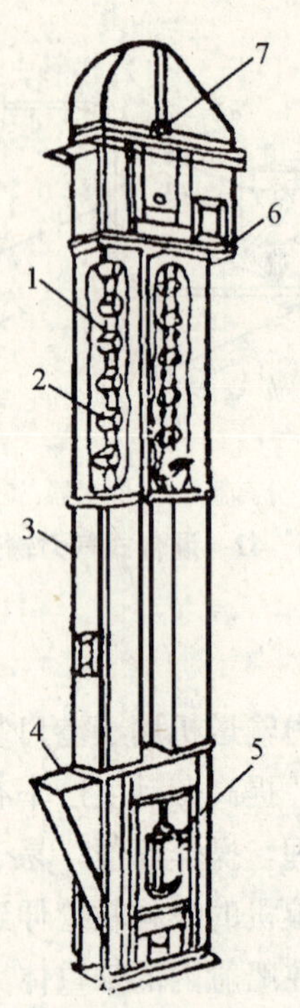

1—牵引构件（链条）；2—料斗；3—罩壳；
4—供料口；5—张紧装置；6—卸料口；7—驱动装置

图 6－43 斗式提升机

斗式提升机是一种高效的电动装卸机械。工作时，它的牵引件构件（胶带或链条）饶过上部和底部的滚筒或链轮，牵引构件上每隔一定距离装一个料斗，由上部滚筒或链轮驱动，形成具有上升的有载分支和下降的无载分支的无端闭合环路。物料从有载分支的下部供入，由料斗把物料提升至上部卸料口卸出。

1. 斗式提升机的特点。

斗式提升机的优点是结构比较简单，横向尺寸小，因而可节约占地面积，并可在全封闭的罩壳内工作，减少灰尘对环境的污染。必要时还可把斗式提升机底部插入货堆中自行取货。

斗式提升机的缺点是对过载较敏感，斗和链容易磨损。被输送的物料受到一定的限制，只宜于输送粉粒状和中小块状的散货。

斗式提升机的提升速度不超过 0.8～1 米/秒，个别也有高达 4 米/秒，提升高度可大 40～50 米。

2. 斗式提升机的分类。

斗式提升机根据其牵引件的不同分为带斗式提升机和链斗提升机。

带斗式提升机和链斗提升机相比较，运动平稳而噪声小，有较高的提升速度，重量轻，尺寸小，造价低。但是带条强度较低，对于提升块状、潮湿等难以挖取、阻力大的物料，必须采用链斗式提升机。对于高度较大的倾斜式提升机，往往也采用链斗提升机。

链斗卸船机是近十年来迅速发展起来的一种连续卸船设备。目前德国、日本，以及我国都在研究生产这种类型的产品。它是主要由作垂直升降的斗式提升机和作水平输送的皮带机两大部分组成，广泛用于港口作业。

一般情况，料温不超过 60℃时用带式提升机，输送的物料温度超过 60℃时用链斗式提升机。

按安装方式的不同，斗式提升机分为固定式和移动式两种。固定式安装在车间、工作塔和仓库，生产能力较大。移动式使用灵活方便，在粮仓中多作为装卸设备，也可作为卸船的备仓设备。

按卸料方式分为离心式、重力式和混合式，离心式适合于输送流动性较好的颗粒料，重力式适合于输送含水分较高、黏性、散落性不好的物料，混合式介于前两者之间，在粮食仓库中较多应用。

（五）埋刮板输送机

埋刮板输送机是一种在封闭壳体内借助运动着的刮板链条，利用散状物料的内摩擦力和侧压力特性来输送粉尘状、小颗粒状及小块状等散状物料的连续输送设备。

工作时，刮板链条埋于被输送物料之中，故称为埋刮板输送机。埋刮板输送机主要由封闭的壳体、刮板链条、驱动装置及张紧装置等部件组成，可以水平、倾斜和垂直输送物料。

对于水平输送，物料受到刮板链条在运动方向上的推力，使物料被挤压，于是在物料自重及两侧壁的约束下，物料间产生了摩擦力，它保证了料层之间的稳定状态，在机槽中移动时受到的外摩擦力，物料形成连续整体的料流随着刮板链条向前输送，如图 6-44 所示。

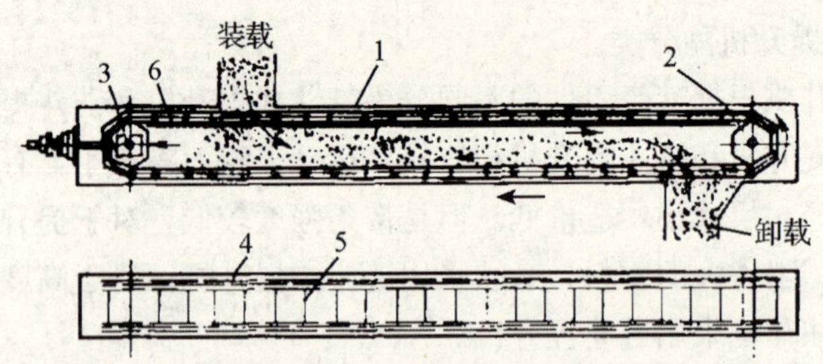

1—封闭的料槽；2—驱动装置；3—张紧装置；4—链条；5—刮板；6—隔板

图 6-44　水平输送埋刮板输送机

对于垂直提升，物料受到刮板链条在运动方向上的提升力。由于物料的起拱特性，物料的自重及机槽四壁的约束，物料中产生了横向侧压力，形成阻止物料下落的内摩擦力。同时，下部的不断给料也给上部物料施加了一种连续不断的推移力，迫使物料向上运动。当这些作用力大于物料和槽壁之间的外摩擦阻力及物料自身的重力时，物料就会形成连续整体的料流，从而被提升，如图 6-45 所示。

埋刮板输送机的特点：

埋刮板输送机结构简单、质量较小、体积小、密封性好。安装维修比较方便，工艺布置较为灵活，由于它的壳体是密闭的，因此在输送易扬尘、有毒、易爆、高温的物料时，对防止环境污染等方面具有突出的特点。故埋刮板输送机应用较广泛，可输送的物料种类达 1000 多种。

埋刮板输送机的缺点是链条埋在物料层中，工作条件恶劣，故而磨损严重，机槽也易磨损，不宜输送黏性、摩擦性很大和易结块、怕碎的物料。此外，输送速度和生产率较低，功率消耗较大。

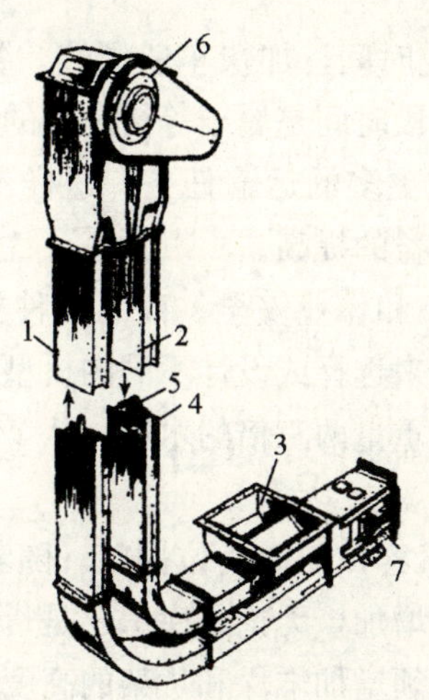

1—工作分支；2—非工作分支；3—装载口；4—料槽；
5—带刮板的链条；6—驱动装置；7—张紧装置

图 6－45　垂直输送埋刮板输送机

第五节　物流装卸搬运管理技术

一、装卸的机械化

实现装卸作业的机械化，是提高装卸作业效率的重要途径。过去的装卸作业主要是依靠人力手搬肩扛，劳动效率低，劳动强度大，从而严重地影响了装卸效率和装卸能力的提高。随着我国国民经济的迅速发展，商品流通量的扩大，单纯依靠人工装卸，已无法满足客观形势发展的需要。

（一）装卸机械化的作用

1. 可以大大节省劳动力和减轻装卸工人的劳动强度。如装卸自行车时，每箱重 180 公斤左右，使用人工搬运比较费力，而使用铲车作业时，则轻而易举，充分显示了机械化的好处。

2. 可以缩短装卸作业时间，加快车船周转。各种运输工具在完成运输任务的过程中，有相当一段时间是属于等待装卸的。如能缩短装卸时间，就能用现有的运输工具完成更多的运输任务，这样不仅提高了物流的经济效益，也有利于社会经济效益的提高。

3. 有利于商品的完整和作业安全。商品的种类、形状极其复杂，但都可以根据商品的不同特性来选择或设计不同的机型和属具，以保证商品的完整。如果人工把超过自身重量两三倍的木箱，从 3 米高处拿下，而又不使商品受损，是难以做到的。

4. 有效地利用仓库库容，加速货位周转。随着生产的发展、流通速度的加快，仓储的任务不断增加，无论是库房还是货场都要充分利用空间，提高库容利用率。因此，必须增加堆垛和货架的高度。但人工作业使堆码高度受到限制，若采用机械化作业，就可提高仓库的空间利用率，同时由于机械作业速度快，可及时腾空货位。

5. 可大大降低装卸作业成本，从而有利于物流成本的降低。由于装卸效率的提高，作业量大大增加，摊到每一吨商品的装卸费用相应地减少，因此降低了装卸成本。

（二）装卸机械化的原则

1. 符合装卸商品种类及特性的要求

不同种类商品的物理、化学性质及其外部形状是不一样的，因此，在选择装卸机械时必须符合商品的品种及其特性要求，以保证作业的安全和商品的完好。

2. 适应运量的需要

运量的大小直接决定了装卸的规模和装卸设备的配备、机械种类以及装卸机械化水平。因此，在确定机械化方案前，必须了解商品的运量情况。对于运量大的，应配备生产率较高的大型机械；而对于运量不大的，宜采用生产率较低的中小型机械；对于无电源的场所，则宜采用一些无动力的简单装卸机械。这样，既能发挥机械的效率，又使方案经济合理。

3. 适合运输车辆类型和运输组织工作特点

装卸作业与运输是密切相关的，因此，在考虑装卸机械时，必须考虑装载商品所用的运输工具的特性，包括车船种类、载重量、容积、外形尺寸等，同时要了解运输组织的情况，如运输取送车（船）次数、运行图、对装卸时间的要求、货运组织要求、短途运输情况等。如在港口码头装卸商品和在车站装卸商品，所需要的装卸机械是不同的。即使是同一运输工具，即使构造相同，也要采取不同的装卸机械。如用于铁路敞车作业和用于铁路棚车作业的装卸机械是不一样的。

4. 经济合理，适合当地的自然、经济条件

在确定选择机械化方案时，要作技术分析，尽量达到经济合理的要求。对现有的设施、仓库和道路要加以充分利用，同时要充分考虑到装卸场所的材料供应情况、动力资源，以及电力、燃料等因素。要充分利用当地的地形、地理条件，应当贯彻因地制宜、就地取材的原则。

二、搬运的合理化

（一）不要做多余的作业

搬运本身就有可能成为沾污、破损等影响物品价值的原因，如无必要，尽量不要搬运。

（二）提高搬运灵活性

放在仓库的物品都是待运物品，因此应使之处在易于移动的状态。这种易于移运的状态，我们把它叫做"搬运灵活性"。为提高搬运灵活性，应当把它们整理归堆，或是包装成单件放在托盘上，或是装在车上，或者放在输送机上。

（三）利用重力

利用重力由高处向低处移动，有利于节省能源，减轻劳力。

（四）机械化

由于劳动力不足，应尽可能使搬运机械化。使用机械可以把作业人员或司机从重体力劳动中解放出来，并提高劳动生产率。

（五）使流程不受阻滞

应当进行不停的连续作业，最为理想的是使物品不间断地连续地流动。

（六）单元货载

大力推行使用托盘和集装箱，推行将一定数量的货物汇集起来，成为一个大件货物以利于机械搬运、运输、保管，形成单元货载系统。

（七）系统化

物流活动由运输、保管、搬运、包装、流通加工等活动组成，应把这些活动当成一个系统处理，以求其合理化。

三、货物搬运及搬运功能分析

在仓库管理活动中，搬运是一项重要的活动。产品必须有人接收、分拣、组装，以满足客户的订货需要。在材料搬运设备中投入的直接劳动和资金是物流总成本的一个重要组成部分。

搬运在运输、保管及流通加工之间起到桥梁作用。搬运有装货、卸货、堆场、仓库货物的入库/搬入和出库/搬出等作业。搬运的具体性作业有“堆高/下搬”、“分拣/备货”、“挪动/移送”等。特意把同一场地内的“挪动/移送”与在公共空间的配送区分开来，使其包含在搬运范畴。

搬运从作业场所的角度可分为“仓库搬运”和“港湾搬运”；从货物状态的角度可分为“散货搬运”、“箱货搬运”、“带托盘搬运”、“集装箱搬运”等。搬运采取如此众多的形式，在运输、保管和流通加工之间起了桥梁和“黏合剂”的作用。

近年来，在物流中心现代化、高度化进程中，搬运，特别是“分拣”、“分发”的重要性越来越大。传统型的搬运，大部分作业是依赖人力完成的。于是，为了使搬运合理化、机械化、省力化，付出了很多努力。为了能够高效率地搬运并形成托盘化和集装箱化这种单位商品包装化，需要实现搬运的机械化、省力化。

通过机器与人力适当组合，谋求合理化，构成以搬运这个物流功能为中心的物流系统是可能的。近年来，对物流作业要求错误少、速度快、成本低，如何实施合适的搬运作业是个关键。

（一）搬运与搬运管理

若把物流的作用解释为克服需要与供给之间的时间性、空间性距离的话，那么，空间性距离可以通过搬运来填补，在这个意义上，也可以说最称职的物流活动要算是“搬运”。

一般认为物流成本的一半与搬运有关。如把物流视为流通功能的一种，那么，其功能最具视觉性、最容易理解的就是搬运。物流是在物流网络的据点之间经过公共空间移动货物的活动，相对来说，搬运表示场地内部的移动。在搬运中，把短途、小宗货物的末端搬运特意称为“配送”。

搬运手段究竟有哪些呢？根据多频率小宗化、搬运的速度化、门对门搬运等要求来看，现在使用最多的是汽车。汽车搬运在整体搬运中，以吨公里（搬运量×距离）计占51%，以吨（搬运量）计约占90%。其他的还有铁路、船舶、航空等搬运手段，根据距离、货运量，有机地把这些搬运手段组合起来，形成搬运网络。

搬运网络一般由搬运连接点、搬运路径、搬运手段构成。搬运连接点是车站、物流中心、港湾、机场、货站的堆场等；搬运路径是指公路、水路、空路、铁路等；搬运手段有汽车、船舶、飞机、运货列车等。作为搬运系统，把这些要素有组织地组合起来、统一化，发挥总体效率是重要的。选择搬运手段时，要考虑货物的形状、特性、价格、配送所需的时间、送货地点、搬运量等因素。基于经济性、安全性、迅速性、便利性的观点，选择最经济的搬运手段。比如，需要长途区间搬运时，就选择铁路或长途班车，需要短途区间搬运时，就使用包车。

在企业竞争越来越激烈的形势下，对搬运服务的要求越来越高，另外从控制、降低搬运成本，减少大气污染和交通堵塞等意义来说，也需要提高搬运效率。在交易条件中，明确搬运服务、实施计划搬运、实现共同搬运，已成为研究的重要课题。

当前搬运作业发生了如下一些变化：

①生产管理技术提高，不规则、不定期的搬运极少；②由于搬运装置的进步和普及，连续的较长距离自动化搬运成为可能；③由于搬运装置的改良和自动控制技术的采用，在搬运装置内部的临时滞留和临时保管成为可能；④设备实现了多用化，能够从连续搬运的少品种多量生产方式对应达到间歇搬运的多品种少量生产方式；⑤可以设计成一条从材料投入到产品完成的连

续的流水作业工艺；⑥物品的供给、货物的装卸、分选的作业、出入库和保管作业等完全可以实现自动控制；⑦标本和文书搬运的机械化及人所不及的搬运作业的自动化，已经成为必要的不可缺少的条件，这种情况有增加的趋势；⑧在精密机械工业和医疗机械、医院的生产工艺中，为了保证清洁无菌的生产环境，不用人手传递的装置正在接连不断地开发出来。

搬运管理（Handling Management）则可以与生产管理、工程管理、质量管理放在同一水平考虑，可以理解为搬运与企业的经营管理相结合的产物。也就是说，因为运送和保管已经成为左右、支配企业经营的重要管理因素之一，所以在经营管理体系或生产管理体系中必须考虑它们的地位。

（二）搬运功能分析

按分析的顺序，搬运功能分析主要考虑如下因素：

1. 确认搬送物的形状、物理性质、品质、重量；
2. 搬运途径（水平、上下、上坡、下坡）；
3. 搬运速度；
4. 搬运密度（连续、间歇、滞留）；
5. 搬运设备的放置条件（空中、地上、地下、固定式、移动式）；
6. 搬送物的单位；
7. 搬送距离；
8. 搬送中的加工和装配；
9. 对搬送机的装卸手段；
10. 向下一工序的转移手段；
11. 节约对策。

四、集装箱港站装卸搬运系统

在集装箱码头上由集装箱装卸桥和跨运车、轮胎式龙门起重机、轨道式龙门起重机、底盘车和叉车等水平搬运机械可组成不同的装卸工艺方案。

（一）装卸桥——跨运车工艺方案

装卸桥——跨运车工艺方案（如图 6-46 所示），又称为麦逊公司方式。该方案中，“船—场”作业是由装卸桥将集装箱从船上卸到港站前沿地面上，然后用跨运车再把集装箱搬运到集装箱场地的指定箱位上。其中，“场—场”、“场—集装箱拖运汽车”、“场—货运站”等作业，均可由跨运车承担。集装箱场地采用跨运车，在世界集装箱码头场地工艺方案中约占40%，这是因为跨运车具有机动灵活、对位快、装卸效率高等优点，既可作水平搬运，又可作场地堆拆垛作业，一般可码2～3层集装箱，在搬运距离不长时，无须再配拖挂车，比较适合于年通过量在5万TEU的集装箱码头上使用。

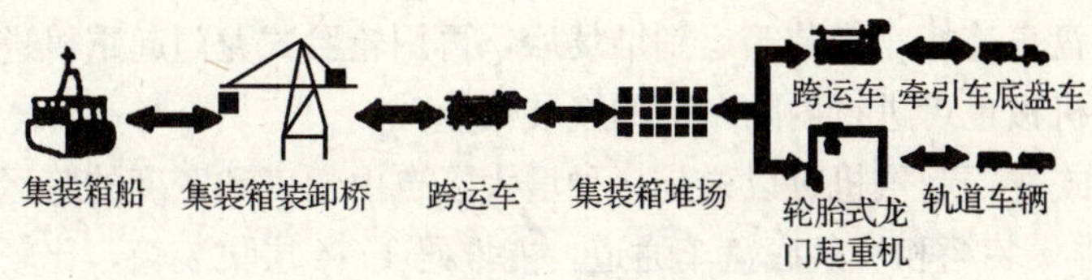

图6-46　装卸桥——跨运车工艺方案

该系统的优点是：

1. 港站前沿装卸船的接运采用“落地”作业方式，装卸桥从船上卸下的集装箱不需要对准跨运车。因此，提高了装卸桥的装卸效率，节省了作业时间。

2. 机动灵活。跨运车是一种流动性较强的机械，当港站（或库场）各种作业在时间上出现不平衡，在某一处作业量大时，可以相应地多配几台跨运车。

3. 机种少，适应性强。跨运车具有自取、搬运、堆垛以及装卸车辆等多种功能，一种机械可完成多种作业。

4. 能在场地上将箱子重叠堆垛，一般可堆高2～3层，与底盘车相比，可节省堆场面积。

本系统的主要缺点正是跨运车的缺点（价格高、维修费用高、轮压大）所引起的。为了克服这些缺点，要求港站场地要平整，司机的操作技术要求更高，并且注意加强对跨运车的维护和保养。

（二）装卸桥——轮胎式龙门起重机工艺方案

龙门起重机可以是轮胎式，也可以是轨道式的，目前在中国的集装箱港站上主要采用轮胎式龙门起重机。

由于龙门起重机不能直接与装卸桥配合交接集装箱，所以这个方案还需要配牵引车挂车。即在港站前沿与堆场之间，前方堆场与后方堆场之间，堆场与货运站之间需要牵引车挂车作水平搬运集装箱之用。

此方案是码头前沿采用装卸桥，水平搬运采用底盘车，堆场采用轮胎式龙门起重机。轮胎式龙门起重机由于其行走部分是轮胎，顾而得名。这种工艺方案是把通过装卸桥从船上卸下来的集装箱放到底盘车上，码头前沿到堆场通过底盘车连接，集装箱运到堆场后，再用轮胎式龙门起重机进行场地作业。这种机械也可进行内陆车辆的换装作业。

轮胎式龙门起重机可以说是一种增大了自由弯度和宽度的跨运车，它可跨 1～7 排集装箱和一条底盘车通道，能堆码 1～4 层集装箱，比较适合于年通过量 8 万～10 万 TEU 的集装箱码头使用。

本系统的优点是：

1. 单位面积堆存量大。由于龙门起重机堆箱层数多，因此单位面积堆存量较大。这在陆域较小的港站上显得特别重要。

2. 堆场面积利用率高。由于集装箱在龙门起重机跨距内可紧密堆垛，不留通道，因此堆场面积利用率高。

3. 营运费用低。本系统虽初始投资大，但机械设备的维修管理费用低。

4. 易于实现自动化控制。龙门起重机的动作易于程序化，便于电子计算机控制。

本系统的缺点主要是轮压比较大，一般为 50 吨，故对场地要求高；对驾驶员操作技术要求高。

装卸桥——轮胎式龙门起重机工艺方案如图 6-47 所示。

图 6-47　装卸桥——轮胎式龙门起重机工艺方案

（三）装卸桥——轨道式龙门起重机工艺方案

这种工艺方案是通过装卸桥把集装箱从船卸到码头后再搬放到底盘车上，通过底盘车把集装箱运到堆场，堆场作业采用轨道式龙门起重机，如图 6-48 所示。

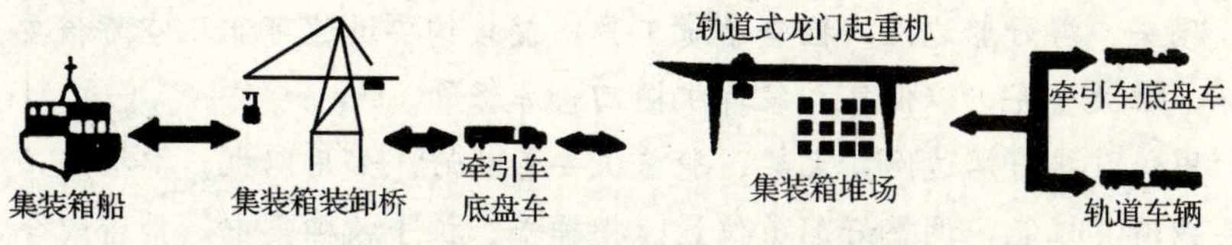

图 6-48　装卸桥——轨道式龙门起重机工艺方案

主要特点是：

1. 机械沿轨道运行，具有能实现自动化控制的优点。

2. 与轮胎式龙门起重机相比，堆场堆箱的自由空间和宽度更大，在所有集装箱堆场机械中场地面积利用率最高，单位面积堆箱数最多，它可跨 14 排或更多排集装箱，堆码高度可达 4～5 层集装箱。

3. 机械机构简单，操作比较可靠，但初始投资大。

轨道式龙门起重机方式适合于年吞吐量 10 万 TEU 以上或两个以上连续泊位的集装箱码头使用。

案　例

“木箱杂货”操作要点

“木箱杂货”的操作要点主要包括卸火车、装船、码头、甲板、舱内和工艺流程等方面的内容。

卸火车：准备性能良好的足够数量的货板，齐摆在离车厢不远的适当位置，打开车门，铺好车门铁板。1 名司机；8 名工人：4 人推手推车，2 人在车厢内装手推车，库内 2 人卸手推车装货板（即打码）。货码要求整齐、拧紧，货箱不超出货板（四周各 5 厘米），不超高（每码 1 米以下）不超重

（小于2吨），缚好小绳。叉车成组叠堆。堆高为3码高。

装船：出库、水平运输、叉车在库内成组拆堆，并搬至船边放适当的位置，以便接钩。如库至船距离超过100米时，增配平板车6台，牵引车循环拖带。此时，叉式装卸机负责拆堆装平板车，由牵引车拖至船边。

码头：缚好船边网，检查吊货工具，摘接钩要迅速可靠，空货板要分列好坏，堆放整齐，以便叉式装卸机搬回仓库保管。

甲板：接好船边网，大梁、舱盖板妥善放好。如用船机，要检查吊货设备、弄清其性能，调整好船吊位置。指挥手、机手精神集中，紧密配合，操作稳当，切勿碰撞舱口、摆杆，货码要轻放。

舱内：8名工人，摘钩、挂钩，拆码选舱，由里向外，分层装舱，每层约1.2米高，最后塞满。要轻拿轻放，件件靠紧、排列整齐。破箱不装船。货码进舱及时避开、严禁烟火。

工艺流程Ⅰ：火车→手推车货板成组→叉车叠堆如图6-49、表6-8所示。

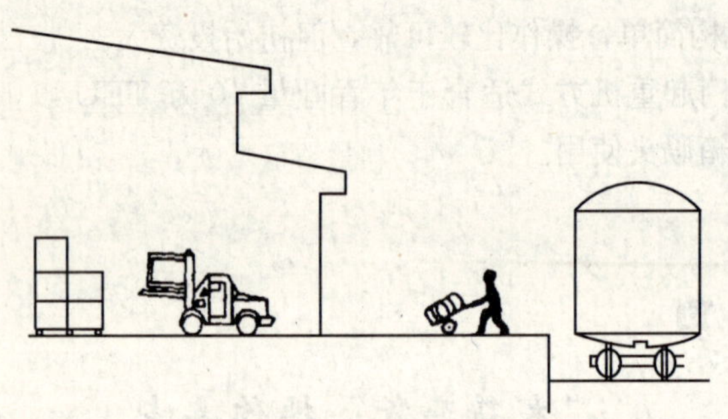

图6-49　工艺流程Ⅰ图

表 6-8　　　　　　　　　　工序配备表

操作工序	机械配备		工具配备		配工人数	
	名称规格	数量	名称规格	数量	装卸工人	司机
堆　头						
仓　库	叉　库	1	货　板		2	1
车　厢			手推车	4	6	
装卸效率	小时产量（t）	25	工班产量（t）		合计　8	1
			每人工班定额（t）			
备　注						

工艺流程Ⅱ：叉车→门机（船吊）→船（人力），如图 6-50、表 6-9 所示。

图 6-50　工艺流程Ⅱ图

表 6-9　　　　　　　　　　工序配备表

操作工序	机械配备		工具配备		配工人数	
	名称规格	数量	名称规格	数量	装卸工人	司机
舱　内					8	
甲　板	船　吊	1			1（2）	1

续 表

<table>
<tr><th rowspan="2">操作工序</th><th colspan="2">机械配备</th><th colspan="2">工具配备</th><th colspan="3">配工人数</th></tr>
<tr><th>名称规格</th><th>数量</th><th>名称规格</th><th>数量</th><th colspan="2">装卸工人</th><th>司机</th></tr>
<tr><td>码 头</td><td>门 机</td><td>1</td><td>船边网，杂货络</td><td>各1</td><td colspan="2">2</td><td>1</td></tr>
<tr><td>港内运输</td><td>叉 车</td><td>1</td><td></td><td></td><td colspan="2"></td><td>1</td></tr>
<tr><td>堆 头</td><td></td><td></td><td></td><td></td><td colspan="2"></td><td></td></tr>
<tr><td>仓 库</td><td></td><td></td><td></td><td></td><td colspan="2">1</td><td></td></tr>
<tr><td>防 护</td><td></td><td></td><td></td><td></td><td colspan="2"></td><td></td></tr>
<tr><td rowspan="2">装卸效率</td><td rowspan="2">小时产量（t）</td><td rowspan="2">18</td><td>工班产量（t）</td><td>132</td><td rowspan="2">总人数</td><td rowspan="2">12
(13)</td><td rowspan="2">2</td></tr>
<tr><td>每人工班定额（t）</td><td>11(10)</td></tr>
<tr><td>备 注</td><td colspan="7"></td></tr>
</table>

思考题

1. 什么是装卸搬运？有何意义？
2. 装卸搬运有哪些特点？
3. 你知道哪些装卸搬运方式？
4. 什么是集装单元、集装单元化？
5. 什么是装卸搬运设备？有何用途？
6. 什么是起重机械？它的工作特点是什么？
7. 起重设备有哪几类？它们的发展方向是什么？
8. 常用的起重设备，你知道哪些？
9. 什么是叉车？其工作特点是什么？
10. 叉车有什么作用？如何分类？
11. 你知道哪些常用的叉车？
12. 集装单元化有何特点？

13. 什么是集装箱？集装箱标准按使用范围分为哪几种？

14. 集装箱标记都包括哪几部分？

15. 什么是托盘？托盘有哪些优点？

16. 集装箱吊具有哪几种类型？各类吊具有何特点？

17. 伸缩式吊具由哪几部分组成？

18. 何为岸壁集装箱装卸桥？它的结构有何特点？

19. 在岸壁集装箱装卸桥中为何要安装减摇装置？

20. 集装箱龙门起重机有哪两种类型？两者有何不同？

21. 集装箱叉车搬运集装箱采用哪几种方式？

22. 什么是底盘车？它的工作特点是什么？

23. 什么是跨运车？它都具有哪些功能？

24. 想一想你认识了多少装卸搬运设备和集装箱单元化技术设备？

25. 什么是散料货物？它有哪些特性？各特性的含义是什么？

26. 与件杂货相比，散料货物有哪些特点？

27. 散料装卸搬运设备有何特点？

28. 什么是带式输送机？根据结构形式不同分为哪几种？它们有何不同？

29. 什么是螺旋输送机？它适宜输送哪些货物？

30. 什么是气力输送机？它有何特点？

31. 什么是斗式提升机？它有何特点？

32. 装卸机械化的作用是什么？

33. 搬运合理化的原则是什么？

34. 当前搬运作业发生了哪些变化？

第七章　物流包装与流通加工技术

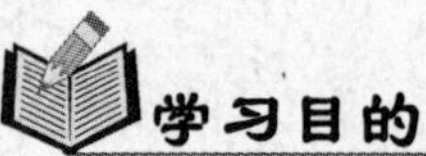

通过本章学习，重点掌握物流包装的技术种类和流通加工的技术类型；理解包装与流通加工的特性和功能；了解包装与流通加工的合理化。

第一节　物流包装与流通加工技术概述

一、包装技术概述

包装作为物流系统的起始环节，其主要的功能是保护货物的安全，方便运输、促进销售，顺利实现其价值和使用价值。包装的材料、形式、方法以及外形设计都对其他物流环节产生着重要的影响。

（一）包装的发展

包装起源于原始社会末期。当时的人们利用自然界提供的植物作为最早的包装材料。随着科学技术的进步和商品经济的发展，人们对包装的认识不断深化，给包装又赋予了新的内容，使得包装不仅能方便运输、方便装卸和保管，还使得商品能够在生产领域延续。

包装工业的迅速发展，新的包装材料、新的包装技术、新的包装形式的出现和采用，为包装工业开拓了新的前景。随着物流技术的不断开发和应用，尤其是把物流当作一个整体被重视、被研究之后，物流对包装又提出了新的、更高的要求。从物流的角度看，现代包装既是生产的终点，又是物流的起点。现代物流的发展趋势，使得现代包装工业在物流系统及整个国民经济中的地位越来越重要。

（二）包装的概念

任何产品，从生产领域转移到消费领域，都必须要借助于包装。所谓包装，具体来讲，应该包括两个含义：

1. 作为名词用，是包装物，这是静态的，指能够容纳产品、抵抗外力、保护宣传商品、促进销售的物体，包括包装材料和容器。如电视机包装物有瓦楞纸箱、发泡塑料垫衬、塑料袋、封口胶、打包带等。

2. 作为动词用，是包装时所采用的操作技术，这是动态的，指产品包裹、捆扎等工艺操作过程。如包装电视机时，在纸箱内填入垫衬，包裹电视机、装箱、装入有关资料、封口、装订、打包捆扎等。

所以，包装材料和包装技术构成了现代包装，它是指在流通过程中，保护产品、便于储运、促进销售，按一定的技术方法而采用的容器、材料及辅助物等的总体名称。也指为了达到上述目的而在采用容器、材料和辅助物的过程中施加一定技术方法等的操作活动。

（三）包装的种类

包装的种类可以从多个方面进行划分。

1. 根据包装作用不同划分

按包装在流通中的作用不同，包装可分为销售包装和运输包装两大类。

（1）销售包装。销售包装也就是商品包装，或称内包装、小包装。这类包装与商品直接接触，通常作为商品的组成部分而随商品一起卖给消费者，所以，销售包装的主要目的是为了促进产品的销售，包装的用材、色彩、图案、造型、文字、标贴等结构设计和装潢设计都要对消费者具有直观的吸引力，是激发购买动机的重要因素之一。销售包装不仅要具有保护产品、方便流通等基本作用，还要具有美化产品、宣传产品、促进销售的作用。

常用的销售包装有以下几种：

①透明式包装。有全透明式和半透明式两种包装，如衬衫包装和一些食

品包装。

②悬挂式包装。这种包装的包装容器可以悬挂、手提，便于悬挂展销。如服装包装附有衣架，有些糖果袋安装有硬塑手提孔等。

③开启式包装。这种包装用时开启，不用时闭合，卫生方便，如硬盒香烟的摇盖。

④配套式包装。这种包装可以容纳两种以上的配套产品。

(2) 运输包装。运输包装也就是工业包装，或称外包装、大包装。这类包装是货物运输、保管等物流环节所要求的必要包装。运输包装以强化运输、保护商品、便于储运为主要目的。运输包装的作用在生产资料中尤为突出。运输包装要在满足物流要求的基础上使包装费用越低越好，一般来说，为了降低包装费用，包装的保护性也会随之降低，故商品的流转损失也会加大；反之，增加包装，包装费用相应增加，而流转损失会有所下降。因此，对于普通货物的运输包装应该程度适中，才会有最佳的经济效果。

对于有些商品，销售包装与运输包装之间也往往存在矛盾。比如，为了方便运输，包装通常应当结实，但外部形体不够美观，因而不利于销售。反之，促进销售效果的包装，一般又比较单薄，强度较低，保护效果较差。

2. 根据包装运输工具不同划分

按货物运输工具的不同，包装可分为铁路货物包装、卡车货物包装、船舶货物包装、航空货物包装等。这类包装是按使用的运输工具不同而采取不同的包装技术，它们共同的特点是最大限度地使用运输工具、减少空载吨位，同时，又要根据不同的运输工具采取具有针对性的包装。例如，铁路包装在利用铁路运输的同时，必须采用相应的包装技术，如小包装、行李装、混装货物等。随着物流技术的不断发展和提高，新的货物包装形式不断出现，卡车、火车、船舶的联合运输，在包装上也要适应新的物流条件，尽可能达到多种运输的要求。目前广泛应用的集装箱、托盘等，可视为适应物流发展的专门的包装形式。

3. 根据包装材料不同划分

按包装使用的材料不同，包装可分为纸包装、塑料包装、金属包装、玻璃包装、陶瓷包装、木制包装、纺织品包装及其他新兴材料包装等。

4. 根据包装容器不同划分

按包装使用的容器不同，包装可分为箱装、桶装、盒装、瓶装、罐装、袋装等。

5. 根据包装位置不同划分

按包装的位置不同，可分为自包装、内包装和外包装。

(1) 自包装。指直接接触产品，与产品同时配装出厂，构成产品组成部分的包装。如牙膏的铝皮、酒及饮料的瓶子等。

(2) 内包装。内包装就是紧贴自包装或产品的包装。它是选用适当的材料制成的，具有一定形态的容器。如牙膏的纸盒、化妆品的包装盒等。

(3) 外包装。外包装就是产品或货物外部的包装。一般外包装就是将多个产品集中起来的包装。如箱、袋、罐、盒等。

6. 根据产品流通渠道不同划分

按产品流通渠道不同，包装可以分为内销包装和外销包装。

(1) 内销包装。内销包装是指在国内市场上销售的产品包装。内销包装应该根据国内的生产水平，原材料的易取性，消费需求的实际以及企业对包装成本的承受能力等，设计包装的构造、形态、图案、颜色等，使之起到保护产品，方便运输、仓储和销售，刺激消费的作用。

(2) 外销包装。外销包装主要指出口产品的包装。外销包装应该根据外销对象国的气候、环境、政策、法令、标准、运输要求而设计。包装的图案设计、质量标准等都要符合客商的特定要求，符合外销对象国的风俗、习惯等。

7. 根据包装技术及方法不同划分

按包装的技术及方法不同，可以把包装分为防震包装、防潮包装、防锈包装、防霉包装、真空包装、耐热包装、缓冲包装等。

此外，还可以按包装的耐压程度不同，把包装分为软包装、半硬包装、硬包装；按包装内容物不同，把包装分为工业品包装、消费品包装、军用品包装；按包装方式不同，把包装分为单个包装、复合包装、内外包装、集合包装等。

(四) 包装的功能

包装的功能主要表现在以下几个方面：

1. 保护货物的功能

保护货物是包装的首要作用。货物在流通过程中要经过很多环节，经由工厂企业、批发企业和零售商店，才能到达消费者手中。在这些环节中，货物要经过多次装卸、搬运、转移及运输，还要经受不同环境的考验，货物的包装可以起到保护货物的作用。

（1）为了保护货物不受机械外力的损害。货物包装可以保证货物在装卸、搬运、堆放中经受颠簸、摇动、碰撞、冲击、摩擦、震荡、翻滚、堆压、拉吊、跌落等外界作用下的安全，如果没有坚固的包装，就会造成货物的散失或破损。

（2）为了保护货物不受环境的损害。货物在流通中可能会遇到各种恶劣的环境，例如高热、低温、日晒、雨淋、干燥、潮湿、光线、射线、电磁场、化学气体等，这些因素都可能使货物腐蚀、变质、干裂、氧化、生锈、变形等，这就要求货物的包装材料能够抵御自然环境的变化，确保货物在流通中的安全。

（3）为了保护货物不受生物的损害。在流通过程中，货物随时都可能受到微生物、虫害、鼠害的侵袭，导致变质和腐蚀，包装则可以起到有效的防御作用。

2. 方便流转的功能

货物包装具有方便流通、方便消费的作用。在物流的全过程中，货物合理的包装会给流转环节提供巨大的方便，从而提高了物流的效果。

（1）方便货物的储存。从搬运、装卸的角度看，货物出入库时，包装的规格、重量、形态适合仓库内的作业，为仓库提供了搬运、装卸的方便；货物包装上的各种标志，使仓库保管者容易识别，给仓库的验收、堆放、发货提供了方便，并且可以减少差错和货物的损失。从货物保管角度看，货物的包装为保管工作提供了方便条件，便于维护货物本身的原有的使用价值。

（2）方便货物的装卸。货物从生产厂到消费者手中平均要经受 10 余次的装卸搬运，由于有了货物的适当包装，使得装卸搬运作业便利。货物的合理包装还便于各种装卸、搬运机械的使用，有利于提高装卸、搬运机械的生产效率。另外，包装规格尺寸的标准化也为集合包装提供了条件，从而更能极大地提高装载效率。

(3) 方便货物的运输。包装的规格、尺寸、形状、重量等因素与货物运输有着直接的密切的关系，例如，货物包装的尺寸必须与运输车辆、船、飞机等运输工具箱的容积相吻合，以便方便运输，提高运输效率。

3. 便利流通的功能

货物包装的目的是为了沟通生产和消费，采用适当的包装，可以把商品规范化、集约化，为商品的流通带来了便利的条件，可以促进销售、扩大市场、增加盈利。

(1) 给生产者带来方便。产品进入包装程序就意味着产品的生产加工任务进入了最后阶段，货物的流通即将开始，货物的包装为工厂内部的搬运、堆放、清点、验收、保管等提供了方便，对加强企业内部管理及经济核算非常有利。

(2) 给经营者和消费者带来方便。包装以直观的方式说明了商品内部的商品性能、用途、质量、规格、数量等，既给经营者的柜台陈列、清查盘点、处理索赔等带来了方便，也给购买商品的消费者在搬运、收藏、保管和维修等方面带来了方便。

4. 促销商品的功能

商品的包装以其造型、图案、色彩、质量、质地等特征，直接展现在消费者面前，引起人们的注意和关心，唤起人们的购买欲望。所以，包装的装潢设计在商品促销中占有及其重要的地位，包装的外部形态是商品的很好的宣传品，甚至充当商品推销员的角色。

产品经过包装后，利用包装的形体及其外部印刷的文字、图案、色彩等结构造型和装潢设计来美化产品，宣传产品的性能，介绍产品的使用方法，增加产品销售的陈列效果，使消费者通过了解包装物来了解内装产品，对所装产品质量产生信任感，从而喜爱产品、购买产品。

5. 传递信息的功能

包装还具有传递信息的功能。对于货物包装物品识别的跟踪和管理，信息传递日益重要，已成为物流系统的重要一环。信息通常包括制造厂、商品名称、容器类型、个数、通用的商品代码等数字，物流包装能在收货、储存、取货、出运的各个过程中跟踪货物，通过价格低廉的扫描设备和代码的标准化对货物加以控制，从而提高了跟踪能力和效率，减少了货物的误差。

6. 提高价值的功能

包装所用的劳动，是社会必要劳动的一部分，它融合在商品体上，不但出售时可以得到补偿，而且可以给商品增加价值。精美的包装既能提高商品的市场竞争力，又可以以其独特新颖的艺术魅力吸引客户。除此以外，包装的再利用也给商品增加了价值，如铁皮包装、玻璃、塑料瓶包装、纸箱、木箱包装等，都具有回收再利用的性能，这无形中为企业降低了费用，为消费者增加了新的使用价值。

7. 增加企业收入的功能

优良、精美的包装，不仅与好产品相得益彰，避免了“一等产品，二等包装，三等价格”现象的出现，而且提高了产品的身价，使消费者愿意出较高的价格购买产品，使企业增加了销售收入。同时，包装产品使存货受到控制，从而变得简单易行。总之，与产品相得益彰的包装，不仅使产品损耗率降低，而且提高了运输、储存、销售各环节的劳动效率，使企业的利润空间扩大。

包装的功能还可以从表 7－1 中了解。

表 7－1　　包装功能一览表

包装的功能	内　容
标识功能	使得产品容易识别
商品功能	创造独特的商品形象
促销功能	具有广告效力、唤起购买欲望
便利功能	方便运输、搬运或保管处理
定量功能	形成基本单件，整理成适合使用托盘、集装箱等运载的单元
保护功能	避免搬运过程中的脱落，运输过程中的震动或冲击
效率功能	便于具体作业，提高生产、装卸搬运、运输、存储、销售等效率

二、流通加工技术概述

流通和加工是两个不同的范畴。加工是改变物质形状和性质，形成一定产品的活动，而流通则是改变物资存在的空间状态与时间状态的过程。

（一）流通加工的概念

1. 流通加工的含义

流通加工的概念可以理解为：流通加工是为了提高物流速度和物品的利用率，在物品进入流通领域后，按客户的要求进行的加工活动。也就是在物品从生产者到消费者流动的过程中，为了促进销售，维护产品质量，实现物流的高效率而采取的使物品发生物理和化学变化的功能。流通加工属于加工的范畴，是加工的一种，它是生产加工在流通领域中的延伸，也可以看成流通领域为了更好的服务，在职能方面的扩大。流通加工示意图如图 7－1 所示。

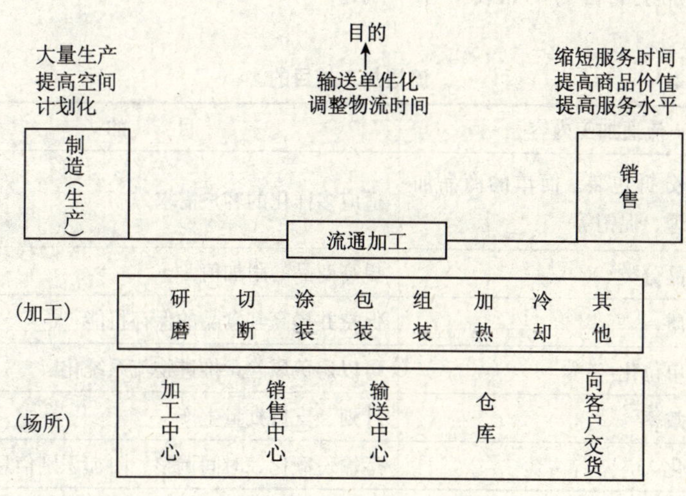

图 7－1　流通加工示意图

2. 流通加工的目的

流通加工是为了有效地完善流通。流通加工在实现时间与场所这两个重要功能方面，确实不能与运输和储存相比，另外，流通加工的普遍性也不能与运输、储存相比，但这绝不是说流通加工不重要，实际上它是不可轻视的，它起着补充、完善、提高和增强的作用，能起到运输、储存等其他功能要素无法起到的作用。所以，流通加工的地位可以描述为提高物流水平，促进流通向现代化发展。

(1) 流通加工是物流的重要利润来源。流通加工是低投入高产出的加工方式，往往以小加工解决大问题。实践中，有的流通加工使产品利用率可以提高20%～50%，有的流通加工通过改变商品包装，使商品的档次提高而充分实现其价值，这是采用一般方法提高生产效率所难以实现的。从一些流通企业实践来看，流通加工的成效并不亚于从运输和储存中获得的利润。

(2) 流通加工是国民经济中重要的加工形式。在整个国民经济的组织和运行方面，流通加工是其中一种重要的加工形态，对推动国民经济，完善国民经济的产业结构和生产分工有一定的意义。

流通加工的目的，如表7-2所示。

表7-2　流通加工的目的

流通加工内容	目　的
提供冷冻分拆包装。简单的商品加工、预处理、促销等	适应多样化的客户需求
独特的商品分类	提高商品的附加值
保鲜、保质	保持并提高其食品的保存机能
标准化、单位化	可以避免风险，推进物流系统化
提高生产效率	计划、支持批量生产
物流合理化	运输份额化、时间调整、附加识别信息

（二）流通加工的作用与意义

商品流通是以货币为媒介来进行商品交换的，它的重要作用是将生产和消费（或者再生产）联系起来，起着“桥梁和纽带的作用”，从而完成商品所有权和实物形态的转移。总的来讲，流通加工仍然和流通一样，总体上起着生产和消费之间“桥梁和纽带”的作用，但是它不通过“保护”流通对象的原有形态而实现这一作用。流通加工的作用具体表现如下：

1. 流通加工可以弥补生产加工的不足

由于生产的高度社会化、专业化，生产环节的各种加工活动往往不能完全满足消费者的要求，要弥补生产环节加工活动的不足，流通加工是一种理想的方式。作为流通企业，往往对生产领域的物品供应情况、消费领域的物质需求情况最为了解，这为他们从事流通加工创造了条件。

2. 流通加工为流通企业增加了收益

从事流通活动的企业，要想获得利润，一般只能从生产企业的利润中转移过来。而发展流通加工是一项极为理想的创造价值的选择，它可以为流通企业获得更多的收益。这样，流通企业不仅能够获得从生产领域转移过来的一部分价值，而且自己还能够创造新价值，从而获得更大的利润，这也是流通加工得以产生和发展的原动力。

3. 流通加工方便了客户

在流通加工未产生之前，物品满足生产和消费需求的加工活动一般由使用单位承担，这给使用部门带来不便。使用者为了完成这些加工活动，不得不安排一定的人力、设备、场所，常常会因为设备投资大、利用率低、加工质量低等因素而影响企业的经济效益。如果把这种加工从生产和使用环节中独立出来，由流通环节来完成，可以根据使用部门的需求，将物品加工成可直接投入消费使用的形式。这不仅为使用单位提供了方便，而且由流通部门统一进行，设备利用率高，节省加工费用。

4. 流通加工为配送创造了条件

配送是流通加工、整理、分拣（选）、分类、配货、末端运输等一系列活动的集合。配送活动的开展，依赖于流通加工，流通加工是配送的前提。从配送中心看，它们把加工设备的种类、加工能力看作是影响配送的主要因素之一。随着配送工作的深入，流通加工必然得到广泛的发展。

（三）流通加工在物流系统中的特殊作用

1. 流通加工增强了物流系统的服务功能

现代物流及新经济时代的重要标志是“服务社会”，增强服务功能这是所有社会经济系统必须要做的，在物流领域中，流通加工的贡献最大。

2. 流通加工提高了物流对象的附加值，降低了物流成本

通过流通加工，提高了物流对象的附加值，使物流系统有可能成为新的“利润中心”；同时，通过流通加工，方便了物流过程，减少了损失，加快了速度，降低了操作的成本，从而降低了整个物流系统的成本。

（四）流通加工与生产加工的区别

1. 流通加工与生产加工的加工对象不同

流通加工的对象是进入流通过程的商品，具有商品的属性，以此来区别多环节生产加工中的一环。生产加工对象不是最终产品，而是原材料、零部件和半成品。

2. 流通加工与生产加工的加工程度不同

流通加工的程度都是简单加工，而不是复杂加工。一般来讲，如果必须经过复杂加工才能形成人们所需的商品，那么，这种复杂加工应设在生产加工过程，生产过程应该完成大部分加工活动，流通加工对生产加工只是一种辅助和补充，流通加工绝不是对生产加工的取消或代替。

3. 流通加工与生产加工的加工组织者不同

流通加工的组织者是从事流通工作的人员，他们能根据客户的需求，并能紧密结合这种需要进行加工活动。从加工单位看，流通加工由流通企业完成，生产加工由生产企业完成。

4. 流通加工与生产加工的加工目的不同

商品生产是为了交换、为了消费而进行的，流通加工一个重要的目的，也是为了消费（或再生产）而进行的加工，这一点与商品生产有共同之处。但是流通加工有时候是以自身的流通为目的，纯粹是为流通创造条件，这种专门为流通所进行的加工与直接为消费所进行的加工在目的上有着显著的差别。

5. 流通加工与生产加工的价值观念不同

生产加工的目的在于创造价值和使用价值，而流通加工的目的则在于完善其使用价值并且不改变的情况下提高其价值。

流通加工与生产加工的区别也可以列表进行比较，如表 7 - 3 所示。

表 7 - 3　　生产加工和流通加工的区别

内　容	生产加工	流通加工
加工对象	原材料、零部件、半成品	最终产品——商品
加工程度	复杂，完成大部分加工	简单、辅助性、补充加工
附加值	创造价值和使用价值	完善其使用价值，提高价值
组织者	生产企业	流通企业
目的	为交换、为消费	为消费、为流通

第二节　包装与流通加工技术

一、包装技术

（一）常用包装材料

1. 草类材料

这是比较落后的一种包装材料，它的主要来源是各种天然的草类植物。将这些草类植物经过梳理，编织成诸如草席、蒲包、草袋等包装材料。

2. 纸制材料

纸与纸板可做大包装、小包装、包装衬里、商标，它是应用最广泛的包装材料。纸制包装材料的优点是：重量轻，成本低，可折叠存放，节约仓储运输费用；有一定的弹性和较高的耐压性；易加工、印刷，利于产品的宣传和销售；便于密封、捆扎、搬运；公害小，废旧纸板可回收利用。纸制材料还可与其他材料做复合包装，以纸为基材，和铝、塑料、蜡等多种材料复合，再加上各种涂料，可以使包装具有防潮、防漏、防菌、防紫外线、防破碎等多种功能。

3. 木制材料

木制材料具有强度高，生产加工简便，便于运输和储藏等优点。它是最常见的包装材料，几乎所有的木材都可以作为包装材料，比如用木材、胶合板或纤维板制成的木箱、木桶、木笼子等包装物。

4. 纤维材料

它是指各种纤维制作的包装材料，主要有黄麻、红麻、大麻、青麻、罗布麻、棉花、合成树脂、玻璃纤维等，用它们可制成如麻袋这样的麻制品包装物。

5. 金属材料

金属包装材料主要是薄钢板、马口铁、镀锌铁皮、铝及铝合金等。它们的特点是：强度好，密封性好，易加工成型，易焊接，易涂饰和印刷，耐腐蚀性好，基本无毒害。广泛用于金属圆桶、白铁皮罐、储气瓶、金属丝、网等包装物的制作。

6. 陶瓷、玻璃材料

陶瓷具有耐风化、不变形、耐热、耐酸、耐磨等优点；玻璃属无机硅酸盐制品，它透明、清洁、美观，有一定的机械强度和良好的化学稳定性，易封闭，价格较便宜，可以多次周转使用，原料来源丰富。陶瓷、玻璃制作的包装容器，尤其适合各种流体货物的包装，而且容易洗刷、消毒、灭菌，能保持良好的清洁状态。同时，它们还可以回收再利用，有利于包装成本的降低。

7. 塑料包装材料

塑料包装材料也就是合成树脂包装材料，主要有聚乙烯、聚丙烯、聚氯乙烯、聚苯乙烯、酚醛树脂、氨基塑料等。塑料包装的优点是：光学性能好，透明；质轻，富有弹性，耐折叠；密封性好，防水，防潮；耐酸碱，防虫害，防污染；加工简单，易着色等。塑料在包装材料应用中越来越显得重要，塑料瓶、塑料袋、塑料箱等包装物被广泛应用于销售包装、运输包装等领域。目前，塑料正向复合化方向发展，作为包装材料，其前景更为广阔。

8. 时兴的包装材料

（1）复合材料。复合包装材料是由两种或两种以上材料经热合和黏合而成。在复合材料中，以纸为基材的越来越多，原因是纸的价格便宜，不污染被包装的产品，无异味。纸的性能优越，能适应多种用途。纸和铝、塑料、蜡等多种材料复合，加上各种涂料的包装，具有防潮、防漏、防菌、防紫外线、防破碎等多种功能。

如用于水泥包装的牛皮纸/聚丙烯编织布/牛皮纸的复合材料；用于饮料包装的塑/纸/塑的复合材料；用于食品包装的塑料/铝箔/塑料的复合材料。复合材料包装综合体现了这些材料的优点，具有良好的机械强度，稳定的化学性能，优良的密封遮光性等，在包装行业上愈加受宠。

(2) 绿色材料。绿色包装材料即无污染包装材料。作为绿色包装，应具备以下条件：

①在具有包装功能条件下，用料应该最省，节约资源和能源，包装废弃物最少；

②包装易于回收，能够再利用，进行再循环；

③包装物焚烧时不产生毒气或形成二次污染；

④包装材料在使用后于自然界中能够自行降解，可以回归到自然界生物可吸收状态，不对消费对象及环境造成危害；

⑤包装材料能保证内装货物的质量不受损害。

绿色包装的兴起，使食品包装采用纸制材料的比例不断上升。我国一些城市及铁道部门已用纸饭盒及“可降解”聚丙烯饭盒代替了一次性发泡聚丙乙烯饭盒就是其中一例。面对塑料包装的大量使用，其包装废弃物污染环境的问题已引起全世界的关注。目前，科学家正致力于分解性塑料的研究，如日本生产的光分解塑料袋，利用太阳光中的紫外线进行照射，三个月后塑料袋开始变得脆软并融化，进而断裂分解；英国、意大利则研制出生物降解塑料的方法，这是利用微生物分泌的酶将塑料分解成碎片，再吞噬、消化。事实上，很多塑料废弃物是可以回收再利用的，如果重视这个问题，不但可以节约资源，还能净化环境。

(二) 包装容器

1. 传统包装容器

(1) 包装袋。包装袋可用纸、塑料薄膜等材料制成，可以是单层的，也可以是多层同种材料或不同材料复合而成。一般包装袋的形状采用筒管状结构，一端预先封死，包装结束后再封装另一端，操作方法一般采用充填操作。常用的包装袋一般有三种类型。

①大型包装袋，也就是集装袋。这是一种大容积的运输包装袋，一般可容纳 1 吨以上的货物，适用于吊装吊卸，散装货物如矿砂、水泥等多使用集装袋。集装袋一般是用塑料重叠丝编织而成，便于铲车或起重机的吊装、搬运。由于集装袋装卸、搬运货物都很方便，装卸效率明显提高，近年来发展很快，普遍适于运输包装。

②中型包装袋，也就是一般运输包装袋。这类包装袋的容纳重量是 5～100 公斤，大部分是由植物纤维或合成树脂纤维纺织而成的织物袋，或者由几层挠性材料构成的多层材料包装袋。如麻袋、草袋、水泥袋等，适于外包装及运输包装，主要包装粉状、粒状和个体小的货物。

③小型包装袋，也就是普通包装袋。这类包装袋容纳重量较少，通常用单层材料或双层材料制成，也有用多层不同材料复合而成。液状、粉状、块状和异型物等都可以采用这种包装，它的适应范围较广，普遍用于内包装、单包装和销售包装。

（2）包装盒。包装盒是一种刚性或半刚性容器，它一般呈规则的几何形状，多数为长方形，也有尖角形和其他形状的。包装盒所用的材料通常是纸板、金属、硬质塑料以及复合材料，它们都有一定的刚性，而且不易变形，有较高的抗压强度，其刚性高于袋装材料。

包装盒一般整体强度不大，包装量也不大，不适合做运输包装，适合做销售包装、内包装，适合包装块状及各种异形物品。如固定式纸盒和折成纸盒，运输保管方便、使用广、用量大、成本低、方便选购、吸引客户。

（3）包装箱。包装箱的结构类似于包装盒，只是容积、外形都大于包装盒，包装箱整体强度较高，抗变形能力强，包装量也较大，适合做运输包装、外包装，主要用于固体杂货包装，应用范围较广。

在流通领域常用的有木箱和塑料箱。木箱因使用材料不同，可以分为木板箱、胶合板箱、纤维板箱，木箱还有许多不同的箱型，如小型木箱、中型木箱、花格木箱、疏条木箱以及盛装机器设备的大型木箱和框架木箱等，它们有较高的强度，生产加工简便，便于运输和储藏，是常用的一种包装容器，其用量仅次于瓦楞箱。

塑料箱在流通中经常使用，它的防潮性能好，耐蚀性好，搬运方便，能满足反复使用的要求，可装载多种商品，可以代替瓦楞纸箱作为商品的外包装，也可以加工成各种易碎商品的周转箱，如啤酒周转箱、饮料周转箱等。

(4) 包装瓶。包装瓶的包装量一般不大，用于包装瓶的材料要有较高的抗变形能力，刚性、韧性要求一般也较高，适合美化装潢，主要做商业包装、内包装使用。主要包装液体食用商品、化妆品和粉状货物。

(5) 包装罐（筒）。包装罐容器是刚性包装的一种，一般对包装材料的强度要求较高，罐体的抗变形能力较强，可做运输包装、外包装，也可做商业包装、内包装。主要的包装罐（筒）有三种：

①小型包装罐，这是典型的罐体，容量不大，可用金属材料或非金属材料制造，罐体还可采用各种方式装潢美化，一般是做销售包装和内包装。

②中型包装罐，这也是典型的罐体，容量较大，一般做化工原材料、土特产的外包装，起运输包装的作用。

③集装罐，这是一种大型罐体，外形多样，圆柱形、圆球形、椭圆形；卧式、立式都有。集装罐是典型的运输包装，适合包装液体、粉状及颗粒状货物。

2. 现代包装容器

(1) 瓦楞纸箱。瓦楞纸箱是用瓦楞形纸板为材料，采用具有空气结构经成型工艺制成的箱形包装容器。瓦楞纸箱具有较好的防振性能，适合于易碎货物、家用电器等商品的外包装。

瓦楞纸箱的保护功能与瓦楞形状和尺寸有着直接的关系。瓦楞纸箱的瓦楞有 U、V、UV 三种波型。U 型纸板弹性好而抗压强度差；V 型纸板抗压强度好而弹性差；UV 型纸板抗压性最佳。瓦楞尺寸主要指瓦楞高度和瓦楞密度，瓦楞纸板的耐压强度和压缩变形量与瓦楞高度成正比，瓦楞纸箱的质量好坏取决于瓦楞芯板的波型、纸板的克重、黏合材料的质量以及成型技术等。空的瓦楞纸箱可以折叠堆放，节省仓库空间，便于回收。瓦楞纸箱的捆扎、组装和封固也很方便，而且瓦楞纸箱的箱面平整，便于印刷各种标记。

从瓦楞纸箱的发展来看，它已经取代或正在取代传统的木箱包装，它与塑料复合后，还具有防潮等优点，目前，世界各国都在大力发展瓦楞纸箱包装。

（2）托盘。托盘是内外贸易运输中普遍采用的一种搬运货物工具。也称为垫板和集装托盘，是一种特殊的包装形式。托盘的下边设有插口，供铲车的插入，将包装好的货物放在托盘上进行装卸，载重 1～2 吨。为了防止货物散落，需用收缩或拉伸薄膜将货物包固在托盘上，组成托盘组合包装。

托盘组合包装可以保护商品，提高装卸、运输效率，降低包装成本，促进装卸、运输作业的机械化及包装的标准化、系列化、规格化。

（3）集装箱。集装箱是用钢材或铝材制成的大容积物流装运设备，从包装角度看，也属一种大型包装箱，是用于货物运输、便于使用机械装卸的集合包装容器，归属于运输包装种类，也是大型反复使用的周转型包装。

集装箱包装运输在物流领域里创造了独特的社会经济效益。

在运输、仓储环节上，凡采用集装箱或集合包装的货物，能提高装载量和仓储量，节省车皮和船舱，降低货物流通费用。

在物资流通过程中，采用集装箱装船，如装一艘 1000 吨的货船，人员可减少 50％，工作效率可提高 550％。

采用集装箱运输，可避免其他包装材料对车船和环境的影响。还可起到防风、防潮、防火的功能。

货物在流通过程中，由于各种包装规格不统一，难以做到机械化装卸、搬运，造成人力、物力、财力的浪费，而采用集装箱既可减少劳动力，又能节省费用支出，提高经济效益和社会效益。

包装容器及包装材料的变化，如表 7－4 所示。

表 7－4　　　　包装容器变化一览表

内容	旧的包装容器	过渡方式	新的包装容器
液体	瓶、罐	白铁皮罐、圆桶、瓶	塑料瓶
粉粒状	席、草包、蒲包、木桶	麻袋、纸袋	纸袋、塑料袋、编织袋
固体	木箱、木笼	金属网箱	瓦楞纸箱、集装箱

（三）包装用的辅助材料

包装容器是包装的主体，起到保证产品安全的作用，除此之外，还需要研究包装所用的辅助材料。

1. 黏合剂。黏合剂主要用于包装袋和包装箱的封口等。

2. 黏合带。按结合方式不同，可分为橡胶带、热敏带、黏结带三种。

3. 捆扎材料。捆扎作用表现在打捆、压缩、缠绕、包扎、保持形状、提高强度、封口防盗、便于处置、防止破损等。传统的捆扎材料主要为天然材料，如草绳、麻绳、纸绳等。目前，几乎都采用塑料材料。

（四）主要的包装技术

1. 包装标记

包装标记是为指明被包装物品的性质，以及保证物流活动的安全进行，及理货、分运的需要而进行的文字和图像的说明。常用的包装标记如下：

(1) 文字标志。是由发货人采用印刷或书写方式，在托运之前，在物品包装和运输标签上所做的标记。主要形式有两种：

①“地唛”标志。它是用简单、明了的文字，准确表达物品收发货单位、收发货人名称、地址、以及起始和到达的车站（码头或机场）等。运输部门称之为“唛头”，是由英语“MARK”的译音而来。

②商品标志。商品标志是用文字、数字等形式，对包装内的商品所作的说明。例如，商品品名、货物号、规格、型号、等级、产地、数量、毛重、净重、尺寸、件数等。

(2) 企业标志。企业标志是用几何图形和适当的装饰代替收发货单位的全称或地址的标记。利用独具风格的图案及符号作为企业的徽标和象征，有助于树立企业形象和信誉，提高企业知名度，也便于国际性贸易往来。

(3) 指示性标志。指示性标志是为了正确操作，安全装卸，有利存放而印刷在包装上的标志。这种标志一般都是以简单、醒目的图形或文字在包装上面黏贴、涂抹或装订。主要有：

①向上标志。表示此物品要按箭头向上的状态搬运或放置，不能倒放或斜放。

②轻放标志。表示此物品必须轻装、轻放、防止摔、跌。

③防湿标志。表示此物品在运输或储存时，要注意防水、防潮。

④可叠层数。表示此物品的堆码极限，不能超量堆叠或重压。

其他常用的指示标志如图 7－2 所示。

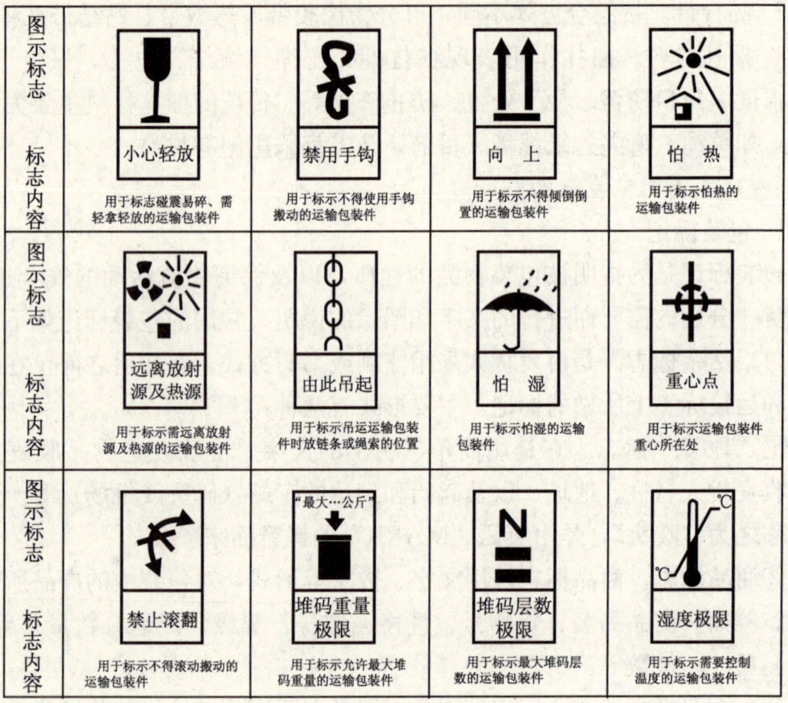

图示标志 标志内容	小心轻放 用于标志碰震易碎、需轻拿轻放的运输包装件	禁用手钩 用于标示不得使用手钩搬动的运输包装件	向　上 用于标示不得倾倒倒置的运输包装件	怕　热 用于标示怕热的运输包装件
图示标志 标志内容	远离放射源及热源 用于标示需远离放射源及热源的运输包装件	由此吊起 用于标示吊运运输包装件时放链条或绳索的位置	怕　湿 用于标示怕湿的运输包装件	重心点 用于标示运输包装件重心所在处
图示标志 标志内容	禁止滚翻 用于标示不得滚动搬动的运输包装件	“最大…公斤” 堆码重量极限 用于标示允许最大堆码重量的运输包装件	N 堆码层数极限 用于标示最大堆码层数的运输包装件	℃ ℃ 湿度极限 用于标示需要控制温度的运输包装件

图 7－2　常用的指示标志

（4）警告性标志。这是为了引起人们对危险品的注意，防止中毒、爆炸等事故发生而印刷在包装上的标志，也可称为危险品标志。在运输包装内装有危险货物时，都必须在运输包装上清楚地标明所规定的用于各类危险品的标志，以示警告，使有关人员在货物的运输、保管和装卸过程中，根据货物的性质，采用相应的防护措施，以保护货物和人身的安全。主要的危险品标志有：

①剧毒品标志。表示此物品有强烈毒害性，接触皮肤或进入体内，能引起中毒死亡，运输及保管必须谨慎小心。

②易爆品标志。表示此物品受到高温撞击、摩擦或其他物质接触，即会引起爆炸。

③易燃品标志。表示此物品的燃点低，遇热、摩擦、受撞击或与氧化剂接触便能引起燃烧或爆炸。

其他常用的警告性标志如图 7-3 所示。

图 7-3　常用的警告性标志

2. 主要的包装防护技术

包装技术种类繁多，常用的包装技术如下。

（1）防潮包装技术。采用防潮包装技术的目的主要有两个方面：其一是为了阻隔外界水分的侵入；其二是为了减少和避免由于外界温度、湿度的变化，有可能引起包装内部产生返潮、霉变等现象。那么防潮包装所使用的包装材料就应该具有抵御外力作用和防止水分进入内部两种保护性能，要求防潮、防水应由两种材料构成：一种是抵御外力的框架外壁材料；一种是具有防湿、防水性能的内衬材料。

①外壁材料。外壁材料要求有一定的机械强度，能够承受包装内装货物的重量，能够承受搬运、装卸、运输各环节中遇到的机械外力，包括各种作业中所发生的动应力和堆码中的静应力。经常使用的外壁材料有木材板、金属板、瓦楞纸板等。其中木材板包括胶合板和纤维板，金属板包括铁板和铝合金板，瓦楞纸板包括牛皮纸的和双面双瓦的瓦楞纸板。

②内衬材料。内衬材料主要由纸张类、塑料类、金属类和复合材料构成。防湿、防水的纸张类包括石油沥青油毡、石油沥青纸、防潮柏油纸、蜡剂浸渍纸等。薄膜塑料包括低密度聚乙烯、聚氯乙烯、聚苯乙烯、聚氯酯、聚乙烯醇、聚偏二乙烯等。金属复合材料包括铝箔、铝型复合膜、布塑复合膜等。

③密封材料、防水涂料。密封材料和防水涂料要求耐水性、耐老化、耐高低温、耐日晒，有一定的强度，用于包装箱外的覆盖材料。常用的密封材料有防水胶黏带、防水胶黏剂、密封用橡胶皮。常用的防水涂料是石蜡和沥青。

另外，在进行防潮包装的时候，对防潮包装的容器，装填内装产品后一定要密封，要保证结合处不会渗水，保证水不会透过而侵害内装产品。防潮的装箱作业过程中，包装环境应清洁、干燥、不得有其他有害物质存在，并将内装产品用适当的衬垫物资卡紧固定，以免在运输过程中由于振动冲击等作用力，使得内装产品发生移动而损伤防湿、防水材料。

（2）防霉包装技术。防霉包装技术是指在流通过程中，为了防止霉变侵袭包装及其内装产品而采取的一种保护包装。这种包装能够使包装及其内装产品处于霉菌被抑制的特定条件下，保持其质量完好和延长其保存期限。

霉变是由于霉菌寄生和繁衍孳生的结果。包装及其内装产品在生产、包装、运输和储存等过程中受到微生物的污染，引起营养物质的分解而会发生霉变的现象。霉菌最严重的典型材料是非金属有机物、棉、麻、木、竹、纸张、塑料、涂料、橡胶、油漆、黏合剂等，由于这些有机物含有丰富的能被霉菌吸收的营养物，从而导致霉菌孳生发育。

防霉技术的应用，要根据产品、包装的性能和要求的不同，采取不同的防霉变途径和措施。可以从使用的材料、产品和包装三个方面着手分别加以解决。其中可以使用的材料有：抗霉的材料包括金属的钢铁、铝、铜和非金属的钙塑瓦楞箱；抗霉效果次之的材料主要指塑料及复合材料。而棉、麻、丝、毛、木材、芦苇等自然纤维及其纺织品、纸张、纸板、绳索等都属于不能抗霉的材料。

在进行防霉包装的过程中，应保持内装产品和包装容器的整洁，要避免手上汗渍和其他污染物的污染。同时还应当注意，操作防霉包装的环境要保持清洁、干燥、无积水和无有害介质。

主要的防霉防腐包装技术有五种：

①冷冻包装技术。冷冻包装技术是将货物置于冷冻箱中，减缓微生物的新陈代谢活动和化学变化的过程，以延长储存期，但这种包装技术不能完全消除食品的变质。

②高温杀菌包装技术。高温杀菌包装是在包装过程中用高温杀灭引起食品腐烂的微生物。

③干燥防霉包装技术。干燥防霉包装是将货物干燥后，再加以密封包装，防止水汽侵入，破坏霉菌的生存环境。

④真空包装技术。真空包装就是将物品装入气密性容器后，将货物与包装物之间的空气抽掉，使密封后的容器内基本没有空气的一种包装技术。真空包装不但可以避免或减少脂肪氧化，而且使空气中的各种有利于霉菌生长的条件也消失了，抑制了霉菌和细菌的生长。同时，在对其进行加热杀菌时，由于容器内部气体已排除，因此加速了热量的传导，提高了高温杀菌的效率，也避免了加热杀菌时，由于气体的膨胀而使包装容器破裂。

⑤充气包装技术。充气包装就是采用二氧化碳气体或氮气等不活泼气体置换包装容器中空气的一种包装技术，因此也被称为气体置换包装技术。这

种包装技术是根据好氧化性微生物需氧代谢的特性，在密封的包装容器中改变气体的组成成分，降低氧气的浓度，抑制微生物的生理活动、酶的活性和鲜活物品的呼吸强度，达到防霉、防腐和保鲜的目的。

另外，还有一种是继真空包装和充气包装之后出现的新型除氧包装技术，即脱氧包装。脱氧包装是在密封的包装容器中，使用能与氧气起化学作用的脱氧剂与之反应，从而除去包装容器中的氧气，以达到保护内装物品的目的。脱氧包装技术适用于那些对氧气特别敏感的物品，使用于那些即使有微量氧气也会促使品质变坏的食品包装中。

(3) 防振包装技术。防振包装又被称作缓冲包装，在各种包装方法中占有重要的地位。所谓防振包装就是指为减缓内装产品受到冲击和振动，保护其免受损坏所采取的一定防护措施的包装。产品从生产出来被包装到开始使用，要经过撤除包装以及一系列的运输、保管、堆码和装卸过程，置于一定的环境之中。在任何环境中都会有力作用在产品上，并使产品发生机械性损坏。一般来讲，堆积过程主要受静压力作用，运输过程主要受震动作用，装卸过程主要受冲击力作用。为了防止产品遭受损坏，就要设法减小外力的影响，克服静压力对产品的影响主要靠包装容器、包装材料的强度，克服震动和冲击的影响主要靠防振措施。

防振包装材料是置于被包装产品和外包装之间来吸收冲击、振动等外力而保护被包装产品的。所以，防振材料是防振包装中的关键问题之一。常用的防振包装材料是泡沫塑料，这是一种细孔海绵状结构的发泡树脂材料，通常将气体导入分散在液体树脂中，随后将发泡的材料硬化。对于某些贵重易损的物品，为了有效地保证在流通过程中不被损坏，外包装容器要比较坚固，然后用绳、带、弹簧等将被装物品悬吊在包装容器内。

常用的防振包装技术一般有三种：

①全面防振包装技术。全面防振包装技术是指包装内的产品和外包装之间全部用防振材料填满进行防振的包装方法。

②部分防振包装技术。对于整体性好的产品和有内装容器的产品，仅在产品或内包装的拐角或局部地方使用防振材料进行衬垫即可。所用包装材料主要有泡沫塑料防振垫、充气型塑料薄膜防振垫和橡胶弹簧等。

③悬浮式防振包装技术。缓冲防振包装技术，要根据内装物品的特点，用较少的缓冲防振材料，在最适当的部位进行衬垫，力求获得最好的防振效果，而且降低成本，既能获得技术上的良好效果，又能得到经济上的良好效益。因此防振包装技术广泛应用于电视机、电冰箱、洗衣机以及大批量生产的仪器、仪表的包装上。

(4) 防破损包装技术。缓冲包装有较强的防破损能力，是防破损包装方法中十分有效的一类，此外还有以下几种防破损包装方法可以采用。

①捆扎裹紧的方法。这种方法使杂货、散货形成一个牢固的整体，以增加其整体性，可以减少、处理及防止散堆带来的破损。

②集装的方法。利用集装，将散货装入集装箱、集装袋和托盘中，减少流通过程中包装与货物的直接接触，从而防止破损。

③使用高强度保护材料的方法。通过外包装材料的高强度来防止内装物品受外力作用而产生的破损。

(5) 防锈包装技术。一般的防锈包装技术是先将包装的金属制品表面进行清洗处理，再涂封防锈材料，然后选用透湿率小的且易封口的防潮包装材料进行包装。其包装容器接缝处的透湿率不应大于包装材料本身的透湿率，包装的表面积要尽可能小，以减少与外界大气的接触面。可以采用防锈油和气相缓蚀剂两种包装技术来防止被包装的金属制品被锈蚀。

①防锈油防锈蚀包装技术。大气锈蚀是空气中的氧、水蒸气及其他有害气体等作用于金属表面引起化学作用的结果。如果使金属表面与引起大气锈蚀的各种因素隔绝（就是将金属表面保护起来），就可以达到防止金属大气锈蚀的目的。防锈油包装技术就是根据这一原理将金属表面涂封，防止锈蚀的。用防锈油封装金属制品，要求油层要有一定厚度，油层的连续性好，涂层完整。不同类型的防锈油要采用不同的方法进行涂封。

②气相防锈包装技术。气相包装技术就是用气相缓蚀剂（即挥发性缓蚀剂），在密封包装容器中对金属制品进行防锈处理的技术。气相缓蚀剂是一种能减慢或完全停止金属在侵蚀性介质中的破坏过程的物质，它在常温下即具有挥发性，它在密封包装容器中，在很短的时间内挥发或升华出的缓蚀气体就能充满整个包装容器内的每个角落和缝隙，同时吸附在金属制品的表面

上，从而起到抑制大气对金属锈蚀的作用。

(6) 防虫包装技术。防虫包装技术常用的方法是使用驱虫剂，即将有一定毒性和气味的药物放入包装中，利用药物在包装中挥发气体杀灭和驱除各种害虫。常用的驱虫剂有：苯以及它的合成物、樟脑精等。也可以采用真空包装、充气包装、脱氧包装等技术，使害虫没有生存环境，从而防止虫害。

此外，为了防止虫害，用于包装的材料和包装容器，应当注意不用被虫蛀的木材；竹片和条筐必须经过消毒或蒸煮，糊纸盒的浆糊，应放入防腐剂，防止蛀虫的孳生。

(7) 危险品包装技术。危险品有上千种，按其危险性质，交通运输及公安消防部门将其分为十大类，即爆炸性物品、氧化剂、压缩气体和液体气体、自燃物品、遇水燃烧物品、易燃液体、易燃固体、毒害品、腐蚀性物品、放射性物品等，有些物品同时具有两种以上危险性能。

危险品包装就是根据危险品的特点，按照有关法令、标准和规定专门设计的包装。在其包装上，尤其是运输包装上必须表明不同类别和性质的危险货物标志。

对于易燃、易爆物品，例如有强烈氧化性的，遇有微量不纯物或受热即急剧分解引起爆炸的物品，防爆炸包装的有效方法是采用塑料桶包装，然后将塑料桶装入铁桶或木箱中，每件净重不超过 50 公斤，并应有自动放气的安全阀，当桶内达到一定气体压力时，能自动放气。

对黄磷等易自燃物品的包装，宜将其装入壁厚不少于 1 毫米的铁桶中，桶内壁须涂耐酸保护层，桶内盛水，并使水面浸没物品，桶口严密封闭，每桶净重不超过 50 公斤。再如遇水引起燃烧的物品如碳化钙，遇水即分解并产生易燃乙炔气，对其应用坚固的铁桶包装，桶内充入氮气，应装置放气活塞。

对有腐蚀性的物品，要注意物品和包装容器所使用的材质会发生化学变化。金属类的包装容器，其容器内壁要涂上防腐涂料，防止腐蚀性物品对包装容器的腐蚀。一些易挥发出腐蚀气体的货物，应装入耐腐蚀的陶瓷坛、玻璃瓶或塑料桶中，严密封口，然后再装入坚固的木箱或金属桶中。

对有毒物品的包装要明显地标明有毒的标志。防毒的主要措施是包装严密，不漏、不透气。例如重铬酸钾（红矾钾）和重铬酸钠（红矾钠），为红色带透明结晶，有毒，应用坚固铁桶包装，铁桶口要严密不漏，制桶的铁板厚度不能小于1.2毫米。对有机农药一类的物品，应采用沥青麻袋包装，封口严密不漏。如用塑料袋或沥青纸袋包装的，外面应再用麻袋或布袋进行包装。用作杀鼠剂的磷化锌是剧毒产品，应用塑料袋严封后再装入木箱中，箱内用两层牛皮纸、防潮纸或塑料薄膜衬垫，使其与外界隔绝。

(8) 收缩及拉伸包装技术。收缩包装就是用收缩薄膜包裹物品（或内包装件），然后对薄膜进行适当加热处理，使薄膜收缩而紧贴于物品（或内包装件）的包装技术。收缩薄膜是一种经过特殊拉伸和冷却处理的聚乙烯薄膜，由于薄膜在定向拉伸时产生残余收缩应力，这种应力受到一定热量后便会消除，从而使其横向和纵向都发生急剧收缩，同时使薄膜的厚度增加，收缩率通常为30%～70%，收缩力在冷却阶段达到最大值，并能长期保持。

拉伸包装是20世纪70年代开始采用的一种新的包装技术，它是由收缩包装发展而来的。拉伸包装是依靠机械装置在常温下将弹性薄膜围绕被包装件拉伸、紧裹，并在其末端进行封合的一种包装技术。由于拉伸包装不需进行加热，所以消耗的能源只有收缩包装的1/20。拉伸包装可以捆扎单件物品，也可用于托盘包装之类的集合包装。

（五）包装与物流系统的关系

包装是生产的终点，同时又是物流的起点。物流系统的所有构成因素均与包装有关，同时物流也受包装的制约。包装是物流系统的构成要素之一，与运输、装卸搬运、配送等环节均有着十分密切的关系。

1. 包装与运输的关系

运输的功能是保证物品空间位置的转移，具有流动性。货物运输的基本要求是安全、迅速、准确、方便。包装直接关系着运输过程中的物品安全、装卸便利和充分利用车船容积。所以，不同的运输方式对包装有不同的要求。其设计必须和运输方式、运输工具、运输距离等相适应，才能避免损失。

2. 包装与装卸、搬运的关系

装卸是与物品的运输和储存不可分割的，在此过程中它有两个独立的作业环节，包括物品装上和卸下。在此过程中，如果材料选择不当或设计不合理，就会造成包装损坏，增大物流成本，使国民经济造成重大损失。因此，包装要适应装卸作业中的装上卸下、搬运、筛选、分类等环节的需要，防止物品损坏。

3. 包装与储存的关系

储存是解决物品流通过程中时间上不一致的矛盾，是社会再生产顺利进行必不可少的条件。可以说，没有物品储存，就没有物品流通。物品任何储存方式都与包装有密切关系。如潮湿环境下，需对物品进行防湿、防潮包装；户外堆放需采用“茧式封存包装”。一般物品储存，为了适应物品高层堆码的需要，包装必须考虑物品堆码负荷（也称堆压），所以，储存离不开包装对物品的保护，包装要适应储存需要。包装与物流系统要素关系如表7－5所示。

表7－5　　包装与物流系统要素关系

包装与各要素	关系描述
包装与装卸搬运	包装应尽可能地满足搬运作业的具体要求，以方便搬运工具对包装的操作为标准
包装与运输	包装应尽量地满足物品运输、装卸的要求，选用合适的包装容器
包装与保管	包装应符合物品入库保管存放的要求，选用的包装应以方便入库的堆垛和取用为标准

（六）包装的标准化和合理化

1. 包装标准化的概念

包装标准化是指对产品包装的类型、规格、容量、使用的包装材料、包装容器和结构造型、印刷标志及产品的盛放、衬垫、封装方式、名词术语、检验要求等加以统一规定，并贯彻实施的政策和技术措施。

2. 包装标准化的作用

包装标准化工作是提高产品包装质量、减少消耗和降低成本的重要手段。其作用如下：

(1) 包装标准化可以提高生产率，保证商品的安全可靠性。根据商品的不同特点，需要制订出相应的包装标准，保证包装的质量，减少商品在流通过程中的损失，确保商品安全。

(2) 包装标准化有利于充分合理地利用资源，减少材料消耗，降低商品包装成本。包装标准可为包装设计提供合理的要求，在保证储运和销售的前提下进行经济的包装设计。如过去纸箱规格参差不齐，实行包装标准化以来，纸箱统一规格，降低半成本损耗 5‰，节省纸箱材料近 10%。

(3) 包装标准化便于储运、仓储、回收利用。包装规格统一，方便了仓库保管和运输，为合理使用运输工具和仓库提供了条件。实行纸箱包装标准化以后，提高了包装的回收利用率。

(4) 包装标准化有利于包装工业的发展。商品包装的质量与包装设计、包装材料、包装工艺、包装机械等密切相关，商品能否安全地进入流通与消费领域，又与运输、装卸、储存等条件有关，所以，完善的包装标准涉及到国民经济的各个方面。标准化是有计划发展包装工业的重要手段，是保证国民经济各部门生产活动高度统一、协调的有力措施。通过标准化工作，可制订出各部门所需要的标准及相互衔接的标准，逐步形成包装标准化体系，促进包装工业的发展。

(5) 包装标准化对提高我国商品在国际市场上的竞争力、发展对外贸易有重要意义。目前，包装标准化已经成为发展国际贸易不可缺少的组成部分。国际间的贸易往来，都要求加速实行包装标准化、通用化、系列化，包装标准已成为国际交往中互相遵循的技术准则。

3. 包装的合理化

包装的合理化，具体说是包括包装材料、包装技术、包装方式等方面的合理组合与运用，它是包装总体的合理化，是宏观物流效益和微观包装效益的统一。实现包装的合理化的途径有以下几方面：

(1) 包装的标准化。涉及到包装的规格和尺寸，因为它们和托盘、集装箱的关系密切，和运输车辆、搬运机械要相匹配，所以，必须从系统的观点制订包装的尺寸标准。

(2) 包装的机械化和集装单元化。为了提高作业效率和包装的现代化水平，积极开发和应用各种包装机械十分必要。包装的集装单元化可以降低成本，提高效率。

(3) 包装的单纯化。为了提高作业效率，除了保证包装规格的标准化，还应力求包装材料和规格的单纯化、包装形状和种类的单纯化。

(4) 包装的轻薄化。在保证包装保护商品的前提下，力求采用更轻、更薄、更短、更小的包装，不仅可以提高装卸、搬运的效率，还可以降低包装成本，减少废弃包装材料的数量，利于环保。

(5) 包装的绿色化。包装的绿色化这是现代包装追逐的潮流，它是指无害少污染的符合环保要求的各类包装物品。主要包括纸包装、可降解塑料包装、生物包装及可食性包装等，它们是包装经营的发展主流。

另外，实现包装的合理化还要注意以下问题：

第一，防止包装不足。包装强度不足，使得包装的防护性能不足，造成包装物的损失；包装材料水平不足，包装材料选择不当，包装就不能起到运输防护和促进销售的作用；包装容器的层次及容积不足，也会对包装物造成损失；包装的成本低，就不能保证必要的包装要求。

第二，防止包装过剩。包装物的强度设计过高，包装材料截面过大，包装方式大大超过强度要求，使防护性过高；包装材料水平选择过高，如可以用纸板却采用镀锌、镀锡材料；包装技术过高，包装层次过多，包装体积过大；包装成本过高，成本在商品成本中的比重过高，损害消费者的利益。

第三，用科学的方法确定最优包装。从物流的角度看，由于物流因素多变，包装的变化、包装的形式、包装的方法都要与物流诸因素的变化相适应。影响包装的物流因素主要有：装卸、保管、输送。例如装卸的方法决定不同的包装方式，如果是手工操作，包装的重量要设计成人工能力可以承受，外形尺寸要适应人工操作。保管的方式和条件决定包装，比如货物需要高堆垛保管，要求包装的强度大，如果货物低堆垛或用料架保管，则包装强度降低。输送的工具类型、道路长短、道路情况对包装都会有影响。如果短途输送可以轻便包装，如果长途输送或车船联运，需要严密厚实的包装。

二、流通加工技术

由于流通加工具有不同的目的和作用，因而流通加工的形式也呈多样化。流通加工的基本技术形式有：

（一）为了保存产品而进行的流通加工

这种加工形式的目的是为了让产品的使用价值得到妥善的保存，延长产品在生产与使用间的时间距离。根据加工的对象不同，这种加工形式可表现为生活消费品的流通加工和生产资料的流通加工。

1. 生活消费品的流通加工是为了使生活资料消费者的消费对象在质量上保持满意为目的。如水产品、蛋产品、肉产品、奶产品等要求的保鲜、保质的冷冻加工、防腐加工、保鲜加工等；丝、麻、棉织品的防虫、防霉加工等。

2. 生产资料与生活资料相比，一般保存的时间较长，但随着时间的推移，生产资料的使用价值也会不同程度的受到损坏，有的甚至会完全失去使用价值。为了保证生产资料的使用价值不会下降，以及下降的幅度最小，所以要进行必要的流通加工。如为了防止金属材料的锈蚀而进行的喷漆、涂防锈油等措施和手段；运用手工、机械或化学方法除锈；木材的防腐朽、防干裂加工；水泥的防潮、防湿加工；煤炭的防高温自燃加工等。

（二）为了消费方便、节省人力、物力、财力而进行的流通加工

这种加工形式是为了在加工的深度上更接近于消费者，使消费者感到更加省力，更加方便。如将木材加工成可直接投入使用的各种型材；将水泥制成混凝土拌和料，稍加搅拌即可使用；根据生产的需要把钢材定尺、定型，按要求下料等。

（三）为了适应多样化需要而进行的流通加工

为了满足客户对产品多样化的需要，同时又保证社会高效率的大生产，将生产出来的单调产品进行多样化的改制加工是流通加工的重要形式之一。如对钢材卷板的舒展、剪切加工；木材改制成枕木、方材、板材的加工；平板玻璃按需要规格的开片加工等。

（四）为了实现配送活动而进行的流通加工

随着物流技术水平的不断提高，流通加工活动有时在配送过程中实现。

配送中心为了满足客户对物品供应数量、供应构成的需求，要在配送中心对物品进行各种加工活动，如把物品化整为零、定量备货、定时供应等。如混凝土搅拌车，流通中心可根据客户的要求，把沙子、水泥、石子、水等各种不同材料按比例要求转入水泥搅拌车可旋转的罐中，在配送路途中，汽车边行驶，边搅拌，到达施工现场，混凝土已经均匀搅拌好，可直接投入使用。

（五）为了衔接不同运输方式，使物流更加合理而进行的流通加工

由于现代社会经济中，生产的相对集中和消费的相对分散，生产的大批量、高效率的输送；消费的多品种、少批量、多户头的输送，它们之间的衔接存在着很大的矛盾。而某些流通加工的形式可以有效地解决这些矛盾。以流通加工为分界点，从生产部门至流通加工点可以形成大量的、高效率的定点输送；从流通加工点至客户则可形成多品种、多批量、多户头的灵活输送。

（六）为了提高物流效率，降低物流损失而进行的流通加工

对于那些由于自身的特殊形状，在运输、装卸作业中效率较低，极易发生损失的物品，则需要进行适当的流通加工以弥补这些物品的物流缺陷。如自行车在消费地区的装配加工可以防止整车运输的低效率和高损失；造纸用木材磨成木屑的流通加工，可以极大地提高运输工具的装载效率；石油气的液化加工，使得很难输送的气态物转变为容易输送的液态物，也可以提高物流效率。

流通加工的具体种类和加工的场所，如表 7－6 所示。

表 7－6　　流通加工的种类和场所

种　类	场　所
分解、贴标签、挂物品价格牌、挂衣服架、挂物品品牌、选择、混装、作标志、组装、分割、放置、喷刷调整、配线、断开、抽出、打眼、折弯、松紧、表面加工、热处理、安装软件、加热、冷却	流通中心（程序中心）、运输过程中、店铺、销售时、客户处等

第三节　流通加工技术实务

流通加工的内容一般包括袋装、定量化小包装、挂牌子、贴标签、配货、拣选、分类、混装、刷标记等。生产的外延流通加工包括剪断、平板、折弯、拉拔、挑扣、组装、改装、配套以及混凝土搅拌等。例如食品加工有鱼、肉、禽类冷冻；生奶酪冷藏；鲜牛奶灭菌摇匀；生鲜食品及蔬菜的速冻包装、真空包装等。

一、生活资料的流通加工形式

（一）冷冻加工

为了解决鲜肉、鲜鱼或药品等在流通中保鲜及搬运装卸等问题，可以采取低温保鲜冷冻的加工方式。这种加工的方式抑制了产品的生化反应过程及微生物的活动，同时又使产品中的水分冷冻固化，使产品便于储运。

（二）分拣加工

这是针对农副产品规格、质量离散较大的情况，为获得一定规格的产品而采取的人工和机械分拣的加工方式。如水果、蔬菜、谷物、棉毛原料等货物在生产过程中比较难于控制，混合装运这些货物既不利于装卸和运输，又降低了货物的价值。如果用人工或机械方式将不同规格不同质量的产品分选，则可提高产品的价值，提高装运效率。

（三）精制加工

在农、牧、渔、副业等产品的产地和销售地设置加工点，除去无用部分，甚至可以进行切分、洗净、分装等加工。如菜叶、菜根、鱼骨鱼鳞、果皮果核等这些无用的废弃物加重了物流的负担，也给销售者和消费者带来麻烦，精制加工则除去了这些产品的无用部分，同时进行切分、洗净、分装等加工。这样既方便了消费者，降低了物流成本，又可以对淘汰物进行综合利用，避免了资源浪费。

（四）分装加工

为了便于销售，在销售地区按所要求的零售起点所进行的新的包装、大包装改小、散装改小包装、运输包装改为销售包装等加工。如许多生鲜食品，为了保证高效运输，一般出厂包装都较大，或者采用集装运输方式直接运达销售地，在销售地再按要求的零售起点进行新的包装。

（五）组装加工

采用半成品包装出厂，在消费地由流通部门所设置的流通加工点进行拆箱组装，随即再进行销售。如自行车及机电产品设备储运问题一直困扰企业，如果进行防护包装，包装成本过大，并且运载困难，装载效率低，流通损失严重。为解决储运问题，降低储运费用，采用半成品（部件）高容量包装出厂，在消费地进行拆箱组装的方式。这种流通加工的方式近年来已在我国广泛采用。

二、生产资料的流通加工

（一）剪板加工

在固定地点设置剪板机进行下料加工，或设置种种切割设备将大规格钢板裁成小规格或切裁成毛坯的流通加工。除了对钢板剪裁，还可以对圆钢、型钢、线材进行集中下料、线材冷拉加工等。如果在钢板客户企业比较集中的地方建立剪板加工流通中心，在中心设置各种剪板机集中下料，将大张的钢板根据客户需要切成小规格钢板，或切成毛坯。集中加工的批量大，还可以组织流水线式的连续加工，这样可以大幅度地提高加工生产率，降低生产成本。同时，流通中心还可以发挥配送的作用，随时按客户的要求供货，实现客户零库存。

（二）集中开木下料

是在流通加工点，将原木锯开，裁成各种规格锯材、木方，凿孔、开槽、刨平，再送到客户手中，由客户根据自己的需要组合成各种家具。同时还可以将碎木、碎屑集中加工成各种规格板材或作为造纸原料，甚至还可以进行打眼、凿孔等初级加工。这种加工使建筑单元免去了各客户各自锯木的低效率和对木材边角余料的浪费，最大限度地节约了木材。统计资料显示，原始的分散的加工木材，木材的平均利用率不到50%，平均出材率不到40%，实行流通加工中心集中下料，可以使木材利用率提高到95%，出材率提高到72%左右，经济效益非常显著。

（三）配煤加工

在使用地区设置加工点，将各种煤及一些其他发热物质，按不同配方进行的掺和配煤加工，生产出各种不同发热量的燃料。客户烧煤不一定希望煤的燃烧值越高越好，煤越纯越好，而是根据需要希望有合适的燃烧值。所以可以在煤炭客户相对集中的地区设立配煤加工中心，将各种质量的煤及煤矸石等其他发热物质按不同配方混合，配成各种发热量的燃料。这样既满足了不同类型客户的需要，又避免了浪费，便于控制生产过程和生产质量。如目前有很多燃料公司在进行动力配煤加工等。

（四）加工定制

企业委托外厂进行加工和改制，是为了弥补企业加工能力不足或商店不经营的一项措施，如非标准设备、工具、配料、半成品等，可分为带料加工和不带料加工，前者由使用单位供料，加工厂负责加工，后者由加工厂负责加工和供料。

（五）水泥熟料磨制加工

成品水泥一般是粉状物，在物流的各个环节都容易污染环境，危害人类健康，很容易吸湿变质丧失其使用价值。水泥的半成品熟料，是颗粒状物体，不会造成粉尘飞扬，也不会吸湿变质失效，其化学成分和成品水泥相同。如果从水泥生产厂将水泥熟料这种半成品投入到物流过程中，在水泥使用者所在地附近设立加工点，再将这种熟料研磨成粉状，就成为成品水泥，这就避免了运输仓储过程中的环境污染、人身伤害及吸湿失效。

除此之外，常用的流通加工形式还有：平板玻璃的流通加工，在城镇居民集中的地区设置玻璃加工中心，按客户提供的尺寸统一裁制小块玻璃，向客户提供成品玻璃。天然气、石油气的液化加工，由于气体输送、保存比较困难，往往在天然气、石油气田设立气体压缩加工中心，将气体压缩到临界压力之上，使之由气体变成液体，就可以用容器运输，也可以分装入液化气瓶中使用。

三、流通加工的合理化

(一)了解不合理流通加工的形式

流通加工是在流通领域中对生产的辅助性加工，它不仅是生产过程的延续，实际是生产本身或生产工艺在流通领域的延续。这种延续存在正、反两个方面的作用，一方面可能对生产过程有效地起到补充完善的作用；一方面可能对整个生产过程产生负作用、负效应。各种不合理的流通加工都会产生抵消效益的负作用。流通加工不合理的若干形式主要有：

1. 流通加工的成本过高，效益不好

流通加工之所以有生命力，重要的优势之一是要有较大的产出投入比，因而有效地起着补充完善的作用。如果流通加工的成本过高，则不能实现以较低投入实现更高使用价值的目的。除了一些必须的、政策要求的、即使亏损也应进行的加工外，都应看成是不合理的流通加工。

2. 流通加工的作用不大，形成多余环节

有的流通加工过于简单，或对生产和消费的作用都不大，甚至有时盲目的加工，这样不但不能解决品种、规格、质量、包装等问题，相反却实际增加了环节，这也是流通加工不合理的重要形式。

3. 流通加工选择的方式不当

流通加工的方式应该包括流通加工对象、流通加工工艺、流通加工技术、流通加工程度等。流通加工方式的确定实际上是与生产加工的合理分工。分工不合理，本来应该由生产加工完成的部分，却错误地由流通加工完成；本来应该由流通加工完成的部分，却错误地由生产过程去完成，这样都会造成不合理。

4. 流通加工的地点设置的不合理

流通加工地点的布局状况是整个流通加工能否有效的重要因素。一般来讲，为了衔接单品种、大批量生产与多样化需求的流通加工，加工地点应该设置在需求地区，才能实现大批量的干线运输与多品种末端配送的物流优势。

如果把加工地点设置在生产地区，其不合理之处主要有：①多样化需求要求的产品，多品种、小批量的产品由生产地转向需求地的长距离运输会出现不合理。②在生产地增加了一个加工环节，同时增加了近距离运输、装卸、储存等一系列物流活动。所以，这种情况下，不如由原生产单位完成这种加工而无须设置专门的流通加工环节。

如果为方便物流的流通加工一般而言应设在产出地。若设置在消费地，则不但不能解决物流问题，又在流通中增加了一个中转环节，因而也是不合理的。

即使是产地或者需求地设置流通加工的选择是正确的，还存在流通加工在小地域范围的正确选址问题，如果处理不善，仍然会出现不合理。这种不合理主要表现在交通不便，加工点周围的社会、环境条件不良，流通加工与生产企业或客户之间距离较远，流通加工点的投资过高（主要受选址的地价影响）等。

（二）明确流通加工的合理化

为了避免各种不合理的现象，实现流通加工的最优配置，不仅要使流通加工具有存在的价值，而且要做到综合考虑加工和配送之间、合理运输、合理商流等的有机结合。要实现流通加工的合理化，需要考虑以下五个方面：

1. 流通加工和配套之间的合理结合

对配套要求较高的流通中，配套的主体来自各个生产单位，完全配套有时无法全部依靠现有的生产单位。如果进行适当的流通加工，可以有效地促成配套，从而大大提高流通作为桥梁与纽带的作用。

2. 流通加工和配送之间的合理结合

把流通加工设置在配送点，一方面可按配送的需要进行加工，一方面加工又是配送业务流程中分货、拣货、配货的环节之一，流通加工以后的产品可以直接投入配货作业。这就使得流通加工有别于独立的生产，而使流通加工与中转流通巧妙的结合在一起。同时，配送之前的流通加工环节，也使得配送服务水平大大提高。这是当前流通加工合理化的重要形式，在煤炭、水泥等产品的流通中已表现出较大的优势。

3. 流通加工和运输之间的合理结合

流通加工能有效地衔接干线运输与支线运输，促进两种运输的合理化。

在支线运输转干线运输，或者干线运输转支线运输的环节中，过去必须停顿，而现在利用流通加工，可以不必支线转干线或干线转支线，而是按干线或支线的运输合理的要求进行适当的流通加工，从而大大提高运输及运输转载的水平。

4. 流通加工和商流之间的合理结合

通过流通加工有效地促进销售，实现商流的合理化，也是流通加工合理化的考虑方向之一。加工和配送的结合，通过加工，提高了配送水平，强化了销售，是流通加工和合理商流的成功例证。

5. 流通加工和节约能源的合理结合

目前我国设置流通加工合理化，考虑其合理化的重要因素还包括能否节约能源、节约设备、节约人力、节约耗费。对于流通加工合理化的最终判断，要看其是否实现了社会效益和企业自身的效益，而且是否取得了两者的最优效益。流通加工企业更应把社会效益放在第一位，这也是流通加工企业不同于一般生产企业的重要之处，如果流通加工企业进行不适当的加工，为追求企业的微观效益，与生产企业争利，这就违背了流通加工的初衷，或者其本身已不属于流通加工范畴。

案例 1

大型超市的净菜加工发展方向

近年来，由于一些发达国家蔬菜生产成本加大，不少国家和地区都愿意从我国进口廉价的商品蔬菜。为推动我国蔬菜加工业由资源优势转变为产品优势与经济优势，有关专家认为，今后蔬菜深加工发展方向包括以下几方面内容：

脱水蔬菜。这种蔬菜通过干燥加工技术的处理使蔬菜体积大大缩小。以鲜葱为例，每13吨鲜葱经加工后仅得到1吨脱水葱，并且不必冷藏运输，保存十分方便。加工时通常采用冷冻干燥法，先将蔬菜洗净处理，再将其冷冻，使植株体内水分冻成冰状，而后移放于较高温度的真空干燥条件下，使冰迅速化为水汽而蒸发掉。经过脱水加工的蔬菜，复水性好，维生素和其他营养成分不受破坏，深受国际市场欢迎。

洁净蔬菜。这种蔬菜适合于在城市近郊加工，它的方法是将收获的新鲜蔬菜经初加工，剔除残根、老叶、虫伤株，再洗净包装成干净的新鲜蔬菜上市销售。这种菜的特点是新鲜洁净，消费者购买后可以直接加工食用，十分方便与快捷。

速冻蔬菜。将洗净整理的蔬菜，经漂洗处理后，放入温度在零下5℃～18℃环境中，经过较短时间和极快的速度使之冰化，在低温条件下较好地保持原菜的色香味和各种有效营养成分。速冻蔬菜的特点是解冻后复原性能好，近似于新鲜蔬菜。

粉末蔬菜。以新鲜蔬菜为原料，通过干冻脱水后研磨成粉末，然后加入在其他食品中，以提高食品风味与营养。

辣味蔬菜。辣味可使人增进食欲，同时又能融解脂肪，具有减肥效果。另外，辣味蔬菜具有纯化“DMN”的活性，因而具有抗癌性能。

菜汁饮料。这是一种新型纯天然保健饮料。加工方法是先将蔬菜洗净，通过研磨粉碎获取70％～80％悬胶状蔬菜原汁，菜饮料能保持蔬菜原有的风味和营养，其特点是口感好、风味独特，可与茶、酒、奶等配制成混合型饮料。

美容蔬菜。黄瓜、西瓜等一些瓜类汁液，对人体具有保护皮肤、防止衰老的功效。提取纯的瓜汁与高级脂肪、化工原料科学调配，可制成高级护肤美容霜、洗面美容剂等。这类高级美容化妆品在国外化装品市场上十分畅销与流行。

案例 2

耐克公司包装管理的创新

在过去的几年中，为了减少包装的生态影响，耐克公司进行了大量的包装创新工作。

1995 年，耐克的包装盒进行了一次全面的重新设计，18 种包装盒改为两种，然后改为一种良性生态包装用来盛放运动鞋、滑雪板、太阳镜等商品，这种包装采用一种开创性的折叠式设计，其结构中不使用重金属、油墨、胶水，并且每年为耐克节约 8000 吨纤维材料。

旧的包装盒作为再生原料被投入到一个封闭循环系统的粉碎设备中处理。在处理过程中，不会对周围环境造成污染。这些纸箱高于美国环保局所要求的环保标准。1998 年 5 月，新的粉碎设备应用到纸箱生产中，提高了纸箱的性能，这些纸箱重量减少了 10%，但强度不变，仅此一项，每年节约 4000 吨的纤维原料。

案例 3

日本新开发的食品加工保鲜技术

一项被称为“领先 21 世纪的食品加工新技术”——新含气调理食品加工保鲜技术由日本小野食品兴业株式会社研制开发并开始在中国推广应用。

新含气调理食品加工保鲜技术是针对目前普遍使用的真空包装、高温高压灭菌等常规加工方法存在的不足而开发的一种适合于加工各类新鲜方便食品或半成品的新技术。该项技术的工艺流程可分为初加工、预处理（减菌、加味）、气体置换包装和调理杀菌 4 个步骤。它是通过将食品原材料预处理后，装在高阻氧的透明软包装袋中，抽出空气并注入不活泼气体（通常使用氮气）并密封，然后在多阶段升温、两阶段冷却的调理杀菌锅内进行温和式灭菌。经灭菌后的食品能较完美地保存食品的品质和营养成分，而食品原有的色、香、味、形、口感几乎不发生改变，并可在常温下保存和流通长达6～12个月。这不仅解决了高温高压、真空包装食品的品质恶劣问题，而且也克服了冷藏、冷冻食品的货架期短、流通领域成本高等缺点，因而该技术被业内专家普遍认为具有极大的推广应用价值。

专家认为，新含气调理食品保鲜加工新技术，可广泛应用于传统食品的工业化加工，有助开发食品新品种，扩大食品加工的范围，从而开拓新的食品市场。该技术尤其适用于加工肉类、禽蛋类、水产类、蔬菜、水果和主食类、汤汁类等多种烹调食品或食品原材料，应用前景十分广阔。目前，日本小野食品兴业株式会社已经开发出 3700 余种新含气调理食品，包括主食、肉食、禽蛋、水产、素食、甜食和汤汁等类别。日本国内已有数百家食品企业在应用这种加工保鲜新技术。新加坡、中国台湾、山东省和湖南省也引进了数条生产线。

思考题

1. 包装的含义是什么？从物流的角度怎么理解现代包装？

2. 简述包装与物流系统构成要素之间的关系是什么？如何理解流通加工在物流系统中的特殊作用？

3. 简述销售包装和运输包装。

4. 简述常用的包装技术。

5. 生产加工和流通加工有哪些差别？

6. 简述流通加工形式。

7. 简述生产资料常用的流通加工形式和生活资料常用的流通加工形式。

8. 包装的合理化途径包括哪几个方面？

9. 解释包装标准的概念，包装标准化的概念。包装标准的内容及类型有哪些？

10. 简述流通加工不合理的若干形式以及流通加工合理化的途径。表现在哪些方面？

第八章　物流信息技术

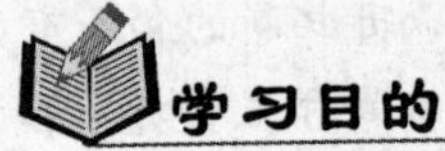

通过本章的学习，熟悉条码技术、EDI 技术在物流活动中的应用；了解 GPS 技术、GIS 技术在物流中的使用。

第一节　电子数据交换（EDI）技术

电子数据交换（Electronic Data Interchange，EDI）是企业间业务往来的商业交易资料用标准的格式以电子方式在计算机之间自动进行的传递，并按照国际统一的语法规则对报文进行处理。EDI 是随着网络技术及数据库技术的发展，企业信息系统日趋成熟而产生的用于商务管理的新技术。由于使用 EDI 能有效地减少甚至消除贸易中的纸面文件，因而 EDI 也被俗称为“无纸贸易”，这种无纸化的贸易被誉为一场“结构性的商业革命”。

一、EDI 的含义

EDI（电子数据交换）是指按照统一规定的一套通用标准格式，将标准的经济信息通过网络传输，在贸易伙伴的电子计算机系统之间进行数据交换和自动处理。它是实现信息交换的有效手段，其目的在于利用现有的计算机及通信网络资源，提高贸易伙伴之间的通信效率，降低成本。

二、EDI 的特点

（一）提高处理速度及运作效率

EDI 使与邮寄（或其他形式的实际传递）有关的时间延迟被消除了。在全球范围内发送一份电子单证最快只需几秒钟。由于数据通过电子网络传输，订单能更快地被接收，发票能在更短的时间内投递，数据能立即进行处理。采用 EDI 之后，订购、制造和货运之间的周期被大大缩短，减少了库存开销。

EDI 同时也是一种改善客户服务质量的手段，它巩固了 EDI 贸易伙伴之间的市场和分销关系，提高了办事效率，加快了对客户需求的反应。

（二）提高准确性及减少错误

商业文件中的一个错误可能要付出很大的代价，订单遗失也会给企业带来损失。EDI 的使用减少了数据重新输入及抄写，意味着更准确的数据，实现了数据标准化及计算机自动识别和处理，消除了人工干预和错误。EDI 软件一般具有编辑查错功能，一些信息源上的数据输入错误可以很早就被发现，加上 EDI 在收到信息后就会回发给信息发送者一份收到通知，这就可以及时发现漏发信息或信息中途遗失的情况。虽然 EDI 不能消除所有的错误，但它确实可以更早，并且用更少的代价去改变错误。

（三）降低成本

EDI 的一个重要特征便是它把有关文件的数据，以机器可以处理的形式，由计算机网络来传送，而不必像纸质文件那样需要手工处理。由于 EDI 系统中的各种文件是用电子的形式传送及储存的，因此极大地节省了纸张费用，去除了对纸质文件的打印、审核、修改、邮寄等花费。同时 EDI 系统还减少了电话、传真、电传的费用，降低了成本。

三、EDI 的结构

EDI 主要由三个部分组成：EDI 标准、EDI 软件、硬件及通信网络。实现 EDI 需要相应的软件和硬件，EDI 软件将客户数据库系统中的信息翻译成 EDI 的标准格式，以供传输和交换。通信网络是实现传输和交换的必要条件。同时EDI需要标准的数据格式。

（一）EDI数据标准化

在电子报文系统中，实现互通的关键是将电子票据格式标准化。EDI标准是指报文在国际网络与多个系统之间传递的标准协议。主要包括EDI行业标准、EDI处理标准、EDI报文标准和EDI数据通信标准。目前国际上有关EDI的标准主要有两个：EDI报文标准和EDI数据通信标准，即EDI通信协议是建立在同种通信协议之上，以保证各类客户之间的互联。

（二）EDI软硬件

1. EDI软件可以将客户数据库中的信息转换成EDI的标准格式以供传输和交换。虽然EDI标准具有足够的灵活性，可以适应不同行业的需求，但每个公司有其自己规定的信息格式，当需要发送EDI电文时，必须用某些方法从公司的专用数据库中提取信息，并把它翻译成EDI标准格式进行传输，这就需要EDI软件来完成。EDI软件可分为转换软件、翻译软件和通信软件三类。

2. EDI所需的硬件设备有：计算机、调制解调器（Modem）及电话线。

（三）通信网络

通信网络是实现EDI的主要手段，一般采用的通信线路是电话线路。如果对传输的实效性和传输量有较高要求，则可以考虑租用专线。EDI通信的方式主要有两种：一是直接通信方式，二是通过第三方网络进行通信。直接通信方式主要用于贸易伙伴数量较少的情况，随着贸易伙伴数量的增多，各贸易企业由于所使用的计算机厂家不同、通信协议不同及工作时间相异等问题，会造成双方通信的巨大障碍，采用第三方网络就可以克服这些障碍。它类似邮局，为双方维护邮箱，并提供存储传送、记忆保管、通信协议转换、格式转换、安全管制等功能。通过增值网络，可大幅降低相互传递资料的复杂程度和困难度，从而大大提高EDI效率。

四、EDI在物流中的应用

EDI是现代物流的重要发展方向，是将商业或行政事务处理，按照一个公认的标准，形成结构化的处理或报文数据格式，再从计算机到计算机的数据传输方法。物流中所用的电子数据交换主要是应用于单证的传递、货物送达的确认等。

（一）物流企业使用 EDI 的三个前提条件

物流企业和供应商、零售商都拥有 EDI 信息系统，都有计算机化的记录，它们之间已经建立了电子数据交换的伙伴关系。

（二）EDI 系统可处理的物流单证类型

1. 运输单证

运输单证包括提单、订仓确认书、多式联运单证、货物运输数据、铁路发货通知单、运单、空运单、联运提单、货物仓单、装货清单、集装箱装货单和到货通知单。

2. 贸易单证

贸易单证包括订单、发票、装箱单、尺码单和装船通知。

3. 海关单证

海关单证包括报关单、海关发票、海关转运报关单、海关放行通知等。

另外，还有检验检疫证单及其他单证。

（三）EDI 的安全

EDI 的安全，一般是指防止由 EDI 系统交换的信息被丢失、泄露、篡改，假冒 EDI 合法客户，提交或接收过程中出现的抵赖、否认，以及 EDI 系统的拒绝服务。概括起来，EDI 安全包括两大方面的内容：一是 EDI 数据的安全，另一个是 EDI 系统的安全。EDI 数据的安全具体表现在数据的完整性、机密性和可用性，EDI 系统安全则包括实体安全、管理保护、计算机系统本身的软硬件保护和通信系统的安全等内容，重点是 EDI 数据的安全。

（四）EDI 系统未来的发展方向

随着 EDI 的广泛应用，EDI 已行成一种潮流，吸引着大批的客户为了市场的竞争、为了生存而涌入进来。使得 EDI 系统的应用成为方兴未艾的事业。在贸易往来中，使用 EDI 所做的工作仅占使用手工纸张文字工作的 10%，人们翘首期盼着无纸化办公时代的到来。

EDI 在物流行业中的应用有三种不同的目的。目的不同，EDI 的功能、所需的成本也不一样。

1. 数据传输功能：维持订单；减少人工输入；减少错误。

2. 改善作业功能：与业务系统集成；缩短作业时间；及早发现错误。

3. 企业再造功能：提高竞争力。

未来的EDI将从目前的单一贸易往来业务范围，向其他各个领域延伸，在企业业务方面也会施展才能，如市场研究等。EDI还会与现在已成熟的技术结合使用，如同条形码、电子资金转账、自动提款机等一起联机使用，因而会产生更大的效益。

第二节　条码技术

一、条码概述

（一）条码的有关概念

1. 条码

条码又叫条形码，它是一种以光电扫描识别的信息图形标识符。是由一组规则排列的条、空及其对应字符组成的标记，用以表示一定的信息。

条码通常用来对物品进行标识。所谓对物品的标识，就是首先给物品分配一个代码，然后以条码的形式将这个代码表示出来，并且标识在物品上，以便识读设备通过扫描识读条码符号而对该物品进行识别。这个物品可以是用来进行交易的一个贸易项目，如一条烟或一箱酒，也可以是一个物流单元，如一个托盘或一个集装箱。下图是标识在一瓶古井贡酒上的条码符号。

标识在一瓶古井贡酒上的条码符号

2. 条码系统

条码系统是由条码、条码符号的生成及其扫描识读等部分组成的自动识别系统。

3. 条码技术

条码技术是在计算机的应用实践中产生和发展起来的一种自动识别技术。它是应用条码系统进行的信息处理技术，它将符号编码、数据采集、自动识别、自动录用、储存信息等功能融为一体，能够有效解决物流过程中大量数据的采集与自动录入问题，是实现快速、准确而可靠地采集数据的有效手段。

（二）条码技术的特点

条码技术是电子与信息科学领域的高新技术，所涉及到的技术领域较广，是多项技术相结合的产物，经过多年的长期研究和应用实践，现已发展成为较成熟的实用技术。目前已广泛应用于商业、邮政、图书管理、仓储、工业生产过程控制、交通等领域。与其他识别技术相比有以下特点：

1. 信息采集速度快

利用条码扫描录入信息的速度是键盘录入的 20 倍，也就是说一个打字员若一分钟用键盘录入 100 个字符，则相同的工作利用条码扫描只需 3 秒钟。

2. 信息输入可靠准确

利用键盘输入信息，平均每 300 个字符出现一个错误，而利用条码扫描录入信息，平均每 1000000 个字符出现一个错误。

3. 信息采集量大

利用条码扫描，一次可以采集几十位字符的信息，而且可以通过选择不同码制的条码增加字符密度，使录入的信息量成倍增加。

4. 使用灵活、实用

条码符号作为一种识别手段可以单独使用，也可以和有关设备组成识别系统实现自动化识别，还可和其他控制设备联系起来实现整个系统的自动化管理。同时，在没有自动识别设备时，也可实现手工键盘输入。

5. 采集自由度大

识别装置与条码标签相对位置的自由度要比 OCR 大得多。条码通常只在一维方向上表示信息，而同一条码符号上所表示的信息是连续，这样即使是标签上的条码符号在条码的方向上有部分残缺，仍可以从正常部分识读正确的信息。

6. 设备结构简单

条码符号识别设备的结构简单，操作容易，无须专门训练，成本低。

二、条码类型

条码按照不同的分类方法、不同的编码规则可以分成许多种，现在已知的世界上正在使用的条码就有250种之多。条码的分类方法有许多种，主要依据条码的编码结构和条码的性质来决定。

（一）按码制分类

1. 按条码的长度来分类。

（1）定长条码是指仅能表示固定字符个数的条码；

（2）非定长条码是指能表示可变字符格式的条码。

例如：EAN、UPC码是定长；39条码为非定长条码。定长条码由于限制了表示字符的个数，所以译码的误读率相对较低。

2. 按排列方式分类。

（1）连续型条码是指每个条码字符之间不存在间隔；

（2）非连续型条码是指每个条码字符之间存在间隔。由于连续条码不存在条码字符间隔，所以密度相对较高，而非连续条码的密度相对较低。

（二）按条码维数分类

1. 一维条码

一维条码是通常我们所说的传统条码。一维条码按照应用可分为商品条码和物流条码。商品条码包括EAN码和UPC码，其中商品条码（Bar Code for Commodity）是由国际物品编码协会（EAN）和统一代码委员会（UCC）规定的、用于表示商品标识代码的条码，包括EAN商品条码（EAN—13商品条码和EAN—8商品条码）和UPC商品条码（UPC—A商品条码和UPC—E商品条码）。商品条码直接为销售和管理服务，以个体商品为对象。物流条码直接为出入库、运输、保管和分拣等物流作业管理服务，以集合包装商品为单位使用条形码。物流条码包括128码、ITF码、39码、库德巴（Codabar）码等。

2. 二维条码

根据构成原理、结构形状的差异，可分为两大类型：

（1）行排式二维条码（2D Stacked Bar Code）。行排式二维条码（又称：堆积式二维条码或层排式二维条码），其编码原理是建立在一维条码基础之上，按需要堆积成二行或多行。它在编码设计、校验原理、识读方式等方面继承了一维条码的一些特点，识读设备与条码印刷与一维条码技术兼容。但由于行数的增加，需要对行进行判定、其译码算法与软件也不完全等同于一维条码。

（2）矩阵式二维条码（2D Matrix Bar Code）。矩阵式二维条码符号在结构形体及元素排列上与代数矩阵具有相似的特征。它以计算机图像处理技术为基础，每一矩阵二维条码符号结构的共同特征是均由特定的符号功能图形及分布在矩阵元素位置上表示数据信息的图形模块（如正方形、圆形、正多边形等图形模块）构成。

三、条码识读系统及设备

（一）条码识读系统

条码技术是在计算机技术与信息技术基础上发展起来的光电扫描设备识读条码符号，从而实现机器的自动识别，并快速准确地将信息录入到计算机进行数据处理，以达到自动化管理之目的。

条码识读系统的组成是一门集编码、印刷、识别、数据采集和处理于一身的新兴技术。条码技术的核心内容是利用光电扫描设备识读条码符号，从实现机器的自动识别，并快速准确地将信息录入到计算机进行数据处理，以达到自动化管理之目的。

（二）条码识读设备

1. 激光枪

激光枪属于手持式自动扫描的激光扫描器。激光扫描器是一种远距离条码阅读设备，其性能优越，因而被广泛应用。激光扫描器的扫描方式有单线扫描、光栅式扫描和全角度扫描三种方式。激光手持式扫描器属单线扫描，其景深较大，扫描首读率和精度较高，扫描宽度不受设备开口宽度限制；卧式激光扫描器不论其方向如何，均能实现自动扫描，超级市场大都采用这种设备。

2. CCD 扫描器

这种扫描器主要采用了 CCD（Charge Coupled Device）——电荷耦合装置。CCD 元件是一种电子自动扫描的光电转换器，也叫 CCD 图像感应器。它可以代替移动光束的扫描运动机构，不需要增加任何运动机构，便可以实现对条码符号的自动扫描。

CCD 扫描器的两种类型：一种是手持式 CCD 扫描器，另一种是固定式 CCD 扫描器。这两种扫描器均属于非接触式，只是形状和操作方式不同，其扫描机理和主要元器件完全相同。

3. 光笔与卡槽式

光笔和大多数卡槽条码阅读器都采用手动扫描的方式。手动扫描比较简单，扫描器内部不带有扫描装置，发射的照明光束的位置相对于扫描器固定，完成扫描过程需要手持扫描器扫过条码符号。这种扫描器就属于固定光束扫描器。

（1）光笔。光笔属于接触式、固定光束扫描器。在其笔尖附近中含有发光二极管 LED 作为照明光源，并含有光电探测器。

（2）卡槽式扫描器。卡槽式扫描器属于固定光束扫描器，其内部的结构和光笔类似，它上面有一个槽，手持带有条码符号的卡从槽中滑过实现扫描。这种识读其广泛用于时间管理以及考勤系统。它经常和带有液晶显示和数字键盘的终端集成为一体。

4. 全向扫描平台

全向扫描平台属于全向激光扫描器。全向扫描指的是标准尺寸的商品条码以任何方向通过扫描器的区域都会被扫描器的某个或某两个扫描线扫过整个条码符号。一般全向扫描器的扫描线方向为 3 个至 5 个，每个方向上的扫描线为 4 个左右，这方面的具体指标取决于扫描器的具体设计。

四、常用的几种条码

物流条码是供应链中用以标识物流领域中具体实物的一种特殊代码。它贯穿整个贸易过程，并通过条码的数据采集、反馈、提高整个物流系统的经济效益。

物流标识的编码通常是用条码符号表示，以条码符号表示使编码可以自动识别，快速准确。现存的条码码制多种多样，但国际上通用和公认的物流编码的条码码制主要有通用商品条码、储运单元条码及贸易单元 128 条码。

（一）商品条码

1. ENA—13 代码

ENA—13 代码由 13 位数字组成，不同国家（或地区）的条码组织对 13 位代码的结构有不同的划分。在中国大陆，这种代码结构由以下几部分组成，如表 8 - 1 所示。

表 8 - 1　　标准版商品条码结构

结构种类	厂商识别代码	商品项目代码	校验码
结构一	$X_{13}X_{12}X_{11}X_{10}X_9X_8X_7$	$X_6X_5X_4X_3X_2$	X_1
结构二	$X_{13}X_{12}X_{11}X_{10}X_9X_8X_7X_6$	$X_5X_4X_3X_2$	X_1
结构三	$X_{13}X_{12}X_{11}X_{10}X_9X_8X_7X_6X_5$	$X_4X_3X_2$	X_1

（1）前缀码。前缀码由 2～3 位数字组成，是 ENA 总部分配给国家（或地区）编码组织的代码，由 ENA 总部统一分配和管理。

EAN 前缀码的分配，如表 8 - 2 所示。

表 8－2　　　　EAN 已分配的前缀码

前缀码	编码组织所在国家（地区）	前缀码	编码组织所在国家（或地区）/应用领域
00～13	美国和加拿大	628	沙特阿拉伯
20～29	店内码	629	阿拉伯联合酋长国
30～37	法国	64	芬兰
380	保加利亚	690～695	中国（大陆）
383	斯洛文尼亚	70	挪威
385	克罗地亚	729	以色列
387	波黑	73	瑞典
40～44	德国	740	危地马拉
45、49	日本	741	萨尔瓦多
460～469	俄罗斯	742	洪都拉斯
470	吉尔吉斯斯坦	743	尼加拉瓜
471	中国台湾	744	哥斯达黎加
474	爱沙尼亚	745	巴拿马
475	拉脱维亚	746	多米尼加
476	阿塞拜疆	750	墨西哥
477	立陶宛	759	委内瑞拉
478	乌兹别克斯坦	76	瑞士
479	斯里兰卡	770	哥伦比亚
480	菲律宾	773	乌拉圭
481	白俄罗斯	775	秘鲁
482	乌克兰	777	玻利维亚
484	摩尔多瓦	779	阿根廷
485	亚美尼亚	780	智利
486	格鲁吉亚	784	巴拉圭
487	哈萨克斯坦	786	厄瓜多尔
489	中国香港特别行政区	789、790	巴西
50	英国	80～83	意大利

（2）厂商识别代码。厂商识别代码用来在全世界范围内惟一标识厂商的，其中包含前缀码。在中国大陆，厂商识别代码由 7～9 位数字组成，由中国物品编码中心负责注册分配和管理。

根据《商品条码管理办法》，具有企业法人营业执照或营业执照的厂商可以申请注册厂商识别代码。任何厂商不得盗用其他厂商的厂商识别代码，不得共享和转让，更不得伪造代码。

当厂商生产的商品品种很多，超过了“商品项目代码”的编码容量时，允许厂商申请注册一个以上的厂商识别代码。

（3）商品项目代码。商品项目代码由 3～5 位数字组成，由获得厂商识别代码的厂商自己负责编制。

由于厂商识别代码的全世界范围的惟一性。因此，在使用同一厂商识别代码的前提下，厂商必须确保每个商品项目代码的惟一性，这样才能保证每种商品的项目代码的全世界的惟一性，即符合商品条码编码的“惟一性原则”。

（4）校验码。商品条码是商品标识代码的载体，由于条码的设计、印刷的缺陷，以及识读时光电转换环节存在一定程度的误差，为了保证条码识读设备在读取商品条码时的可靠性，我们在商品标识代码和商品条码中设置校验码。校验码为 1 位数字，用来校验编码的正确性。

2. ENA—8 代码

ENA—8 是缩写版的条码。

（1）ENA—8 的商品条码使用条件。根据 GB12904《商品条码》和《商品条码管理办法》中的规定，“商品条码印刷面积超过商品包装表面面积或者标签可印刷面积四分之一的，系统成员可以申请使用缩短版商品条码”。申请 EAN—8 商品条码时，企业应先办理注册 EAN—13 厂商识别代码或同时办理。

一些国际物品编码协会的会员，对使用 ENA—8 条码的条件还作了进一步的具体规定。由于缩写码不能直接表示生产厂家，故商品条码系统成员只有在不得已时才能使用缩写码。

（2）代码构成。EAN—8 代码是 EAN—13 代码的一种补充，用于标识小型商品。它由 8 位数字组成，其结构如表 8 - 3 所示。

表 8 - 3　　EAN/UCC—8 代码结构

商品项目识别代码	校验码
$X_8 X_7 X_6 X_5 X_4 X_3 X_2$	X_1

从表中可以看出，EAN—8 的代码结构中没有厂商识别代码。

ENA—8 的商品项目识别代码由 7 位数字组成。前缀码与校验码的含义与 ENA—13 相同。

从代码结构上可以看出，ENA—8 代码中用于标识商品项目的编码容量远远少于 ENA—13 代码。只剩下 4 位可用于商品编码，故 ENA—8 代码用于商品编码的容量有限，应慎用。根据国际物品编码协会的规定，只有当 ENA—13 条码所占的面积超过总印刷面积的 25%时，使用 ENA—8 才是合理的。一些国际编码协会的会员，对使用 ENA—8 条码的条件还作了进一步的具体规定。

（二）储运单元条码

储运单元条码是专门表示储运单元编码的条码。储运单元是指为便于搬运、仓储、订货、运输等由消费单元组成的商品包装单元。它分为定量储运单元和变量储运单元。

定量储运单元是由商品件数计价销售的消费单元组成的储运单元。如成箱的烟、酒、药品、服装等。

变量储运单元是由按基本计量单位计价，以随机数量销售的消费单位组成的储运单元。如布匹、农产品等，即内涵物品已基本计量单位计价，数量随机的包装形式。

1. 定量储运单元条码

定量储运单元是不通过 POS 扫描结算的用于配送、仓储或批发等操作的商品，采用 13 位数字或 14 位数字。

(1) 与定量消费单元同为一体的定量储运单元编码。当定量储运单元同时又是定量消费单元时只能利用消费单元编码。如冰箱、彩电等只能按商品条码（ENA—13）编码。

（2）由相同种类的定量消费单元组成的定量储运单元条码。当定量储运单元内含同一种类的定量消费单元时，定量储运单元可以按 ENA—14 标识。其代码结构如表 8－4 所示。

表 8－4　　定量储运单元代码结构

定量储运单元包装指示符	定量消费单元代码（不含校验字符）	校验字符
V	$X_1 X_2 X_3 X_4 X_5 X_6 X_7 X_8 X_9 X_{10} X_{11} X_{12}$	C

定量储运单位包装指示符（V）用于指示定量储运单元的不同包装，取值范围为 V=1，2，…，8。

定量消费单元代码是指包含在定量储运单元内的定量消费单元的代码去掉校验字符后的 12 位数字代码。

校验字符（C）的计算方法见国标 GB/T 16830—1997。

（3）由不同种类定量消费单元组成定量储运单元。当定量储运单元内含有不同种定量消费单元时，储运单元的编码方法是按定量消费单元的编码规则对定量储运单元分配一个区别于它所包含的消费单元代码的 13 位数字代码（ENA—13）或 14 位交插二五条码（IFT—14）标识。

采用 14 位交插二五条码标识的方法是在 13 位数字代码前加一位“0”变成 14 位数字代码，然后用 IFT—14 条码的编码规则编码标识。

2. 变量储运条码

变量储运单元编码由 14 位数字的主代码和 6 位数字的附加代码组成，代码结构图如表 8－5 所示。

表 8－5　变量储运单元代码结构

变量储运单元包装指示字符	主代码		附加代码	
	厂商识别代码与商品项目代码	校验字符	商品数量	校验字符
LI	$X_1 X_2 X_3 X_4 X_5 X_6 X_7 X_8 X_9 X_{10} X_{11} X_{12}$	C_1	$Q_1 Q_2 Q_3 Q_4 Q_5$	C_2

变量储运单元包装指示字符（LI）指示在主代码后面有附加代码，取值为 LI＝9。

附加代码（Q_1～Q_5）是指包含在变量储运单元内，按确定的基本计量单位（如 kg；m 等）计量取得的商品数量。

变量储运单元的主代码用 IFT—14（14 位交插二五条码）条码标识，附加代码用 IFT—6（6 位交插二五条码）标识。变量储运单元的主代码和附加代码也可以用 ENA—128 条码标识。

一般情况下 ENA—14 代码结构用 IFT—14 或 ENA—128 两种条码符号表示。

（三）物流单元 128 条码

物流单元是在供应链中需要管理的对象，为了运输、仓储而建立的组合项目。例如以下物品，一箱有不同颜色和大小的 12 件裙子和 20 件夹克的组合包装，一个 40 箱饮料的托盘（每箱 12 盒装）都可作为一个物流单元。

EAN·UCC 系统在供应链中跟踪和自动记录物流单元使用了系列货运包装箱代码（SSCC，Serial Shipping Container Code），它是为物流单元提供惟一标识的代码。换言之，物流单元必须用 SSCC 来标识。SSCC 这种代码需要用 EAN·UCC 系统 128 条码符号（简称 UCC/EAN—128 条码符号）表示。通过扫描识读物流单元上表示 SSCC 的 UCC/EAN—128 条码符号，建立商品流动与相关信息间的链接，能逐一跟踪和自动记录物流单元的实际流动，同时也可广泛用于运输行程安排、自动收货等。SSCC 对每一特定的物流单元是惟一的，并且基本上可以满足所有的物流应用。

五、条码技术在零售业中应用

（一）建立商店自动销售管理系统（POS）

商品条码主要应用于商店内的 POS 系统。通过商品条码的应用，保证了商品标识的惟一性。而推广商品条码，首先要实现商店管理的自动化。也就是说，要达到商品管理的数据化和实现对外作业的自动化。

（二）销售店面的实时数据采集

使用基于无线网络技术的实时数据采集系统，可以为经营者创造更好的利润提供一个新的作业环境，可以帮助控制店面中存货的流动，有效地把前台系统（POS）和后台系统结合起来，加快商品的流通速度，增强高度的营运能力同时跟踪客户的购买模式。总而言之，使商场作业更高效、更方便。

第三节 GPS 技术

一、GPS 概述

（一）GPS 的概念

随着科学的发展，GPS 已经不是一个陌生的名词了。它是英文 Global Positioning System 的缩写，意即全球定位系统，是美国继阿波罗登月飞船和航天飞机之后的第三大航天工程。从 20 世纪 70 年代开始研究，历时 20 年耗资 200 亿美元，于 1994 年 7 月全面完成的。具有在海、陆、空，进行全方位实时三维导航与定位能力的新一代卫星导航与定位系统。

全球定位系统是利用导航卫星进行测时和测距，使在地球上任何地方的客户都能计算出他们所处的方位。当前有两个公开 GPS 系统可以利用：一是 Navstgpsr 系统，由美国研制，归美国国防部管理和操作；二是 Clongpsss 系统，为俄联邦所拥有。因为通常首先可利用的是 Navstgpsr 系统，故又将这一全球卫星定位导航系统，简称为 GPS。

（二）GPS的主要特点

GPS系统与其他导航系统相比，有以下主要特点：

1. 全球、全天候工作

由于GPS卫星数目较多而且分布合理，所以在地球上任何地点均可连续同时观测到至少4颗卫星，从而保障为客户提供连续、实时的三维位置、三位速度和精密时间不受气候条件影响，GPS观测可在一天24小时内的任何时间进行。

2. 定位精度高

应用实践表明，GPS相对定位精度单机优于10米。采用差分定位，用GPS卫星发来的导航定位信号能够进行厘米级，甚至毫米级精度的静态相对定位。

3. 观测时间短

随着GPS系统的不断完善、软件的不断更新，目前，20千米以内相对静态定位，仅需15～20分钟；快速静态相对定位测量时，当每个流动站与基准站相距在15千米以内时，流动站观测时间只需1～2分钟，然后可随时定位，每站观测只需几秒钟。

4. 操作简便

随着GPS接收机不断改进，自动化程度越来越高，体积越来越小，重量越来越轻，极大地减轻了测量工作者的工作紧张程度和劳动强度，使野外工作变得轻松愉快。

5. 功能多、用途广

随着人们对GPS认识的加深，GPS系统不仅可用于测量、导航，还可用于测速、测时，而且应用范围还将不断扩大。不仅用于军事，而且还用于民用事业。如汽车调度，货物跟踪，救援、内河及远洋船最佳航程和安全航线的实时调度。

6. 抗干扰性能好，保密性强

由于GPS系统采用了伪码扩频技术，因而GPS卫星所发送的信号具有良好的抗干扰性和保密性。

7. 测站间无须通视

GPS测量不需要测站之间相互通视，只需测站上空开阔即可。因此，可节省大量造标费用。

由于无须点间通视，点位位置根据需要可稀可密，使造点工作灵活，也可省去经典大地网中传算点、过渡点的测量工作。

（三）GPS的功能

1. 导航即电子地图功能

三维导航是GPS的首要功能，飞机、船舶、地面车辆以及步行都可以利用导航接受器导航。

（1）车辆导航。有专门提供GPS定位服务的公司，通过通信或图示为装有GPS接收终端的车辆进行导航服务。车载导航器可以收集到各种路况信息，从而使驾驶员可以避免堵车，选择最佳路线使车辆快速行驶。目前这项技术在我国短期内还不能实现。

（2）进行车船的管理、跟踪、调度。通过地面计算机终端，实时显示出车船的实际位置。监控中心的智能化调度管理软件可以根据工作需要和车船的当前位置来分配任务调度管理，实现工作派遣和车辆调度最佳化。

例如，GPS接收机可以为外出迷路的车辆提供准确的位置。在航海中使用GPS接收机连接上可以显示电子海图的电脑，客户可以在电子地图上即时显示船只的当前位置，并提供非常详细的港口以及水深资料。航空用的GPS功能比较复杂，除了有非常详细的各机场详尽资料，还有旅程电脑功能。飞机装有存储大量信息的计算机，利用GPS接收机即时计算出飞机飞行的高度，与电子地图结合能定出这架飞机的飞行高度与当前精确位置。

2. 语言数字通信

语言和数字通信合二为一，使用车载的GPS对讲设备的语言功能与司机进行通话或使用本系统安装在移动设备的汉字液晶显示器进行汉字消息收发对话。

驾驶员通过按下相应的服务、动作键，将该信息反馈到GPS，服务中心工作人员可在GPS工作站的显示屏上确认其工作的正确性，一旦出现问题及时提醒驾驶员。这种语言导航与国外的电子地图导航相比，有一定的差距，但是它可以减轻车主边开车边看地图的能力。车主只要通过免提电话便可以轻松得到导引。

3. 反劫防盗

可以对移动车辆进行全方位、不间断、高精度、实时动态地监控，利用无线通信设备将目标的位置和其他信息传至主控中心，并在电子地图上显示车辆的当前位置和运行轨迹，从而随时掌握车辆的行踪，为管理提供决策支持。在遇到抢劫、被盗等紧急情况时，可以向主控中心发送报警信息，及时得到附近安全部门的支持。系统还可以与公安 110、急救 120 网络连接。

4. 突发事件的应急调遣

通过 GPS 定位和监控管理系统，可以提高紧急事件处理部门对突发事件的相应效率。美国“9·11”事件后，美国通信委员会要求将所有的移动电话安装无线电定位装置，以便客户在通过移动电话向“9·11”请求帮助时可找到客户位置，实现快速援助。

5. 信息查询

为客户提供主要物标数据库，客户能够在电子地图上根据需要进行查询。同时监控中心可以利用监测控制台对区域内任意目标的所在位置进行查询。车辆信息将以数字形式在监控中心的电子地图上显示出来。

6. 货物配送路线规划

（1）人工线路规划设计。驾驶员根据自己的目的地设计起点、终点和途经点等，自动建立线路库。线路规划完毕后，显示器能够在电子地图上显示设计线路，同时显示运行路径和方向。

（2）自动线路规划设计。驾驶员确定起点和终点，由计算机软件按要求自动设计最佳行驶路线。

（四）GPS 的组成

GPS 系统利用无线电传输特性来定位。和过去地面无线导航系统有所不同的是，它由卫星来发射定时信号、卫星位置和健康状况信息，故具有发射信号能覆盖全球和定位精度高的优点。系统中所有卫星构成 GPS 系统的空间部分：卫星由地面站（地面监控部分）监测和控制，它监测卫星健康状况和空中定位精度，定时向卫星发送控制指令，轨道参数和时间改正数据；客户装有 GPS 接收机，用来接收卫星发来的信号。GPS 接收机中装有专用芯片，用来根据卫星信号计算出定位数据。客户并不需要给卫星发射任何信号，卫星也不必理会客户的存在，故系统中客户数量没有限制。具有GPS接收机的客户构成系统的客户部分。

GPS系统包括三大部分：空间部分—GPS卫星星座；地面监控部分—地面支撑系统；客户部分—GPS信号接收机。

二、GPS的应用

（一）GPS的使用

GPS比较费电池，多数GPS使用4节碱性电池，一直开机可用20～30小时。长时间使用时要注意携带备用电池。大部分GPS有永久的备用电池，它可以保证内存中的各种数据不会丢失。由于GPS在静止时没有方向指示功能，所以同时带上一个小巧的指南针是有用的。标记路标时，GPS提供一个默认的路标名，比如LMK001之类的难于记忆。路标名虽可改成一个比较好记一些的名字，但是输入不便，用上下箭头选字母很费劲，且一般只能起很短的英文名字，比如6或9个字母，仍然不好记。带上一个小的录音机/采访机随时记录，是个很不错的主意。

1. 有地图使用

GPS与详细地图配合使用时有最好的效果。但由于国内大比例尺地图十分难得，GPS使用效果受到一定限制。如果你有目的地附近的精确地图，则可以预先规划线路，先做地图上的规划，制订行程计划，按照线路的复杂情况和里程建立一条或多条线路，读出路线特征的坐标，输入GPS建立线路各条“腿”，并把一些单独的标志点作为路标输入GPS。GPS手工输入数据是一项相当烦琐的事情，如每个路标都要输入名字、坐标等20多个字母数字，每个字母数字要按最多到十几次箭头才能出来，可用计算机来上载/下载数据。行进时带上地图，一是利用GPS确定自己在地图上的位置，二是按照导向功能指示的目标方向，配合地图寻找前进目标。同时一定要记录各规划点的实际坐标，最好再针对每条规划线路建立另一条实际线路，即可作为原路返回时使用，又可回来后作为实际路线资料保存，供他人使用。

2. 无地图使用

(1) 使用路点定点。常用于确定岩壁坐标、探洞口坐标或其他如线路起点、转折、宿营点的坐标。用法简单，MARK 一个坐标就行了。所要找的地点坐标必须已经以路标的形式存在于 GPS 的内存中，可以是你以前 MARK 的点或者是从以前去过的朋友那里得到的数据，或是手工输入、计算机上的路标数据。按 GOTO 键，从列表中选择你的目标路线，然后转到"导向"页面，上面会显示你离目标的距离、速度、目标方向角等数据。

(2) 使用路线导向。输入线路：若能找到以前记录的路线信息，把它们输入 GPS 形成线路，或者（常见于原路返回）把以前记录的路标编辑成一条线路。路线导向：把某条线路激活，按照和"找点"相同的方式，"导向"页会引导你走向线路的第一个点。一旦到达，目标点会自动更换为下一路点，"导向"页引导你走向路线的第二个点。若你偏离了路线，越过了某些中间点，一旦你再回到路线上来，"导向目标"会跳过你所饶过的那些点，定为线路上你当前位置对应的下一个点。

(3) 回溯。回溯功能实际是输入线路一种特殊方法，它在原路返回时十分好使。

3. GPS 的使用实例

首先把坐标显示格式设为"hddd. ddddd"的形式，这样经度最低位数字变 1，对应东西方向移动了 0.85 米，纬度最低数字变 1，对应南北方向移动了 1.1 米。另外对于携带一个采访机，标记路标后可不改变默认名字，而是录音记录关于这个路点名字、时间和地点描述。在一条路线的起始处标记一个路点，清空以前标记的"足迹"点，设置"足迹线"记录方式为自动，一直开机，在路线转折处、有明显地面标志及其他需要标记处标记路标做录音说明。到达营地，用"回溯"功能把当日"足迹线"存成一条线路，并把此线路做一备份，更名所设计的各路点，以免此路线被下次"回溯"冲掉。如果不从原路往回返，取消"回溯"路线的被激活状态（回溯路线自动被激活），再把"足迹点"的形状抄到纸上，关机。第二天出发时，仍然按前一天出发时一样操作。如果是沿原路返回，那么激活前一天设置的回溯路线，并结合沿途定的路标点，使用导向功能返回。行程结束后，根据录音，把 GPS 记载的数据整理成线路描述文件保存，以后别人就可以使用这组数据走这条线路了。

（二）GPS在货物运输系统中的应用

1. 应用概述

随着我国物流业的发展，货物运输量日益增多，对车辆和货物的经营管理和合理调度就成为物流运输管理系统中的一个重要问题。过去，用于交通管理系统的设备主要是无线电通信设备，由调度中心向车辆驾驶员发出调度命令，驾驶员只能根据自己的判断说出车辆所在的大概位置，而在生疏地带或者夜间则无法确认自己的方位时甚至会迷路。因此，从调度管理和安全管理方面，其应用受到限制。GPS定位技术的出现，给车辆、轮船等交通工具的导航定位提供了具体的、实时的定位能力。通过车载GPS接收机，驾驶员能够随时知道自己的具体位置，通过车载电台将GPS定位信息发送给调度指挥中心，调度指挥中心便可及时掌握各车辆的具体位置，并在大屏幕电子地图上显示出来。目前，用于公安、交通系统的主要有：车辆GPS定位与无线通信系统相结合的指挥管理系统；应用差分GPS技术的指挥管理系统。下面介绍这两种管理系统的工作原理与设备构成。

2. 车辆GPS定位管理系统

车辆GPS定位管理系统主要由车载GPS自主定位，结合无线通信系统，对车辆进行调度管理和跟踪。已经研制成功的如车辆全球定位报警系统、警用GPS指挥系统等，分别用于城市公共汽车调度管理，风景旅游区车船报警与调度，海关、公安、海防等部门对车船的调度与监控。

(1) 监控中心部分的主要功能：

①数据跟踪功能。将移动车辆的实时位置以列表的方式显示出来。如车号、经度、纬度、速度、航向、时间、日期等。

②图上跟踪功能。将移动车辆的定位信息在相应的电子地（海）图背景上复合显示出来。电子地（海）图可任意放大、缩小、还原、切换。有正常接收与随意点名接收两种接收方式。还可提供是否要车辆运行轨迹的选择功能。

③模拟显示功能。可将已知的目标位置信息输入计算机并显示出来。

④决策指挥功能。决策指挥命令以通信方式与移动车辆进行通信。通信

方式可用文本、代码或语言等，实现调度指挥。

(2) 车载部分的主要功能：

①定位信息的发送功能。GPS 接收机实时定位并将定位信息通过电台发向监控中心。

②数据显示功能。将自身车辆的实时位置在显示单元上显示出来。如经度、纬度、速度、航向等。

③调度命令的接收功能。接收监控中心发来的调度指挥命令，在显示单元上显示车辆情况、出事地点、车辆人员等信息。

车辆 GPS 定位属于单位动态导航定位，其定位精度约为 100 米量级。为了提高定位精度，可采用差分 GPS 技术。

3. 应用差分 GPS 技术的车辆管理系统

若采用一般差分 GPS 技术，每辆车上都应接收差分改正数，这样会造成系统过于复杂，所以实际应用中多采用集中差分技术。

在车辆管理系统中，每一辆车都装有 GPS 接收机和通信电台，监控中心设在基准站位置，坐标精确已知。基准点上安装 GPS 接收机，同时安装通信电台、计算机、电子地图、大屏幕显示器等设备。工作时，各车辆上的 GPS 接收机将其位置、时间和车辆编号等信息一同发送到监控中心。监控中心将车辆位置与基准站 GPS 定位结果进行差分求出差分改正数，对车辆位置进行改正，计算出精确坐标，经过坐标转换后显示在大屏幕上。

这种集中差分技术可以简化车辆上的设备。车载部分只接收 GPS 信号，不必考虑差分信号的接收。而监控中心集中进行差分处理，显示、记录和存储。数据通信可采用原有的车辆通信设备，只要增加通信转换接口即可。

由于差分 GPS 设备能够实时地提供精确的位置、速度、航向等信息，故车载 GPS 差分设备还可以对车辆上的各种传感器（如记程仪、车速仪、磁罗盘等）进行校准。

4. 应用前景

汽车是现代文明社会中与每个人关系最密切的一种交通工具。据统计，仅几个发达国家的汽车保有量已有数千万辆。因此车辆导航将成为未来 20 年中全球卫星定位系统应用最大的潜在市场之一。

在我国，特种车辆约有几十万辆。有关部门要求首先对运钞车、急救车、救火车、巡警车、迎宾车等特种专用车辆实现全程监控、引导和指挥。目前使用车载 GPS 接收机进行自主定位的车辆很少，大量的开发应用热点在监控调度系统上。

车载 GPS 导航设备在应用上的发展方向，应当着重多卫星系统，远距离监控以及多功能显示等几个方面。

（1）使用多卫星系统，如 GNSS 系统（该系统在 2000 年后将成为综合导航定位系统）进行导航定位时，由于卫星多，可以保证车辆实时定位的精度与可靠性。

（2）对于用于调度指挥的监控来说。监控中心与其管辖的车辆之间由于通信电台的功率有限，其作用距离仅几十公里。增大监控作用距离，利用广播或卫星通信方式使监控范围覆盖更大的地域。

（3）监控系统的功能应当是多方面的，例如语音传输、视觉图像传输以及各种命令和车辆周围环境录入存储等。

可以说，GPS 导航定位在公交、交通系统中的应用前景是非常广阔的。在开发车辆导航应用的同时，也将带动相关的通信技术、信息技术、控制技术、多媒体技术和计算机应用技术的发展。

（三）网络 GPS 在物流业中的应用

随着互联网技术与电子商务的发展，基于互联网的 GPS 技术，在现代物流及供应链管理领域有着其广阔的前景。对于物流企业优化资源配置，提高市场竞争力，将起到积极的促进作用。

网络 GPS 是指在互联网上建立一个公共 GPS 监控平台，同时融合卫星定位技术，GSM 数字移动通信技术以及国际互联网技术，在互联网界面上显示 GPS 动态跟踪信息，以实现实时监控动态调动的功能。这种 GPS 监控平台是一种基于互联网的移动跟踪和通信服务平台，由专门提供 GPS 定位服务的公司运营，向物流企业或货主提供车辆、货物监控服务。

1. 网络 GPS 的特点

（1）定位速度快。有力地保障了物流运输企业在业务运作上提高反应速度，降低车辆空驶率，从而降低了物流成本，满足客户需求。

(2) 信息传输采用GSM公用数字移动通信网。具有高频谱效率，安全性高，稳定性好，集成度高，系统容量大，抗干扰能力强，漫游性能好，移动业务数据可靠率高等优点。

(3) 功能多、精度高、覆盖面广。在全球任何方位均可进行车辆的位置监控工作，充分保障网络 GPS 所有客户的要求都能够得到满足。

(4) 构筑在国际互联网这一最大的网络上公共平台，具有开放度高，资源共享程度高的优点。只要物流企业或货主以会员身份申请服务，以惟一的身份 ID 号来区分各自的权限，由监控平台接受所有前端设备发挥的定位信息，提供相应的访问。会员可以在世界的任何地方，使用浏览器，通过 Internet 访问运营这个平台的网站，即可实现对移动体的跟踪定位，同时实现双方或多方通信。

2. 网络 GPS 的工作流程

(1) 网络 GPS系统的组成

①网上服务平台。由专门提供公共 GPS 定位服务的运营商负责运营管理。

②客户端。客户端需配备一台可以与互联网接驳的普通计算机。当接受服务时，客户通过普通的互联网浏览器使用授权的客户名和口令就可进入服务系统客户界面。客户可以通过服务平台对所希望监控的移动体编组监控及调度。

③车载终端设备。主要由 GPS 定位信号接受模块及 GSM 通信模块组成，用来实现监控中心对移动体的跟踪定位与通信。

(2) 网络 GPS 的工作流程

①车载单元即 GPS 接受机在接收到 GPS 卫星定位数据后，自动计算出自身地理位置的坐标，后经 GSM 通信机发送到 GSM 公用数字移动通信网，并通过与物流信息系统连接的 DDN 专线将数据送到物流信息系统监控平台上。

②中心处理器将收到的坐标数据及其他数据还原后，与 GIS 系统的电子地图相匹配，并在电子地图上直观地显示车辆信息的收发，查询等移动体的动态信息，同时还可以在移动遇险或出现意外事故时进行种种必要的遥控

操作。

3. 网络 GPS 的主要作用

(1) 实时监控功能。在任意时刻通过发出指令查询运输工具的具体位置(经度，纬度，速度等信息）并在电子地图上直观的显示出来。

(2) 动态调动功能。运输工具的调动人员可以全天候通过调动中心发出调动指令，并得到确认；运输工具的待命计划管理，操作人员通过在途信息的反馈，可提前下达运输任务，减少等待时间，加快运输工具的周转速度。

(3) 双向通讯功能。网络 GPS 的客户可使用 GSM 的语音功能与运输工具的操作人员进行对话，操作人员通过按下相应的服务动作键，将该信息反馈到网络 GPS，发货方的调度人员可在网络 GPS 工作站的显示屏上确认其工作的正确性。

(4) 数据存储，分析功能。实现路线规划及路线优化，事先规划车辆的运行路线和运行区域，并将该信息记录在数据库中，以备以后查询，分析使用。

依据资料存储的信息，可随时调阅每台运输工具以前的工作资料，并根据各管理部门的不同要求制作各种不同形式的报表，使各管理部门能更快速、更准确的作出判断和提出新的指示。网络的 GPS 的出现无论是对 GPS 供应商还是对物流企业来讲都是一个好消息，它直接导致了投资费用的降低与信息显现的无地域限制性，从而使更多的物流企业从中受益。

第四节　地理信息系统（GIS）

一、地理信息系统的概念

地理信息系统（Geographical Information System，GIS)。它是 20 世纪 60 年代开始迅速发展起来的以计算机为基础的地理学研究技术，是多种学科交叉的产物。地理信息系统是以地理空间数据库为基础，采用地理摸索分析方法，集遥感应用、数据统计分析、地理学专家分析和计算机制图为一体，适时提供多种空间的和动态的地理信息，为相关地理研究和地理决策服务的计算机技术系统。地理信息系统可以对空间数据按地理坐标或空间位置进行各种处理、对数据的有效管理、研究各种空间实体及相互关系。通过对多因素的综合分析，它可以迅速地获取满足应用需要的信息，并能以地图、图形或数据的形式表示处理的结果。

二、地理信息系统的类型

地理信息系统按其应用功能划分，包含专题地理信息系统、区域性地理信息系统和地理信息技术处理系统；按使用对象来划分，有应用于政府部门的公用事物 GIS 和应用于企业部门的商业 GIS 两类。

（一）专题地理信息系统

专题地理信息系统是具有有限目标和专业特点的地理信息系统，系统数据项的选择和操作功能是为特定的专门目的服务，如能源信息系统、旅游信息系统、城市规划管理信息系统、森林动态监测信息系统、水资源管理信息系统、矿产资源信息系统、农作物估产信息系统、草场资源管理信息系统、水土流失信息系统等。

（二）区域性地理信息系统

区域地理信息系统主要以区域综合研究和全面信息服务为目标。可以有不同规模，其特点是数据项目多、功能齐全，通常具有较强的开放性。按规模大小可分为国家级的、地区或省级的、市级或县级等不同级别行政区服务的区域信息系统，也可以是按自然分区或流域为单位的区域信息系统。区域信息系统如加拿大国家信息系统、美国橡树岭地区模式信息系统、圣地亚哥信息系统、我国黄河流域信息系统等。许多实际的地理信息系统是介于上述二者之间的区域性专题信息系统。如北京市水土流失信息系统、上海市环境管理信息系统、海南岛土地评价信息系统、河南省冬小麦估产信息系统等。

（三）地理信息技术处理系统

地理信息技术处理系统是面向技术处理的地理信息系统，如遥感数据处理系统、计算机辅助制图系统、地理数据分析系统等。它们一般是一组具有图形图像数字化、存储管理、查询检索、分析运算和多种输出等地理信息系统基本功能的软件包。这些软件包可以是专门设计研制的，也可以是从实用地理信息系统中抽取掉具体区域或专题的地理空间数据后得到的。它具有对计算机硬件适应性强，数据管理和操作效率高、功能性强，且具有普遍性并易于扩展、操作简便、容易掌握等特点。

三、GIS 的特点

（一）进行空间查询和分析

地理信息系统可以对空间数据进行快速搜索，并具有复杂的查询能力。并将空间和属性信息有机地结合起来，从空间和属性两个方面对实现对象进行查询、检索和分析，将结果以各种直观的形式准确、形象地表达出来。

（二）提高系统集成能力

采用 GIS 可最大限度地对机构的信息资源加以利用，GIS 通过地理相关性将不同数据集成在一起，使部门间、个人和企业的数据共享及交流成为可能，从而提高数据的利用价值，降低成本，共享成果。结合空间数据与属性数据可以把数据存储、管理一体化。这可以降低数据结构的复杂性，减少开发和维护费用，而且能显著地提高工作效率。GIS 具有将数据集合和地理信息链接起来的能力，促使它们之间共享和交流局部信息。通过产生可共享的数据库，一个部门可从另一个部门的工作中得到好处，这是由于数据只需采集一次，但应用多次。

（三）辅助决策

数据集成、空间分析、可视化表达已广泛应用于区域综合治理、宏观规划中。GIS 拥有快速有效的信息获取、加工处理手段。通过地理信息系统可以对跨地域的资源数据进行观察、探索，揭示其中隐含的模式、发现内在的联系和发展趋势，而这些在统计资料和图表里并不能很直观地表示出来。空间和信息结合起来实现了数据的可视化，所以能够在短时间内对企业资源数据有一个全面、概括的了解，这对于快速决策是非常有利的。GIS 并不是一个自动决策系统，而是一个查询、分析和支持做出决策处理的图件数据工具。GIS 技术已经被用于帮助完成一些任务，例如，为计划调查提供信息，帮助解决领土争端，以最小化视觉干扰为原则设置路标等。

（四）自动制图

GIS系统可以将不同地区某一指标的比较结果，以颜色、柱状图、饼状图、点密度图等多种方式反映在地图上。图件在GIS中占有重要的一席之地。GIS的制图方法比传统的人工或自动绘图方法要灵活得多，它开始于数据库的创建。已经存在的纸张图件可以进行数字化，并可以把计算机兼容的信息转换到GIS中。以GIS为基础的图形数据库是可以延续的，比例尺也不受限制。图件可以以任何地点为中心，以任意比例尺，使用突出效果的特殊字符有效地显示所选择的信息。

地图集和地图丛书的特征可以用计算机程序编码，并与最终的数据库产品相比较。在其他GIS中使用的数字化产品还可以来自数据库的简单拷贝。在一个大的组织机构中，地形数据库可以被其他部门用作参考构架。

四、GIS的功能

（一）数据处理

地理信息系统属空间型数据管理系统，因此它同样具备一般数据管理系统所具有的数据输入、存储、检索、现实输出等基本功能。在数据处理系统中，系统将外部原始数据通过手工数字化、扫描数字化等方法传输给各系统内部，并将这些数据从外部格式转换为系统便于处理的内部格式。它包括数字化、规范化和数据编码三个方面。地理信息系统将输入的数据以某种格式记录在计算机内部或磁盘、磁带等存储介质上，数据的修改、增加、删除、更新通常以人机对话方式实现。

（二）制图功能

制图功能是GIS最重要的一种功能，对多数客户来说，也是用得最多最广的一个功能，GIS的综合制图功能包括专题地图制作，在地图上显示出地理要素，并赋予数值范围，同时可以放大缩小以表明不同的细节层次。GIS不仅可以为客户输出全要素图，而且可以根据客户的需要分层输出各种专题地图，以显示不同要素和活动范围，或有关属性内容。例如，矿产分布图、城市交通图、旅游图等。通常这种含有属性信息的专题地图主要有多边形地图、线状图、点状图三种基本形式，也可由这几种基本图形综合组成的各种形式和内容的专题图。

（三）数据库管理

对于那些将地理位置作为基本变量或记录属性的数据库，GIS 可以作为数据库集成和更新的重要工具之一。如何进行数据库的组织主要取决于数据输入的形式，以及利用数据库进行查询、分析和结果输出等的方式。它包括数据库定义、数据库建立与维护、数据库操作、通信等功能。

（四）空间查询及数据分析

GIS 面向客户的应用功能不仅仅表现在它能提供一些静态的查询、检索数据，更有意义的在于客户可以根据需要建立一个应用分析的模式，通过动态的分析，从而为评价、管理和决策服务。这种分析功能可以在系统操作运算功能的支持下或建立专门的分析软件来实现，如空间信息测量与分析、统计分析、地形分析、网络分析、叠置分析、缓冲分析、决策支持等。系统本身是否具有建立各种应用模型的功能是判别它好坏的重要标志之一，因为这种功能在很大程度上决定了该系统在实际应用中的灵活性和经济效益。空间查询和数据分析是从 GIS 目标之间的空间关系中获取派生的信息和新的知识，用以回答有关空间关系的查询和应用分析。

五、GIS 在物流中的应用

在全球化协作的商业时代，85％以上的企业决策数据与空间位置相关，例如，客户的分布、市场的地域分布、原料运输、跨国生产、跨国销售等。传统的方法缺乏直观性和决策的可视化，而 GIS 能够帮助人们进行空间可视化分析，实现数据可视化、地理分析与主流商业应用的有机集成，从而满足企业决策多维性的要求。GIS 可以将抽象的数据表格变为清晰简明的彩色地图，帮助企业进行商业选址，确定潜在市场的分布、销售和服务范围，寻找商业地域分布规律、时空变化的趋势；此外，还可以优化运输路线，进行资源调度和资产管理。

物流主要是指物体在空间和时间上的活动，对空间数据有很大的依赖性。传统的物流信息系统的数据是非空间数据，无法对空间数据进行管理，更谈不上分析了。而把 GIS 应用于物流管理中，可以实现车辆定位、路线分析、最短路线设计及无线通信技术等的结合，可实现汽车和自动搬运车的无人驾驶。GIS 在物流方面的应用主要表现在以下方面：

- 线路规划与分析。
- 车辆的调度和紧急事故处理。
- 车辆的自动定位和跟踪显示。
- 运货计划和路线规划。
- 路线以及通信信号的维护管理。
- 突发事件的迅速定位和事故分析。
- 统计分析及根据统计结果制定新的路径。
- 物流基地规划及建模分析。

完整的 GIS 物流分析软件集成了车辆路线模型、最短路径模型、网络物流模型、分配集合物流模型和设施定位模型。

此外，随着无线通信技术的发展，特别是 WAP 技术的应用，使无线通信技术与 GIS 技术以及 Internet 技术的结合成为可能，形成了一种新的技术——无线定位技术（WLT，Wireless Location Technology）。因此也衍生一种新的服务，即无线定位服务（WLS，Wireless Location Service）。利用这种技术，人们可以利用手机查询到自己所在的位置；再利用 GIS 的空间查询分析功能，查到自己所关心的信息。例如，你走在大街上，就可以利用手机查询离你最近的餐馆在哪里、怎么走、有什么特色菜等信息。

六、GIS 系统可以解决的问题

在 GIS 系统中能解决以下五类问题：

• 位置，即在某个地方有什么。位置可以是地名、邮政编码或地理坐标等。

• 条件，即符合某些条件的实体在哪里。如在某地区寻找面积不小于 1000 平方米的未被植被覆盖的且地质条件适合建大型建筑物的区域。

• 趋势，即在某个地方发生的某个事件及其随时间的变化过程。

• 模式，即在某个地方的空间实体的分布模式。模式分析揭示了地理实体之间的空间关系。

• 模拟，即某个地方如果具备某种条件会发生什么。

案例 1

中国海关研制开发和成功实施了 EDI 海关系统

1995 年 1 月，中国海关完成了 EDI 海关系统的全部开发工作，高起点地制定了 EDI 海关系统所需的 15 个 EDIFACT 标准报文子集，设计了普通货物进出口和快递物品海关软件；开通了北京、天津、上海、广州、九龙、杭州、宁波、厦门等 EDI 海关系统。EDI 海关系统客户已达 400 多家，EDI 海关系统日平均处理的普通货物报关单 6000 余份，占全国总数的 15%；快递 EDI 海关系统处理的快递物品占全国的 80%以上。EDI 海关系统的成功开发与应用，为 EDI 技术在我国的应用起到了推动与示范的作用。

1. 天津港

天津港 EDI 中心支持船舶公司及代理、港口、码头、理货、货代公司、集运站以及与上述运输业相关的政府监管部门，能够与银行、保险公司实现电子数据交换。

2. 青岛港

青岛港与中远集团、东方海外、铁行渣华、日本邮船、以星航运等 20 多家国内外著名船运公司，以及青岛海关、集装箱场站、船代、货代等 100 多家客户实现电子数据交换。

3. 中国国际电子商务网络已经建成

我国原外经贸部于 1996 年 2 月成立了国际贸易 EDI 服务中心，组建了中国国际电子商务网，成为集外贸管理、信息、服务于一体的国家统一的外贸专用网络。目前，该网络已借助于中国电信公用网实现了与联合国全球贸易网等国际商务网的连接，在全国 33 个城市开通了节点，形成了跨部门、跨地区、跨行业、跨国界、覆盖全国、联通世界的国家级电子商务网。1998 年 7 月，该中心在 Internet 上建立了“中国商品交易市场”，成为“中国永不落幕的交易会”。

EDI技术现今还在不断的发展和完善中。

案例2

城市交通疏导系统

镜头：星期一早晨上班时间，公司白领莫莉女士坐上一辆装有GPS引导系统的高级轿车缓缓驶出自己的庭院进城上班，按动车内引导系统的开关，一声悦耳的语音指令告诉她：“4号公路正在施工，请走0号高速公路”随即，在引导系统显示屏上魔术般地冒出一张电子图，一闪一闪的箭头正在为她指路前进。汽车驶到一个交叉路口，GPS引导系统突然发现这条道上没有其他车辆，交通灯便立刻全部变绿，放行通行。莫莉驾车经过公路收费站时，已习惯不停车一穿而过，因为汽车上的引导装置会自动将车号送入收费站的电子记账系统，并通过GPS系统进入银行账户将费用扣除。这不是科学幻想小说里的情节，而是美国亚特兰大市的城市交通疏导系统显示的风采。

思考题

1. 什么是EDI？有何特点？
2. EDI由哪几部分组成？
3. 物流企业使用EDI有哪些前提条件？
4. EDI系统可处理的物流单证有哪些？
5. 什么是条码？它有哪些特点？
6. 简述一维条码的分类。
7. 什么是GPS？GPS系统具有哪些特点？
8. GPS由哪几部分组成？并说出各组成部分的主要内容。

9. 什么是 GIS？有何特点？

10. GIS 的类型有哪些？

11. GIS 有哪些功能？

12. 在物流中 GIS 有哪些应用？

第九章　物流系统要素

通过本章的学习，重点掌握物流系统的构成要素，了解物流系统的概念、特点，理解物流系统的目标，熟悉物流系统的模式。

第一节　物流系统概述

一、系统的概述

（一）系统的概念

系统是同类或相关事物按一定的内在联系组成的相对于环境而言的有一定目的、一定功能和相对独立的整体，即由内部相互作用和相互依赖的若干组成部分（子系统）结合而成的、具有特定功能的有机整体，这个整体又是其所从属的更大的系统的组成部分。

（二）系统的特征

系统一般具有以下几个基本特征。

1. 整体性

系统一般是由两个以上有区别和联系的要素组成的有机整体。

2. 相关性

系统各组成要素彼此间相互联系、相互作用、相互影响。各要素可能是彼此增强，也可能是彼此减弱，有效的系统要素之间互补性强，较利于系统保持稳定。

3. 结构性

系统具有一定的结构，保障系统的有序性，可以使系统具有特定功能。

4. 适应性

系统是相对于环境而言的，环境的制约是系统形成和存在的条件。

二、物流系统的概念

物流一般泛指从物质生产、流通到消费、废弃的全过程。它具有运输、仓储、包装、装卸搬运、配送、流通加工、信息处理等诸环节，这些环节也是物流的各个子系统。由这些子系统构成了物流大系统。物流系统有自己的运动规律，也有自己的发展阶段。从第二次世界大战以后，物流系统的概念不断发展和完善起来。

物流系统是指在一定时间和空间里，对其所从事的物流事务和过程，作为一个整体来处理，以系统的观点、系统工程的理论和方法进行分析研究，以实现其空间和时间的经济效益。由此，物流系统的定义可以这样来表述：所谓物流系统是指按照计划为达成物流目的而规划设计的相互作用的要素的统一体。

物流系统是由各种要素组成的具有特定物流功能的有机整体。构成物流系统的主要目的是为了用最小的代价完成某种特定的功能和目标。因此，在构筑物流系统时，不仅要考虑需要哪些要素才能完成预定的功能或目标，而且要考虑这些要素怎样组合才能有效地实现物流系统的功能或目标，并且以最小的代价完成物流服务特定功能或目标。也就是说，物流系统并不是各种要素的简单堆积和叠加，而是按照一定原则将各要素组合起来，使各要素能够相互协调配合，以保证物流系统整体功效最大。

三、物流系统的特点

物流系统具有一般系统的共同特点，如：层次性、整体性、功能性等，同时还具有其自身的特殊性。主要特性如下：

（一）物流系统具有一定的整体目的性

物流系统一定要有明确的目的，就是保证将市场所需要的商品，在必要的时候，按照必要的数量送达到需求者手中。在进行物流新系统规划设计，或者原有物流系统改造时，必须首先明确物流系统的目的。

构成物流系统的子系统和要素为达到物流的整体目的而发挥作用，要素之间存在着相互作用的关系。为保证物流系统目的的实现，构成物流系统的各功能要素或子系统必须围绕着物流系统的目标相互衔接，构成一个有机的整体。相对于系统的目的来说，各项功能活动只是实现系统目标的手段。例如，运输本身不是目的，超过实际需求量的运输，即便是高效率的满载运输，对于物流系统来说也没有任何意义。在这个整体中，部分的合理化和最优化并不代表整体的合理化或最优化。

（二）物流系统要素间存在“效益背反”性

物流系统有机整体的组成要素之间存在着效益背反的关系。所谓“效益背反”是指一个部门成本的降低或效益的提高会因另一个部门的高成本而抵消的这种相关活动之间的相互作用关系。换言之，效益背反原理体现的是一方利益的追求要以牺牲另一方的利益为代价的相互排斥的状态。这种此涨彼消、此盈彼亏的现象，在物流系统中尤其突出。例如，提高物流服务水平要以增加物流成本为代价；仓库里货物的高层堆码能够提高保管效率，但却降低了货物拣选等作业的效率；减少库存量，能减低库存持有成本，但必然会增加运输次数，从而增加了运输成本；简化包装能节省包装费，但简省的包装方式将降低产品的防护效果，造成储存、装卸、运输功能要素的工作劣化和效益大减。物流系统的规划和决策中，存在大量的诸如库存成本与总成本、运输成本与库存成本、包装成本与销售成本等“效益背反”现象。正是由于物流系统的“效益背反”现象，我们更应该运用系统科学的思想和方法，寻求物流系统的总体最优化。掌握效益的背反原理，对于正确理解和把握物流系统各部分之间的关系十分重要。

评价物流系统质量高低很重要的一个标准体现在物流总成本上，在保证物流系统目的实现的前提下，使物流总成本最低是我们构筑物流系统或者说实现物流系统的重要目的。为此，必须运用效益背反的原理对物流因素进行最佳结合。

（三）物流系统具有中间层次性

1. 物流系统属于中间层次系统范畴，其本身具有可分性，可以分解成若干个子系统；包括运输、储存、包装、装卸、加工及信息等。这些子系统当中任何一个或几个通过有机结合，都可以构成具有特定功能的物流系统；而且这些子系统又可按空间或时间特性划分成更低层次的子系统。即每个子系统都具有层次结构。

2. 不同层次的子系统相互区别又相互联系、相互协调，通过有机结合构成一个整体，且系统整体的功能大于各子系统功能之和。

3. 物流系统在整个社会再生产中又必然受诸如流通系统、社会经济系统等更大系统的制约。对于企业物流系统而言，其上层系统是企业经营管理系统，物流系统是企业经营大系统的一部分或者说是其子系统。物流系统目标的设定，要以企业总体的经营目标、战略目标为依据，服从企业总体发展的要求。企业物流的最终目的是要促进企业的生产和销售，提高企业的盈利水平。

4. 每一个物流系统都处在一个更大的系统之中，这个更大的系统就是物流系统的环境。因此每一个物流系统都像一般系统一样，都具有一个系统环境。物流系统的环境是物流系统赖以生存发展的外部条件，也就是说，物流系统必须适应外部环境才能生存。

（四）物流系统的复杂性

物流系统包含诸多要素，时空跨度大，具有较强的动态性等，这些都决定了物流系统具有较大的复杂性。

由于世界经济的全球化和信息化，物流活动早已突破了地域限制形成了物流跨地区、跨国界发展的趋势。跨地域性正是物流创造的场所价值的体现；另外，通过仓储可以解决商品供求之间的矛盾，跨时域性是物流创造时间价值的体现。

跨地域、跨时域的特性也说明了物流系统是一个动态的系统。由于物流系统连接多个生产企业和客户，随着需求、供应、渠道和价格的变化，物流系统内的诸要素及其运行也经常发生变化，表现出较强的动态性，难于长期稳定。稳定性差、动态性强带来的主要问题是要求物流系统有足够的灵活性与可更变性。大跨度性使得物流管理难度增大，对信息的依赖程度提高。

综上所述，物流系统具有系统的所有特征。由于物流系统的层次性及各子系统的相互联系和相互作用，使得物流系统同时也是一个动态的、开放的复合系统。

系统整合思想是物流从传统走向现代的重要条件之一。正是前述各个功能要素有机结合在一起，才使物流成为了系统。物流系统化是现代物流发展的主要方向之一。现代物流的有效运作有赖于良好的物流系统支持，而物流系统的科学规划是物流系统良好运作的前提条件。

四、物流系统分类

根据物流活动范围和业务性质，物流系统一般可以分为以下 5 种类型。

（一）生产物流系统

生产物流系统是从原材料的采购、运输、存储；生产部门取（送）料、装卸搬运、半成品流转、分类拣选、包装、成品入库，一直到销售过程开始为止的物流。

（二）供应物流

供应物流是从生产性物资的生产者或持有者，经过物资采购、运输、储存、加工、分类、包装、装卸搬运、配送等供应业务开始，直到购买者或使用者收到物资为止的物流活动。

（三）销售物流

销售物流是指制造商或分销商从商品采购、运输、存储、装卸搬运、加工、包装、拣选、配送、销售开始，到客户收到商品过程的物流活动。

（四）回收物流

回收物流是伴随货物运输或搬运中的包装容器、装卸工具及其他可再生的旧杂物等的回收、分类、再加工、使用过程的物流活动。

（五）废弃物物流

废弃物物流是伴随产品生产而产生的诸如钢渣、煤矸石等副产品或废弃物，以及生活消费品中的垃圾废弃物等的收集、分类、处理过程的物流活动。

第二节　物流系统化的目标

所谓物流系统化，就是把物流的诸种环节（或各子系统）联系起来，视为一个物流大系统，进行整体设计和管理，以最佳的结构，最好的配合，充分发挥其系统功能的效率，实现整体的物流合理化。

一、物流系统化的意义

随着科技的进步和生产的发展，一些工业发达国家，在市场剧烈竞争的条件下，逐步认识到对物流系统的开发和研究，并把它视为“第三个利润源泉”，这是有一定道理的。因为，在一个发达的经济社会中，为了适应大规模生产、大规模流通和大量消费的需要，已不能静止地、孤立地去对待这些问题。而必须把社会再生产的过程——生产、分配、流通、消费，看成一个有机的相互制约、相互依存的整体。如在国民经济大系统中，虽然生产发展很好，但若流通不畅，它就会给社会经济发展造成影响。反之，流通工作很好，但生产发展停滞，同样也会给社会经济发展带来不利。

在物流系统中，也适用这个道理。要实现物流合理化，是就物流系统整体而言的，不只是要求物流过程某一环节的合理化。要把物流系统的诸种功能或各子系统联系起来，进行综合分析研究，以谋求物流大系统整体的经济效益。对物流大系统来说，在各个子系统之间，存在着互相制约、互相依存的关系，有时甚至是矛盾的。例如在包装环节，如果片面地强调节省包装材料和包装费用，不适当地少用包装材料或用低质代用材料，虽然降低了包装环节的费用，但由于包装质量差，在运输和装卸搬运过程中，容易造成货物破损错乱，从物流系统全过程来看，反而是一种浪费。又如在装卸搬运环节，若单纯为了追求数量，不顾质量，不按操作规程作业，甚至野蛮装卸，损坏商品等，也会给社会造成不应有的经济损失。再如，在联合运输当中，轮船与码头、车与船、船与货之间，如果各个环节衔接不好，就会出现船等泊位、车等船、车等货的不协调现象，影响物流系统的经济效益。所以，物流系统各功能环节，即各个子系统之间，既是独立的，又是互相联系、互相制约的。各子系统环节之间，要紧密衔接，互相适应。特别是前一道环节（工序）要为后一道环节创造条件。各个环节要为物流大系统取得最好的、整体的经济效益创造条件，这就是物流系统化的真正意义。而物流系统化又是物流合理化的重要前提。

二、物流系统化的目标

在进行物流系统总体设计时，应对以下问题进行认真研究，作出决策。

（一）规模适当化

对物流系统进行投资建设时，首先要确定其规模的大小。对其所处的地理位置、周围环境、服务对象，特别是物流量的多少，包括货物品名、数量、流向等，都要进行详细调查和预测，综合分析研究，以确定物流系统的规模。否则，物流系统规模设计大了，而物流量小了，必然要使一部分物流设施、技术装备闲置起来，不仅白白浪费了投资，而且，影响物流的经济效益。反之，物流系统规模设计小了，物流量多了，与其业务活动不相适应，满足不了客户的需要，同样也是不可取的。

（二）运送及时性

这是物流系统的主要功能之一。即根据货主的要求，及时运输和配送，按客户提出的时间、地点，把货物迅速运送到收货地或客户，以赢得信誉。同时，这也是衡量物流企业服务质量的一个重要标志。因此，在进行物流系统设计时，必然要好好地考虑运输、配送的功能，如运输工具的配备，运输路线的选择，运输环节的安排等。

（三）库存合理化

保存一定的合理库存，是物流企业的一项重要任务。在物流系统设计时，必须充分予以重视。以生产物流来说，工厂要储存一定数量的原材料，否则，原材料供应不上，生产就中断了。反之，如果原材料储存过多，会造成积压，占用库房，浪费资金，影响企业的经济效益。从销售物流来看，批发企业或物流中心必须保持一定的合理库存量，不然，商品储存过多，会造成积压，占压资金；而储存过少，又要脱销，并失去销售机会，影响企业管理经济效益。因此，物流系统必须强化这一功能，及时反馈，调整库存，多则停止进货，少则补充库存，充分发挥其调节功能的作用。

（四）省费用、省力化

在商品经济日益发展、物流技术不断革新、物流业激烈竞争的情况下，在进行物流系统设计时，无论对系统整体还是及各个子系统来说，一切物流业务活动都要求省力化，并收取比较低廉的费用。这是招徕客户、扩大业务的手段，也是物流企业自身发展的关键所在。当然，所谓费用低廉，也是相对而言的，是在物流同行业之间比较而提出的，是为了减少劳动消耗，节省费用，保存企业管理竞争能力，而不是不讲企业的经济核算。物流企业也和其他企业一样，也要采取较好的经营手段，获得适当利润。

（五）高服务水平

“物流学”在西方也称为“后勤学”或“后勤工程学”。一般认为，物流业是属于第三产业的范畴，是后勤、供应和服务性的行业。所以，对整体物流系统设计和全部物流业务活动的要求来说，必须强调其服务性。无论运输、包装、配送等，每天每项物流活动，都要尽量达到客户的满意。并要不断研究新问题开发新技术，增加新的服务项目，为社会提供高质量的物流服务水平。如国外一些大物流企业，最近几年新开发的“宅急便”、“宅急送”等业务——送货到门、取货到家，方便了千家万户，受到社会各阶层广大群众的欢迎。这是物流业开拓的一个新领域。由此可见，高质量的服务水平，也可以说是物流业不断发展的强大生命力。从事物流业的人员必须充分认识到这一点。

（六）经济效益好

一个独立的物流企业，若要构造一个比较完整的物流系统，其最终经营目标，仍然是取得最佳的经济效益。即以最少的投入，取得同样的产出；或以同样的投入取得最大的产出。因此，在进行物流系统总体设计时，必须把提高物流经济效益放在首位。

第三节　物流系统的构成要素

认识、分析、研究任何一个系统，总是要从它的构成要素入手，物流系统也不例外。物流系统的构成要素从不同角度有不同的表述，主要包括以下几种。

一、物流系统的一般组成要素

物流系统一般是由人、财、物和任务目标等要素组成的有机整体。

（一）人

人是系统中最活跃、最重要的因素，物流系统由于具有前述诸多特征，因而在考虑人的因素时，要特别注意用其所长，因事找人，不能因人设事。

（二）财

财是指物流活动中不可缺少的资金。交换是以货币为媒介，实现交换的物流过程，实际也是资金运动过程，同时物流服务本身也需要以货币为媒介。物流系统建设是资本投入的一大领域，离开资金这一要素，物流不可能实现。

（三）物

物是指物流作业中的原材料、产成品、半成品、能源、动力等物质条件，包括物流系统的劳动对象，即各种实物；以及劳动工具、劳动手段，如各种物流设施、工具，各种消耗材料（燃料、保护材料）等；此外还包括信息，信息在现代物流系统中具有至关重要的地位和作用。

（四）任务目标

任务目标是指物流活动预期安排和设计的物资储存计划、运输计划及与其他单位签订的各项物流合同等。

二、物流系统的功能要素

物流系统的功能要素指的是物流系统所具有的基本能力，这些基本能力有效地组合、联合在一起，便成了物流系统的总功能，便能合理、有效地实现物流系统的目标。

（一）运输

运输是使物品发生长距离的场所、空间移动的物流功能活动。它是由包括运输节点（场站、码头、水空港口等），运输线路、交通信号、牵引与载运车辆等在内的硬件要素，以及交通运输控制和管理营运等软件要素组成的有机整体。

（二）仓储

仓储是对物品进行的储存和保管，具有时间调整和价格调整的机能。仓储通过调整供给与需求之间的阻隔促使经济活动顺利开展。它一般分为长期仓储保管和短期在库管理，前者以储藏和储备为目的，后者更注重配合销售策略的进行。保管的主要设施是仓库，现代物流中的仓储强调在物品出入库信息基础上，进行有效的在库管理与库存控制。

（三）装卸搬运

装卸搬运是因为物品进行运输、仓储、包装、流通加工和配送等而发生的物品取放活动，它包括物品装卸、搬运、备货、分拣等作业行为。

（四）包装

包装是在物品运输、仓储等过程中，为保证商品的价值和形态而从事的物流活动。从机能上看，包装可以分为保持商品的品质而进行的工业包装、促进销售为目的的商业包装和保证货物在途运输安全为目的的运输包装。

（五）流通加工

流通加工是在流通阶段所进行的为便于保存或同一机能形态转换而进行的加工，具体包括切割、细分化、钻孔、弯曲、组装等轻微的生产活动。此外，还包括诸如贴标签、贴价签、备货、商品检验等为使流通顺利进行而从事的辅助作业。流通加工是提高商品附加价值、促使商品差别化的主要手段之一，其重要性越来越强。

（六）配送

配送是使物品从一个地点经过配载装车运送到近距离的多个地点，而发生场所、空间移动的物流功能活动。

（七）物流信息

物流信息包括伴随物流活动而发生的信息和在物流活动以外发生的对物流有影响的信息。内部信息对于衔接协调物流各个功能环节，控制物流活动有序开展具有主要作用。而将有关物流进程信息适当地提供给服务客户，是现代物流活动的必要内容之一，是影响客户能否选择物流服务提供商的主要因素。

如果从物流活动的实际工作环节来考察，物流就是由上述 7 项具体工作构成的。换句话说，物流能实现以上 7 项功能。

三、物流系统的支撑要素

物流系统的建立需要有许多条件，要确定物流系统的地位，协调与其他系统的关系，这些要素必不可少。主要包括以下内容。

（一）体制、制度

物流系统的体制、制度决定物流系统的结构、组织、领导、管理方式，国家对其控制、指挥、管理方式，以及系统的地位、范畴，是物流系统的重要保障。有了这个支撑条件，物流系统才能确定其在国民经济中的地位。

（二）法律、规章

物流系统的运行，不可避免会涉及企业或个人的权益问题。法律、规章一方面限制和规范物流系统的活动，使之与更大系统协调；另一方面是给予保障，合同的执行、权益的划分、责任的确定都需要依靠法律、规章来维护。

（三）行政、命令

物流系统和一般系统不同之处在于物流系统关系到国家军事、经济命脉，所以，行政、命令等手段也常常是支持物流系统正常运转的重要支持要素。

（四）标准化系统

保证物流环节协调运行，是物流系统与其他系统在技术上实现连接的重要支持。

四、物流系统的物质基础要素

物流系统的建立和运行，需要有大量的与之相配套的设施，这些设施的有机联系对物流系统的运行有决定意义。这些要素对实现物流的某一方面的功能也是必不可少的。物流物质基础要素主要有以下几方面：

（一）物流设施

物流设施是组织物流系统运行的基础物质条件，包括仓库雨棚堆场、货物场站（公路铁路货运站场、港口码头、空港等）、物流中心（配送中心）、物流园区等物流节点设施，各类公路、铁路、航道、航线、管道等物流线路设施。

（二）物流装备

物流装备是保证物流系统开工的条件，包括仓库货架、进出库设备、牵引与载运设备、装卸机械设备、必要的包装和流通加工设备等。

（三）物流工具

物流工具是物流系统运行的物质条件，包括包装工具、维护保养工具、办公设备等。

（四）信息技术及网络

信息技术及网络是掌握和传递物流信息的手段。根据所需信息水平不同，包括通信设备及线路、传真设备、计算机及网络设备等。

五、物流系统的流动要素

物流学科研究从原材料采购到生产、流通直至消费的全过程中物品的时间域和空间域的转移规律。物资在时间上和空间上的转移有6个要素。

（一）流体

流体是指物流中的“物”，即物资实体。流体具有自然属性和社会属性。自然属性是指其物理、化学和生物属性。在物流过程中需要对流体进行检验、养护，根据物资实体的自然属性合理安排运输、保管、装卸等物流作业，使其自然属性不受损坏。社会属性是指流体所体现的价值属性，以及生产者、采购者、物流作业者与销售者之间的各种关系，有些关系国计民生的重要商品作为物流的流体还肩负着国家宏观调控的重要使命，因此在物流过程中要保护流体的社会属性不受任何影响。由于物流的目的是实现流体从供应者向需要者的流动，为实现此目的，尽管有一部分流体要不断地储存在仓库中，但这也是一种流动形式，这是流体的时间上的移动，所有的流体终究要经过运输等方式实现空间上的移动，因此，总的来说，流体是处于不断流动状态中的。

（二）载体

载体，即承载“物”的设备以及这些设备据以运作的设施。载体可分为两类：一类载体指基础设施，如铁路、公路、水路、港口、车站、机场等，它们大多是固定的；另一类载体指设备，即以第一类载体为基础，直接承载并运送流体的设备，如车辆、船舶、飞机、装卸搬运设备等，它们大多是可以移动的。物流载体的状况，尤其是物流基础设施的现状直接决定物流的质量、效率和效益。物流学科研究物流载体的结构、规模，尤其要研究物流载体的网络结构、技术进步等，比如要研究物流中心或者配送中心的选址、载体的定位和跟踪、载体运行速度的提高、载体的配套等问题。

（三）流向

流向，指流体从起点到终点的流动方向。物流的流向有 4 种：

1. 自然流向，指根据产销关系所决定的商品的流向，这表明一种客观需要，即商品要从产地流向销地；

2. 计划流向，指根据流体经营者的商品经营计划而形成的商品流向，即商品从供应地流向需要地；

3. 市场流向，指根据市场供求规律由市场确定的商品流向；

4. 实际流向，指在物流过程中实际发生的流向。

对某种商品而言，可能会同时存在以上几种流向，如根据市场供求关系确定的商品流向是市场流向，这种流向反映了产销之间的必然联系，是自然流向；实际发生物流时还需要根据具体情况来确定运输路线和调运方案，这才是最终确定的流向，这种流向是实际流向。在确定物流流向时，理想的状况是商品的自然流向与商品的实际流向相一致，但由于计划流向与市场流向都有其存在的前提，还由于载体的原因，导致商品的实际流向经常偏离自然流向。物流学科通过研究流向准确掌握流向的变化规律，达到合理配置物流资源、合理规划物流流向，从而降低物流成本、加快物流速度的目的。

（四）流量

流量，即通过载体的流体在一定流向的数量表现。流量与流向是不可分割的，每一种流向都有一种流量与之相对应，因此，流量的分类可以参照流向的分类，也分为四种，即自然流量、计划流量、市场流量和实际流量。

但是，对流量的分类也有特殊性，根据流量本身的特点，可以将流量具体分为以下几种：

1. 按照流体统计的流量；
2. 按照载体统计的流量；
3. 按照流向统计的流量；
4. 按照发运人统计的流量；
5. 按照承运人统计的流量。

第二类是理论流量，即从物流系统合理化角度来看应该发生的物流流量，也可按照与实际流量相对应的五个方面来分类。理想状况的物流应该是在所有流向上的流量都均匀分布，这样，物流资源利用率最高、组织管理最容易。但是实际上，在一定的统计期间内，在一个流向上流量达到均衡的物流是不存在的，在流体之间、载体之间、流向之间、承运人和托运人之间的实际物流流量是不可能出现均衡的，这样，就需要从宏观物流管理的角度，通过资源的合理配置、采用合理的物流运行机制等手段消除物流流向和流量上的不均衡。

（五）流程

流程，即通过载体的流体在一定流向上行驶路径的数量表现。流程的分类与上述流向的分类基本类似，可以分为自然流程、计划流程、市场流程与实际流程，也可以像流量的分类那样，将物流流程分为理论流程和实际流程。

1. 理论流程

理论流程往往是可行路径中的最短路径，路径越长，物流运输成本越高，如果要降低运输成本，一般就应设法缩短运输里程。

2. 实际流程

实际流程又可按照五种口径来统计：一是按照流体统计；二是按照载体统计；三是按照流向统计；四是按照发运人统计；五是按照承运人统计。

（六）流速

流速，是指通过载体的流体在一定流程上的速度表现。流速与流向、流量、流程一起构成了物流向量的四个数量特征，是衡量物流效率和效益的重要指标。一般来说，流速快，意味着物流时间的节约，也就意味着物流成本的减少，物流价值的提高。

流体、载体、流向、流量、流程和流速这六个要件称为物流的六要素。任何物流系统都有这六个要素，同时这六要素之间有极强的内在联系。如流体的自然属性决定了载体的类型和规模，流体的社会属性决定了流向和流量，载体对流向和流量有制约作用，载体的状况对流体的自然属性和社会属性均会产生影响。物流六要素横跨整个供应链，存在于原材料采购、制造、销售、消费、废弃物回收等任何类型的物流环节中，也存在于运输、储存、包装、装卸、流通加工、物流信息等各种物流活动中，存在于公路运输、铁路运输、水路运输、航空运输以及管道运输等各种运输系统中。因此，分析物流六要素可以帮助我们更好地认识物流系统。

从“流”的角度看，任何一个具体的物流业务都可以分解为这六个要素的结合，这种分类抽象掉了物流的具体特征，比如不管是什么流体、载体，也不管是由什么机构组织物流，都可以按照这六个方面对它进行分析、归纳，这样有助于把握物流的一般性质，从而可以研究出优化这种“一般物流”的方法和技术。

物流的六要素中的每一个要素都需要进行以物流系统作为一个整体进行总体集成和优化，任何一个要素的目标由物流系统的整体目标来确定，各要素达到的目标互相配合，使整体目标最优化，因此需要进行系统的整体集成和优化。整体集成和优化就是从系统整体出发来确定各要素的目标，这样可能会使有些要素自身不是最优的，但最终系统的总目标是最优的。

第四节　物流系统的决策

现代物流涉及两大类业务，一类是物流系统的分析、规划、设计，一类是物流系统的运作、管理、控制。这两大类业务的层次不同，第一类属于战略决策层，第二类属于具体运作层。显然，先要进行战略决策，然后根据这种决策进行具体的运作，第一层的决策决定第二层的运作。这里我们分析第一层——决策。

一、物流系统分析

物流系统分析作为决策的工具，其主要目的在于为决策者提供直接判断和决定最优方案的信息和资料。对物流系统进行系统分析，可以了解物流系统各部分的内在联系，把握物流系统行为的内在规律性。不论是从系统的外部或内部、设计新系统或是改造现有系统，系统分析都是非常重要的。

（一）物流系统分析的应用范围

物流系统分析的应用范围很广，它研究的主要目标是如何使物流系统的整体效益达到最优化。一般来说，物流系统越是庞大而复杂，越应采用物流系统分析。主要包括以下几个方面：

1. 制定经济发展规划、计划

对于各种资源条件、统计资料、生产经营目标等方面，运用规划论的分析方法寻求最优化方案，然后综合其他相关因素，在保证物流系统协调一致的前提下，对物流系统的输入和输出进行权衡，从这些优化方案中选择一个比较满意的规划和计划方案。

2. 重大物流工程项目的组织管理

对于工程项目的各个部分，运用网络分析的方法进行全面的计划协调和安排，以保证工程项目的各个环节密切配合，保质保量地如期完成。

3. 厂址选择和建厂规划

新建一个工厂应对各种原材料的来源、技术条件、交通运输、市场状况、能源供应、生活设施等客观条件与环境因素，运用物流系统分析的方法，论证技术上的先进性、经济上的合理性、建设上的可行性，以选择最佳的建设方案。

4. 组织企业的生产布局和生产线

在生产组织方面为求得人员、物资、设备等各种生产设施所需要的空间，进行最佳的分配和安排，并使相互间能有效地组织和安全地运行，从而使工厂获得较高的生产率和经济效益。

5. 编制生产作业计划

可以运用投入产出分析法，搞好各种零部件的投入产出平衡与生产能力平衡，确定最合理的生产周期、批量标准和在制品的储备周期，并运用调度管理，安排好加工顺序和装配线平衡，实现准时生产和均衡生产。

（二）物流系统分析的要素

物流系统分析涉及的因素很多，包括期望达到的目标；要达到目标所需的设备、技术条件和相应的资源条件；估算达到各种可行方案所要的资源、费用和生产的效益；各种替代方案所需要的模型；为选择最优方案，建立一定的判别准则等。可以将其归纳为 5 个基本要素：

1. 目标

目的是决策的出发点，为了正确获得决定最优化物流系统方案所需的各种有关信息，物流系统分析人员的首要任务就是要充分了解建立物流系统的目标和要求，同时还应确定物流系统的构成和范围。

2. 替代方案

替代方案是选优的前提，没有足够数量的替代方案就没有优化。例如，建立一个车间物流搬运系统，可以采用辊道、输送机、叉车或无人搬运车等不同的替代方案。一般情况下，当多种方案各有利弊时，究竟选用何种方案为最优，这就需要对这些方案进行分析和比较。

3. 模型

模型是对实体物流系统抽象的描述。它可以将复杂的问题化为易处理的形式。即使在尚未建立实体物流系统的情况下，也可以借助一定的模型来有效地求得物流系统设计所需的参数。并据此确定各种制约条件。同时我们还可以利用模型来预测各替代方案的性能、费用和效益，有利于各种替代方案的分析和比较。

4. 费用和效益

在大多数情况下，费用和效益的分析与比较是决定方案取舍的一个重要因素。用于方案实施的实际支出就是费用，而达到目的所取得的成果就是效益。一般说来，效益大于费用的设计方案是可取的，反之，是不可取的。

5. 评价标准

评价标准是物流系统分析中确定各种替代方案优先顺序的标准，一般根据物流系统的具体情况而定，但要求有明确性、可计量性和适当的敏感度。

（三）物流系统分析的过程

物流系统分析没有固定的方法和程序，一般可以按照下列顺序进行：

1. 分析问题，确定目标

进行系统分析，首先是要明确问题的性质，划定问题的范围，将问题作为与物流系统合乎逻辑联系的叙述。问题分析的目的在于确定目标，由于作为一个系统，目标有许多个。如物流系统的目标，包括物料费用，服务水平等。此外，还要考虑各项目标的协调。

2. 收集资料，提出方案

拟订被选方案必须以资料作为依据，方案的可行性论证更需精确可靠的数据为系统分析做准备。物流系统的相关资料含产品、设施、客户、竞争对手等，收集资料通常多借助调查、实验、观察、记录以及引用外国资料等方式。

3. 分析流程，建立模型

要建立系统分析的流程，并通过模型的建立，确认影响系统功能和目标的主要因素及影响程度。确认这些因素的相关程度，总目标和分目标的达成途径及其约束条件。

4. 系统优化，综合评价

系统优化主要通过对若干替代方案的模型进行仿真和优化计算，求出替代解。在考虑到前提、假定、约束条件后，在结合经验和知识的基础上决定最优解。

5. 检验与核实

以实验、抽样、试行等方式鉴定所得结论，确认应采取的最佳方案。

二、物流系统设计

在物流系统分析的基础上，充分考虑整个需建立的物流系统的最佳组合，将最优方案化为一个个子系统组成的可操作的系统，这就是物流系统设计。物流系统设计包含仓库系统设计、运输系统设计、配送系统设计等方面的内容。

（一）仓库系统设计

在物流系统设计中，仓库的合适数目与地理位置是由客户、制造点与产品要求所决定的。仓库系统的设置，由所有管理与储存的原料、制造过程或制成品库存的地点组成，包括所有的零售店、制成品仓库、制造厂以及原料储存仓库。仓库系统的设计要考虑仓库的选址与仓库的选型两大问题。在系统中，仓库可划分为以市场定位，以制造定位或中间定位等几类。

1. 以市场定位的仓库

以市场定位的仓库是由零售商、制造商与批发商运作的，仓库位于邻近被服务的市场，可以以最低成本方法向客户提供库存补充，可获得的长距离从制造点进货，而向客户的第二程运输则相对较短。由市场定位仓库服务的市场区域面积大小，取决于被要求的送货速度、平均订货多少，以及每单位当地发送的成本。以市场定位的仓库，通常用来作为从不同源地和不同供应商那里获取商品，并集中组配商品的地点。一个零售商店的需求由许多不同的或广泛分散的制造商生产的不同产品集合组成。为了以较低的物流成本对这样分类库存作快速补充，零售商可以选择建立仓库，或者使用批发商服务。例如，现代食品分销仓库，通常坐落在接近它服务的各超市的中心地。

2. 以制造定位的仓库

以制造定位的仓库通常坐落在邻近生产工厂，以作为装配与集运被生产的物件的地点，这样便于向客户运输大批量的各类产品。这样定位的仓库主要支持制造商，可以以集运费率将产品混合运往客户。按产品分类的集运促进了客户大量购买产品。以制造定位的仓库能跨越一个类别的全部产品而提供充分的服务。如果一个制造商能够以单一订货单集运的费率将所有交售的商品结合在一起，就能产生竞争差别优势。

3. 中间定位的仓库

此类仓库介于以市场定位的仓库和以制造定位的仓库之间。

（二）运输系统设计

运输系统的目标是准确、安全并以低成本运输物资。但是运输的迅速性、准确性、安全性和经济性之间，一般有相互制约的关系。若重视其迅速性、安全性、准确性，运输成本就会提高；反之就会降低前者。在设计运输系统时，首先要考虑建设整体的运输网络。运输网络由运输线和停顿点组成。运输线表示联结停顿点之间的运输组织，停顿点表示工厂、仓库、配送中心等物流据点。因此，在运输系统中，选择运输工具，设置物流据点，从物流据点发货的运输计划等都是重要设计课题。

1. 选择运输工具

对于不同货物的形状、价格、运输批量、交货日期、到达地点等货物特性，都有与之相对应的适当的运输工具。一般速度快的交通工具成本也高。运输工具的经济性和迅速性、安全性、便利性之间有相互制约的关系。所以，在运输货物时，必须考虑对运输工具所具有的特性进行综合评价，选择具有最大值的运输工具为宜。可供选择的运输工具有火车、汽车、船舶、飞机等。

2. 制订运输计划

有两家以上工厂生产同一种产品向全国需要地区供应，如果出现交叉运输，就不是高效率的运输。通常从若干物流出发点向若干需要地运输同一产品时，存在着最经济（费用最少）或最有效（时间和距离最短）的运输计划。这种运输计划一般称为运输型问题，可用线性规划法来解决。

3. 人员、车辆配置

车辆配置的台数要根据正常发货量的多少安排。车辆过少，发货量多时，会出现车辆不足，需要从别处租车的情况。相反，车辆多发货量少时，会出现车辆闲置现象，造成浪费。合理配置车辆的台数是运输部门的重要课题。公司职员及临时雇工的配置也同车辆配置类似。

（三）配送系统设计

就整个物流过程来看，配送一般处于过程的终端。配送系统功能完成的质量及其达到的服务水平，直观而具体地体现了物流系统对需求的满足程度。设计配送系统，关键是配送模式的定位。我国各系统各地区的配送主要有5种模式：

1. 企业（集团）内自营型配送模式

企业（集团）通过独立组建配送中心，实现内部各部门、厂店的物品供应配送。在满足企业（集团）内部生产材料供应、产品外销、零售厂店供货和区域外市场拓展等企业自身需求方面发挥了重要作用。较典型的企业（集团）为自营型配送模式，即连锁企业的配送。大大小小的连锁公司或集团基本上都是通过组建自己的配送中心，来完成对内部各场、店的统一采购、统一配送和统一结算。这是目前生产、流通或综合性企业（集团）所广泛采用的一种配送模式。

2. 单项服务外包型配送模式

主要是具有一定规模的物流设施设备（库房、站台、车辆等）及专业经验、技能的批发、储运或其他物流业务经营企业，利用自身业务优势，承担其他生产性企业在该区域内市场开拓、产品营销而开展的纯服务性的配送。在这种配送模式中，提供场所的物流业务经营企业，是在生产企业这种派驻机构的指示下，提供相应的仓储、运输、加工和配送服务，收取相对于全部物流利润的极小比率的业务服务费。这种配送企业，对所承揽的配送业务缺乏全面的了解和掌握，在设备、人员上浪费较大，是一种高消耗、低收益的配送模式。

3. 社会化中介型配送模式

在这种模式中，从事配送业务的企业，通过与上家（生产、加工企业）建立广泛的代理或买断关系，与下家（零售店铺）形成较稳定的契约关系，从而将生产、加工企业的商品或信息进行统一组合、处理后，按客户订单的要求，配送到店铺。这种模式的配送，还表现为在客户间交流供应信息，从而起到调剂余缺，合理利用资源的作用，社会化的中介型配送模式是一种比较完整意义上的配送模式。目前，多数第三方物流配送企业正积极尝试这种模式。

4. 协作型配送模式

它是一种配送经营企业间为实现整体的配送合理化，以互惠互利为原则，互相提供便利的配送服务的共同协作型配送模式。

5. 网络集成型配送模式

它是一种配送经营企业以核心产品为中心，联合核心产品与上游产品及与下游产品的各个第三方物流，建立起物流集成网络，形成供应链式的物流配送网络集成系统，实现集成联合配送模式。网络集成型配送模式与国际上近几年采用的“第四方物流”方式相类似。

三、物流系统模式

（一）一般物流系统模式

物流系统与一般系统一样，具有输入、输出、处理（转化）、限制（制约）、反馈等功能。其具体内容如下：

1. 输入

输入包括：①各种原材料或产品、商品；②生产或销售计划；③需求或订货计划；④资源；⑤资金；⑥劳力；⑦合同；⑧信息等。

2. 输出

物流系统以其本身所具有的各种手段和功能，在外部环境一定的制约作用下，对环境的输入进行必要的处理（转化），使之成为有用（有价值）的产成品，或其位置的转移及提供其他服务等，称之为物流系统的“输出”。

输出包括：①各种物品的场所转移；②各种信息报表的传递；③各种合同的履行；④各种良好优质服务。

3. 处理（或转化）

物流系统本身的转化过程，即从“输入”到“输出”之间所进行的生产、供应、销售、服务等物流业务活动，称之为物流系统的处理（或转化）。

处理包括：①各种生产设备、设施（车间、机器、车辆、库房、货场等）的建设；②各物流企业进行的物流业务活动（运输、储存、包装、装卸搬运等）；③各种物流信息的数据处理；④各项物流管理工作。

4. 限制（或制约）

由于外部环境也会受资源条件、能源限制、需求变化、运输能力、技术进步以及其他各种变化因素的影响，而对物流系统施加一定的约束，这称之为外部环境对物流系统的限制（或干扰）。

限制包括：①资源条件；②能源限制；③资金力量；④生产能力；⑤价格影响；⑥需求变化；⑦市场调节；⑧仓库容量；⑨运输能力；⑩政策性波动等。

5. 反馈

物流系统在把“输入”转化为“输出”的过程中，由于受系统的输出未达到预期的目标（当然，也有按计划完成生产或销售物流业务的）。所以，需要把“输出”结果返回给“输入”，称为“信息反馈”。

反馈包括：①各种物流活动分析；②各种统计报表、数据；③典型调查；④工作总结；⑤市场行情信息；⑥国际物流动态等。

物流系统的一般模式（如下图所示）。

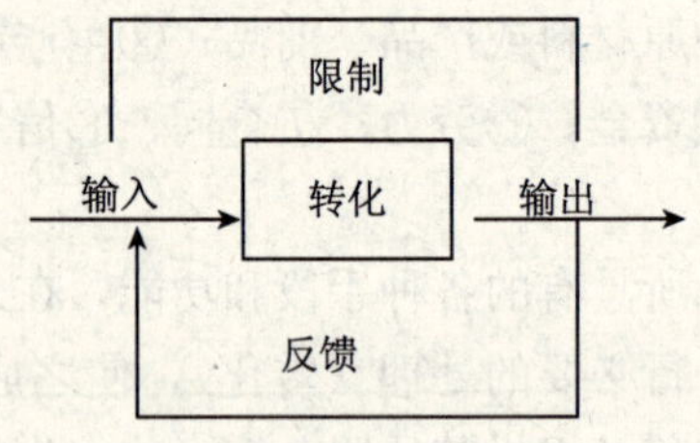

物流系统模式示意图

（二）生产物流系统模式

1. 系统的范围

生产物流系统，从广义而言，一般指从厂址选择、原材料采购到车间生产、成品入库、销售这样一个很广的范围。即：原材料的采购、运输、储存；车间送料、搬运；半成品的流转、检验；成品的组装、分类拣选、包装、搬运，一直到成品入库保管或运往客户手中。所以，无论任何一个生产企业，从生产到销售，都离不开物流。也可说，物流活动贯穿于生产全过程的始终。

2. 系统设计的原则

（1）原材料供应的满足；

（2）运输、储存的适应；

（3）最短的物流距离；

（4）最少的物流环节；

（5）最快的送料时间；

（6）最节省的物流费用；

（7）减少搬运次数；

（8）照顾进出方便；

（9）机械化、省力化；

（10）各子系统之间协调化；

（11）安全生产的原则。

一个生产企业（工厂），在选定厂址、施工建设、开工生产之后，主要任务是投入资金、劳力和原材料，产出产成品。而原材料就如工厂的粮食，原材料不足，生产就会中断。所以，首先要考虑保证原材料满足供应。同时，为了适应运输和储存的需要，还必须配置一定数量的车辆和仓库，有多则闲置浪费，有则不够用。在整个生产过程中，生产工艺流程的设计，必须科学合理。特别是对厂内运输和搬运，要周密考虑，做好安排，在物流运转、包装、入库作业过程中，要做到距离短、环节少、时间快、费用省、搬运次数少。避免在厂内之间、车间之间的物料搬运中，发生迂回、对流或倒流等现象。一般中小工厂，因物流量较小，多采取往复运输，合理流向。而大工厂，因厂内结构复杂，物流量大，则采取单一流向的办法，对原材料和产成品，分别按不同线路进行运输和搬运（如宝钢）。这样，可以避免厂内物流活动因运输堵塞而受阻，使整个生产受到影响。个别大企业，如鞍山钢铁公司，为了协调、指挥厂内外运输，不仅设有庞大的运输部，在厂内还设立了16个小火车站，统一指挥厂内原材料、产成品、废弃物的运输，努力谋求工厂物流合理化。

（三）销售物流系统模式

1. 系统的范围

销售物流系统，一般包括物流据点（物流中心或仓库）的选择；商品的采购、运输、验收、储存；流通加工、包装、装卸搬运；分拣备货、配送服务，一直到零售商店或消费者手中。这主要是指一般商业批发企业和物流企业的业务活动而言的。至于有些工厂进行自销的商品，即生产与销售结合在一起的，其销售系统的物流活动，与此不完全一致。

2. 系统设计的原则

（1）物流据点（库址）的选择；

（2）规模适当的研究；

（3）仓库建设的结构；

（4）运输车辆的配置；

（5）装卸搬运机械化；

（6）包装标准化；

（7）分拣自动化；

（8）配送及时性；

（9）各环节之间作业的连续性；

（10）防止缺货；

（11）费用便宜；

（12）高服务水平。

一个物流企业在确定地址以后，进行投资建设时，首先要考虑设计的规模。必须根据地理位置、周围环境及物流量的大小，确定适当的经营规模。并按总体的设计规划，来考虑仓库的结构和布局，运输车辆台数的多少，装卸搬运机械的类型及机械化程度，分拣、包装的技术和方法，选择运输路线，规定配送时间等，以及使这些环节之间操作作业的连续性和规程化，即有固定规范的流水作业的物流工艺流程，以充分发挥物流系统功能的作用。

当然，任何一个批发商和物流企业，在进行这些业务活动时，一要保证不缺货，不拖延配送时间，源源不断地及时地把商品送到客户手中。二要做到费用便宜，千方百计地节约物流费用，降低收费标准，以广招客户。最后，要努力提高服务水平，开发新的服务项目，达到客户满意，取得最好的经济效益。

案例

日本的物流运输系统

自20世纪80年代中期以来，日本等发达国家开始了一场对各种交通运输服务、物流功能要素进行整合的“物流革命”。

日本在第二次世界大战后“恢复期”和“高速成长期”的两个发展过程中，陆上货物运输方式发生了深刻变化，即家用货车运输向营业用汽车货运转换。经济生产方式的变化，使陆上货物运输企业失去了独立性，其只作为货主企业物流系统的一个构成要素，必须从属于运输服务的供给。为了适应生产及流通领域的变化，对生产与物流系统和流通与物流系统进行重组，以货主企业、市民等为对象的新型服务孕育而生，如金融业的“钞票护送”，商品批发业的“联合配送”，大型零售店的“代办交货”，海外公司的“国际中心化”，仓储业的“配送中心化”和“资料保管库”，货主企业的“物流系统管理”、“停车场管理”、“写字楼清扫”及“警备服务”；对市民服务的有：“宅配便”、“产地直送销售”、“搬家”、“包装”、“清扫”及“代办手续”等。日本的现代物流产业和交通运输服务极具特色，他们建立、建成了分销渠道一体化的高效现代物流系统，各种现代物流中心、配送中心更是划时代的产物，以NYK集团、南王运送株式会社、KASUMI集团、西友公司、佳能、川崎物流、三菱库存株式会社、富士胶卷公司等为代表的制造、零售、配送中心等在商品配送过程中力求准确、及时、新鲜，在加快流通速度、降低流通成本、提高经济效益方面起到了创新的作用，促进了国家经济的发展。

日本的各种配送中心主要特点是：

1. 实现电脑网络管理系统，配送及时准确。从商品订货进入EOS系统，信息进入中央信息中心后，立即通过网络传送到配送中心，由此采用计算机联网订货、记账、分拣、配货等，企业物流过程衔接紧密、准确、合理，将零售门店的货架存量压缩到最小限度，直接为零售店服务的配送中心基本上做到零库存，降低了缺货率，缩短了要货周期，加速了商品周转，给企业带来了可观的经济效益。

2. 规章制度严格，做到优质服务。日本的配送中心大都有严格的规章制度，各个环节的作业要按规定时间完成，并都有严格的作业记录。例如菱食立川物流中心，主要配送的商品是冰淇淋等冷藏食品，对送货的时间和途中冷藏车的温度要求很严格，所以他们在送货的冷藏车上安装了自己研制的检测器，冷藏车司机送货到各个点，都严格按电脑编排的计划执行，每到一个点，必须按规定按一下记录仪按钮，每个运输车的运货时间、货物数量、卸货时间、休息时间以及温度和最高时速等都会被记录下来。

3. 采用先进的物流设施，最大程度降低变动成本。例如卡世美物流中心，货车在规定的运行线路上可随时插入埋设在地下的自动链条中，将各货车商品从卸车点自行送至各集配点，卸完货车辆可自行返回。商品储存已不用货垛卡人工记录，而用与电脑联网的电子记录仪，收发货只要按相应电钮，电脑会自动记录，并将信息分送到统计结算、配车等有关部门。

随着经济全球化、竞争国际化的加剧，必然要求物流国际化。交通运输服务向现代化物流转型是加快我国现代物流事业发展的有效途径之一。结合我国实际，学习和借鉴国外先进的现代物流经验，积极探索创新，更好地为国民经济和现代化建设服务。

思考题

1. 什么是系统？有何特点？
2. 什么是物流系统？有何特点？
3. 物流系统分为哪几类？
4. 物流系统有何意义？
5. 物流系统的目标是什么？

6. 物流系统的要素如何构成？简要说明其内容。

7. 简述物流系统模式。

8. 物流系统如何分析？

9. 怎样设计物流系统？

参考文献

1. 翁心刚．物流管理基础（第二版）．中国物资出版社，2006
2. 王槐林．采购管理与库存控制（第二版）．中国物资出版社，2004
3. 蔡淑琴．物流信息系统（第二版）．中国物资出版社，2005
4. 魏国辰．物流机械设备的运用与管理．中国物资出版社，2001
5. 白世贞．冷冻整体设备安装与运用．中国物资出版社，2003
6. 刘北林．食品保鲜技术．中国物资出版社，2003
7. 孙宏岭．物流包装实务．中国物资出版社，2003
8. 刘北林．流通加工技术．中国物资出版社，2004
9. 白世贞．现代配送管理．中国物资出版社，2005
10. 霍红．采购与供应链管理．中国物资出版社，2005
11. 蒋长兵．现代物流管理案例集．中国物资出版社，2005
12. 张大成．现代物流企业经营管理．中国物资出版社，2005
13. 刘志学．现代物流手册．中国物资出版社，2001
14. 韩平，赵炎．现代物流技术．中国物资出版社，2002
15. 吴清一．物流实务．中国物资出版社，2003
16. 真虹，朱云仙．物流装卸与搬运．中国物资出版社，2004
17. 杨霞芳．现代物流技术．上海财经大学出版社，2004
18. 夏春玲．物流技术基础．机械工业出版社，2004
19. 蓝仁昌．物流技术与实务．高等教育出版社，2005
20. 陈宏勋．物流技术与装备．国防工业出版社，2004
21. 王蓓彬．现代仓储管理．人民交通出版社，2003
22. 姚冠新，钱芝网．物流管理．中国时代经济出版社，2005
23. 何倩茵．物流案例与实训．机械工业出版社，2004

24. 翟光明．配送与流通加工．中国财政经济出版社，2002
25. 聂军．物流技术与设备．对外经济贸易大学，2004
26. 宋玉．仓储实务．对外经济贸易大学，2004
27. 常红，孟初阳．物流机械．人民交通出版社，2003
28. 邓爱民，张喜军等．物流设备与运用．人民交通出版社，2003
29. 秦同瞬，杨承新．物流机械技术．人民交通出版社，2002
30. 李培亮．物流作业方法．广东经济出版社，2003